趣味导游 知识宝典

QUWEI DAOYOU ZHISHI BAODIAN

《趣味导游知识》编辑部 ◎ 主编

北京·旅游教育出版社

策　　划：丁海秀　李荣强
责任编辑：陈　志

图书在版编目（CIP）数据

趣味导游知识宝典 /《趣味导游知识》编辑部主编
. -- 北京：旅游教育出版社，2019.1
ISBN 978-7-5637-3859-5

Ⅰ．①趣… Ⅱ．①趣… Ⅲ．①导游－基本知识 Ⅳ．①F590.63

中国版本图书馆CIP数据核字(2018)第261898号

趣味导游知识宝典
《趣味导游知识》编辑部　主编

出版单位	旅游教育出版社
地　　址	北京市朝阳区定福庄南里1号
邮　　编	100024
发行电话	（010）65778403　65728372　65767462（传真）
本社网址	www.tepcb.com
E - mail	tepfx@163.com
排版单位	北京旅教文化传播有限公司
印刷单位	北京柏力行彩印有限公司
经销单位	新华书店
开　　本	710毫米×1000毫米　1/16
印　　张	21
字　　数	309千字
版　　次	2019年1月第1版
印　　次	2019年1月第1次印刷
定　　价	49.80元

（图书如有装订差错请与发行部联系）

编委会

主　编：张淑华
副主编：何剑波　武思梦　丁海秀　李荣强

总目录
CONTENTS

趣味历史知识……………………………………001
趣味婚嫁知识……………………………………041
趣味节日知识……………………………………061
趣味乡俗知识……………………………………087
趣味科举知识……………………………………105
趣味文化典籍……………………………………129
趣味语言文字……………………………………161
难以破解的文明文物之谜………………………193
神秘的墓葬之谜…………………………………227
趣味导游宗教知识………………………………261
趣味地名之谜……………………………………279
神奇地域之谜……………………………………303

目录 CONTENTS

趣味历史知识

"尧舜禅让"的历史内幕　001
霸主齐桓公为何被活活饿死　003
"毒妇人"吕后的本来面目　004
舞姿如燕，心如毒蝎
　——赵氏姐妹自杀之谜　006
陪伴六位君王的隋朝萧皇后　007
玄武门之变的历史真相　009
汉唐后宫究竟有多脏乱　010
武则天后宫面首知多少　012
深宫里太监的变态行为　013
嗜好"同性恋"的帝王　015
驸马爷不为人知的命运　016
冯道为何能"事四朝，相六帝"　017
成吉思汗不辞万里三召丘处机　019
朱元璋陪葬妃子的残忍死法知多少　020
明代公主为何屡次被无赖骗婚　021
道光帝为何要穿补丁衣服　022
多尔衮为何生前不称帝，死后却"谋逆"　024
年羹尧为何不得不死　026

大清皇帝为何会接连绝后　028
末代皇后和皇妃的凄惨下场　029
袁世凯猝死之谜　031
川岛芳子之死的重重疑云　032
古代皇帝如何用餐　033
古代皇帝如何治病用药　035
古代女子是如何入宫的　036
中国古代有哪"四大书院"　037
"京师大学堂"是大学吗　038
为何称有文化有地位的人家为
　"书香门第"　039
"学富五车"是指看的书能装五车吗　040

趣味婚嫁知识

大红"囍"字有何来历　041
为什么结婚又被称为"入洞房"　042
古时没有出嫁的女子为何被称为
　"黄花闺女"　043
古时为何把未婚女子称为千金　044
古时待嫁女孩为何又被称作"待字闺中"　045

"小丈夫大媳妇"——童养媳风俗从何而来	045
关中为何把媳妇叫"屋里人"	046
古时新娘成亲为何要蒙上红盖头	047
"闹洞房"的习俗有何来历	048
夫妻为何又称"两口子"	049
古人离婚后有无"离婚证"	050
为何再婚所带的孩子被称为"拖油瓶"	052
清代八旗女子为何不允许自己擅自婚配	053
新娘出嫁为何要自动敲掉牙	054
"东床快婿"有何来历	055
女婿为何又叫"乘龙快婿"	056
岳父、岳母为何又称"泰山""泰水"	057
神秘的摩梭人走婚习俗知多少	058
原配夫妻为何又被称作"结发夫妻"	059
光绪皇帝是如何为自己选秀女的	059

趣味节日知识

春节贴对联之谜	061
"福"字倒贴之谜	062
春节放爆竹之谜	064
除夕夜吃饺子之谜	066
除夕为何要"守岁"	066
过年贴门神的习俗有何由来	067
过年贴窗花的习俗有何由来	068
正月初五为何叫"破五"	069
元宵灯节起源之谜	070
袁世凯为何下令禁止称"元宵"	072
为何正月里不能剪头发	072
何谓"打春牛"	073
为何有"二月二,龙抬头"的传说	074

清明踏青扫墓的习俗有何由来	075
"寒食节"为何不允许生火做饭	076
端午节为何要吃粽子	077
端午节门前为何要挂艾叶	078
中元节为何被称为"鬼节"	079
重阳簪菊花之谜	080
秋分为何祭月	081
冬至为何祭天	082
元旦饮"屠苏酒"的习俗有何由来	083
腊月二十三(四)为何称"过小年"	084
腊八食粥之谜	085

趣味乡俗知识

古代女人为何要缠足	087
古人为何不能穿鞋子上殿	088
古人为何本命年扎红腰带	089
为何小孩满一周岁时要抓周	090
为何小孩要戴长命锁	091
为何要珍藏剃下的婴儿胎毛	093
"温锅"的习俗有何来历	094
中国人为何酷爱红色	094
黄色为何被皇家垄断	095
药罐子为何只能借,不能还	096
过生日为何要吹蜡烛	097
古人送别时为何要折柳枝	098
古人祝寿时为何要送寿桃	099
古代为何把路费称"盘缠"	100
古人为何将富翁称为"陶朱公"	101
古人为何将钱称为"孔方兄"	101
"店小二"的称呼有何由来	102
山东人为何见面叫二哥	103

趣味科举知识

科举制度是怎样形成的	105
何谓"连中三元"	106
为何取得科举第一名被称为"独占鳌头"	107
什么叫"五行状元"	108
为何科举考试中的第三名称为"探花"	108
科举制度中出现过女状元吗	109
历代各出现过多少状元	110
中国历史上第一个、最后一个状元分别是谁	111
中国历史上最老的状元、最年轻的状元分别是谁	113
现存唯一的状元试卷是谁的	114
历代进士人数知多少	116
雁塔题名是怎么回事	116
何谓贡院	117
南闱、北闱各指什么	119
"科举四宴"分别指哪四宴	119
"同年"是何意	121
参加科考的考生都用什么方法作弊	121
清代科举考试中的童试要经过哪几次考试	123
清代哪些人可以进入国子监学习	124
清代乡试何时何地举行	125
什么叫公车赴试	126
会试主考官是怎么选定的	126
清代殿试是怎样进行的	127

趣味文化典籍

史书为何又被称为"汗青"	129
何谓韦编三绝	130
孔子著《春秋》之谜	131
《孙子兵法》作者之谜	132
《国语》是由左丘明所作吗	133
《胡笳十八拍》究竟为谁所作	135
诸葛亮到底有没有写过《后出师表》	137
《兰亭序》是王羲之写的吗	138
《推背图》神奇的预言之谜	140
《广陵散》失传没有	142
《满江红》的作者是否为岳飞	144
《百家姓》为何以"赵"姓为首	145
《清明上河图》"五次入宫,四次被盗"之谜	146
谁是《金瓶梅》的真正作者	149
《西厢记》作者之谜	152
《永乐大典》的正本下落之谜	153
《水浒传》的作者是施耐庵吗	156
高鹗到底有没有续写《红楼梦》	157
《红楼梦》的名字有何来历	159
蒲松龄为何要写《聊斋志异》	159

趣味语言文字

"一寸光阴一寸金",为何用"寸"形容光阴	161
"一人得道,鸡犬升天"出自哪里	162
"三个臭皮匠",真能"顶个诸葛亮"吗	163
为何说"无事不登三宝殿"	164
"半斤""八两"为何会"差不多"	165
为何说"寡妇门前是非多"	166
"敲竹杠"何意,有何来历	167
女人的细腰为何被称为"小蛮腰"	168
为何将占女孩便宜称为"吃豆腐"	169

为何说"狗嘴里吐不出象牙来"	170
"穿小鞋"有何来历	171
为何是"才高八斗"而不是"才高九斗"	172
为何将年老尚有风韵的妇女称"半老徐娘"	172
为何称倒票人为"黄牛"	173
两姊妹的丈夫为何被称为"连襟"	174
两兄弟的妻子为何被称为"妯娌"	175
为何女英雄被叫作"巾帼英雄"	176
"河东狮吼"为何是凶悍老婆的代名词	177
为何知识分子被称为"老九"	178
为何古人称公婆为"舅姑"	179
为何古人称妻子为"拙荆""贱内"	179
为何古人称学生为"桃李"	180
为何把容易犯傻的人称为"二百五"	182
怀孕为何称"身怀六甲"	183
媒婆为何称"红娘"	184
接生婆为何又叫"稳婆"	185
为何把夫妻失散或决裂后重新团聚与和好叫"破镜重圆"	186
为何把接待或宴客的主人称"东道主"	187
为何小气的人被讽刺为"吝啬"	187
单身汉为何被称为"王老五"	188
古代平民为何被称为"匹夫"	189
"领袖"一说出自何处	190
名人为何常被称为"大腕"	191

难以破解的文明文物之谜

后母戊方鼎是做什么用的	193
越王剑之谜	194
秦始皇传国玉玺下落之谜	195

南越王国千古之谜	197
三星堆文化未解之谜	198
巴人王朝为何湮没	201
女儿国消失之谜	202
楼兰古城消失之谜	203
马王堆女尸不腐之谜	204
诸葛亮造的木牛流马之谜	205
汗血马之谜	207
"南海一号"南宋沉船之谜	209
"红崖天书"千古之谜	210
"天池怪兽"之谜	212
太湖成因之谜	213
西湖成因之谜	214
桃花源究竟在何处	216
鸣沙之谜	217
泰山无字碑由谁而立	219
慈禧太后遗体三次入殓之谜	220
北京人头盖骨失踪之谜	223

神秘的墓葬之谜

黄帝陵陵址之谜	227
曾国国君墓为何建在随国	229
商代妇好墓的主人究竟是谁	231
金缕玉衣之谜	232
龟山汉墓千古之谜	234
秦始皇陵坐西朝东之谜	235
曹操为何要建72座陵墓	237
刘备陵墓之谜	239
为何40万人都挖不动武则天墓	240
武则天无字碑之谜	242
包公两座墓之谜	244

成吉思汗陵为何建在"马背上"	246
僰人悬棺千古之谜	247
明孝陵地宫之谜	249
为何十三陵中只有长陵有碑文	251
定陵出土的帝后尸骨下落之谜	253
康熙陵内为何葬了48个后妃	254
西宫太后慈禧死后为何葬在东边	256
清东陵被盗之谜	257
雍正帝为何不葬在钦定的皇陵	259

趣味导游宗教知识

为什么说"色即是空"	261
为何称佛祖为"如来"	262
佛教为何偏爱莲花	262
观音菩萨的真身是男还是女	263
为何有男戴观音女戴佛的传说	264
方丈和住持是同一人吗	265
古人为何经常到"龙王庙"求雨	265
舍利子是怎么形成的	266
和尚为何要敲木鱼	268
和尚为何自称"老衲"	268
和尚为何要烧戒疤	269
为何出家要"剃度"	269
达摩为何要面壁九年	270
猪八戒为何又称"八戒"	271
乐山大佛为何历经1000多年风雨而不毁	272
扶风法门寺地宫之谜	273
为何说"天下功夫出少林"	274
为什么道教把死亡称为"羽化"	275
王母娘娘是如何与玉皇大帝结为夫妻的	276

趣味地名之谜

北京的菜市口因何得名	279
南京为何又被称作"金陵"	281
苏州一名有何由来,其为何又称姑苏	281
青岛之名有何由来	282
成都因何得名	284
上海"十里洋场"的称谓有何来历	285
云南一名有何由来,为何又简称"滇""三迤"	286
昆明一名有何由来,其为何又被称为"春城"	287
大理名字有何由来	288
广州有什么别名,有何由来	289
深圳因何得名,为何又被称为鹏城	290
为什么广西简称"桂"	291
南宁为何别称"五象城"	292
桂林一名由何而来	293
"西安"一名有何由来,西安城是如何形成的	294
"关中"之名因何而来	295
宝鸡因何得名	295
河南一名有何来历,其为何又简称"豫"	296
洛阳一名有何来历	298
武汉一名有何来历	299
湖南为何又称"三湘""芙蓉国"	301
长沙一名有何来历	302

神奇地域之谜

鬼城地府丰都之谜	303
鄱阳湖魔鬼水域之谜	304

新疆的"魔鬼城"建造之谜	308	悬空寺悬空千年之谜	317
奉节天坑未解之谜	309	罗布泊为什么号称"魔鬼之域"	318
香格里拉真实存在之谜	312	民国黑竹沟恐怖案之谜	320
塞外雄关玉门关之谜	313	巴马长寿之乡之谜	322

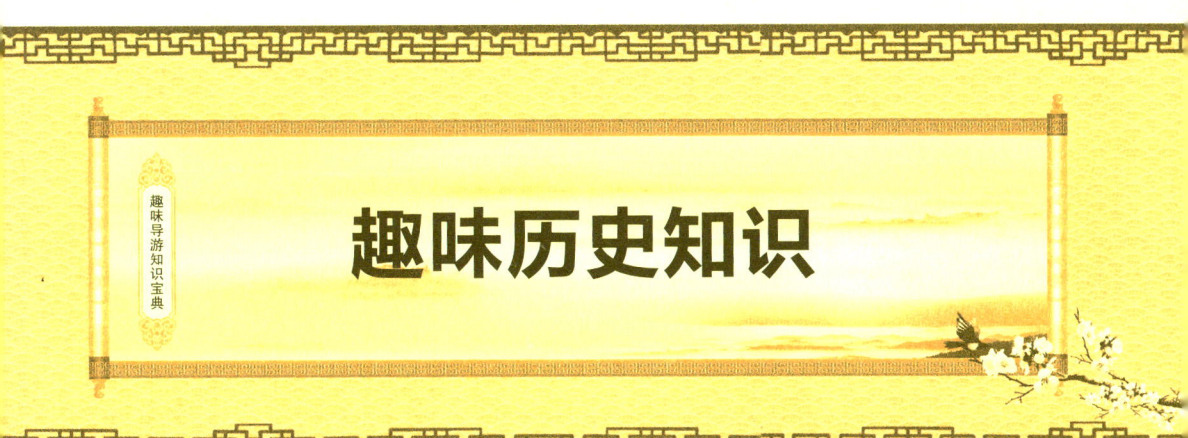

趣味历史知识

 **"尧舜禅让"的历史内幕**

上古之时,尧舜禹禅让而治天下,成为政权交接的典范。春秋战国时的儒家相信这段历史是真的,但战国时的法家则不承认有禅让之事,认为人心本恶,帝王之位都是去争夺,怎么可能有禅让之事?之后的两千多年里,多数人认为尧舜禹禅让是真的,直到近代疑古派兴起,再次抛出尧舜禹争夺帝位之说,使人们对这段历史有些疑惑。

其实先秦和秦汉史书中记载尧舜禹禅让的很多,只有法家有一点无根据的反驳。记载最早的莫过于《尚书·尧典》,书中详载了帝尧七十年选帝位继承人之事。当时大臣们先是推荐帝尧之子丹朱,帝尧认为他"嚚讼",即不讲忠信,无道义之心,又好争讼,不可。大臣们又推荐治水三十年未成而被削职的共工,帝尧认为他"静言庸违,象恭滔天",即阳奉阴违,好说谎话,不可信,若选他会误天下民众。尧让帝位于大臣四

帝尧

帝舜

岳，四岳认为自己德行不足以治天下，拒绝了尧。于是大臣又推荐以教行和仁德闻名的舜。帝尧把两个女儿娥皇、女英嫁给舜以考察他。经过多次明察暗访，帝尧认为舜的德行可配天下，便让他代行天下事。舜代行天下事一直到帝尧崩，共二十八年。三年丧满之后，舜让大臣和诸侯在他和丹朱之间选一人继承帝位。大臣和诸侯选舜而不选丹朱，于是舜继帝位。

但法家的韩非子则称："尧欲传天下于舜，鲧谏曰：'不祥哉，孰以天下而传之于匹夫乎！'尧不听，举兵而诛，杀鲧于羽山之郊。共工又谏曰：'孰以天下而传匹夫乎！'尧不听，又举兵诛共工于幽州之都。于是天下莫敢言无传天下于舜。"《韩非子·说疑》又说："舜逼尧，禹逼舜，汤放桀，武王伐纣。此四王者人臣弑其君者也，而天下誉之。察四王之情，贪得之意也；度其行，暴乱之兵也。然四王自广措也，而天下称大焉；自显名也，天下称明焉。则威足以临天下，利足以盖世，天下从之。"

其实最不可相信的就是法家，法家韩非子之流为达其游说目的而不择手段，能把黑说成白，把是说成非。就连近代学者所辑的《古本竹书纪年辑证》中的"尧之末年，德衰，为舜所囚""舜囚尧于平阳，取之帝位""舜囚尧，复偃塞丹朱，使之不与父相见""益干启位，启杀之"等，也不是《竹书纪年》的原文，而是出于同一批出土的竹书中的法家著作。

舜年老时将帝位禅让给禹，禹年老时禅让给伯益。禹死后，夏启夺了帝位，有扈氏表示反对，启率大军将有扈氏打败。从此禅让制结束，开始了家天下的时代。

近些年考古工作者在山西陶寺等地发掘出了距今3900年左右大规模杀戮的遗迹，有人认为这可证4000年前尧舜禹禅让的虚假性。但经深入研究，这些杀戮的遗迹在夏朝早期，而且是外族入侵进行的杀戮，并不是内部的相互征伐。总而言之，史载尧舜禹禅让制是真实存在的，而不是像某些疑古派学者所说存在暴力夺权的现象。

霸主齐桓公为何被活活饿死

齐桓公（前716—前643），姜姓，吕氏，名小白，齐国国君，在位43年（前685—前643）。他在位的早中期由管仲辅佐，选贤任能，发展生产，加强武备，以"尊王攘夷"的名义，在北方助燕败北戎，援救邢、卫，阻止狄族进攻中原；在南方伐蔡攻楚，迫使楚国恢复向周王室纳贡，受到周王室的赏赐，成为当时诸侯国中的霸主。

齐桓公雕塑

齐桓公晚年，日益昏聩，宠信易牙、开方、竖刁等奸佞之徒。桓公四十一年（前645），宰相管仲年老病重，桓公前往探视，问："仲父若离去，谁可继宰相之位？"管仲说了几个老臣，都不合桓公心意。齐桓公问："易牙如何？"管仲不同意。桓公说："易牙掌管寡人的饮食。有一次寡人说这一生什么美味都吃过了，就是没有吃过婴儿肉，真是遗憾。易牙便烹了他初生的孩子给寡人吃。他爱寡人胜过爱他的孩子，怎么不行呢？"管仲说："人之至情莫过于至亲，他对亲生骨肉都这么残忍，怎么会真爱你呢！"桓公又问："竖刁如何？他阉了自己来宫中侍候寡人，可算是爱寡人胜过爱他自身了吧。"管仲说："人的血肉形体受之于父母，一生之中要爱惜，不使损伤。他连自己的身体都敢伤害，还有谁不敢伤害的？"桓公再问："卫国公子开方放弃太子之位到齐国效力，恪尽职守十五年，连他父母死也没回去，对齐国可谓是尽忠了吧。"管仲说："人生在世，孝道为先。他连生养大恩都不顾，还会顾谁？"桓公听后默不作声。管仲说："这三个人一定要远离，如果让他们掌权，齐国就会大乱。"

公元前645年管仲去世。齐桓公便疏远了易牙、竖刁、开方三人。但桓公远离他们之后食不甘味，寂寞难受，不久又重新起用他们。三人便沆瀣一气，朋比为奸，培养奸佞，打击忠良。

这时齐国后宫开始争立嗣。齐国立嗣的特点是哪位夫人得宠，便立谁的儿子为嗣。齐桓公好色，有三位正夫人，都未生子，另有六位

管仲

如夫人,每人生有一子。六位如夫人都想立自己的儿子为嗣。桓公最喜欢三夫人,答应立其子公子昭,并将其托于宋襄公。可易牙、竖刁与二夫人卫姬关系很近,便向桓公游说。桓公又答应立卫姬之子无亏。其他夫人也要求立他们的儿子为嗣。桓公年老智昏,经不住她们的纠缠,一一答应了她们的要求。这下乱了套,六位如夫人各自拉拢朝臣,结党营私。

"毒妇人"吕后的本来面目

吕雉(前241—前180),亦称汉高皇后吕氏,是汉朝开国皇帝汉高祖刘邦的正配夫人。其吕氏属战国末吕不韦一族。当刘邦任亭长时吕雉嫁给了他,当时的刘邦年43岁,吕雉28岁。婚后她生下一儿一女。前202年二月刘邦称帝时,吕雉被立为皇后,其子刘盈立为太子。前195年四月,刘邦驾崩,太子刘盈继位,史称汉惠帝。吕雉被尊为皇太后,开始临朝称制,掌握汉朝政权长达十六年。

吕后为人有谋略,心狠手辣,擅长权术。韩信、彭越、英布皆死于其谋。《史记》记载:"吕后为人刚毅,佐高祖定天下。所诛大臣多吕后力。"在她执政期间,继续保持"与民休养生息"政策,与匈奴和亲,所以汉朝得到恢复,为以后的盛世局面奠定了基础。吕后在一些事上过于毒辣,所为似非人类,故被人称为毒夫人。

楚汉战争时,于公元前205年,刘邦为项羽所败。吕雉和刘邦的父母被俘,做了两年的人质。她可谓是为刘邦做了很大的牺牲。公元前203年秋,吕雉携子归汉后,回到刘邦身边后却发现刘邦身边早已有了个得宠的戚夫人,不禁怒火中烧,便留守关中,与刘邦分居两地。

当时刘邦嫌吕后所生的太子刘盈性弱,且宠爱戚夫人所生的儿子赵王如意,便想废掉太子刘盈,改立赵王如意。《史记·吕太后本纪》记载:"孝惠(刘盈)为人仁弱,高祖(刘邦)以为不类我,常欲废太子,立戚姬子如意,如意类我。戚姬幸,常从上之关东,日夜啼泣,欲立其子代太子。吕后年长,常留守,希见上,益疏。如意立为赵王后,几代太子者数矣。"幸在吕后的多方安排下,才

汉高祖刘邦

保住了刘盈的太子之位。这些事使吕后对戚夫人怀恨在心。

公元前195年四月，刘邦死后，吕后便临朝称制，夺了大权，便开始发泄仇怨。她逼戚夫人穿上囚衣，戴上铁枷，在永春巷舂米。戚夫人悲痛作歌："子为王，母为虏，终日舂薄暮，常与死为伍！相去三千里，当谁使告汝？"意为让其子赵王刘如意来救她。吕雉闻知大怒，召赵王回京，于前194年十二月，借机将其毒死。其死时年仅15岁。吕雉又下令剪去戚氏头发，砍断手脚，弄瞎双眼，熏聋双耳，灌哑酒，关在猪圈里，呼之为"人彘"。她让儿子惠帝刘盈来参观戚夫人。刘盈本

吕后

贤弱，想不到母亲会残忍到这种程度，见戚夫人的惨状，绝非人类，顿时被吓成重病，不几年，于前188年就病死了，年方24岁，只当了7年皇帝。

吕后又立惠帝刘盈之子刘恭为少帝。少帝因其生母为吕后所杀，有怨言。前184年，吕后杀少帝刘恭，又立刘盈次子刘弘为（后）少帝。大权仍在吕后手中。刘邦共有8个儿子，分别是长庶子刘肥、嫡长子刘盈、刘如意、刘恒（即汉文帝）、刘恢、刘友、刘长、刘建，其中只有刘盈是吕后亲生的。吕后掌权后，先是毒杀了刘如意，然后又想杀刘肥。刘肥设计自保逃过一劫。吕后又设计饿杀刘友，又迫使刘恢自杀。刘建病死时留下一个儿子，吕后派人将其杀掉。8个儿子中，直接或间接死于吕后之手的有4人，1人被绝了子孙。没有受到损伤的只有刘肥、刘恒和刘长3人。

另有谣传，由于刘邦经常在外征战，吕雉与故友审食其勾搭成奸。审食其也多照顾其母子。刘邦称帝后，在吕雉提请下，审食其被封为"辟阳侯"。辟阳侯与吕雉交往过密，令人怀疑，但无证据，又不敢乱说，故刘邦一直不知。刘邦死后，有人宣扬审食其与吕后的事情。《汉书·朱建传》载："久之，人或毁辟阳侯（审食其），惠帝大怒，下吏，欲诛之。太后惭不可言。大臣多害辟阳侯行，欲遂诛之。"幸得朱建托人宠臣救助讲情，审食其才免一死。惠帝死后，审食其与吕后关系更为密切。吕太后死，淮阳王刘长怀恨审食其在汉高祖时对其母亲见死不救，于前177年，伺机杀了审食其。

匈奴冒顿单于乘刘邦之死，下书羞辱吕后说："你死了丈夫，我死了妻子，两主不乐，无以自虞，愿以所有，易其所无。"吕后大怒，欲伐之，但尚

未到用兵的时候，便依季布的主张，强压怒火，复书说："我已年老色衰，发齿也脱落了，步行也不方便。"赠匈奴车马而止。

吕后晚年，因没有子孙，怕高祖刘邦的子孙欺凌吕氏，故大封诸吕为侯。公元前180年八月一日，吕后病死，终年六十二，与汉高祖合葬长陵。诸吕欲为乱，刘氏诸王与周勃、陈平等人发兵诛平之。

纵观吕雉的一生，既有刚毅干练的一面，又凶狠毒辣。但她统治期间，仍推行"无为而治，与民休息"的政策，政绩卓著。史家称赞当时"天下晏然，刑罚罕用，民务稼穑，衣食滋殖"。这或许是对吕雉功过的最客观评价。

舞姿如燕，心如毒蝎——赵氏姐妹自杀之谜

赵飞燕，原名赵宜生，是汉成帝刘骜的第二任皇后。她的妹妹赵合德是汉成帝的昭仪。姊妹二人共侍一夫，荣宠无比。其中赵飞燕还是我国古代著名的舞蹈家，史载她迎风起舞时姿态轻盈，故得"飞燕"之美誉。然而虽然舞姿曼妙，却不代表人如其舞，赵飞燕与她的妹妹赵合德反而心狠手辣，心如蛇蝎，将汉成帝的后宫搞得乌烟瘴气，最终自己也落得自尽的结局。

因早年练舞，飞燕姊妹都曾使用过有保持身材功效的息肌丸。息肌丸中含有麝香，长期使用必然导致日后不宜受孕。她们自己不能生育，就十分害怕别的嫔妃生下儿子，夺去她们的地位与恩宠，因此，就暗中杀死许多皇子。《汉书·外戚传》中记载，官人曹官人曾为成帝生下一子，赵合德获悉此事后，立刻假传圣旨，杀害曹官人母子二人。不久许美人也生下一子，赵合德知道后，与成帝大吵大闹，以死相逼，史载其"以手自捣，以头击壁户柱，从床上自投地，啼泣不肯食"，状如疯妇。面对赵合德的淫威，懦弱无能的汉成帝竟然一筹莫展，命令将自己的亲生骨肉活埋。从此之后，汉成帝后宫中笼罩着恐怖的气息，但凡怀孕的人都被逼喝堕胎药，大胆敢生下孩子者则必死无疑，以致当时有"燕飞来，啄皇孙"的民谣。

此外，赵飞燕为了早日怀孕，不惜一切代价从宫外找来年富力强的青壮年借种求孕。此事被汉成帝得知后，赵飞燕慢慢受到冷落，赵合德得到专宠。绥和二年（前7），汉成帝死在

赵飞燕

昭仪赵合德的床上。史载汉成帝本来身体健壮，却被美色掏空了身体，促使其早死。在《赵飞燕别传》中如此描述汉成帝之死："帝日服一粒（春药），颇能幸昭仪。一夕，在大庆殿，昭仪醉。连进十粒，是夜绛帐中拥昭仪，帝笑声吃吃不止。及中夜，帝昏昏，却不可将。抵明，帝起御衣，阴精流输不禁，有顷绝倒。褰衣视帝，余精出源，沾污被内，须臾帝崩。"赵合德令汉成帝误食春药过量导致其死亡。野史虽不足为据，但是汉成帝死在色字之上却是不争的事实。

关于汉成帝的死因，权臣兼外戚王莽率先拷问赵合德。赵合德虽然没有害死汉成帝，可是汉成帝死在她床上这一事实，让她百口莫辩，最终只好自杀。而赵飞燕却因受到汉成帝的冷落而逃过这一劫。之后即位的汉哀帝刘欣，因其竞争太子时受到赵飞燕姊妹的帮助，故即位后立刻尊赵飞燕为皇太后。可是汉哀帝仅仅在位六年就撒手西去，由汉平帝继承了皇位。赵飞燕失去了最后的靠山。当朝群臣开始清算赵飞燕以往的罪过，认为她有失妇道，淫乱宫闱，不能生育，断了皇室后代。之后穷途末路的赵飞燕先被贬为孝成皇后，迁居北宫，很快又被贬为庶人，赐命自杀。

赵飞燕姐妹的先后自杀，可以说是她们坏事做尽而咎由自取。但是她们得汉成帝专宠十多年，荣宠日盛而不衰，也是历史上的一个反常现象。由此可以看出汉成帝的昏庸与当时朝政的混乱，西汉的灭亡之日屈指可数。

 陪伴六位君王的隋朝萧皇后

暴君隋炀帝杨广的种种恶行在中国历史上遗臭万年，人尽皆知，但是他的皇后萧氏一生的传奇经历却甚少被人所了解。萧氏出身高贵，是南北朝末期西梁的公主，父亲是西梁孝明帝萧岿。据说萧氏出生时，著名的占卜师袁天纲就看出她相貌不凡，仔细推算了她的生辰八字后得出"母仪天下，命带桃花"的结论。袁天纲果然名不虚传，后来萧氏的一生真的印证了这八个字。

隋朝建立后，开国皇帝杨坚立长子杨勇为太子，封次子杨广为晋王，并从一向关系良好的西梁国挑选了萧氏作为晋王之妃。萧氏正式嫁给杨广时年仅十三岁，而杨广已经二十五岁。但是年龄的差距并未影响两人的感情，夫

隋炀帝杨广

隋朝萧皇后

妇二人琴瑟和谐,很称公公隋文帝和婆婆独孤皇后的心意。这一点也为日后杨广夺得太子之位加了不少分。七年后,杨广在争夺储位的斗争中获得完胜,被封为太子,萧氏也跟着升格成太子妃。不久,隋文帝病逝,杨广即位,是为日后的隋炀帝,萧氏也顺理成章地被晋封为皇后,印证了袁天纲说她将"母仪天下"的预言。杨广即位后立刻开始广置后宫,搜罗全天下的美女,花心本性暴露无遗。但是他对萧皇后一直礼遇有加,每次外出巡游时都将其带在身边。这是因为萧皇后本人不仅容貌秀丽,且知书达理,多才多艺。同时也因为杨广认为萧皇后"母仪天下"的风范给自己带来了好运。

但是"花无百日好",杨广即位后的暴政激起全天下的造反。公元618年的春天,图谋不轨的宇文化及率领禁军,将刚满五十岁的隋炀帝勒死于扬州离宫,萧皇后自此开始了自己"命带桃花"的曲折命运。

宇文化及早就对萧皇后垂涎不已,杀了杨广之后,立即以萧皇后儿子的性命相要挟,逼她做自己的偏房。不久,宇文化及自立为许帝,立萧皇后为淑妃。但是很快宇文化及被自封为大夏"长乐王"的窦建德杀死。

萧皇后成为窦建德的战利品,被他纳入后宫。萧皇后这次选择了自尽,但是却被救下。窦建德害怕萧皇后再次寻死,加之自己的妻子曹氏是个妒妇,十分凶悍,只好暂时对萧皇后以礼相待,不敢轻举妄动。就在这危急时刻,之前远嫁给突厥可汗的隋朝义成公主,终于打听到了哥哥隋炀帝遗孀萧皇后的下落,就派使者到窦建德处迎回嫂子。窦建德不敢与突厥人正面对抗,只好乖乖地交出萧皇后和其他隋皇室的人。

萧皇后本来认为自己终于可以平静地度过余生了。但是没承想到了突厥后,突厥番王处罗可汗一见萧皇后就为之着迷,逼她做了妃子。处罗可汗死后,由他的弟弟颉利可汗继位。按突厥人的风俗,老番王的妻妾义成公主与萧皇后姑嫂二人又被新任的番王接纳。

时至唐太宗贞观四年(630),唐朝大将李靖打败了突厥大军,迎回了曾是前朝皇后的萧氏。回归故土的萧皇后此时已经年近五十,但是多年的颠沛流离与异域生活并未削减她的美丽容颜与高贵气质。三十三岁的唐太宗李世民对萧皇后一见倾心,立刻将她迎入后宫,封为昭容。隋朝的皇后最后成为唐朝的妃子，这不能不说是对一个人命运的巨大讽刺。但是多年的坎坷命运已让萧氏的内心难起波澜，在唐宫中平平静静地度过了自己人生的最后的时光。萧氏于贞观二十一年（647）溘然而逝，终年67岁。李世民以皇后礼仪将萧皇后葬于杨广之陵，上谥愍皇后。"愍"即为"悯"，怜悯之意。看来李世民对萧皇后始终抱着一种同情的态度。

历史上迷倒君主的美艳女人不计其数，然而像萧皇后这样历经多次改朝换代，却总是让九五至尊的君主拜倒在石榴裙下的女人，在中国历史上恐怕也屈指可数。是"命带桃花"的命运使然，还是动乱政治格局的牺牲品？这一切都只能留给后人去评说了。

 玄武门之变的历史真相

唐高祖武德九年（626）六月初四，秦王李世民在玄武门射杀其兄长太子李建成、弟李元吉等人，史称玄武门之变。关于这次政变的原因，唐朝史书多说因秦王李世民创业功大，为太子李建成所不能容，李世民被逼无奈，为保性命，不得不先下手除去了李建成等人。但历史真相到底如何呢？

历史上，对"玄武门之变"有疑议者不乏其人。北宋司马光认为李建成若能有"泰伯之贤"，李世民能有"子臧之节"，二人互相礼让，则不至于生出手足相残的变乱，对此弟杀兄之举表示"贻讥千古，惜哉！"宋人范祖禹也认为，李建成为李渊所立之正统太子，李世民杀他是"无君父也"。很多人都对李世民在道德上的欠缺颇有不满。

政变后，李世民让亲信房玄龄辩称他之所以发动政变，是因为太子李建成两次要杀他。第一次是李建成在校场替李世民挑一匹烈马，想摔死李世民，结果那马连蹶三下，李世民都及时跳离马背，并无受伤。第二次是在玄武门之变前两天，李建成请李世民去他家饮宴，在酒中下了毒，致李世民吐血数升，险些没命。

其实这都是李世民的一面之词。试想李建成怎么能笨到认为烈马能摔死李世民呢？并且，既然在酒中下毒，还不下剧毒，还能让李世民中毒后回到家中再解了毒？且看李世民在玄武门之变中的表现。他亲自上阵，一箭射死了李建成，又追杀李元吉，

唐太宗李世民

没有一点中毒后的虚弱，可见他在说谎。在杀了李建成、李元吉等人之后，又杀了李建成的五个儿子和李元吉的五个儿子，并霸占了李元吉的妃子杨氏。如果说他杀李建成、李元吉是为了保命，那么他又杀死十个侄子，则纯属为夺皇位而除掉障碍。

在杀死李建成、李元吉等人后，李世民让尉迟恭去"日夜保护"李渊。当时李渊正在宫中海池划船。尉迟恭已手持长矛带着人马进入宫中，向李渊禀报说："秦王以太子、齐王作乱，举兵诛之。"李渊知道事情已无可挽回，只好听其所便。三天后，李渊立世民为太子，诏令其处理一切军国庶事。八月，李渊传位于太子世民，自称太上皇。整个事变之中，李渊是多么的不情愿，但也没有办法。如果建成有子未死的话，李渊可能会考虑立其为皇太孙。但事情都让李世民做绝了。

而且原太子建成的旧臣大都被贬黜，就连魏徵也是先遭贬，后来才提升的，并不像当时所称的既往不咎。有一次李世民指责魏徵挑拨他们兄弟的关系，魏徵则说，如果当初建成能采纳其建议的话，你还能有今日吗？李世民无法反驳。可见当时太子建成并没有下决心除掉李世民。而李世民发动政变，主要是因为李渊没有改立太子的意思，眼看自己无缘太子之位，于是用武力夺取了皇位。

汉唐后宫究竟有多脏乱

古代宫廷中的淫乱，在史书中早有记载。最早的记载出现在《诗经》中，有"萋斐贝锦"之叹。此后，历代后宫的脏乱情况不堪入目。到了汉唐之际，这类现象更加频繁。那么这两朝的后宫到底有多脏多乱呢？

汉灵帝刘宏

汉朝宫廷女子必须穿开裆裤　汉灵帝刘宏，是历史上有名的淫乱帝王之一。灵在谥法中解释为："乱而不损曰灵。"汉灵帝是个穷奢极欲的荒淫帝王。汉灵帝即位后，立宋氏为皇后。宋皇后性情平和，缺乏女人味。汉灵帝很不喜欢，就利用别人的诬告，废除了宋氏的皇后之位。其后，宋皇后忧郁而死。汉灵帝荒淫无道，在宫中看中哪个女子，就强行拉到床上交欢。为了方便交欢，汉灵帝规定宫内的女子只准穿开裆裤，而且裤子里什么都不穿。听起来不可思议,其实这样做就是为了使皇帝临幸时方便,连衣服都不用脱。明末的张献忠让姬妾不穿下衣在室内行走,这更是青出于蓝而胜于蓝了。

汉灵帝还命人修建了"裸游馆",让人采来绿色的苔藓将它覆盖在台阶上面,引来渠水绕着各个门槛,环流过整个裸游馆。然后,汉灵帝会选择肤色靓丽白嫩的女子裸身执篙在渠水中划船。盛夏之时,汉灵帝让她们裸身进入水中,追打嬉戏,以观赏裸女的华艳肌肤娱乐。渠水中植种着一种叫"夜舒荷"的植物,荷叶夜舒昼卷,荷花莲大如盖,高一丈有余,一茎有四莲丛生。女子嬉戏其中,或隐或现,欲现半遮,好不诱人。汉灵帝还命她们演奏《招商七言》以引来凉气。

陕西咸阳杨贵妃墓杨贵妃雕像

夜晚之时,汉灵帝就在裸游馆中和裸体宫女们喝酒,一喝就是一夜。到天亮时,汉灵帝依然大醉不醒。宫人就学鸡叫,来喊醒汉灵帝。

汉灵帝还喜欢令年龄在十四岁到十八岁的女子脱去衣服与他一起沐浴。当时西域进贡一种茵墀香,汉灵帝就命人煮成汤让宫女沐浴,把沐浴完的漂着脂粉的水倒在河渠里,人称"流香渠"。汉灵帝还在后宫设立市肆,让宫女扮成买东西的客人,自己扮演卖东西的商人,玩得不亦乐乎。白昼与宫女们贸易,夜晚就与宫女们交好。更有甚者,汉灵帝还令宫女与狗进行交配。

汉朝后宫如此,唐朝的后宫也是不堪入目。说起唐朝后宫的淫乱不得不提起两个女人:一个是武则天,另一个是杨贵妃。武则天原来是唐太宗李世民的"才人"。唐太宗的儿子、太子李治看上了武则天,碍于太宗在世不敢乱来。太宗死后,武则天被送去做尼姑。已经成为了唐高宗的李治不忘旧情,到庵中寻武则天,与之幽会。其后,李治废除王皇后,光明正大地立武则天为皇后。武则天做了皇后之后,淫性大发,蓄养面首张昌宗、张易之兄弟,御医沈南璆等人,整夜陪她淫乐。武则天还有一个情人叫薛怀义。薛怀义长得眉清目秀,不仅深得武则天喜爱,也令太平公主对他青睐有加,两人共用一个情人。

杨贵妃名叫杨玉环,原为唐玄宗的第十八个儿子寿王李瑁的王妃。唐玄宗在他宠爱的武惠妃——李瑁的母亲死了后,精神受了很大的打击,一直萎靡不振。后来听说杨玉环姿色绝佳,就精心策划了一场公公夺取儿媳的闹剧。

唐玄宗先令杨玉环出家做道士，其后暗暗纳入皇宫，做了自己的妃子。其后，唐玄宗在745年正式封杨玉环为贵妃，地位仅次于皇后。杨玉环就成为了唐玄宗的宠妃。一人得道，鸡犬升天，杨氏一族自此飞黄腾达，杨国忠更是被拜相。杨氏一族自此祸国殃民。安史之乱爆发，杨玉环被赐死在马嵬坡。

大凡后宫淫乱，必将引起朝廷动荡。所谓"红颜祸水"，大约就是这个意思吧。

武则天后宫面首知多少

讲到中国古代帝王，都会提到他们的后宫生活，六宫粉黛，三千佳丽。而作为中国历史上唯一女皇帝的武则天，她有怎么样的后宫生活呢，是否也要"三宫六院""三千俊男"呢？

武则天登基后，可以说是达到了封建权力之巅。永不服输的性格让她在追求权力平等方面永无止境。所以，既然以往的皇帝都有妃嫔，女皇也应该有这样的权力。况且武则天身居皇宫，漫漫长夜，寂寞难耐。加上唐朝当时社会风气开化，广大民众也能容忍，于是大量的"面首"出现在了武皇的后宫中。"面"本意貌之美，"首"意为发之美。面首，原指敷粉修面的美男子，后引申为男宠。

武则天面首的来源是多方面的，其中主要的一个渠道就是由武则天的女儿太平公主亲自出马，层层把关，最后确定人选。太平公主所挑选到的面首，不仅仅拥有俊美的样貌、伟岸的身材，为了保质保量，他们每一个都曾经过太平公主的亲身试验。

女皇武则天

同时一些朝廷大臣为了讨好武则天，也为武则天遍寻面首。其实就和男性帝王在民间挑选佳丽一样，挑选样貌英俊、体格健壮等各方面都出众的男子，送入宫中。当然，作为一个面首，不光要有好的长相、健壮的体格，而且还要有"阳道壮伟"的功力，以及对于花甲之年武则天的小心呵护。面首看上去是个不错的营生，但是面对至高无上的女皇帝和皇家的威仪，这些面首必须谨小慎微，否则稍有不慎就会被辱骂，严重者进宫没几天就被侍卫捆了手脚，扔进御苑中的万生池里，喂了蛇蝎。

除了在民间广为挑选，在来后宫的众多面首中，还有"自我感觉良好"的男子毛遂自荐的。比较有名气的是"洁白美须眉"的柳良宾和"阳道壮伟"的监门卫侯祥云，以至平常人家当时为了全家族的利益而奉献美男，作为升官发财的捷径。

太平公主推荐，大臣们推荐，俊男自荐，是武则天后宫面首的主要来源。但女皇帝仍不满足，还会偶尔派亲信去民间主动搜罗。据说当时女才人上官婉儿就曾接受过这样"特殊"的任务。如此一来，武则天后宫用"面首三千"来形容实不为过，已经可以与男性皇帝相媲美了。

但是千人千面，面首一多，管理就成了问题。然而管理区区一个后宫，对于这位女皇来讲再容易不过。为了对于众多后宫面首进行有效的管理，武则天成立了控鹤监，设控鹤监丞、主樽祭官。此设置是武周一朝独有的后宫管理机构，可谓"前无古人，后无来者"。后来，武则天又把控鹤监改为奉宸府，由自己宠爱的张易之、张昌宗兄弟来管理。这样的建制与男性皇帝的"三宫六院"类似。张昌宗兄弟就类似于东西宫的贵妃。

武则天拥有众多后宫面首的史实在后世广遭诟病。但是我们应当看到，当时的时代纯粹到了皇族女权时代，武则天蓄养男宠这种特殊的性文化具有深刻的历史根源，在历史上是首次，也是唯一的。同时这也在中国男权封建的历史长河中画下了浓墨重彩的一笔。

 深宫里太监的变态行为

太监是中国封建社会的特殊产物，他们居于深宫之中，和社会中权力最高的人密切接触，却因为身体的缺陷和卑微的地位，受尽心灵与肉体上的凌辱。这往往导致许多太监性格另类，情绪不稳定，自我哀怜，很容易伤感或者气愤，心胸比较狭窄，爱耍心计。更有甚者，行为发生变态，以此来宣泄他们对自己残缺人生的不满。

中国历史上有许多太监都仗着与皇帝的亲近关系而专宠擅权，为所欲为，但是他们唯一的缺失就是阉物不能复生。为了弥补这一人生的巨大遗憾，许多掌权太监四处探寻阳物复生的办法。明神宗时期的太监高寀，听术士说童男的脑髓吃了可使阳道复原，便出巨资购买童男的脑髓。之后的明末权宦魏忠贤听说这种"药方"后，也杀

大太监刘瑾

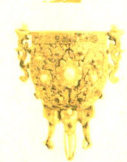

了七名囚犯，吃下了他们的脑髓。这些令人发指的变态行为最后是否真的帮助高寀和魏忠贤恢复男身，历史上并没有记载，根据现代医学手段也可推知是无稽之谈。但是可以肯定的是，许多无辜之人却因此死于非命。

既然恢复男身无望，而太监们又仍然具有男人的性意识与相应的心理性需求，为了满足心理上的需要，不少太监只能采取在常人看来畸形和变态的行为。

据《万历野获编·宦寺宣淫》记载："比来宦寺多蓄姬妾，以余所识三数人，至纳平康歌妓。今京师坊所谓两院者，专作宦者外宅，以故同类俱贱之。"由此可见，教坊歌妓无疑是太监们重要的性伙伴。同时因为歌妓的社会地位和太监一样低，所以还博得了社会的认可和同情。对此，《宋史·宦者传》也有相关记载，宦官林亿年告老后曾养娼女盈利；同时还记载有宦官陈源犯罪被贬，在贬所和妓女淫乱取乐，以至于被人怀疑是否真的被阉割。到了明代，宦官（明朝称太监为宦官）势力较大，收入丰厚，京城中有不少娼妓甘愿与宦官来往。

而深宫中压抑而孤寂的宫女也是太监重要的性伙伴。明杂剧《长生殿》中有描写宫女与太监偷看唐玄宗与杨贵妃同浴的"窥浴"一出戏。两名宫女正偷看唐玄宗与杨贵妃共浴，一名太监上前调笑道："两位姐姐看得高兴啊，也等让我们看看。"宫女道："我们侍候娘娘洗浴，有甚高兴？"太监笑说："只怕不是侍候娘娘，还在那里偷看万岁爷哩！"这段对白较隐晦地反映了宫女与太监对性的渴求。在明清时期，宫女与太监结成挂名夫妻的"对食"现象也很常见。据史载，明武宗时的大太监刘瑾就曾用假阳具淫死过宫女。此行为虽然恶劣而变态，但在一定程度上也反映了宫女是太监重要性伙伴的事实。

此外，在历史上，有关宦官娶妻、夺妻的记载不绝于书。《万历野获编·石允常传》中记载，石允常在河南做官时，曾遇到良家女子被"阉宦逼奸而死"。景泰初年，大同右参将许贵奏："镇守右少监韦力转，恨军妻不与奸宿，杖死其军。又与养子妻淫戏，射死养子。"可见有些太监的变态行为已经殃及民间。

不论太监们如何选择发泄自己的欲望，这都透露出他们内心

太监所用狎具

的变态和扭曲。他们渴望得到正常的生活，并且无时无刻不想证明自己有男人的本色，让人忽略他们受过宫刑，而成为不男不女的第三类人。就这一点而言，太监的变态行为可恨、可怜又可叹。

 嗜好"同性恋"的帝王

古今中外都不乏同性恋之人。现代人认为同性恋是不道德的行为，不为世人所接受。在古代同性恋并不是那么受到世人的谴责。在古希腊，甚至人们还很崇拜同性恋。在中国古代，同性恋虽也不被世人肯定，但是仍有不少人，甚至帝王，宠爱同性之人。比较著名的是"龙阳之好"的魏王，和"断袖之癖"的汉哀帝。历史上有哪些帝王嗜好"同性恋"呢？

春秋时期，卫灵公和他的男宠弥子瑕大搞同性恋。一次，弥子瑕的母亲生病了，他竟敢驾着卫灵公的车去看望母亲。按照当时的律法，弥子瑕应当被判为刖刑（即斩足之刑）。卫灵公为他开脱，说弥子瑕不顾要判刖刑而去看望他生病的母亲，可见他是一个难得的大孝之人啊！还有一次，卫灵公与弥子瑕一起去果园。弥子瑕摘了一个桃子，咬了一口，递给卫灵公吃。这在当时也是犯罪行为，卫灵公仍为他开脱，说弥子瑕吃桃子尝到甜后马上就给我吃，这说明他很尊重体贴我。这就是历史上的"分桃"典故。

战国时期，魏王宠幸龙阳君。《战国策·魏策》如是记载："对曰：'四海之内，美人亦甚多矣，闻臣之得幸于王也，必搴裳而趋王。臣亦曩之所得鱼也，亦将弃矣，臣安能无涕乎？'"魏王为断绝龙阳君的担忧，遂下令，举国禁论美人，违禁者满门抄斩。这就是"龙阳之好"的由来。

其实若说"同性恋"的帝王，汉朝是最多的。例如，汉高祖刘邦的宠男有籍孺；汉惠帝刘盈的宠男有闳孺；汉文帝刘恒的宠男有邓通、赵谈、北宫伯子；汉景帝刘启的宠男有周仁；汉武帝刘彻的宠男有韩嫣、韩说、李延年；汉昭帝刘弗陵的宠男有金赏；汉宣帝刘询的宠男有张彭祖；汉元帝刘奭的宠男有张恭、石显；汉成帝刘骜的宠男有张放、淳于长；汉哀帝刘欣的宠男有董贤……

卫灵公

汉武帝雄才伟略，竟然和一个"太监"同床共枕，听来匪夷所思。李延年因犯法被施了宫刑后，成为了宫里的一名太监。因其

汉哀帝

出生在歌妓之家，所以很擅长舞曲。当时正时兴祭祀天地的颂词，李延年揣测圣意，为这些颂词谱写新曲子，颇受赞赏。后来汉武帝又看上了李延年的妹妹，并纳为妃子。李延年也成了皇亲国戚，因性情温顺，会阿谀奉承，被汉武帝带在身边，饮食起居都在一起。后来，因李延年的弟弟与太监乱搞，李氏又病亡，汉武帝找了个借口，把李延年一族灭了。

董贤长得温柔婉约，如同女子一般，皮肤白净细腻。在汉哀帝还是太子的时候，董贤为太子舍人，两人经常在一起。汉哀帝登基后，董贤也更加风流倜傥。一日，汉哀帝遇见了董贤，问左右之人："那不是舍人董贤吗？"董贤回答："正是小臣董贤。"于是，汉哀帝拉着董贤的手问长问短，董贤对答如流，深得汉哀帝的喜欢。从此之后，汉哀帝就把董贤带在身边，同车而乘，同榻而眠。一日，汉哀帝醒来，董贤还在熟睡。汉哀帝的衣袖被董贤压在身下，汉哀帝不忍心惊醒董贤，就用剪刀把衣袖剪断。董贤醒来，得知此事，两人更加缠绵。这就是"断袖之癖"的由来。

晋代的风流名士阮籍写诗，云："夭夭桃李花，灼灼有辉光。悦怿若九春，馨折似秋霜。流盼发姿媚，言笑吐芬芳。携手等欢笑，宿昔同衣裳。愿为双飞鸟，比翼共翱翔。丹青着明誓，永世不相忘。"这些美男子用美貌讨好皇帝，正如美女用美色侍候皇帝一样，待到年老色衰，必将被帝王所弃。

驸马爷不为人知的命运

"洞房花烛夜，金榜题名时。"此乃人生两大乐事。若是中了状元，然后再做了驸马爷，似乎就不是什么乐事了。为何如此说呢？

所谓"驸马"，本来是汉武帝设置的一个官职，全名是"驸马都尉"，所掌管的不过是副车马之事。魏晋之后，皇帝的女婿往往都被皇帝封为这个官职。所以，人们称皇帝的女婿为"驸马"。从隋大业元年（605）开始举行科举考试，至清光绪三十一年（1905）举行最后一批科举考试，1300多年来出现的状元不计其数，然而真正做"驸马"的状元却只有一个，这一个"驸马"就是唐会昌二年（842）壬戌科状元郑颢，而且他还不是自愿的。

郑颢乃名门望族之后，其祖父官拜丞相，父亲官至兵部尚书。如此家世，再加上皇帝钦点状元，马上就被宣宗派去为万寿公主择婿的宰相白敏中看中了。当时郑颢正要迎娶未婚妻卢氏，可是圣命难违，只好赶回朝廷做了心不甘、情不愿的"驸马爷"。成为了"驸马爷"之后，郑颢很是郁闷，一口怨气无处发泄。要找谁出这口怨气呢？宣宗皇帝、万寿公主，还是宰相白敏中？

状元"驸马爷"郑颢

找宣宗出气，恐怕他胆子还不够大。而且郑颢对宣宗还很有好感，宣宗对郑颢也很看重。宣宗喜欢文学，非常重视科举考试，与郑颢年龄上相差不大（宣宗只比郑颢大七岁），没有什么代沟，与状元郎"驸马爷"自然有共同的语言。据史书记载，两人经常谈书论文，就像一对很好的朋友。宣宗去世后，郑颢还经常与宣宗梦中相会，一起谈生前谈不完的话题。不久，郑颢也追随宣宗而去。

找公主出气，恐怕他也不够胆。要知道唐朝妇女比较开放，公主自然更加强悍，郑颢也不敢招惹。何况驸马爷又不是公主自己挑选的，纵使有气也不应撒在公主身上。

那么只有找宰相白敏中出气了。在宣宗面前，郑颢多次告白敏中的状。宣宗自知理亏，每次都压下了弹劾的奏折。郑颢与卢氏可谓是青梅竹马，白敏中断送了他们的婚姻，郑颢自是深深地怨恨，以至于白敏中差点死在他手上。

由此说来，状元郎并不一定要成为"驸马爷"才感到荣耀，而且历史上也仅郑颢一人是真正的状元"驸马爷"。状元很少成为驸马的原因不外乎两个：一是，公主认为嫁给士人是低就，委屈了自己。士人娶公主也会感到受拘束，不够自由。二是，古时公主在十五岁左右就出嫁了，而士人中状元之前也几乎都已娶妻。

 **冯道为何能"事四朝，相六帝"**

五代时冯道历仕后唐、后晋（契丹）、后汉、后周四朝十君，三入中书，在相位二十余年，"累朝不离将、相、公三师之位"，人称官场"不倒翁"。纵观政权更迭频繁的五代，国家和个人的好运转瞬即逝，冯道为何能在混乱的政局之中左右逢源，官运亨通呢？

唐朝末年，冯道做幽州节度使刘守光的幕僚。刘守光败后，他转事河南

政治不倒翁冯道

东监军大宦官张承业。张承业把他推荐给沙陀人晋王李存勖，任河东节度掌书记。有一次大将郭崇韬惹怒了李存勖，李存勖生气地说："你们另选统帅吧，我让贤回太原。"命冯道起草告示。再三催促之下，冯道却迟迟不动笔。他心平气和地说："崇韬所谏并不过分，何必生气。若让敌人知道了，以为我们君臣不和，恐怕于我们不利。"李存勖听后猛然醒悟，郭崇韬也来向李存勖谢罪。一场将帅矛盾就此平息，冯道也因此受到尊重。李存勖称帝后，冯道被升为户部侍郎，充翰林学士。在为父丧丁忧期间，遇到饥荒，就尽力救济乡里，帮助耕种缺少劳力的乡人耕种。有人前来道谢，他却说这是应该做的。

后唐明宗李嗣源时期，冯道拜端明殿学士，后来又做了宰相。他对待皇帝，说话非常得体。有一次，水运军在临河县得到一个玉环，玲珑剔透，上刻有"传国宝成岁环"六字，便献给了明宗。明宗非常喜欢这个玉环，常拿出来在大臣面前展示。冯道说："这种前代遗宝不足为奇，陛下的身体才是真正的无价之宝，还请陛下好好爱护。"这话说得明宗美滋滋的。

李嗣源死后，他在闵帝李从厚时仍任宰相。当李从厚出奔卫州时，他又率百官迎接末帝李从珂入主朝廷，仍然被任命为宰相。后曾一度黜为同州节度使，一年后又任司空。

石敬瑭的后晋灭后唐后，冯道又投靠后晋，被石敬瑭任为守司空、同中书门下平章事，加司徒，兼侍中，封鲁国公。事无巨细，悉以归之，其荣宠更胜前朝。石重贵时，他仍任宰相，加太尉，封燕国公。在晋梁交战前线，他在军中的帐内不设床席，仅用一捆牧草铺地而睡。有将士送他掠得的美女，他却将女子安置于别室，然后设法送回。

后出任匡国军节度使，又徙镇威胜（今河南邓县）。公元947年，契丹攻破开封，灭了后晋。冯道又事契丹。耶律德光斥责他事后晋无状，他不能对。耶律德光又问："何以来朝？"他答："无城无兵，安敢不来。"德光讥讽他说："尔是何等老子？"道对曰："无才无德痴顽老子。"耶律德光一高兴，任他为太傅。耶律德光曾问他："天下百姓，如何可救？"他说："此时佛出也救不得，惟皇帝救得。"言辞很讨耶律德光喜欢。耶律德光北撤时，他一直随从到了常山。刘知远建立后汉称帝之后，冯道任太师。后周灭后汉之后，冯道又被后周任命为太师兼中书令。

到后周世宗柴荣时，冯道有些吃不开了。周世宗柴荣雄才大略，容不得冯道这种圆滑之人，非常厌恶这个已历四朝九君的人，便寻机罢了他的太师之位。冯道又羞又气，不久郁郁而终。

有两句话对冯道很合适——"时势造就英雄""识时务者为俊杰"。在五代那样的乱世，冯道既能审时度势，又能随波逐流，虽不受人赞赏，但也需要胆量和技巧，非一般人所能为。

 成吉思汗不辞万里三召丘处机

丘处机在《射雕英雄传》中被金庸描写成一位豪迈奔放、武艺高强的道士。在历史上，丘处机或许不是武艺高强之人，但确实是一位豪迈奔放的道士，而且还是全真教第五任掌教。成吉思汗铁木真身为大汗，为何会不辞万里三召丘处机呢？

丘处机自幼失去双亲，尝尽人间疾苦，小时候就希望修仙以脱离苦海。传言，丘处机为磨炼意志，曾多次将铜钱从山崖扔进灌木丛中，然后再去寻找，直到找到为止。丘处机十九岁时，出家昆仑山，师从王重阳，与其他师兄弟合称"全真七子"。

1221年末至1222年初，丘处机被成吉思汗不辞万里三次邀请的真诚所感动，至成吉思汗的行宫与成吉思汗见面。成吉思汗见丘处机鹤发童颜、碧眼方瞳，颇有仙风道骨，特别高兴，赐美食，设庐帐，数次和他长谈，耶律楚材在旁记录。后来，谈话内容被整理成《玄风庆会录》一书。成吉思汗向丘处机请教长生之道。丘处机没有正面回答，而是把路上所见所闻的残暴杀戮告诉成吉思汗，并说："修仙必须先修阴德。大汗起兵灭了西夏和金是上合天意、下符民心的事情，但是要禁止过多的杀戮。上天有好生之德，得饶人处且饶人。如此，方能成就不世之伟业。"

成吉思汗听后，又问治国之道。丘处机回答，要以民为本，敬民爱民，帝业方能长久。丘处机坦诚相见，循循善诱，对成吉思汗的思想产生了很大影响。其个人魅力深深地吸

丘处机

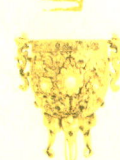

引住了成吉思汗,使他大有相见恨晚的感觉。成吉思汗高兴地说:"神仙所言,甚合我心。"于是召集太子及其他大臣,要他们按丘处机的话去做,不可妄开杀戮,要体恤下民,安抚百姓。又派人去各地张贴宣扬仁爱的告示。丘处机对成吉思汗讲的话,对成吉思汗统治中原的政策产生了不可忽视的影响。

不久,成吉思汗准许丘处机返回,命文武百官设美酒,夹道相送。丘处机返回后,受成吉思汗之命,掌管天下道教。同年,即1222年,丘处机奉旨释放3万余沦为奴隶的汉人和女真人。针对宗教间的关系,丘处机主张三教平等。自此,全真教盛极一时。

丘处机和成吉思汗的渊源颇受后人推崇,特别是对丘处机的评价很高。以宗教安定社会的功能来看,丘处机不仅是中国道教史上的第一人,也是中国宗教史上的第一人。其"一言止杀"的功绩被历史所铭记。

 朱元璋陪葬妃子的残忍死法知多少

殉葬制度自古有之,然而到了汉朝之后,殉葬制度太不人道,渐渐地被统治者废弃了。但令人意想不到的是,在明朝开国皇帝朱元璋的陵墓里却发现了大片森森白骨。很明显,这些白骨是属于殉葬之人的。换句话说,朱元璋死时,实行了殉葬制度。那么,这些陪葬者是如何死去的呢?

明朝恢复了殉葬制度,这是明朝的一个特殊之处。朱元璋死后,其孙子朱允炆继承皇位。朱允炆按照朱元璋的遗嘱,把宫中凡是没有生育过的妃嫔全部殉葬。这些给朱元璋陪葬的妃子在史书中称为"朝天女"。对于这些朝天女的死法,在史学界一直没有定论,主要流行两种说法。

第一种说法是上吊自杀。如此众多的妃嫔同时上吊自杀似乎有点荒谬。持这种观点的学者解释,在朱允炆下达殉葬命令之后,执行命令的官员便把符合殉葬的人的姓名一一编辑造册。由于某些原因,可能已经生育过的也会殉葬,未生育的不会殉葬。殉葬那天,执行命令的官员把名册上的人全部集中到一间大房间里,里面摆了和殉葬之人同等数目的凳子,梁上系着同样数目的七尺白绫。胆

朱元璋和皇后马氏的合葬陵墓:南京明孝陵

子较大点的，一咬牙就把头伸进七尺白绫里，蹬倒凳子，不久便一命呜呼。胆子小的，被吓呆了，在旁边的侍卫和宦官便会强行把她们的头放进七尺白绫里，拿走凳子。一会儿，她们也魂归西天。

　　第二种说法是灌注水银。水银具有防腐的作用，能够使死者保持生前的面容。那些执行命令的官员便采取这种办法。先是把应该殉葬的人的名字一一编辑造册，到殉葬那天便把殉葬之人集中起来。然后，让她们喝下一杯放有迷药的茶水。等她们昏迷之后，便在她们头顶切开一道口子，在里面灌注水银。等水银灌好之后，她们也就死了。最后把切口缝合起来。这样，这些妃嫔就陪着朱元璋一起长睡不醒了。

　　在明代的文人笔记里可以看到明朝有被灌水银而死的人。这其实是一种残酷的刑罚。在笔记的记载中，这种刑罚并没有交代如何执行的详细步骤。从表面看来，这种刑罚是惨无人道的。

　　两种说法都有一定的可信度，执行起来也不是特别麻烦。相对第二种说法来讲，第一种说法还是比较值得信服的。因为它操作更加简单，还因为在朱元璋的陵墓里发现了大量的森森白骨。如果真是灌注水银而死，那么在一个完全密封的环境里，灌注水银的尸体保持几百年应该没有什么大的问题。也许，朱元璋陪葬的妃嫔还有其他的死亡方式，仅仅是在下葬那天被关在了陵墓里，窒息而死。至于到底是什么原因，还有待专家学者们进一步的考察求证。

 明代公主为何屡次被无赖骗婚

　　明代公主只能嫁与老百姓。明朝皇室规定，公主如果出嫁，只能选择民间的男子，禁止文武大臣的子弟娶公主。为什么这样做呢？目的就是为了防止外戚干预朝政。在明代，公主的婆家在政治上几乎没什么地位，就不会通过联姻来影响朝政。通过这样的方式确实有效地杜绝了外戚干预朝政的问题。

　　明朝的驸马爷绝大多数是平头百姓，在政治上没有多高的地位。因而，明朝的公主才是真正的"下嫁"。一般情况下，有公主要出嫁了，皇帝就会派宦官去民间考察。因

明朝公主服饰

而有些有钱的平民百姓想攀龙附凤，就会贿赂考察的宦官。这样，驸马爷的品德好坏全由宦官说了算。待到驸马爷和皇帝见上一面，双方父母一商量，择个良辰吉日就会完婚。这可苦了公主，运气好的能嫁个称心如意的郎君，运气不好的就要守活寡了。

虚惊一场的婚姻。明弘治八年（1495），有一个叫袁相的大款，得知公主要出嫁，就用大量金钱贿赂考察的宦官。考察完后，宦官向弘治帝报告，推荐了袁相，并且大肆吹捧其优良品德。弘治帝听了之后，召唤袁相，感觉还行，就和袁相父母商量并定下了婚期，并告知天下。在大婚之前，有人向弘治帝告发袁相贿赂考察的宦官欺骗公主的婚姻。弘治帝派人调查，果然如此。而且袁相不如宦官所说那么优秀，简直是个流氓痞子。弘治帝大怒，下旨废去了袁相的驸马之名。可皇帝不能失信于天下，婚期不能更改。弘治帝立即另选了一位品德良好的驸马，届时完婚。还好公主仍是完璧之身，没有吃亏。

秃顶的驸马爷。嘉靖六年（1527），永淳公主出嫁选驸马爷。经宦官推荐，选择了一个叫陈钊的男子。有人打小报告说陈钊患有遗传病，而且其母是再嫁。经调查，果然如此。可是婚期临近，不能更改。嘉靖帝赶紧命人秘密地进行全国海选驸马。千挑万选，一个叫谢昭的男子入围。嘉靖帝怕再被骗，亲自召见了谢昭。不看还好，看后嘉靖帝愤怒不已，原来谢昭是个秃顶之人。婚期已到，皇帝只好吃了哑巴亏。婚后，这个秃顶驸马爷的人品还算不错，多少算是给嘉靖帝一些安慰。

守活寡的公主。万历十年（1582），万历皇帝的亲妹妹永宁公主要出嫁。此消息一放出，举国未婚男子震动。于是各种贿赂宦官的人源源不断。最后一个叫梁邦端的富豪被选为了驸马爷。此时，梁邦端已经病入膏肓，是将死之人了。结婚当天，梁邦端大流鼻血，受贿的宦官怕事情败露，欺骗皇帝说是结婚见红乃大喜之兆。夜晚，梁邦端自然不能圆房，不久便一命呜呼。可怜堂堂永宁公主虽然已婚，却没有行过夫妻之事，自然无法孕育儿女。寡居二十年后，永宁公主也在抑郁中死去。

明朝公主屡次被无赖骗婚，这与当时公主的择婚方式和皇帝无能导致宦官专权有不可分割的关系。

 道光帝为何要穿补丁衣服

道光帝在位期间正值清朝衰败时期，为了挽救清朝颓败之势他做了很多努力，如整顿吏治、整理盐政、疏通海运、严禁鸦片等。当时，清朝财政入

不敷出，为了勤俭节约，道光帝身体力行，所穿衣服都打了补丁。

为了勤俭节约，道光帝发表了一篇叫《御制声色货利谕》的文章，文中强调了很多需要节约的地方，比如进贡、修建殿阁等。文章中说道光帝不让进贡，官员们也不知是真是假，照常进贡。贡品送到道光帝那里，道光帝收也不是，不收也不是。收了，是出尔反尔；不收，退回各省又是一大笔路费，想着都心疼。而这些贡品大多是生活必需品，如茶叶、药材等，只好让内务府收下。并向官员规定以后进贡物品的数量，不得擅自增减。

道光帝生活俭朴，批阅奏章所用笔墨都是普通用品，所穿衣服破了打上补丁再穿。《满清外史》中记载："衣非三浣不易。"所谓"三浣"指一个月。说明他衣服很少。道光帝还规定非节假日，宫内不准开设宴席，不准吃肉，不准穿鲜艳衣服。

爱穿补丁衣服的道光皇帝

道光帝领头勤俭节约，众大臣纷纷效仿，上朝所穿朝服都打上补丁。散朝之后，官员们常常聚在一起，讨论哪里的蔬菜便宜，交流勤俭节约的经验。表面上看来，官场风气有所改变，其实不然。何德刚撰写的《春明梦录》中记载这样的一个故事：道光帝衣服破了，不舍得扔掉，让内务府去修补。修补完后，道光帝询问修补价钱，得知花费数千两银子，比买新衣服花费的还多。龙颜大怒，责问修补衣服花费数千银两的原因。内务府回答，皇帝衣服上的花样很特别，剪了上百匹绸布才找到相配的图案。补丁又是苏州著名巧匠打理，再加上路费等等，花费自然就高了。道光帝不明白其中的猫腻，只好哑口无言。

道光帝不仅在小事上节俭，在军国大事上也一样节俭。《清史稿》中记载，在探讨新疆设防方案时，将军们考虑道光帝的节俭，上奏镇守新疆需要一万八千名士兵。道光帝一下子削去三分之二的人数。经过多次谈论，最后才决定，"各省绿营兵额内裁百分之二，岁省三十余万，以为回疆兵饷"。

纵观道光帝一生的节俭事迹，几乎每件思之都令人发笑。其所影响的范围也不过京城之内。放眼全国，官场生活依旧是宴会不断，一片歌舞升平的景象。作为皇帝，不去开源兴利，只是锱铢必较，勤俭节约，如何能够节俭出一个"康乾盛世"来！

多尔衮为何生前不称帝，死后却"谋逆"

爱新觉罗·多尔衮是清太祖努尔哈赤的第十四个儿子，清太宗皇太极之弟弟。多尔衮是满清一位杰出的军事家和政治家，功勋卓著，对满清入主中原，统一全国起了至关重要的作用，虽名为摄政王，实际上却是清朝入关初期的实际统治者。当时孝庄太后用尽手段严防其夺位称帝，多尔衮也因种种原因始终没有称帝，但他死后，却被加上"谋逆"的罪名。

多尔衮的母亲乌拉氏阿巴亥在努尔哈赤死后仅九个时辰，就被皇太极众兄弟逼迫殉葬。多尔衮同母兄弟三人，处处被皇太极众兄弟压制。对此，多尔衮心生愤恨，但未表露。多尔衮在皇太极生前就已经战功赫赫。皇太极去世时，继位的人选并未确定，他是有机会称帝的。当时他手握两白旗重兵，并且两白旗的统帅阿济格和多铎就是他的同母同父的亲兄弟。两白旗的支持把多尔衮推向了争夺帝位的风口浪尖上。而另一个竞争者是皇太极的长子豪格，有不少军功。两黄旗大臣、正蓝旗都支持豪格继位。双方剑拔弩张，气氛十分紧张。多尔衮虽然只有两白旗支持，但正红旗、正蓝旗和正黄旗中也有不少宗室支持他。从当时的形势来看，他是有能力登上帝位的。但为了避免满清的内部冲突，他改立年仅六岁的皇太极的幼子福临为帝，以便于控制。野史上常说是因为福临的生母孝庄和多尔衮有风流韵事，多尔衮才改为支持福临登基。

多尔衮执政期间功绩不凡，与蒙古结盟，共同击败了李自成的军队，并迁都北京，统一中原，又治理西藏，整顿吏治等。但他作风专横，得罪过不少人，背负了许多骂名。豪格显然是多尔衮最需严加防范的政敌，于是他找借口幽禁了豪格，使豪格死于狱中。另外的反对派分子图赖、索尼、鳌拜等也都遭到了残酷打击。多尔衮真正的依赖是自己的两个亲兄弟阿济格和多铎。顺治六年（1649）多铎死于出痘，使多尔衮一派的力量大减。阿济格是一勇之夫，脾气暴躁，容易坏事，使多尔衮不敢十分重用。

多尔衮当摄政王时，府第威仪超过顺治帝。到顺治五年（1648）十一月，"加皇叔父摄政王为皇父摄政王，凡进呈本章旨意，俱书皇父摄政王"。至此，多尔衮大权在握，权势地位已达到无以复加的程度，"凡一切政事及批票本章，不奉

北京普度寺多尔衮铜像

上命，概称诏旨""不令诸王、贝勒、贝子、公等入朝办事，竟以朝廷自居，令其日候府前"。

多尔衮身体一直欠佳，据说是在松山大战时落下的病根。而入关之后，他经常头昏脑涨，体中时感不快。据说病症是"风疾"，即脑血管病。多尔衮不能生育，一直没有子嗣，这也是他没有夺位的重要原因。顺治七年（1650）十二月九日，多尔衮因狩猎坠马，膝盖受伤，涂以凉膏，竟不治死于喀喇城。

多尔衮在弥留之际，与同胞兄长阿济格有过密谈。多尔衮刚一断气，阿济格立即派自己的亲兵三百骑兵飞驰北京，似要发动军事政变。其心腹大学士刚林洞悉此中底细，立即快马飞奔进京告密，布置关闭城门，通知诸王做好防变准备。顺治帝听从诸王的要求，将阿济格三百飞骑收容在押，诛杀殆尽。阿济格随多尔衮的灵柩进京时，立即被捕入狱。

顺治帝福临全身坐像

尽管如此，多尔衮一派的势力仍很强大。在多尔衮心腹罗什等人的要求下，福临下诏为多尔衮举行国丧，"中外丧仪，合依帝礼"，还被追尊为"懋德修道广业定功安民立政诚敬义皇帝"，庙号成宗。顺治八年（1651）正月十九，又将多尔衮夫妇同祔于太庙；正月二十六，福临正式颁诏，将尊多尔衮夫妇为义皇帝、义皇后之事并同祔庙享之事公之于众，并覃恩大赦。

但是，多尔衮死后不久，其政敌便纷纷出来翻案，揭发他的大逆之罪。他们首先议了阿济格的罪，因故赐令其自尽。然后恢复两黄旗贵族的地位，提升两红旗的满达海、瓦克达、杰书、罗可铎等。白旗大臣苏克萨哈等也纷纷倒戈。众人要孝庄处理多尔衮的余党。起初，孝庄还不同意，但众人揭发多尔衮的种种丑事。顺治二年（1645）时，多尔衮"于八旗选美女入伊府，并于新服喀尔喀部索取有夫之妇"。他还强占其侄子豪格的妻子。又曾逼朝鲜送公主来成婚，在发泄欲望之后，又嫌其不美，让朝鲜再选美女。在他死前不久，还偷偷养着两个朝鲜美女。这令本已感到委屈的孝庄大怒，说："看来是高看他了。"便下令拘捕多尔衮死党，先将罗什等五人入狱，然后正式宣布多尔衮罪状，追夺一切封典，毁墓掘尸。

意大利传教士卫匡国在《鞑靼战纪》中记载："顺治帝福临命令毁掉阿玛王（多尔衮）华丽的陵墓。他们把尸体挖出来，用棍子打，又用鞭子抽，最后砍掉脑袋，暴尸示众。他的雄伟壮丽的陵墓化为尘土。"接着，又接连处

罚了刚林、巴哈纳、冷僧机、谭泰、拜尹图等。多尔衮多年培植的势力迅速瓦解。

多尔衮死后仅两个月，就从荣誉的顶峰跌落下来。其原因一是树敌太多；二是压得小皇帝顺治喘不过气来，还害死了顺治的哥哥豪格；三是其多好色之丑行，令孝庄心生愤恨。在这种形势下，多尔衮被迅速判罪是必然的。

年羹尧为何不得不死

年羹尧，字亮工，号双峰，原籍安徽怀远，汉族，后改隶属汉军镶黄旗。其父年遐龄官至工部侍郎、湖北巡抚，其兄年希尧亦曾任工部侍郎。年羹尧的妻子是纳兰性德的女儿，继室为辅国公苏燕之女。他的妹妹是胤禛的侧福晋，在胤禛即位后，被封为贵妃。胤禛即后来的雍正皇帝。也就是说，年羹尧与雍正有姻亲关系。但在雍正四年（1726）年羹尧被赐自尽。那么，雍正为什么要杀年羹尧呢？

年羹尧儒生出身，自幼读书，颇有才识。康熙三十九年（1700）中进士，不久授翰林院检讨。康熙四十八年（1709），年羹尧迁内阁学士，不久升任四川巡抚。这时的他还不到30岁。年羹尧到任后，很快就熟悉了四川的大概情形，做了很多兴利除弊的事情。后来，年羹尧为保障清军的后勤供给立了大功。康熙五十七年（1718），年羹尧被授予四川总督，兼管巡抚事，统领军政和民事。康熙六十年（1721），年羹尧进京入觐，康熙亲赐弓矢，并提升为川陕总督，成为西陲的重臣要员。这年九月，年羹尧又迅速平息了青海郭罗克地方叛乱。康熙六十一年（1722）十一月，年羹尧受命与管理抚远大将军印务的延信共同执掌军务。

雍正即位后，年羹尧更受倚重。他和隆科多并称雍正的左膀右臂。隆科多是胤禛的亲娘舅，二人的亲密程度自不必说。雍正元年（1723）五月，雍正发出上谕："若有调遣军兵、动用粮饷之处，著边防办饷大臣及川陕、云南督抚提镇等，俱照年羹尧办理。"这样，实际年羹尧遂总揽西部一切军政事务，权势地位在抚远大将军延信和其他总督之上。同年十月，青海发生罗卜藏丹津叛乱，雍正命年羹尧接任抚

年羹尧

远大将军,驻西宁坐镇指挥平叛。雍正二年(1724)初,此叛乱被年羹尧用分道奇袭战术而迅速平息。年羹尧晋升为一等公。

雍亲王致年羹尧书

但该年七月中旬后,雍正便使出浑身解数要置年氏于死地。雍正为什么转变得这么快?一说随着年羹尧不断得到恩宠,权势越来越大,便妄自尊大,自恃功高,终于使雍正忍无可忍,动了杀心。雍正二年(1724)十月年羹尧进京觐见,在赴京途中,他令都统范时捷、直隶总督李维钧等跪道迎送。到京时,令郊迎的王公以下官员跪接,年羹尧则乘马而过。王公大臣下马向他问候,他也只是点头回应而已。更有传言,他"御前箕坐,无人臣礼",令雍正很生气。十一月京中出现"雍正赏兵乃是年羹尧主意"的谣言,十五日,雍正不满云:"朕又不是三岁小孩,难道还要年羹尧指点?难道非要等到年羹尧陈奏,朕才赏兵的?"又云:"年羹尧的才能,做个大将军或者总督还可以,但怎么可能有天子的才智!"十二月下旬,年羹尧回到西安,雍正给他的折子上批曰:"若倚功造过,必致反恩为仇,此从来人情常有者……我君臣期勉之、慎之。"雍正的这段话意味深长,等于给年羹尧警告了。

雍正三年(1725)三月,出现"日月合璧,五星连珠"的祥瑞天象,大臣们纷纷上表祝贺。年羹尧也上了一表,但表中把"朝乾夕惕"误写成了"夕惕朝乾",成了讽刺之语。雍正接阅后大怒,说:"年羹尧自恃己功,显露不臣之迹,其乖谬之处,断非无心!"尽管年羹尧后来一再进折请罪,但雍正已下决心置年羹尧于死地了。

首先,雍正撤换了一些四川和陕西的官员,并对年羹尧的部下进行分化瓦解,让他们和年羹尧划清界限。随后,雍正撤了年羹尧川陕总督的职,命他交出抚远大将军印,并调他去任杭州将军。年羹尧并无心理准备,只得谢恩从命。

善于察言观色的朝中大臣们见这般情形,便乘机落井下石,一个个挺身而出,大力揭发年羹尧的罪状。当年六月,雍正又下令革去年羹尧的杭州将军一职。十一月,年羹尧被械系至京。十二月,年羹尧被众议政大臣定了92款大罪,分别是:大逆罪5条,欺罔罪9条,僭越罪16条,狂悖罪13条,专擅罪6条,忌刻罪6条,残忍罪4条,贪婪罪18条,侵蚀罪15条,并把结果报给了雍正,请求对年羹尧明正典刑。雍正接报后仁慈地说,这92款中

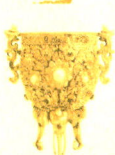

应服极刑及立斩的就有30多条，念及年羹尧的功勋，杀了他怕有人不服，姑且从轻发落，赐其在狱中自裁。

当时年羹尧对雍正还抱有幻想。据说年羹尧接到雍正命他自杀的诏书后，一直不肯自杀。他向雍正上书哀求说："臣今日已知道自己的罪了，求饶了臣，以慢慢效力。"但雍正回复道："尔自尽后，稍有含冤之意，则佛书所谓永堕地狱者，虽万劫不能消汝罪孽也。"年羹尧看到回复后只好上吊自尽。另外，年羹尧的家产全部抄没，嫡亲子孙送边地充军，就连其族中做官的也一律革职。

另外，也有人认为年羹尧的死与雍正帝夺位之事有关。据说康熙帝临终时指定十四子胤禵嗣位。但四子胤禛串通隆科多，矫诏篡位，并暗令年羹尧牵制胤禵。当时，十四子胤禵身在四川，为抚远大将军，本可挥兵争位，但受制于川督年羹尧，而无力争夺帝位。雍正帝位稳固后，便寻机除掉了年羹尧和隆科多，以杀人灭口。同时这也跟满清朝臣猜忌汉族大臣有关。

大清皇帝为何会接连绝后

所谓"不孝有三，无后为大"，深受中原文化影响的大清皇帝为何会接连绝后？同治帝绝后，光绪帝绝后，宣统帝也绝后，三个皇帝都绝后，人们不禁要问大清皇帝怎么了？大清朝怎么了？

同治帝载淳，十九周岁时死去，无后。野史中说，同治帝死时其皇后阿鲁特氏已怀有龙种。正史没有确切材料记载，野史不足为信。光绪帝三十八周岁时死去，也是无后。清朝最后一个皇帝宣统帝，于1967年去世，活了60多岁，娶了5个妻子，死时也是无后。那么是什么原因导致他们都没有生育的呢？史书中没有记载，御医手中也没有留下直接的医学资料，研究难以下手。

从现代医学的角度分析，似乎依稀能够看到不孕的原因来。

清朝的婚姻制度是，丈夫死了之后，妻子可以转嫁给丈夫的兄弟，甚至可以转嫁儿子或侄子。在这种婚姻制度下，妻子是作为了一种财富和交配工具存在的。清太祖努尔哈赤死前曾留下遗嘱，待我死后，我的妻儿全部交给大

孝庄文皇后

阿哥收养。大阿哥即其长子代善。其所说的"收养",即为代善所有。

皇太极和顺治帝的婚姻,都是典型的近亲婚配或乱伦婚配。比如皇太极的孝端文皇后和永福宫庄妃就是姑母与侄女的关系。顺治帝是庄妃所生,所娶的孝惠皇后(后被废为静妃)和淑惠妃都是他的表妹。不仅如此,顺治帝还娶了他的表侄女孝惠章皇后(孝庄文皇后的侄孙女)为妻。从另一个角度看,莽古思不仅将一个女儿(孝端文皇后)、两个孙女(孝庄文皇后、宸妃)嫁给了皇太极,而且还将两个孙女(静妃、淑惠妃)、一个曾孙女(孝惠章皇后)嫁给皇太极的儿子顺治帝福临。

近亲结婚或乱伦婚姻,可能就是大清皇帝接连绝后的原因吧。封建时期,皇帝无后,不仅是皇族不幸,更是社稷不幸,国家不幸,因此而引发的灾难在历史上屡见不鲜。在三帝接连绝后的晦暗之气中,大清朝走向了末日。

 末代皇后和皇妃的凄惨下场

作为末代皇帝,溥仪坎坷的一生可悲又可叹。然而溥仪的皇后婉容与淑妃文绣,也同样命运多舛,一个精神失常,一个离婚再嫁贫困终老,均没有拥有过真正的幸福生活。

溥仪的皇后婉容是紫禁城内最后一位拥有皇后地位的女性,也是中国历史上最后一位皇后。婉容姓郭布罗,字慕鸿,别号植莲,父亲荣源供职于晚清朝廷。婉容家族势力颇大,因此被选为溥仪的皇后,时年17岁。婉容相貌清丽,生性活泼,琴棋书画样样精通。结婚初期,婉容与溥仪感情甚好,两人还一起学习英语。1924年底溥仪被赶出了紫禁城,他带着皇后婉容、淑妃文绣住进了天津静园。随着时间的推移,溥仪性格上的弱点逐渐暴露出来了,而他生理上的缺陷最终更是导致了文绣提出离婚。可是溥仪却把这场给他带来奇耻大辱的"刀妃革命"的所有过失都推到了婉容的身上。等到溥仪逃至长春,成为了伪满洲执政府的傀儡后,他更是对婉容置之不理,不闻不问。同时婉容的行动也受到了日本人的严密监视和限制,这一切使婉容的身体和精神处于崩溃的

溥仪与婉容

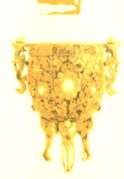

边缘。于是婉容越来越放纵自己，她嗜毒成瘾、狂躁易怒，甚至与溥仪身边的侍卫私通，最终被溥仪打入冷宫，开始了长达10年的冷宫生活。苦闷的活死人般的日子使婉容变成了一个形如槁木的疯子。到了1945年日本人投降后，溥仪撇下婉容和一大群的皇亲国戚自己仓皇出逃，婉容只好开始了在长春、通化、吉林之间的流浪生涯。最后婉容病死在吉林延吉的监狱，终年仅40岁。这位末代皇后最后被一顶破席包裹着草草安葬，至今不知葬于何处。

与皇后婉容一起被选入后宫的还有淑妃文绣，她是中国历史上最后一位合法的，并为社会所公认的皇妃。文绣，姓额尔德特，蒙古族，学名傅玉芳，小名蕙心。文绣出身于满洲镶黄旗的贵族官僚人家，但因家族的没落和父亲的早死，文绣家并不富裕。据溥仪自己回忆，当年选后时他起初选的是文绣，因为有人阻拦才临时换成了婉容，改封文绣为淑妃。从皇后变为妃嫔，就此注定了文绣的悲情人生。虽然被逼退位，但是等级分明的思想在溥仪这个末代皇帝的脑海中根深蒂固。溥仪始终认为婉容是妻，文绣是妾，地位尊卑有别。所以溥仪在大婚后虽然也曾为文绣聘请过教师，但是他对待文绣的态度和婉容比却是天壤之别。加上婉容的排挤，文绣的生活异常艰难。尤其在天津静园时，溥仪几乎视文绣为不存在。加上溥仪性无能，文绣在精神和肉体上承受着无法言表的折磨。忍无可忍、痛定思痛后，文绣向溥仪提出了离婚，即为著名的"刀妃革命"。这也是中国第一起皇帝离婚案，此举一出，天下哗然。经过长期协调，双方最后达成协议，溥仪付给文绣5.5万元生活费，而文绣答应溥仪永不再嫁。但是获得自由的文绣并不能摆脱皇家的烙印，她已经无法适应普通人的生活。被七扣八扣才拿到手的生活费很快被花完，文绣只好靠幼时所学的挑花艰难度日。后来文绣迫于生活，无奈改嫁给了国军军官刘振东。起初两人过着小康生活，但是好景不长，由于时局的动荡，刘振东破产了，两人生活日渐贫困。1953年9月17日晚10时，文绣因心梗死于家中，终年43岁，一生未有子女。安葬很简单，四块木板打成的一口棺材，连墓碑也没立，曾经的末代皇妃就这样被掩埋了。

婉容和文绣也许曾经被多少女性所羡慕，但是她们终究只是封建专制制度的牺牲品。她们用悲惨的一生告诉人们：那个吃人的制度怎样毁灭了数以万计的具有聪明才智的女性。

末代皇妃文绣

袁世凯猝死之谜

民国五年（1916）六月初六日，窃国大盗袁世凯在内外交困和亿万民众的声讨声中死去，年仅57岁。孙中山领导的讨袁大军不战而胜，一时全国为之欢庆。但在民众互相庆贺的同时，也不免产生疑问，袁世凯是因什么猝死？有人说他是被气死的，有人说他是病死的，有人说是因为冤魂索命，还有人说是其家族的生理缺陷或族命。

据中华民国五年黄毅写的《袁氏盗国记》记叙："盗国殃民，丧权乱法，在中国为第一元凶，在人类为特别祸首，其致死固宜，益以年老神昏、兵之将变。人心怨怼，体面无存，袁氏人非木石，顾后思前，能不自疚，此即袁氏病死之真因也。"佚名的《袁世凯全传》中述：

袁世凯雕塑

"袁世凯以称帝不成，中外环迫，羞愧、愤怒、怨恨、忧虑之心理循生迭起，不能自持，久之成疾。"《文史资料选辑》第74期上有袁世凯的女儿袁静雪的《我的父亲袁世凯》一文，称其是"内外交攻，气恼成病而死"。上面材料都认为袁世凯在气愤中生病而死。

但当时的官方的讣告中说袁世凯是病死的。黄毅的《袁氏盗国记》记："五月二十七日，经中医刘竺鉴、肖龙友百方诊治，均未奏效，延至六月初四日病势加剧，即请驻京法国公使馆医官博士卜西京氏诊视症状，乃知为尿毒症，加以神经衰弱病入膏肓，殆无转机之望。"佚名《袁世凯全传》记："相传为尿毒症，因中西药杂进，以致不起。"据说在袁世凯医治方案上，大儿子袁克定主张用西医动手术；二儿子袁克文则反对用西医，主张用中医，双方相持不下，贻误治疗的时机，最终导致袁世凯死亡。

另有一说是冤魂索命。据说袁世凯在彰德（安阳）修养时，请一位有名的术士给他算命。术士称袁"不得过五十八岁"。袁问："有何禳

袁世凯称帝时用的"洪宪"旗

解否?"术士说:"此事甚难,非得龙袍加身不可。"这正中袁世凯下怀。为了保密,他便用毒酒将术士毒死。但从此后,他便有了称帝之心。1916年袁世凯称帝后众叛亲离,积忧成疾,昏迷之中,总看见术士来索命,侍人所进的药汤,在他看来是给术士喝的毒药,怎么也不肯吃,最后只好改用针灸治疗,不久便身亡。

另据调查,袁家男人都不满花甲而死。袁世凯的曾祖父袁耀东不足40岁就死了,三爷袁甲三病死时57岁,袁世凯的生父袁保中终年51岁,嗣父袁保庆病死时49岁,堂叔袁保恒病死时52岁。因此有算命的说袁家男人大限为57岁。袁世凯死时57岁。有人说这是其族命,有人说是其家族基因病。

从上面的记载和分析可以看出,袁世凯不是死于单一某种原因,而是因众叛亲离,气愤生病,再加上其他原因,最终气病而死。

 川岛芳子之死的重重疑云

1945年8月15日,日本法西斯宣布投降。川岛芳子没有听从亲友们的劝告回到日本,最终在中国被捕,并被处以极刑。然而就在川岛芳子死后不久,人们就对她的死提出了种种质疑,很多人认为被处死的并非川岛芳子本人。一直到今天,对于川岛芳子之死仍然是众说纷纭。那么,是什么原因使得这场争论如此旷日持久呢?

1948年3月25日清晨,北平第一监狱的门口聚集着北平各大报纸的记者,他们是受到国民政府的邀请来报道川岛芳子被枪决的情况的。但是,无论他们怎样交涉,监狱的大门就是不肯为他们放行。最后,只有两名美国记者被准许放行。就这样僵持了一个多小时,突然的一声枪响,使人们的躁动停止下来。不一会儿,监狱大门打开,士兵们把川岛芳子的尸体抬了出来。然而,摆在记者们眼前的这具尸体,满脸污垢和血渍,根本无法辨认她的本来面目。

这种种异常的行为,使得百姓们回想起了在对川岛芳子进行露天审判时的情景。在审判中,川岛芳子不仅态度傲慢,而且对自己被宣判执行死刑时态度淡然,带着一丝浅笑离开了法庭。

皇族出身的川岛芳子

于是，很多人相信，川岛芳子早已筹划好脱身之策来逃避法律的制裁。

就在大家对川岛芳子的死猜测质疑之时，一名叫刘凤贞的女子报案，说她在监狱中得了重病的姐姐刘凤玲被母亲以10根金条的价格出卖做了死刑犯的替身，而只得到4根金条的母亲在向监狱索取剩余金条的时候失踪了。一时间，大众舆论一片哗然。倍感压力的国民政府立即登报辟谣，进行舆论控制。然而，仍有一部分人坚定地认为，川岛芳子真的没有死。比如，远在日本的芳子家庭教师听说死者耳后头发浓密后，说他立即想到了死者是替身。还有，芳子的亲哥哥金宪立也说芳子逃到了家族在蒙古的领地，并且出了国境。

不过，不久川岛芳子是否被执行枪决的疑云就被战争冲淡，议论顿时也石沉大海。一直到了2006年的一天，长春市女画家张钰爆出了一个惊天秘闻，说从小就和她生活在一起的方姥姥就是川岛芳子，而且一直到1978年才去世。这则消息一出，立马引来了大家的关注，于是，60多年前的疑案又一次成为了长春乃至全国关注讨论的焦点。

张钰不仅拿出了方姥姥的遗物，还展示了所画的方姥姥画像。通过方姥姥生前密友的检验，证实"方姥姥"像极了川岛芳子。后此事又得到日本方面的高度关注。经过日本有关方面的一系列高科技检验，证实当年刑场上的死囚的确不是川岛芳子。

如果方姥姥是川岛芳子，那么，60多年前死在刑场上的又是何人？川岛芳子是怎样逃脱的？她逃脱后又是怎样在没有户籍的情况下隐姓埋名活了30多年呢？

重重的疑云难以解释。川岛芳子这个谜一样的女子，无论留下多少谜题，但有一点是可以肯定的，就是她所犯下的出卖祖国、祸国殃民的累累罪行，永远被人们所不齿。

 ## 古代皇帝如何用餐

皇帝如何用餐，朝代不同，吃法也不同。饭菜的搭配方式和丰盛程度都会受皇帝个人口味和胃口的影响而有所不同。目前比较清楚的是明清时期的皇帝如何用餐。

皇帝并不是如平常百姓那样一日三餐，有的多，有的少，比如清朝的皇帝，都是一日两餐，即早膳和晚膳。

皇帝吃饭时并不是自己一个人，有时不远处也会有站着听赏的人，如皇帝的宠臣、皇子等，但不会像平常百姓那样全家围坐在一起。如果皇帝胃口

皇帝的御用瓷器

不好，或者一时高兴，更多的时候是吃不完，就会把饭菜赏赐给人。被赏赐的人会在另设的桌子旁边站着吃完这些御赐的食物，吃完之后还要表示非常好吃。

皇帝吃饭不叫吃饭，叫用膳。清朝末代皇帝溥仪在《我的前半生》这部自传中说，溥仪要"进膳"时，会吩咐一声"传膳"，跟前的太监就会向下一步步地传话，一声声的"传膳"声不断，直至"御膳房"。之后，"御膳房"中的太监就会排好队，抬着膳桌，捧着绘有金龙的朱漆盒，浩浩荡荡奔向养心殿。至明殿，有专门的小太监接过，在东暖阁把菜肴摆好。平时是两桌菜肴，冬日时会增加一桌火锅。还有各种点心、米粥、果品等三桌，一小桌咸菜。

皇帝用餐时还有一道程序叫"摆谱"。"摆谱"就是"摆菜谱"。清朝的御膳标准是，每顿120道菜，摆三大桌。除此之外，还要有主食、点心、果品等。后来由于财政压力大，皇帝感觉有些浪费，就开始减少菜肴。先是120道变为64道，及至慈安太后垂帘听政时菜肴只有24道了。慈安太后死后，慈禧太后独揽大权，又开始了"摆谱"，菜肴再次变为120道。所谓"摆谱"还有另一层意思，就是每道菜的菜名是什么，掌厨是谁，都会在盘子旁边标示清楚，一是为了保证饭菜质量，二是万一有毒可以方便追究责任。

皇帝用餐的餐具也很有讲究，一般是金银所制，也有一些是上等陶瓷。用金器是为了显示皇家气派，而银器有一个实际用途就是可以餐前验毒。当然在皇帝用膳之前，都会有专人"尝膳"。在中国历史上并不是没有毒死在餐桌之上的皇帝，相传晋惠帝司马衷就是被人毒死的。

其实不管古代皇帝如何用餐，所吃之物也不过是用来果腹。所谓金器银器也并不一定就能防止被人暗杀。

皇帝的御用碗筷

 ## 古代皇帝如何治病用药

清御药房内景

在古代，皇帝治病主要是用太医院的御医，特殊情况下会让民间的名医入宫治病。一些皇帝在治病方面对御医言听计从，若病治好了，还会给御医些赏赐。有些皇帝则对御医很苛刻，不体谅其难处。多数御医在给皇帝或妃子等治病时总是提心吊胆，开药方相当谨慎。他们往往是只开药方，另有专人取药熬药。其诊治全程也会有人监督并记录。如果治不好病，或者开错了药方，他们轻则受罚，重则有杀身之祸。

唐朝时，有一次，高宗李治患头痛病，让人唤御医秦鸣鹤前来诊治。秦鸣鹤诊完病，说要在皇帝头上的百会、脑户两穴扎针放血。这令武则天很生气，欲杀秦鸣鹤。但唐高宗同意其医治。秦鸣鹤在唐高宗头上扎针放血后，唐高宗即刻病愈，秦鸣鹤也就免了杀头之祸。

明成祖朱棣时，东宫太子妃数月不见月水，众人都以为她怀孕了。恰此时，太子妃生病，请御医张启运诊治。张启运给太子妃开出一剂活血化瘀的药方。太子一看药方，很生气，怕动了胎气，不让太子妃服用。数日后，太子妃的病情加重。她坚持要张启运诊治。张启运仍然开了同样的药方。太子派人按方取药，但把张启运关押起来。太子妃服药后，病情大为好转，竟通了月水。这证实太子妃根本不是怀孕。明成祖听说此事后，觉得冤枉了御医张启运，便赏赐给他不少礼品，以表抚慰。

明嘉靖二十一年（1542）十月二十一日夜，皇帝朱厚熜被宫女用绳子勒致昏死。方皇后命御医许绅救活皇帝。面对直挺昏死的嘉靖皇帝，许绅深知若是医治无效，自己必被处死，甚至会株连家族。最后他咬牙开出一剂猛药。药被灌下后，嘉靖皇帝得以生还。可是，许绅却因惊恐过度，心悸病日甚一日，一病不起，一年后便死去了。

清代皇帝、后妃、皇子、公主等人生病，都由太医院太医诊断、开方、配药，进行治疗。太医院为宫中的医疗机构，最高首领叫院使，下设御医、医士、医生等，统称太医。值班太医为皇帝看病时，都要由御医房的太监带领前往。太医和太监都要在药方上签名。煎药时，太医和太监在旁边监视。煎好后分两杯装，一杯由主治太医先尝，太监也要尝一点；另一杯进呈皇帝

服用。皇帝服药后，如果病情不见好转，甚至病情加剧或死亡，太医就要被治罪，甚至被杀头。皇帝到外地出巡时，也要有太医跟随，随时应召给皇帝治病。另外，后妃、皇子、公主等生病时，他们的治病方法也与皇帝的相同。

古代女子是如何入宫的

古代宫女图

几乎历朝历代的皇帝后宫中，都充斥着大量的绝色女子。她们作为皇帝和皇官的附庸品为皇家提供着各种各样的服务。在这些佳丽中，有的是出身高贵的名媛淑女，有的是身怀绝技的歌舞名伶，还有的是倾国倾城的绝色佳人。那么，这些女子是怎样入宫的呢？

虽然历朝历代对于女子入宫的具体制度和规定不同，但总体而言，古代女子入宫有三个相似的基本途径：礼聘、采选和进献。

礼聘。通过皇家礼聘而入宫的女子大多出身高贵、气度非凡、才德兼备、容颜甚佳。这些女子大多来自于皇亲国戚、权门贵族。她们一入宫就会受到皇室的特殊礼遇，受到册封，成为有名位和身份的妃嫔和女官。而且，未来的皇后一般也会来自于这些通过皇家礼聘入宫的女子中。

采选。顾名思义，就是朝廷到民间挑选良家女子入宫。这些女子大多出身于平民之家，作为充实皇帝后宫、太子东宫和诸王王府之用。从民间入宫的这些良家女子，虽然没有皇室给予的特殊礼遇，但只要容貌出众、才能卓越，就会有被封妃甚至封后的机会。

进献。这些女子大多是被当作礼物送进皇宫的。一些一心想要加官晋爵的官吏，往往会把自己容貌出众、德行优良的女儿或者管辖范围内的才色俱佳的女子送入后宫，充当自己青云直上的工具。还有一些甘愿臣服于中原王朝的外邦藩族，也会选拔一些本族的绝色女子，敬献给中原皇帝，以这种方式来表示对中原王朝的诚意，换来本族的和平与安定。

这些美丽的女子在后宫这一方独特的天地中，演绎了许许多多的悲欢离合，为神秘的后宫增添了一分迷离而炫目的色彩。

中国古代有哪"四大书院"

随着书院的发展,宋朝时期出现了一些著名的书院,我国古代素有"天下四大书院"之说,那么,"四大书院"指的是哪几所著名的书院呢?

江西九江白鹿洞书院

于唐末萌芽的书院在宋朝时得到了较大的发展,出现了一些著名的书院,但关于"四大书院"的文字记载却并不统一。南宋著名理学大家之一的吕祖谦在其《白鹿洞书院记》中认为天下"四书院"为白鹿洞书院、嵩阳书院、岳麓书院和应天府书院。同为南宋学者的王应麟在其《玉海》中赞同此说。而宋元之际的著名史学家马端临的《文献通考》却认为"四大书院"应为白鹿洞书院、石鼓书院、应天府书院和岳麓书院,之所以用石鼓书院代替嵩阳书院,其理由是嵩阳书院"后来无闻"。事实上,白鹿洞书院、岳麓书院、应天府书院、嵩阳书院、石鼓书院在宋初都曾名闻一时。

白鹿洞书院:位于今江西省庐山五老峰南麓后屏山下(星子县白鹿镇境内),为宋代四大书院之首。白鹿洞书院始建于唐代,唐贞元年间,洛阳人李渤与其兄弟李涉曾隐居于此读书,因李渤在此读书时曾养过一只白鹿,所以被称为白鹿洞。南唐时期开始在此建学校,称为"庐山国学",亦称为"白鹿洞国庠"。北宋初年,正式在这里创办书院,称为"白鹿洞书院"。但不久书院就逐渐衰落了,后来,书院又毁于战火,被长期废弃。直至南宋朱熹修复白鹿洞书院,这才使得白鹿洞书院重又扬名于世。

河南登封嵩阳书院

岳麓书院:位于湖南长沙南岳七十二峰最末一峰的岳麓山脚,始建于北宋初期,是我国目前保存最完好的一座古代书院。

应天府书院:位于今河南商丘城南,因商丘自秦到唐朝时一直称为睢阳,所以应天府书院又名睢阳书院。宋真宗景德三年

（1006）将睢阳升为应天府。应天府书院规模大，持续时间长，培养出的人才多，"先天下之忧而忧，后天下之乐而乐"的范仲淹便出于此。而且，应天府书院还开创了古代兴学的先例，后世称之为"庆历兴学"。宋仁宗时，改应天府书院为南京国子监，也是古代书院中唯一一个升级为国子监的书院，一度成为北宋的最高学府之一。北宋末年靖康之难时，应天府书院被毁。

嵩阳书院：位于河南省登封市区北2.5公里嵩山南麓，背靠峻极峰，面对双溪河，因坐落在嵩山之阳而得名。先后在嵩阳书院讲学的有范仲淹、司马光、程颐、程颢、杨时、朱熹、李纲等。宋仁宗景祐二年（1035）时曾赐学田一顷，令嵩阳书院名震一时。南宋时嵩阳书院颓废无闻。

石鼓书院：在湖南衡阳县（今衡阳市）北石鼓山，原为寻真观。唐宪宗元和年间（806—820），衡阳士人李宽在此读书，刺史吕温曾慕名前来。宋太宗时，李宽族人李士真援李宽故事，呈请郡守在此建书院。景祐二年（1035），朝廷赐"石鼓书院"匾额，并赐学田。石鼓书院作为当时衡阳的州学，周敦颐、苏轼、朱熹、张载等众多学者都曾在此讲学，鼎盛一时。

另外，坐落在江苏江宁府茅山（今江苏省金坛县境内）的茅山书院也曾名闻一时，只是不久就衰落了，随后又兴废无常，影响不大。南宋时期的著名书院有白鹿洞书院、岳麓书院、象山书院、丽泽书院等。

 "京师大学堂"是大学吗

京师大学堂既是当时中国的最高学府，也是最高教育行政机关，由它统辖各省学堂。作为北京大学的前身，它是中国近代史上第一所国立综合性大学。1898年"戊戌变法"期间，在康有为和梁启超等人的推动下，光绪帝于7月3日正式批准设立京师大学堂，任命孙家鼐为第一任管学大臣（相当于校长），许景澄为中学总教习，丁韪良（美国传教士）为西学总教习。

京师大学堂旧址

京师大学堂的第一个章程，同时也是中国近代高等教育的第一份学制纲要，是由梁启超起草的《京师大学堂章程》。章程规定了大学堂的办学方针是"中学为体，西学为用，中西并用，观其会道"；课程分两类，即普通学科和

专门学科。

大学堂最初的校址在北京市景山东街和沙滩红楼等处，1900年"庚子之变"后，京师大学堂曾遭八国联军破坏。1902年，京师大学堂得以恢复，并且将京师同文馆并入大学堂。此时，吏部尚书张百熙执掌第三任管学大臣，吴汝纶和辜鸿铭任正副总教习。1904年，大学堂选派首批留学生47名出国留学。

1910年，大学堂实行分科，共设7科13学门，即经科、法政科、文科、格致科、农科、工科、商科。经科分别是诗经、周礼和春秋左传；法政科是政治和法律；文科是中国文学和中国史学；格致科是地质和化学；农科是农学；工科是土木和矿冶等；商科是银行保险。这样，一所现代意义上的大学基本建立起来了。

京师大学堂总监督关防

不少学者都认为，京师大学堂是中国太学的正统继承者，因为国子监和科举制度被取消以后，大学堂成为中国唯一的官方最高学府和教育行政机构。曾任北京大学校长的胡适，在《北京大学五十周年》一文中说："我曾说过，北京大学是历代的'太学'的正式继承者。"对于"太学渊源"之说，除胡适外，其他学者教授如冯友兰、任继愈、周培源、季羡林、萧超然等也同意此说。但是，也有人反对这一观点，如北大中文系教授陈平原在《北大校史：怎样溯源？》一文中认为，京师大学堂不是直接承继自国子监，而是在废除封建科举制度（太学和国子监）基础上设立的，所以它不是太学的传承者。

 为何称有文化有地位的人家为"书香门第"

我们常用"书香门第"来指代那些有文化、有地位的人家，旧时指出自读书人的家庭，后泛指家庭背景好。那么为什么要称有文化、有地位的人家为"书香门第"呢？

这来自于古人保存图书的方法。古代读书人家的家里一般会有很多藏书，在科技不发达的古代，古人为了防止书籍出现霉变，便用樟木制成的箱子来放书，有时还将做箱子用剩下的樟木碎片放进书里。另外一种防蛀的方法是在书中放一种叫芸香草的中药。这是古人智慧的体现，因为无论是樟木还是芸香草，它们所散发出来的气味都是蛀虫所厌恶的，这样书籍便会得到较好的保护。而放置了樟木和芸香草的书籍，往往在一打开书时，一股清香

便会扑面而来,加之书籍本身散发出来的墨香,久而久之,便形成了"书香"一词。

"门第"在古代则是指富贵人家的住宅,也指家庭在社会上的地位等级和家庭成员的文化程度等。

所以,人们一般称有文化有地位的人家为"书香门第"。

"学富五车"是指看的书能装五车吗

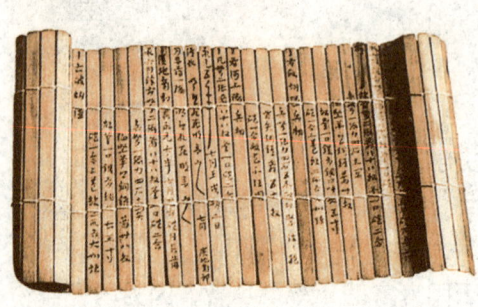

古代竹简

今天,我们常用"学富五车"来形容那些读书多、有学问、知识渊博的人。那么,"学富五车"是指此人看的书可以装下五车吗?

首先来明确一下五车书有多少呢?春秋战国时期的书是用竹子、木头做成的简,很重,当时的车又为马车,据《墨子》记载,造得极好的车可以"任五十石之重"。这样下来,五车书最多也就是二百五十石。而又据《汉书·刑法志》记载,秦始皇"昼断狱,夜理书,自程决事,日县石之一",即秦始皇白天审理案件,晚上看书,一晚上能看一石书。这样五车书最多也就二百五十个晚上就看完了。这对现在有学问的人来说,也不是很多,怎么会用来形容人学问大呢?

其实,"学富五车"语出自《庄子·天下》:"惠施多方,其书五车,其道舛驳,其言也不中。"这里的"书"为动词,是"写"的意思。原本是庄子用夸张的手法来批评惠施,说他很会方术,虽然写的书都可以装下五车了,但他所说的道理有很多是有误和杂乱的,且他的言语之中也有不当之处。意即说他写得多,错得也多。而后人只截取了原文中的前两句"惠施多方,其书五车",片面地理解为惠施读了五车书,并将这里的书理解为五车纸质的书而非竹简书。这样,"学富五车"便逐渐偏离了庄子最初的原意,从最初的写了五车竹简书变为读了五车纸质的书,词意也从最初的贬义词转为褒义词,成了形容人读书多、学问大、知识渊博的代名词。

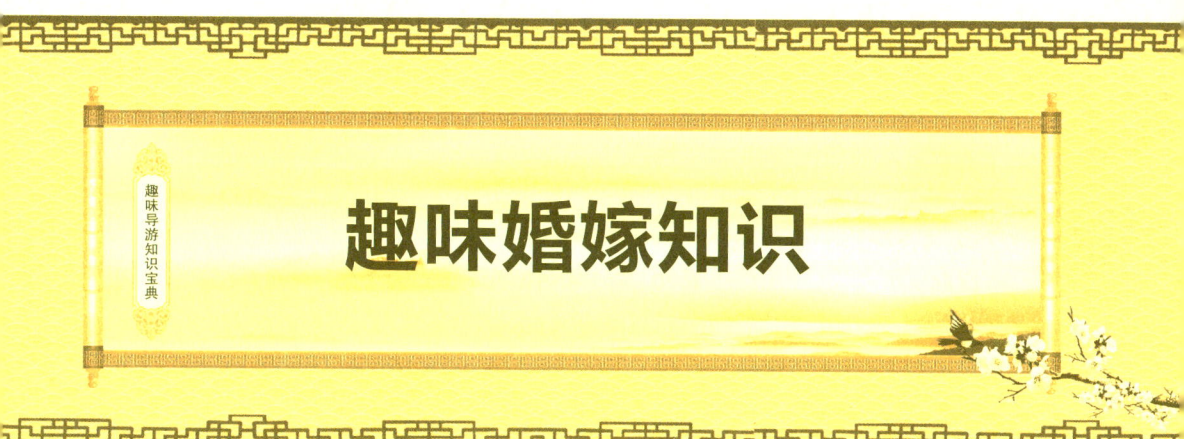

趣味婚嫁知识

 大红"囍"字有何来历

看到喜气生辉的大红"囍"字,就知道一定有人家在娶亲或嫁女了。那么,您知道这洋溢着幸福欢乐的"囍"字是怎样来的吗?

相传,从前有一个名叫有喜的读书人,寒窗十年,苦读诗书,只为一朝金榜题名,光宗耀祖。可是,上天似乎总跟他过不去,一连考了两次都是名落孙山。但他仍然不放弃,于是,在赶考时节,第三次进京赴试。

有喜进京途中,路过一个小村庄,看见一户人家门前贴着一副奇怪的对联。这副对联只有上联没有下联。那上联写道:走马灯,灯马走,灯灭马停蹄。望着下联处空空的一张红纸,有喜十分好奇。但是赶考在即,他并没有多想,就匆匆上路了。

待有喜考完试,忽而想起那副奇怪的对联,便向主考官提起此事。主考官听后,哈哈大笑,说道:"那是龙员外家小姐的求婚对联。龙小姐才貌双全,特立独行,故出此对联。如果谁能对

"囍"字

上，便可成为龙家的上门女婿。你既有缘得见，何不对出下联一试。说不定能够结成这门亲事呢！"有喜听罢，心想："倘若此次还不能高中，不如结了这门亲事，此后生活也可无忧啊。"

在有喜回去的路上，看见龙员外门前对联的下联处还是空的，于是，提笔一写："飞虎旗，旗虎飞，旗卷虎藏身。"

这时龙员外正好出门，看见了有喜和他写出的下联，心中十分高兴。原来，这对联是女儿龙喜凤18岁时所贴出的，已经贴出一年多了，仍无人能对。龙员外看下联对得缜密，看有喜相貌堂堂，便知他是个饱读诗书的才学之士，所以，立即派人将有喜请进家中。

不几日，有喜和龙小姐的婚事就热热闹闹地举办了。就在二人拜堂成亲时，就听见龙员外门外响起震天的锣鼓声。原来，有喜此次考试，高中状元。主考官亲自来迎接有喜进京。主考官一看有喜正拜堂成亲，夸赞道："人生两大喜事凑到一起，真是双喜临门。"龙员外一听，连忙命人在自家门头上写了两个大红喜字。主考官说："这两件喜事紧挨着，所以这两个喜字也应该紧挨着。"

喜出望外的龙员外觉得很有道理，便将两个喜字紧挨在了一起。于是，沿用至今的喜气洋洋的大红"囍"字便诞生了。

为什么结婚又被称为"入洞房"

时至今日，人们还是会把结婚戏称为"入洞房"。其实，把结婚称作"入洞房"是来源于一个美丽的传说。

三皇五帝时期，黄帝战败了蚩尤，平息了战争，建立起部落联盟。从此，人类结束了野蛮年代，进入了文明时代。为了适应时代的需求，黄帝决定改变群婚，建立文明的一夫一妻制度。

在五千多年前，这无疑是一场伟大的革命。人们习惯了群婚，一下子改成一夫一妻制，确实存在着很大的困难。为此，黄帝愁眉不展，尽管日思夜想，但就是想不出使人们尽快适应一夫一妻制的办法。

一天，黄帝同大臣们一同去

洞房红木床（清）

考察群民居住的洞穴是否安全,忽然发现有一家三口人住着三个洞穴,而且每个洞穴的洞口只能容一人进出,待询问过后方知原来是为了防御猛兽的侵袭。黄帝顿时灵光一闪,当晚就召集群臣商议说:"我找到了一个制止群婚、使人们适应一夫一妻制的方法。我们可以为今后配成夫妻的一男一女举行隆重的仪式,使部落的人都来参加。这夫妻二人上拜天地,下拜父母,相互对拜,然后喝酒吃肉,载歌载舞,让人们都知道他们已经正式结为夫妻。然后,把这夫妻二人送进一个洞穴,在洞穴门口垒起高墙,只留下一人进出的空间。吃饭饮水由男女双方家长负责,使他二人在这洞穴内待上一个多月。当他们建立起夫妻感情,学会了烧火做饭、打理家务后就放出来。今后,凡是在部落人们的庆祝下被送入洞房的男女,就是正式的夫妻,再也不允许任何人来干扰他们的私生活。正式成婚的女子要改变发型,把头上绾个髻,以与未婚的女子相区别。"

黄帝的想法一经说出,就得到了群臣的赞同,于是很快便实行了。人们纷纷为自己即将结婚的孩子挖洞穴、筑高墙,待孩子举行完部落的结婚仪式,就把他们送入洞房。久而久之,群婚、抢婚的野蛮行为就逐渐消失了。

而"入洞房"从此也就成为结婚的标志和代名词了。

 古时没有出嫁的女子为何被称为"黄花闺女"

古时,未出嫁的女子被人们称为"黄花闺女"。这有何来历呢?

相传,在南北朝刘宋时期,宋武帝的女儿寿阳公主长得娇俏美丽,很受宠爱。寿阳公主经常在宫中嬉戏玩耍。有一次,她玩累了,就躺卧在含章殿檐下休息。此时,正是梅花盛开的时节。一阵风吹过,梅花片片飘落,正好有几瓣落在了公主的额头上。梅花渍染,拂之不去,在公主的头上留下了梅花花痕。宫女们见到后,都惊呼公主更加娇柔妩媚。此后,爱美的寿阳公主便经常将梅花贴在前额。不久,宫人们也纷纷效仿,并形成了流传后世的"梅花妆"。

"梅花妆"又传到了宫外,许多大户人家的千金小姐也开始使用这种妆术。但梅花却不是任何时节都有的。因为梅花粉的

黄花闺女

颜色是黄色的,所以爱美的女孩们便设法采集其他节气的黄色花朵研磨成粉加以涂抹。这种粉料,便被称为"花黄"或"额花"。

由于使用这种妆术的都是未出嫁的女孩子,而"黄花"又可指傲寒守节的菊花,在"闺女"前加上"黄花"可以形容未出嫁的女孩子清清白白,守得住贞节。

所以,久而久之,"黄花闺女"就成了未出嫁女子的代名词了。

古时为何把未婚女子称为千金

"千金"一词由来已久,在两千多年前的秦朝时,以一镒为一金("镒"是古代重量单位,一镒为二十两或二十四两)。汉代时以一斤金子为一金。虽然秦汉时期的"金"多指黄铜,但此时铜较贵重,因此人们常用"千金"来比喻贵重,"一诺千金""一字千金"等均有此意。

而用"千金"来指代女子则最早见于元代小说家张国宾所著的杂剧《薛仁贵荣归故里》中:"小姐也,我则是个庶民百姓之女,你乃是官宦人家的千金小姐,请自稳便。"明、清以后的话本小说中则常称女孩子为"千金"。显然,此时民间已经知道"千金"一词的含义,张国宾只是最早把它写进书中。事实上,把女子称为"千金"的说法,相传来源于春秋末期的伍子胥。公元前522年,伍子胥的父兄被楚平王杀害,伍子胥在逃离楚国途中,见到一位浣纱女子的竹筐里有饭,便上前去行乞。姑娘生了恻隐之心,便让伍子胥把饭吃了。伍子胥饱餐一顿后,让这位女子为他的行踪保密,这也让这位女子顿时想起男女授受不亲,她的这种行为是不为礼教和舆论所容的。令伍子胥没有想到的是,这位女子随即抱起一块石头投河而死。伍子胥见状,感伤不已,当即咬破手指,在石头上写下"尔浣纱,我行乞;我腹饱,尔身溺。十年之后,千金报德!"的血书。后来,伍子胥在吴国当了国相,伍子胥在"掘楚平王墓,其尸鞭之三百",报了大仇之后,又想到要报当初浣纱女子救命之恩,但苦于不知道女子的详细情况,又想履行当初的诺言,便投千金于当初女子投河的地方。此后,民间便有了"千金小姐"的说法。

伍子胥

古代的"千金"之称多指大户人家的姑

娘，含有尊贵之意，并非人人都可称为"千金"的。今天，我们依然称未婚女子为"千金"，只是已无身份贵贱之别。

 古时待嫁女孩为何又被称作"待字闺中"

古代闺房

当听从了"父母之命，媒妁之言"后，未出嫁的姑娘就成了待嫁的新娘。在古时，人们会把姑娘可以出嫁而尚未出嫁称为"待字闺中"。这是从何而来呢？

在古时，一个人的名与字是分开的。人们对于取名和字是十分慎重的。一般来说，幼儿出生满三个月后，要由父亲为其取名，作为幼年时对孩子的称呼。只有一个人行成年礼后，才能取"字"。"字"比"名"更重要、更庄重。

古时，男子20岁举行结发加冠仪式后，就代表已经成年，便会有一个"字"作为别名。女子15岁举行笄礼，又叫上头、上头礼，即改变幼年的发式，把头发盘起来，插上簪子，从此代表成年，可以出嫁了。等到出嫁的时候，由丈夫为其取一个"字"。

一个女子有了"字"后就表示已经许配人家。所以，"字"就有了"出嫁"的意思。那么，女孩到了出嫁的年龄而还未出嫁时就叫作"待字闺中"了。

 "小丈夫大媳妇"——童养媳风俗从何而来

童养媳是我国古代一种很普遍的婚姻习俗，就是把自家的女儿卖到或送到别家由别家抚养成人，并同收养一方的儿子结婚的习俗。因为收养的女孩一般会比与之成亲的男孩年长，所以就形成了"小丈夫大媳妇"的现象。童养媳在我国古代甚为流行，上至宫廷贵族，下至平民百姓，都普遍存在童养媳的现象。那么，童养媳这一风俗为何会在中国古代如此盛行？

古代生产力水平低下，可以担负沉重劳动负担的是男子。而且，男子还要为家族担负起传宗接代的责任。而女子不仅劳动能力有限，而且迟早都要

童养媳及丈夫

嫁人。所以古人觉得生养女儿就好像是为别家养媳妇，待女儿出嫁时，还要忍受一番离别之苦。因此，很多人家干脆就把自家女儿送到别人家代养。同时，古代一夫多妻制的规定，成为长大成人的童养媳不会干预丈夫纳妾的保障。所以，童养媳的风俗就成了古代社会的社会常态。

很多富裕人家只要有女儿出生就开始为其寻找合适的人家，或交换或送出或买卖，与别人家的儿子指腹为婚，着手为孩子做成亲的安排。而自家也会收养、买进别人家的女子并将其当作儿媳妇看待、抚养。

一些贫困的家庭无力抚养女儿，便把女儿卖到有儿子的富裕家庭做童养媳；同时，为了节省将来儿子娶亲的费用开支，在儿子年幼的时候就跑到外地抱养一个女孩做自家的童养媳。

即使有的家庭没有儿子，也会想尽办法收养一个童养媳，因为他们希望通过收养童养媳来为自己带来儿子，延续香火。这样的童养媳叫作"等郎妹"。

待童养媳长到十四五岁，婆家便开始准备婚事。这样的结婚礼仪很简单，让童养媳和儿子换上一身新衣服，办几桌简单的酒菜应酬完亲朋好友后，就可以让新人圆房了。

关中为何把媳妇叫"屋里人"

在我国陕西中部的关中地区，常把媳妇称为"屋里人"，这是为什么呢？

原来这是关中地区的方言，又称关中话，是我国西北地区最具代表性的方言之一。在关中话中把已婚妇女称为"屋里人"的渊源已无从考证，但据推测，这应和我国古代社会"男耕女织"的家庭自然分工有关。在封建社会小农经济体制下，一家一户自主经营，一般男的在外耕地种田，女的在家纺纱织布，分工明确，各司其职。久而久之，"外头人"便成了关中地区男的代名词，而把女的称为"屋里人"。

在书中也可见其踪迹。姚雪垠在《差半车麦秸》中便使用了"屋里人"一词："没有听队长说俺的屋里人跟小孩子到哪儿啦？"在古代书籍中也有"屋里

关中八百里秦川

人"一词，用法相同，含义稍有不同，指"妻或妾"。《红楼梦》第十六回中有："（香菱）竟给薛大傻子作了屋里人"，第九十回有：薛蝌想："……然而到底是哥哥的屋里人"，第一百二十回中有：袭人想："……其实我究竟没有在老爷太太跟前回明就算了你的屋里人。"

 古时新娘成亲为何要蒙上红盖头

"掀起了你的盖头来，让我来看看你的眉……"听着这熟悉欢快的歌谣，您的眼前是否会浮现出一个盖着红盖头羞答答的美娇娘？众所周知，在我国古代成亲时，新娘在出嫁上轿前要在头上盖上一块精致的大红盖头，到了夫家入洞房时，才会由夫君掀开。这时，新娘的容貌才会呈现在夫君的面前。那么，这样的习俗是怎样形成的呢？

民间关于新娘盖红盖头的传说有好多版本。其中与女娲有关以及与姜子牙有关的两个版本流传最广。

相传，宇宙初开之时，天地间只有女娲和伏羲兄妹二人。他们为了繁衍人类，决定行夫妻之礼，可是又觉得十分害羞，于是，来到山上对着天空祈祷："若是上天同意我们二人结为夫妻，就让空中的云团聚在一起；若是不同意，就请云团散得远一些吧！"话音刚落，天上的几片云团便合在了一起。于是，兄妹俩便成亲了。女娲当了新娘，难掩娇羞，就结草为扇遮挡面庞。人类繁衍壮大以后，为了纪念女娲，便形成了成亲时以草扇遮新娘面容的习俗。后来，人们逐渐用柔软、美观的丝织物代替草扇，并逐渐演变成盖盖头。而代表吉祥喜庆的红色自然成为盖头颜色的首选。

蒙红盖头的新娘及新郎

另一个传说与姜子牙有关。话说，姜子牙辅佐武王姬发消灭了昏庸的商纣王，便着手封神之事。他将商纣王封为专管人间婚姻的"喜神"。人间结婚时，都要请喜神送喜。可是商纣王改不了好色的毛病，每当送喜时看到漂亮的新娘子就把她抢到天上给自己做小老婆。百姓们虽气愤，但也无奈。因为，结婚时不能没有喜神啊！于是，便找姜子牙解决这件事。姜子牙想到，在伐纣时周军打着红旗进军，并且纣王死后脑袋也被挂在了红旗上，而两军交战之处，自己还用神鞭打过纣王。所以，他知道纣王十分害怕红色和鞭响，就给百姓们出了一个主意：成亲时为新娘头上蒙上红布，迎亲时放一挂红红的鞭炮。这样，就能吓走纣王了。所以，红盖头就逐渐成为保护新娘平安的护身符了。

这就是新娘为什么要盖红盖头的传说。

"闹洞房"的习俗有何来历

"闹洞房"是任何婚礼都不可缺少的内容，也是婚礼中最热闹、最有趣的环节。新婚之夜，众亲友拥进新房对新娘和新郎百般戏谑嬉闹，让新郎新娘当众表演，以逗笑取乐，营造热闹高兴的气氛。俗话说"三日没大小"，闹洞房时，除父母外，其他不管是平辈的、晚辈的、亲戚朋友、同学同事都可以加入"闹"的行列。一般分为文闹和武闹两种。文闹是以较为文雅的方式，让新娘讲述恋爱经历，或者是出谜语、对对子等，故意"为难"新娘，若新娘答不上来，则大家借机取乐，要求新娘表演节目等。武闹则是用较为粗野的方式，不仅口出秽言，而且还对新娘动手动脚，颇有恶作剧之嫌。但不管如何嬉闹，新娘是不能生气的，若气走了闹洞房的人，则新娘会被视为太任性，人缘也会不好，以后的日子也会不太好过。由于多是在新房里以新娘为逗趣对象，所以一般称为"闹新房""闹洞房""闹新娘""耍新娘"等。

"闹洞房"是对新婚夫妻的一种祝贺方式。这一习俗可以上溯到汉代，《汉书》中记载："燕地嫁娶之夕，男女无别，仅以为荣。"最初时是"听房"，即亲朋好友躲在窗外窃听洞房内的言语和动静，后逐渐演变成戏弄新

土家族洞房

娘的"闹洞房"。

民间关于这一习俗的来历，一般有三种说法。一种说法是"闹洞房"可以驱邪避灾。相传洞房中常会有鬼怪作祟，且民间俗语中有"人不闹鬼闹"之说，于是，为了增加人气，驱魔辟邪，便有了"闹洞房"这一习俗。有学者研究称，最初的"听房"习俗，实质上也是防止鬼怪进入洞房的一种保护措施。闹过洞房后，邪气还有可能存在，一般新人会在房内点上红烛，"洞房花烛夜"就来源于此。实际上，闹洞房在某种意义上也是对新婚夫妻机智与耐心的一种考验，只是在现代社会，"闹"得有点越来越过火。另一种说法是"闹洞房"是我国传统包办婚姻的产物。在传统婚姻中，儿女婚姻听从"父母之命，媒妁之言"，新结婚的两个人在新婚前可能是不认识的，而新郎也只能在新婚典礼之后才能揭开新娘的红盖头。这样两人初次见面难免会有所尴尬，而"闹洞房"这一习俗便可给对方一个时间缓冲，缓解两人之间的紧张气氛，增进对彼此的了解，且亲朋好友的"刁难"又可使两人"同仇敌忾""团结互助"，从而融洽两人之间的感情。第三，热闹才能营造喜庆的气氛，"闹洞房"闹的是一种氛围、一种心情。另外"闹洞房"还可以显示家庭高朋满座，人缘兴旺，且能够让亲朋好友尽快熟悉起来，拉近距离，增进沟通与感情。

"闹洞房"不管是来源于驱邪避魔，还是封建婚姻制度的产物抑或是营造热闹喜庆的气氛，它都是我国民俗文化的重要组成部分，我们应给予有保留的传承、发扬。因为，一方面，结婚对每一个人来说都是终生难忘的大事，热闹喜庆的氛围可以留下美好的记忆；另一方面，在现代快节奏的生活压力下，亲朋好友很少有机会坐在一起聚一聚，正好趁参加婚礼之机，增加交流与沟通，再适当地闹一闹，从而拉近距离，增进感情。

 ## 夫妻为何又称"两口子"

日常生活中，我们常听到用"某某两口子"来指代夫妻两人，亲昵、幸福之感溢于言表。那么为什么要称夫妻为"两口子"呢？

有人可能会想当然地认为这不就是因为"两张口要在一个锅里吃饭嘛"。其实，在这字面意思的背后，民间还流传着不同版本的故事呢。

据说在明朝洪武年间，一日南方某地的书生高文敬外出偶遇落水女子路春花，便出手相助救其上岸，谁知两人竟一见钟情，相见恨晚，于是便私订终身。不料半路杀出个程咬金，路春花被恶贯满盈的罗大公子抢走，纳为小妾。后在贴身丫鬟的帮助下，路春花和高文敬二人连夜出逃，很不幸的是，

新婚的马来西亚华人夫妻

途中被罗大公子追上,撕扯中,罗坠下山崖身亡。高、路两人遂被判处死罪打入大牢等候问斩。洪武帝朱元璋无意中闻知此事后,便亲自审问,终于真相大白,但死罪可免,活罪难逃,高、路两人分别被发配至湖北的桃园口和安徽的金山口。虽相隔千里,但两人仍互通书信,恋情依旧。人们为他们的真情所感动,很敬重他们,称他们为"两口子"。

民间流传的另外一个版本是在清乾隆年间,山东才子张继贤偶识恶少石万仓的妻子曾素箴,两人一见钟情,后便经常私下往来。石万仓嗜酒成性,一次因饮酒过多而死亡,石家人便认定是曾素箴的奸情被石万仓发现遂杀人灭口,于是二人双双被判处死罪打入监牢。乾隆帝在翻阅案宗时,看到张继贤写的供状文笔不凡,便不忍杀他,于是乾隆皇帝下令将他们分别发配至微山湖的卧虎口和黑风口。由于卧虎口和黑风口相距不远,张、曾二人便经常往返于两口之间看望彼此,渐渐地他们两人就被人们称为"两口子"。

后来人们使用"两口子"指代夫妻,并且这一说法也在不断地发展中,有些地方演变为"两口儿",如新婚夫妻一般称为"小两口儿",老年夫妻则称为"老两口儿",从中我们可以品到些许甜蜜、伉俪情深的味道。

古人离婚后有无"离婚证"

在我国古代,离婚一般是由男方提出的,而且还有"出妻"和"休妻"之别。一般情况下,"出妻"是女方触犯了"七出之条",有大过错,所以男方要"离婚"。而"休妻"则一般是女方并无大的过错,由于其他原因男方要"休妻"。而作为离婚的证据,则是由男方出具的文字材料,也就是"休书",相当于现代的"离婚证"。

"七出之条"与"三不去"是我国古代解除婚姻的条件,在西周时期确立,正式归入律法则是在唐朝时。其中,"七出"是解除婚姻的具体条件,"三不去"则是对"七出"的限制。《礼记》中记载的"七出"分别是:一是无子,二是淫,三是不顺父母,四是口多言,五是盗窃,六是妒忌,七是有恶疾。需要强调的是,"无子"是指妻子50岁以后也就是过了生育期还没有孩子的;"淫"指妻子与丈夫之外的男性发生性关系;"不顺父母"指妻子不孝顺丈夫的父母;"口多言"则是指爱搬弄是非,离间亲属;"盗窃"即偷东西;"妒忌"更多的是指妻子反对丈夫纳妾从而有损于家族绵延子嗣;"恶疾"是指患有耳聋、眼瞎、腿残疾等严重的疾病。"三不去"是指在下列三种情况下丈夫是不能够休妻的:"有所取无所归""与更三年丧""前贫贱后富贵"。"有所取无所归"是指在结婚时女方父母尚健在,休妻时父母已去世,若休妻,则女方无家可归。"与更三年丧"是指妻子和丈夫一起为父母守丧三年的不能被休掉。"前贫贱后富贵"则是指结婚时丈夫贫穷,休妻时富贵的也不能休妻。但妻子若犯了"七出"中的"有恶疾"和"淫"两项,则不在"三不去"的保障范围之内。

在我国古代,离婚是丈夫的特权。汉代的妇女虽有离婚的自由,但同时却给予丈夫更大的休妻特权,不必有任何法律程序,丈夫只要写一纸"休书"就可以责令妻子离开夫家,从此解除婚姻关系。"七出之条"便是男性专权离婚的典型例证,"七出"的规定对女性极其不合理,尤其是其中的"无子"和"有恶疾"两条,丝毫无关乎女性的道德品质问题。且"七出之条"作为古代可以离婚的条件,却没有一条是夫妻二人感情不好可以离婚的,完全忽略了当事人的感受,因此古代社会有"嫁鸡随鸡,嫁狗随狗,嫁个木头抱着走"的说法。唐朝时的离婚制度在"七出"的基础上又增加了官府强制离婚("义绝")与双方协议离婚("和离")两种。至宋,宋朝继承了前代的离婚制度,并又有所发展,规定丈夫外出三年不归、六年不通问,允许妻子改嫁。我国古代四大名著之一的《水浒传》第七回中便记载了这样一个事例。林冲遭人陷害,被发配至沧州,上路前,林冲找来岳父说:"自蒙泰山错爱,将令爱嫁于小人,已经三载,未曾面红耳赤,半点相争。今小人遭这点横事,配去沧州,生死存亡未保。娘子在家,小人去心不稳,今就众高邻在此,明白立纸休书,任从改嫁,并无争执。"随后林冲当场写了休书,"押个花字,打个手模,付与泰山收讫"。需要指出的是休书上的手模要用左手,且是全手都沾上黑墨再印在休书上,并不像现在按手印只需指印。

到了清代时,离婚文约中女方只能按脚印,更是男女不平等的表现,是对女性

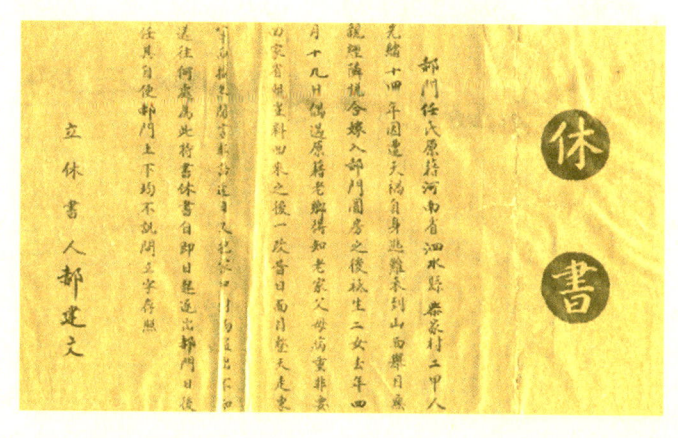

光绪年间的"休书"

的极大不尊重。研究者在一份道光年间一个叫王德胜的男子立出的"甘愿休妻改嫁"的文约中发现，休妻的原因是他穷得养不活老婆，两人便写上离婚。更令人吃惊的是，在这份离婚文约上，除了有一个手掌印外，还有一个脚印。研究者经过对比研究发现，有脚印的必有手掌印，而有手掌印的却不一定有脚印。这表明，离婚是由按手掌印一方说了算，而踩脚印一方是否同意却无关紧要。古代社会是男尊女卑，据此，研究者推测，手掌印应是男方的，脚印是女方的。

古时离婚属个人行为，无须经过法律程序，丈夫只需一纸休书就可以把做了多年夫妻的妻子赶出家门，从此夫妻婚姻关系便宣告结束。在婚姻关系中，完全无视女性的权益和尊严，古代女子总是处于被动地位中，这是时代的悲剧。随着社会的发展，婚姻体制逐步完善，男女双方的婚姻关系也逐渐规范化。

 为何再婚所带的孩子被称为"拖油瓶"

"拖油瓶"一词是古时对改嫁妇女所携带的前夫子女的一种歧视性称呼。最早见于明朝凌蒙初《初刻拍案惊奇》卷三十三："天祥没有儿女，杨氏是个二婚头，初嫁时带个女儿来，俗名叫作'拖油瓶'。"那么，为什么会有这样一个称呼呢？

民间的说法最初的叫法是"拖有病"而不是"拖油瓶"。据说这源于古时的社会现状，古时天灾人祸频发，且妇女再嫁的人家一般家境不是很好，若女方带来的孩子在家里出现个三长两短，就会遭到来自前夫家的责难。为了避免这种纠纷，一般人们娶带有孩子的再嫁妇人时都会请人立一份字据，说明孩子来时就有病，若日后孩子有什么不测与后夫无关。久而久之，人们便把再嫁妇女所携带的前夫的孩子称为"拖有病"。经流传，以讹传讹，便传成了与之谐音相近的"拖油瓶"。

而 1935 年 6 月出版的《上海俗语图说》一书中则持另外一种观点，认为"拖油瓶"一说和我国的农村生活有关。在当时的农村，还没有玻璃瓶，人们都用竹筒做油瓶装油。因农村还不

旧社会母子

发达,每逢有人进城时,左邻右舍的人总会让他代买东西,代买最多的是生活用品即做饭用的油和点灯用的洋油。而一个人一次是拿不了那么多油瓶的,便用一根绳子把油瓶绑在一起拖在身后走。这样虽省了些事,但这些拖着的油瓶终究都是别人家的东西,因此会有拖泥带水之感,而且特别累赘。而再嫁妇女携带的前夫家的孩子,也正如这拖着的油瓶,姓着前夫的姓,自己帮忙养着,日后认祖归宗也没自己的份。于是人们便用"拖油瓶"指代再嫁妇女所带的前夫家的孩子,不乏戏谑、嘲讽之情。

还有一种说法是"拖油瓶"是"拖有柄"的谐音,"柄"指代孩子,意为娶再婚妇女的男人毫不费力地捡了个孩子,颇有贪小便宜之意,含有挖苦人的意思。

不管"拖油瓶"一词来源于哪种说法,都含有嘲讽、取笑之意,这不是我们这个社会应当有的,应当予以杜绝,平等地看待每个人。而在现代社会中,不解"拖油瓶"之意的人还常常会误用该词,将其理解为"拖累""跟随"等,如《工人日报》2008年1月22日第一版刊登的《原是家里顶梁柱,现在成了"拖油瓶"》便将"拖油瓶"理解成了"拖累"的意思。这些用法都是错误的。因为,在收录该词的所有工具书中,都只有一种解释,那就是"再嫁妇女携带到夫家的孩子"。

清代八旗女子为何不允许自己擅自婚配

清乾隆六年(1741),闽浙总督德沛给乾隆皇帝上了一道奏折,请求乾隆皇帝允许自己年过17岁的儿子恒志与两广总督马尔泰的女儿完婚。乾隆皇帝阅完此奏折后,脸色大变,当即就命德沛赶赴京城,对其大为训斥一番。按理说,两家大臣的儿女婚事根本就用不着惊动皇帝,即使是被皇帝知道了,也不用对此大动干戈、大为动怒吧。内中必定有因。原来,这与马尔泰家千金的身份有关系:八旗女子,尚未参选秀女。那么,为何尚未参选秀女的八旗女子不允许擅自婚配呢?

清朝从顺治年间就规

清代备选秀女

定,凡满族八旗人家年满13至16岁的女子,必须参加每三年一次的皇帝选秀女仪式。选中者,留在宫里或随侍皇帝成为妃嫔,或被赐给皇室子孙做福晋;未经参加选秀女者,不得嫁人。在清朝的后宫中,上至皇后,下至宫女,都是通过选秀女而产生的。

应选的秀女们在神武门集中,由太监引入皇宫,在御花园、体元殿、静怡轩等处参加皇帝或太后的阅选。阅选时,或五六人一排,或三四人一排,有时也允许一个人一排。若是被选中,就会留下她的名牌,这叫留牌子;其余没有被选中的,就被撂牌子。被留牌子的秀女再经过数次的阅选,才会等到最终的命运:或被遣返回家,或被赐予皇室王公或宗室之家,或留于皇宫之中,随侍皇帝左右,成为后妃的候选人。

八旗制度和秀女选妃制度均为清朝独有。所以说,清代的八旗女子,有参选秀女资格者,若未参选,不能随便嫁人。

新娘出嫁为何要自动敲掉牙

新娘出嫁时要自动打掉上颚大齿1~2颗?!是的,没错,这是我国贵州最古老的民族之一仡佬族的婚俗特色之一。

据说,在仡佬族,夫家视处女为一种可畏的东西,怕女人伤害夫家,所以要女方打掉牙后才敢与之成婚。

除此之外,在仡佬族,还保留着很多原始的婚俗,比如订婚时的"鸡卦酒"、出嫁前的"追姑娘"、出嫁时的"把门枋"和进夫家时的"打湿亲"等。

"鸡卦酒"最初是杀鸡后根据鸡股骨的纹样研究是吉是凶,"鸡卦"谐音为"吉利的卦",以此占卜,以求吉利。而现在则不仅仅是占卜求吉利,把订婚时吃的酒统称为"吃鸡(吉)卦酒"。吃"鸡卦酒"的活动是在女方家举行的,未来的女婿来女方家认岳父母,第一碗"鸡卦酒"必须先献给岳母,岳父在吃"鸡卦酒"时还要再恭维老伴一番,诸如"娃娃是她养大的,要由她娘做主"之类。此举颇有母权制的遗风。

"追姑娘"则是姑娘在出嫁前要放声号

仡佬族

哭，唱"哭嫁歌"，还要趁人不备"逃跑"，以示不想离开娘家出嫁，再由娘家嫂子、婶娘等女性亲属把她找回来。

"把门枋"是指新娘在离开娘家前要紧紧抓住门枋表示自己不忍离去，媒人在此时要强行把新娘拉开，牵着新娘离开娘家。

"打湿亲"是指在新娘步入夫家后，要用夫家事先准备好的水洒向接亲的人，据说这样可以用清水淋去邪魔求吉利。

"十里不同风，百里不同俗"，仡佬族保留的这些古老的婚俗便是其证明。

 "东床快婿"有何来历

"东床快婿"是女婿的美称，意为指为人豁达、才能出众的女婿。这一成语出自南朝宋刘义庆的《世语新说·雅量》："郗太傅在京口，遣门生与王丞相书，求女婿……门生归白郗曰：'王家诸郎，亦皆可嘉，闻来觅婿，咸自矜持，唯有一郎在床上坦腹卧，如不闻。'"

话说东晋时武官太尉郗鉴的女儿郗璇才貌双全，年方二八，到了要谈婚论嫁的时候，郗鉴便留意要为女儿找一个好女婿。郗鉴与丞相王导同在朝为官，私下交情也不错，听说他家子弟多且个个英俊潇洒，于是决定先在王家子弟中看一看。郗鉴便写信给王导说了自己的想法，王丞相对此倒也十分乐意，回话说："那好啊，我家里子弟很多，就由您到家里任意挑选吧，凡你相中的，不管是谁，我都同意。"于是郗鉴命心腹管家带着厚礼来到王丞相家，王家子弟听说太尉派人来选女婿，个个都精心装扮一番，希望自己能被选中。唯独王羲之刚欣赏完东汉著名书法家蔡邕的古碑，府中又热，便脱了衣服袒胸露腹躺在床上回味蔡邕的书法，貌似对此事无动于衷。郗府管家回去后，便向郗太尉回禀了自己的见闻："王府的子弟，个个青年才俊，风流倜傥，听到有人来选女婿，表现都很好。只有一位公子躺在东床上，袒胸露腹，对此无动于衷。"郗鉴听了暗自大喜道："真是一个率性而为、胸襟豁达的人，这就是我要找的女婿。"打听以后知此人是王羲之，后郗鉴亲自前往王府，见到王羲之本人既文雅又豁达，堪称才貌双全，于是当场下了聘礼，择为快婿。"东床快婿"一词便由此而来。

"东床快婿"一词最初是指王羲之，后意义

"东床快婿"之祖王羲之

逐渐泛化,通指为人豁达、才能出众的女婿,是女婿的一种美称。而这"东床快婿"之祖王羲之后来成了成就斐然的书法家,被后人誉为"书圣"。

女婿为何又叫"乘龙快婿"

"乘龙"意为好比乘坐于龙上得道成仙,"快婿"则是指称心如意的女婿,因此"乘龙快婿"一词常用来指才貌双全的女婿,也常用来称赞别人的女婿。在这个成语背后还有一个美好的故事呢。

"乘龙快婿"这一成语典故出自《列仙传》:"萧史者,秦穆公时人也。善吹箫,能致孔雀、白鹤于庭。穆公有女,字弄玉,好之,公遂以女妻焉。日教弄玉作凤鸣,居数年,吹似凤声,凤凰来止其屋。公为作凤台,夫妇止其上,不下数年。一旦,皆随凤凰飞去。故秦人为作凤女祠于雍宫中,时有箫声而已。"

相传春秋时期,秦穆公的小女儿弄玉天资聪颖,通音律,善吹笙。一日弄玉公主正倚着栏杆吹笙赏月,隐隐约约中似乎听到有箫声和着自己吹的笙,默契程度似乎像配合多年的老搭档,且一连几天都是如此。于是弄玉借闲谈的机会和秦穆公说起了此事,穆公便派大将按公主所说的方向去寻找此吹箫人。原来此人是隐居于华山的隐士,名箫史,善吹箫。使者将箫史接回宫中以后,秦穆公一看此人羽冠鹤衣,生得玉貌丹唇,飘飘然有超凡脱俗之姿,吹起箫来更是曲调优美,令人如醉如痴,引得殿上的金龙、彩凤都好像在翩翩起舞。秦穆公大喜,于是便将女儿弄玉许配于他。婚后夫妻二人志趣相投,生活幸福美满。箫史教弄玉学吹凤的鸣声,一段时间以后,弄玉吹出的箫声就和真凤凰的叫声一样,引得天上的凤凰都落下来停在他们家的屋檐上。一日,夫妻二人笙箫合奏完后,箫史对弄玉说:"我很怀念华山幽静的生活。"公主也说:"我也不喜欢这宫中生活,愿和你一起同享山野宁静。"遂有条金龙和一只紫色玉凤飞落楼台上,于是,箫史乘着金龙,弄玉驾着玉凤,龙凤齐飞,夫妻双双升空而去。此后人们便把箫史称为"乘龙快婿"。

"乘龙快婿"雕塑

随着代代流传,人们便用"乘龙快婿"代指才貌双全、称心如意的女婿。

 岳父、岳母为何又称"泰山""泰水"

现代社会中,男性常称自己妻子的父母为岳父、岳母。而在我国古代,尤其是在一些古典戏剧中,我们常会看到男性称妻子的父母为"泰山""泰水"。那么,"泰山""泰水"之说从何而来,为什么要称岳父、岳母为"泰山""泰水"呢?

据说这和唐朝时的泰山"封禅"有关。唐代段成式在《酉阳杂俎》中记述了一个很有意思的故事:"(唐)明皇封禅泰山,张说为封禅使。说女婿郑镒,本九品官。旧例,封禅后自三公以下皆迁转一级,惟郑镒因说骤迁五品,兼赐绯服。因大酺次,玄宗见镒官位腾跃,怪而问之,镒无词以对。黄幡绰

泰山丈人峰

曰:'此泰山之力也。'"说的是唐玄宗李隆基于开元十四年(726)到泰山封禅,由丞相张说担任封禅使。按照惯例,随皇帝参加封禅后,丞相以下的官吏都可以官升一级。而只有张说的女婿郑镒在封禅后由九品官一下子升为五品官,连升了四级。唐玄宗在宴会上看到郑镒的官服颜色突然变为绯色,觉得很奇怪,问其原因,郑镒支支吾吾无言以对。这时旁边的黄幡绰一语双关地说道:"此泰山之力也!"唐玄宗一听便知是张说在徇私,不久便把郑镒降回原九品。后人因此便称妻父为"泰山",妻母自然就称为"泰水"了。

又因泰山为"五岳之首",所以又称妻父为"岳父";同时,称妻母为"岳母"。而由于"泰山"之称来历并不十分光彩且含有讽刺揶揄的意思,人们便逐渐弃之不用。据文献记载,至宋代时,人们便用"岳父""岳母"来代替"泰山""泰水"的称谓。时下另一种叫法是统称夫妻双方父母为"爸爸""妈妈"。

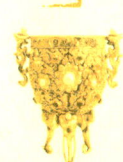

神秘的摩梭人走婚习俗知多少

摩梭人的叫法是来源于他们的民风。据说摩梭人以前实际叫"摸索人"或"摸缩人",后来才写成"摩梭人"。

摩梭人有走婚习俗。男子和女子均不结婚,除非是家族需要女子继后才会娶妻,需要男的劳动力才招婿。青年男女具有感情基础后,二人均同意,可以进行"走婚"。走婚男人的三件宝是松果、短刀和帽子。青涩的没有炸开的松果要和猪膘肉一起煮。晚上男方跳入女方家院子后的第一道关就是看门狗,把煮好的松果扔给它,因为松果还没炸开,所以狗很难咬开,又舍不得丢掉,一夜都要为食松果而忙。走婚时,男女有联络暗号。男方不能于正门进入花楼,而要偷偷从窗户爬进院子或花楼,摩梭人称之为"摩入"。然后,还要把帽子之类的物品挂在门外,表示两人正在约会,叫其他人不要打扰。在天不亮的时候就必须离开。这时可由正门离开,称之为"梭出"。若于天亮或女方家长起床后才离开,会被视为无礼。男子称女情人为"阿夏",女子称男情人为"阿注"。时间长了,他们就会结下百年之好,从此便公开关系,不再偷偷摸摸地"走"了。二人走婚生下的子女由女家抚养,男方不需负担,但父亲和子女都知道彼此的亲子关系。

爬房子也有规矩,有血缘关系的男女,绝对禁止走婚。若是某个男子"爬房子"事前未获得女方准许,或爬错了房子,则将遭到族人的羞辱或严惩。若是遇到两边感情不和,或因其他原因造成走婚关系不能维持,则以男子不再爬房子或女方拒不开窗而宣布解除,不存在资产牵连和怨言、嫉恨。走婚的男女分手后,仍可以自由地与其他人重新进行走婚。

有些摩梭人会与伴侣以正式的婚礼结合,摩梭人称之为"一妻一夫",与父系社会的一夫一妻有所不同。正式结婚的夫妻大部分为招婿入赘,少数是女方外嫁。丈夫称为"汗处巴",妻子称为"处咪"。这种夫妻关系大部分没有登记注册,若双方感情转淡,或娶媳招婿的家族已有继承人和足够劳动力,只要经过家族同意就可解除婚姻关系。男入赘所生子女归女家,女子嫁人所生子女归男家。亦有视乎实际情况协商的。婚姻解除后,双方可各自与他人走婚,人们亦不会歧视他们。

泸沽湖摩梭族的走婚桥

 ## 原配夫妻为何又被称作"结发夫妻"

男女青年行过夫妻之礼、入过洞房后，就是名正言顺的夫妻了。人们往往会把第一次成亲的原配夫妻称为"结发夫妻"，这是为什么呢？

中国古代的男女都要蓄发。男子在20岁举行"冠礼"后，就要把头发盘成发髻（叫作"结发"），再戴上帽子，以示成年；女子在15岁时举行笄礼，就是要把头发盘成发髻，再插上簪子，表示长大成人了。无论男女，只要举办过成人礼，就表示可以谈婚论嫁了。可见，"结发"最初是男女成年的意思，也与成婚有着很大的关系。

到了汉代，"结发"成为男女成婚时的仪式之一。夫妻二人在饮交杯酒之前，须各自剪下自己的一绺头发，绾在一起表示同心。因而"结发"自然有了成婚的意思，而首次结婚的夫妻就是"结发夫妻"了。

古人行冠礼

 ## 光绪皇帝是如何为自己选秀女的

"秀女"二字，虽然靓丽，但是秀女们却不一定有着沉鱼落雁、闭月羞花的容颜。光绪年间，在民间流传甚广的那次选拔秀女的闹剧就足以证明，容貌并不是在众多秀女中脱颖而出的主要标准。

清光绪十四年（1888），北京城守卫森严的重重皇宫里，正进行着当年秀女选拔的最后一次阅选。慈禧太后亲自坐阵，18岁的光绪皇帝则站立在放有一柄如意和两对绣花包的小桌后面。按照选拔秀女的规定，当选皇后者会被授予如意，当选妃子的则被授予绣花包。

经过层层筛选，进入到最后一轮阅选的分别是：慈禧太后的亲侄女；江西巡抚德馨的一对女儿；礼部左侍郎长叙的一对女儿。

阅选开始时，慈禧故作矜持，坚持让光绪自己

隆裕皇后

光绪珍妃

选。于是,光绪拿起如意,慢慢走向德馨家的二女儿,正要把如意交到她手中时,却听得慈禧大叫一声:"皇帝!"光绪回头看着慈禧,只见慈禧用嘴暗示着自己要把如意交到站在第一位的那位秀女手上。

光绪十分不情愿地走到那位秀女面前,把如意递给了她。

慈禧也看到了,光绪看重的是德馨家的女儿。于是,想到德馨家的女儿若是当选,必与未来皇后争宠,便急忙命站在身旁的荣禄的女儿荣寿固伦公主把绣花包交到长叙的两个女儿的手中。被无视的光绪皇帝也只能顺从。

就这样,这场选秀闹剧草草收场。那位被慈禧选中的皇后就是慈禧亲弟桂祥之女——未来的隆裕皇后叶赫那拉氏,而那两位被授予绣花包的秀女就是后来的瑾妃和珍妃。

趣味节日知识

春节贴对联之谜

春节贴对联作为我国春节文化的一部分，在我国有着悠久的历史。它从五代十国时开始，明清时尤为兴盛，发展到现在已有1000多年的历史了。对于春节贴对联，大家并不陌生，但说起为什么要贴对联，可能很多人就不是那么清楚了。

联，起源于桃符。据《淮南子》记载，桃符是用两块长七八寸、宽约寸余的桃木板做成，而且在桃符上面写上传说中的降鬼大神"神荼"和"郁垒"的名字，就可以驱鬼压邪。南朝梁代宗懔在《荆楚岁时记》中记载："正月初一绘二神贴户，左神荼、右郁垒，俗称门神。"早在秦汉以前，我国民间就有过年悬挂桃符的习俗。这种习俗延续到五代时，才有

虎年对联

所改变，人们开始把联语替代降鬼大神的名字题在桃木板上。据《宋史·蜀世家》记载，五代后蜀主孟昶"每岁除，命学士为词，题桃符，置寝门左右。末年（公元964年），学士辛寅逊撰词，昶以其非工，自命笔题云：新年纳余庆，嘉节号长春。"这是我国历史上最早出现的一副春联。宋代时，贴对联现象已十分普遍，王安石《元日》中的"千门万户曈曈日，总把新桃换旧符"便是对当时贴春联盛况的真实写照。由于春联是由桃符演变而来，所以此时人们依旧称春联为"桃符"。

明代时由于朱元璋的大力提倡，对联有了新的发展，人们开始用红纸代替桃木板，于是出现了我们今天所见的春联。朱元璋还曾微服出巡查看各家各户贴的春联，并乘兴题写了两副对联，"国朝谋略无双士，翰苑文章第一家"一联赠予高官陶安，另一副对联"双手劈开生死路，一刀割断是非根"则赠予了一平民屠户。春节贴对联也由此在城市和农村普遍盛行开来。清朝时尤其是在乾隆、嘉庆、道光三朝，对联发展得如盛唐时期的律诗一样兴盛，一时出现了很多脍炙人口的名联佳对。

随着各国文化交流的加深，我国的对联文化还曾传入越南、朝鲜、日本、新加坡等国，而且这些国家至今还保留着春节贴对联的风俗。

如今，虽已没有什么鬼怪作祟，但春节贴对联这一习俗却一直流传至今。因为，在春节时贴对联不仅增添了一种喜庆、热闹的过年氛围，更是我们中华民族的一种文化瑰宝。

"福"字倒贴之谜

春节是我国传统节日中最重要的节日，人们会张灯结彩，充分表达对新年的期盼与祝福。贴"福"字便是众多民俗中的一种。而在许多地方有把"福"字倒过来贴的习惯，借谐音寓意"福到了"。据相关资料显示，这一风俗最早不早于明朝初年。关于贴倒"福"字的来历还有几种不同的说法呢。

一说与明朝马皇后有关。话说当年明太祖朱元璋攻占南京后，命人悄悄在曾经支持和帮助过自己的人家门上贴一"福"字，以便第二天将门上没有贴"福"字的人家通通按暗通元贼罪杀掉。马皇后知道

倒"福"字

这一情况后，为了消除这场不必要的灾祸，便连夜下令让全城的人家都在自家门上贴一个"福"字，这样家家户户都贴了"福"字，其中有一廖姓人家因不识字，把"福"字贴倒了也未察觉。第二天，朱元璋便按原计划行事，谁知御林军来报，全城家家户户都贴有"福"字，只是有一家的"福"字是倒着贴的。朱元璋听后大怒，下令立即把那户人家全部杀掉。马皇后一看情况不妙，忙对朱元璋说："那户人家知道今天您要来，就故意把'福'字贴倒了，取'福到'之意。"朱元璋一听转怒为喜，便消除了杀人的念头，从而也避免了一场大祸。此后便有些人将"福"字倒起来贴，一求吉利，二为感念马皇后。"福"字倒贴这一习俗也逐渐流传开来。

慈禧太后

二说来源于清恭王府。清咸丰年间，又是一年春节快要到了，恭王府管家为讨主子欢心，便叫人写了几个"福"字贴于库房和王府大门上。恭亲王福晋看到大门上竟然贴着一个倒的"福"字，认为很晦气，大怒。原来是一个不识字的家丁无意间贴反了，管家后悔莫及，本是要讨好，如今倒出这么个事儿，不过幸好管家是个能言善辩之人，忙跪地陈述道："奴才常听人说，恭亲王寿高福大造化大，如今大福真的倒（到）了，乃吉祥之兆。"恭亲王福晋一听，似乎有些道理，便不再追究此事，还赏了管家和家丁们不少银子。

三说来源于清慈禧太后。据说在清光绪某年的腊月二十四，因素有"腊月二十四，家家写大字"的风俗，宫廷也不例外，到处贴着吉祥的对联和"福"字。谁知，一个小太监因不识字把"福"字贴反了，当时谁也没发现。第二天，慈禧太后欣赏对联和"福"字时，看到了这个倒贴的"福"字，正要动怒，大总管李莲英忙跪上前去道："老佛爷请息怒，这是奴才有意把它倒着贴的。这'福'字倒贴，就是'福'倒了，福到了，不是大吉大利吗？"慈禧听后不仅转怒为喜，没有责罚，还打赏了贴"福"字的太监。

以上几种不同的说法，都是借倒贴"福"字，取谐音"福到了"的好兆头。但也有人认为倒贴"福"字其实是一种错误的说法和做法，因为"倒"和"到"是两个意义截然不同的字，倒贴"福"字等于是把福倒掉了，而不是福来到了。而且故宫里的"福"字，没有一个是倒的，这也是绝对不允许的。反对者还提出，倒贴"福"字也不是不可以，在水桶上和垃圾箱上这两

个地方是可以倒贴"福"字的,因为它们都要倾覆使用,正好把倒贴的"福"字正了过来。

其实,不管是正贴"福"字还是倒贴"福"字,都表达了人民对于美好新生活的一种祈愿和憧憬。

 春节放爆竹之谜

春节阖家团圆之际,燃放爆竹是我国传统春节文化的重要组成部分。而且春节燃放爆竹,在我国已有2000多年的历史。那么,春节为什么要燃放爆竹呢,燃放爆竹的习俗是从什么时候开始的呢?

据汉代东方朔《神异经》记载,古时候,在西方的一座深山里住着一只名叫"山魈"的怪物,"身长尺余""性不畏人",常常在过年时下山,趁人不备偷食人的东西,而且"犯之令人寒热"(人若碰上它会得寒热病),所以附近的人们常常躲着它。

相传一年冬天,一位樵夫在山上砍了竹子,在回家的途中感觉又饿又冷,便停下来在路边边吃东西边烤火。正在这时,他突然看到了奔跑的"山魈",吓得他丢下手中的东西就跑。谁知那怪物并不是冲他而来,一溜烟就不见了。樵夫很纳闷,这怪物并不怕人,四周也没有其他不一样的地方,怪物怎么就吓跑了呢?后来他意识到也许是自己烤火时竹子发出的噼噼啪啪的声响的缘故。樵夫回去后向乡亲们说起这件事,人们便逐渐掌握了"山魈"怕火光和声响的弱点,在每年春节期间都燃放竹子以吓走"山魈"。

南朝梁代宗懔在《荆楚岁时记》中记载:"正月一日……鸡鸣而起,先于庭前爆竹,以辟山魈恶鬼。"从中我们可以得知,春节燃放爆竹吓走怪兽在南北朝时已成为习俗。因是燃竹而爆,竹子会发出噼噼啪啪的声响,所以称为"爆竹"。

另一种说法是为了吓走一种叫"年"的怪兽。相传,"年"是生活在海里的一种怪兽,每到除夕都会爬出来吞食牲畜、伤害人的性命。因此,每到除夕,村村寨寨的人们为了躲避"年"的伤害都逃往深山中去。又是一年除夕时,家家户户都忙着收拾东西以便逃到山上去。这时一位鹤

春节爆竹

发童颜、精神矍铄的老人来到这里，说要借宿一晚，人们便七嘴八舌地把有关"年"兽的事告诉他，并好心劝他也赶快逃命。谁知那老人说让大家不必担心，他有办法制服这"年"兽。众人都忙着逃命，哪里肯信他的话。最后，众人都逃往山上去了，任凭他人怎么劝，老人坚持留了下来。第二天，避难回来的人看到老人安然无恙，村里的其他东西也都没有损坏很是惊奇，正要问明原因，只见老人微笑着消失了。正当大家纳闷

剪纸：春节放鞭炮

之时，看到其中一家院里一堆未燃尽的竹子，发出噼噼啪啪的声音，门上贴着红色的纸，屋里点着几根红烛……众乡亲们从中悟出了点什么，以后每年除夕都效仿点红烛、贴红纸，燃爆竹，"年"兽也果然没再来过。由此，春节燃放爆竹的习俗便流传下来。

还有一种说法是来源于唐朝李田驱除瘟疫。相传，唐朝初年，战乱四起，死了很多人，一些地方便连发瘟疫，人民生活困苦不堪。一个叫李田的人，目睹了这种状况，想到可以烧火放烟来祛除病害，便尝试把硝石装在竹筒里点燃，结果伴着浓烟发出了巨响。之后疫情果然有些好转，于是人们纷纷效仿，最终控制了瘟疫的蔓延发展。据说这是爆竹的最早雏形。后来，随着火药的发明、纸的普及，便出现了我们今天所见的种类繁多的炮。

明清时期，燃放爆竹时还出现了一些新的讲究，分为除夕晚上的"关门爆竹"和大年初一的"开门爆竹"两种。"关门爆竹"意在祭祀祖宗先人，阖家团圆，送走一年来的不愉快，分享彼此的收获与幸福。而大年初一早上的"开门爆竹"又叫"开财门"，寓意开门迎喜，新的一年过得红红火火，有声有色。

爆竹最开始是驱魔辟邪之用，虽有迷信色彩，却反映了古代劳动人民渴求安泰的美好愿望。后来逐渐扩大到迎神、祭祀、庙会、祈祷等民俗活动。如今，不管是婚丧嫁娶还是进学升迁，不管是大厦落成还是店铺开张，只要是表示纪念、庆祝的，人们都会燃放爆竹。"爆竹声中一岁除，春风送暖入屠苏。"燃放爆竹固然可以烘托气氛，表达情感，但由于燃放爆竹时释放的烟尘容易造成空气污染，且其溅出的火星易引发火灾，甚至危害人身安全，因此，人们在燃放爆竹时要注意遵守国家相关规定并注意安全。

除夕夜吃饺子之谜

老边饺子馆饺子

"饺子"一词产生于宋代,是宋代支票"交子"的谐音。在中国人眼里,除夕夜是一定要吃饺子的。否则,就不算过年,不算长了一岁。那么,人们为什么要包饺子吃呢?

说法一:纪念盘古。南北朝时人们管饺子叫"混沌"。为了纪念盘古氏开天辟地,结束混浊状态。另有谐音"粮食满囤"的意思,因此更受世人推崇。

说法二:纪念张仲景。东汉时期张仲景任长沙太守期间见白河两岸百姓饥寒交迫、骨瘦如柴,便命人用面皮包了羊肉、辣椒和一些驱寒药材给人们食用,救活了许多百姓。于是,经过1700年的世代传承,人们每年冬至包饺子以纪念张仲景。

说法三:纪念女娲。据说,女娲造人时,由于天寒地冻的原因,黄土人的耳朵很容易冻掉。于是女娲在人的耳朵上扎一个小眼,并用细线把耳朵拴住,线的另一端放在黄土人的嘴里咬着,这样才把耳朵固定好。老百姓为了纪念女娲的功绩就包起饺子来,用面捏成耳朵的形状,肉中有馅(线),用嘴咬着吃。

另外,除夕夜吃饺子还有一些用意。饺子是煮出来的,不用蒸,代表着"不争";也不用炒,代表"不吵";饺子形如元宝,吃饺子有"招财进宝"之意;等锅里的饺子煮好了,大家分了吃,就叫"幸福齐分享";在锅里煮破了也不怕,这叫"粮食撑破了肚"。

所以说,饺子不仅代表着富贵、吉祥,还代表着幸福、美满与和谐。在阖家团圆的除夕之夜,吃上一碗寓意如此美好的饺子,一定会给喜气洋洋的春节增加一份福气和运道。

除夕为何要"守岁"

农历一年最后一天的晚上称为除夕,除夕守岁一般从吃年夜饭开始,人们往往在这天晚上通宵不睡觉,熬夜迎接新的一年的到来。

除夕"守岁"除了有依依惜别过去的一年，对新的一年寄予美好的希望的寓意外，还流传着这样一个有趣的故事。相传在远古时期，有一种叫"年"的怪兽，每年总要从海里爬出来伤害人畜，毁坏田园。后来人们算准了"年"出没的规律，它一般是每隔365天出来一次，且每次都是在天黑以后才出没，天亮之前就又返回海里了。于是，人们便将"年"到来的这一天当作关口来过，称为"年关"，并想出了度过"年关"的办法。那就是，每到这一晚，人们都早早地吃完"年夜饭"，把牲畜关好，然后全家人躲在屋里整晚不睡觉，以观察房外的动静。由于吃完这顿"年夜饭"，吉凶未卜，因此，"年夜饭"一般都是全家人聚在一起且很丰盛，并且要祭奉祖先，祈祷祖先的庇佑，以平安地度过这一晚。所以，除夕"守岁"又俗称"熬年"。

除夕守岁

"一夜连双岁，五更分二年"，除夕"守岁"更多的也许是人们希望见证新旧年交替的这一刻，表达对逝去的一年的留恋与怀念和对新的一年的美好憧憬。

 过年贴门神的习俗有何由来

在我国，各地过年的时候都有贴门神的风俗。最初的门神是将桃木刻为人形，挂在门的旁边，后来又演变成画门神人像张贴在门上。门神人像的主人公有很多：传说中的神荼、郁垒兄弟二人专门管鬼，有他们守住门户，大小恶鬼不敢为害，所以经常作为门神；唐代以后，又有画猛将秦琼、尉迟敬德二人像为门神的；此外，还有画关羽、张飞像为门神的。门神像左右各一张，后代也常把一对门神画成一文一武。那么，过年贴门神的习俗是怎么来的呢？

据传说，最早的门神是能捉鬼的神荼、郁垒。东汉应劭在《风俗通》中引用《黄帝书》说：上古的时候，有神荼、郁垒两兄弟，他们住在度朔山上，山上有一棵桃树，树荫如盖。每天早上，他们都会在这棵树下检阅百鬼，如果有恶鬼为害人间，兄弟二人便会将其绑了喂老虎。后来，人们便用两块桃木板画上神荼、郁垒的画像，挂在门的两边用来驱鬼避邪。

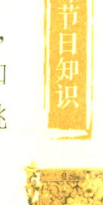

门神

与传说不同,史书上记载的门神却不是神荼、郁垒二人,而是古代的一个叫成庆的勇士。据班固在《汉书·广川王传》中的记载:广川王(去疾)的殿门上曾画有古代勇士成庆的画像,短衣、大裤、长剑,用以辟邪。上有所好,下必甚焉。正是因为广川王挂门神,其治下的百姓也开始挂,逐渐传播开来,成为一种习俗。

经过历代的演变,门神的人物也在不断地发生着变化。到了唐代,门神已经不是神荼、郁垒二人了,而是换成了秦琼和尉迟敬德。相传,有一次唐太宗李世民因噩梦而生病,每当半夜三更时分,常会听到鬼叫。大臣们知道这件事后,就推荐开国名将秦琼和尉迟敬德全副披挂,在门外彻夜守卫。没出几夜,太宗的病果然好了。之后,他就命画工画了秦琼和尉迟敬德的画像,并贴在门上,以镇邪避祟。这个做法,很快在民间流传开来。后来,门神又不断增加了新的内容,人们把秦琼和尉迟敬德的像(也有其他圣贤的像)贴在前门迎客,把传说中的捉鬼能手钟馗的画像挂在后门上赶鬼,认为这是"前后把得紧,野鬼钻不进"。

为了祈求一家的福寿康宁,现在许多地方的人们还保留着贴门神的习惯。在大门上贴上两位门神,一切妖魔鬼怪都会望而生畏的。当然,这只是一种迷信的说法,但是表达了人们对于美好生活的追求和期盼。

 过年贴窗花的习俗有何由来

窗花,也叫剪纸,在我国是一种非常普及的民间艺术,其形式多样、寓意深刻,千百年来深受群众的喜爱,因为它大多是贴在窗户上的,所以人们才称其为"窗花"。贴窗花,是我国民间的一项传统民俗。每到过年的时候,家家户户都会在门窗上贴上大红色的窗花,很是喜庆。那么,过年贴窗花的习俗是怎么来的呢?

据考证，剪纸艺术诞生于汉、唐时代，而贴剪纸这种传统一般来说与立春这个节气有着密切的关系。唐代诗人李商隐曾在诗中写道："镂金作胜传荆俗，剪绿为人起晋风。"诗中的"荆俗""晋风"说的就是这种风气，而且明确言明了这是晋人的一种风俗。到了宋、元以后，剪贴窗花迎春的时间便从立春改为了春节，人们用剪纸来表达自己庆贺春来人间的欢乐心情。

面人：过年风俗场景——卖窗花

此外，剪贴窗花，也与古时候人们的生活条件有关。过去的时候，物质生活不丰富，没有什么能够庆祝节日的装饰品，而窗花有一张红纸即可剪成，而且集装饰性、欣赏性和实用性于一体，不仅烘托了喜庆的节日气氛，而且也为人们带来了美的享受。所以，到了过年的时候，在窗户上贴上红红的剪纸就意味着新的一年到来了，人们相信红色喜庆的窗花能够带来一年的好运。因此，贴窗花就成了一种年俗。在我国广大的农村地区，一张张线条明快、画面简单甚至显得有些粗糙、稚拙的窗花，具有深长的意味，包含着人们对天地万物由衷的敬畏，以及与大自然和谐共处、与万物生灵息息相依的道理。

 正月初五为何叫"破五"

每年农历的正月初五，在民间被俗称为"破五"。那么，为什么要把这一天叫作"破五"呢？

据了解，关于"破五"的来历至今说法不一。据《封神榜》说，姜子牙在封神时，把背叛他的妻子封为"穷神"，还令她"逢破即归"。根据神话传说，姜子牙的妻子是很让人讨厌的背夫之妇，被封了穷神以后，人们也就更加讨厌她了，所以就在正月初五这一天"破"她，让她马上回去。

还有一种说法认为，正月初五是财神的生日，所以人们要在这一天大摆宴席、燃放鞭炮、举办多种多样的庆祝活动，以迎接财神的到来。为什么要在这一天迎财神呢？按照旧俗，在春节期间，大小店铺从大年初一起就关张了，而到了正月初五这天，家家才又重新开张。所以，求财也是这一天的重要主题。正月初五的零时零分，家家户户打开大门和窗户，燃香、放爆竹、点烟花，向财神表示欢迎。接过财神之后，大家还要吃路头酒，有的地方甚

财神年画（民国）

至会吃到天亮。大家都满怀发财的希望，盼望财神爷能把金银财宝带到家里，在新的一年里大富大贵。

此外，在以前的时候，汉族民间过春节有很多的迷信禁忌，比如不能用生米做饭、妇女不能用针缝纫等，但是在过了初五之后这些禁忌即告解除，故而称这一天为"破五"。这天，民间通行的习俗是吃饺子，俗称"捏小人嘴"。据说，这样可以免除小人谗言之祸。

当然，上述几种说法都有封建迷信的成分在里面，只是民间的传说而已。民俗专家则认为，"破五"是送年的意思，也就是说过了这一天，一切就慢慢恢复到大年三十以前的状态了。不过，老礼儿毕竟是老礼儿，现在大家仍然保留着过"破五"的习惯，期盼新一年生活美好的心愿依然存在。

元宵灯节起源之谜

每年的农历正月十五为元宵节，又称"上元节""春灯节"。因正月是农历的元月，古人称夜为宵，所以称正月十五的节日为元宵节。又因正月十五是一年之中的第一个月圆之夜，也是一元复始，所以又称"上元节"。元宵灯节是春节过后的第一个农历节日，人们常在这明月当空的夜晚，阖家团聚，围在一起吃元宵、赏月、赏花灯、猜灯谜等，开启新一年的快乐。

关于元宵节的起源，民间历来有几种不同的说法。

第一种：元宵节始于东汉时道教的"三元说"。道教把正月十五称为"上元节"，七月十五称为"中元节"，十月十五称为"下元节"，合称"三元"。同时主管上、中、下三元的分别为天、地、人三官，而天官喜乐，所以上元节时要张灯结彩，营造欢乐气氛。

第二种：元宵节始于东汉明帝点灯敬佛。相传，东汉明帝提倡佛教，在听说佛教有正月十五

东方朔

僧人观佛舍利、点灯敬佛的做法后，便命人这一天晚上在皇宫和寺庙里都点灯敬佛，令士族庶民都挂灯笼。随着佛教在我国的发展，这种点灯、挂灯笼的仪式便越来越兴盛而且不断推陈出新，并逐渐由宫廷发展到民间，由中原地区发展到全国。

元宵节彩灯会场景

第三种：元宵节始于汉武帝。这是流传极广的一种说法。话说汉武帝十分信任足智多谋、诙谐幽默的东方朔，他可以随意出入门卫森严的宫门，以便皇上随时召唤。他外表放荡不羁，内心却很善良，常为宫中人事向武帝求情。他看到宫中的宫女们因不能随意出入宫门而长时间不能回家，从而特别想念家人时，便出了一个主意。他散布谣言说火神将派人火烧长安城，顿时城内陷入一片惶恐之中。这时他向武帝献计说，十五日晚上可以把宫内的人员都放回家避灾，令各家各户、大街小巷都挂上红灯，制造满城大火的假象，以逃过火神的眼睛，从而避免这场灾难。武帝没有其他更好的办法只得同意，宫女们也得以趁此机会与家人团聚。此后每年的正月十五都要放灯以安抚火神，且放灯的种类和花样也越来越多，元宵灯节便逐渐兴盛起来。

第四种：元宵节始于"火把节"。这种说法认为，元宵灯节源于民间的"放哨火"活动。据说，每年的正月十五左右，在春耕来临之际，民众都会在田地间举行"火把节"以驱赶虫兽，减轻虫害，从而使得新的一年的庄稼获得好收成。直到今天我国西南地区的一些地方还保留着"火把节"的习俗，在正月十五的晚上，人们高举用芦柴或树枝做成的火把，成群结队地在田头或晒谷场跳舞，甚至可以通宵达旦。

第五种：元宵节始于隋炀帝。据说隋炀帝色迷心窍，一心要娶自己的妹妹，妹妹强扭不过，便托词说除非正月十五出现繁星满地的奇迹才可成婚。于是隋炀帝便下令全城百姓都要在正月十五张灯结彩。到了正月十五的晚上，妹妹在城楼上看到满地都是灯火，误以为真的出现了繁星满地的景象，顿时心如死灰，绝望之至，便纵身投河自尽了。百姓们为了纪念这位不甘凌辱的烈女子，以后每逢正月十五都会张灯结彩作为纪念。

以上几种说法均是民间传说，并无史料可证，因此，关于元宵灯节的起源至今没有形成统一的认识，但它所具有的我国传统节日的文化氛围和娱乐

性也许是其延续至今的原因吧。又或者元宵灯节的魅力在于其处在新一年的起点上,人们可以借助这璀璨的灯火表达自己对新一年的美好愿望与憧憬。

袁世凯为何下令禁止称"元宵"

元宵(汤圆)

元宵,分为元宵与汤圆两种,是我国农历元宵节时家家户户必吃的节庆食品。在古代,夜晚时间被称为"宵",正月又称元月,所以在汉代时,汉文帝将正月十五定为元宵节,从那时起,民间就把每年正月十五吃的"浮圆子"改称为"元宵"了。元宵在南北方的做法和口感都是不同的,北方"滚"元宵,南方"包"汤圆。但是在历史上,袁世凯曾禁止民间称"元宵",而是都称为汤圆,这是为什么呢?

窃国大盗袁世凯篡夺了辛亥革命的成果后,一心想复辟登基当皇帝,但是他又怕人民反对,所以终日提心吊胆。一天,他到街上微服游玩,忽然听到卖元宵的人拉长了嗓子在喊:"元宵。"他觉得"元宵"两字与"袁消"谐音,是暗指"袁世凯被消灭",所以心里很不痛快。1913年元宵节前,袁世凯下令,禁止民间称"元宵",只能称"汤圆"或"粉果";同时又下令把元宵节正名为"上元节"。

虽然大总统很忌讳,但是在民间使用了几千年的"元宵"二字岂是说改就改的?当时的北京警视厅通令全市卖元宵的都改"元宵"为"汤圆",并在店铺前书写"汤圆"二字,以便市民叫卖。但是老百姓都不买他的账,照样称"元宵"。时人因为这件事,还作了一首儿歌讽刺:"袁总统,立洪宪,正月十五称上元;大总统,真圣贤,大头抵铜角,元宵改汤圆。"

为何正月里不能剪头发

"正月里,不剃头,正月里剃头死舅舅。"这句民谣在中华大地上已经流传了数百年。直到今天,还有很多地方的人们保持着正月里不剪头发的习俗。那么,这个习俗究竟是由何而来的呢?

其实,这句民谣并不是人们对于正月剃头会死舅舅之忧的预言,而是清初百姓们对于满清政府蛮横无理的"剃发令"的无奈反抗。

清顺治二年（1645），清兵势如破竹般地击溃了李自成，消灭了明王朝在江南残存的主要抵抗力量。为了实现"削平四周，留守中原"的治国主张，满清政府决定在全国推行满族发式。于是，在这一年，由皇叔父摄政王多尔衮代七岁的顺治小皇帝颁布了《剃发诏书》，下令全国的汉人必须剃成满族发式。而且，满清政府还将全国的剃头匠们都召集起来，每人发了一个挂有圣旨的"吊投旗杆"。随后，这些剃头匠们便走街串巷，把人们的头发一一剃掉。

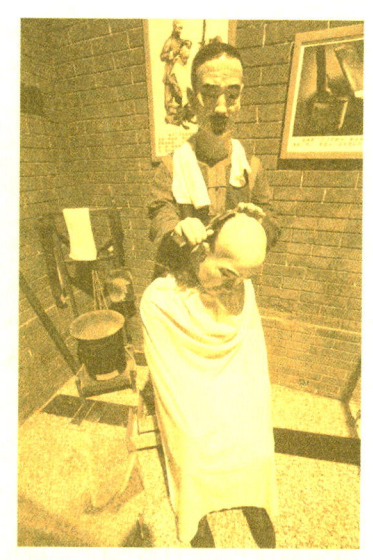

剃头匠

汉族人对于头发的珍视由来已久，认为"身体发肤，受之父母"。汉族男儿从小就蓄发，将对头发的损伤、妄动，看成是对性命和人格的侮辱和蔑视。所以，满清政府"留头不留发，留发不留头"的血淋淋的剃发口号，引来了无数汉人的极大抵制，甚至还有人喊出了"宁为束发鬼，不为剃头人"的反抗呼声。当反抗成为徒劳、剃发成为不可能改变的事实后，为了追忆明朝留全发的传统，一些人就私下号召：正月里不剃头。

但是随着满人入主中原的深入，"满汉共天下"的局面日渐稳定，汉人对于"满清"的正统地位逐渐接受，剃发也渐渐成了习惯。这样，"正月里不剃头——思旧"就逐渐讹传成了"正月里剃头——死舅"。从此，舅舅的生命安危就和外甥的头顶之发有了莫大的关系。为了舅舅的生命安全，正月里人们都不会轻易剪头发了。

 何谓"打春牛"

在民间，人们对立春的习惯叫法是"打春"，它是我国农历"二十四节气"中的第一个节气。打春标志着严酷的冬季的结束和温煦的春天的开始，从这一天开始，春回大地，万物萌发。在立春之后，就是春耕农忙的时节了，所以农谚说："一年之计在于春。"在我国，祭祀立春的活动源远流长，大都与农业息息相关，"打春牛"就是立春时的风俗活动之一。那么，什么是"打春牛"呢？

打春牛习俗

"春牛"是立春日劝农春耕的象征性的牛,是用泥捏纸粘而成的,也叫作"土牛"。古代习俗,在"立春"这一天要进行迎春仪式,由人扮成主管草木生长的"句芒神"鞭打春牛,由地方官吏行香主礼,这种活动就叫作"打春"或"鞭春",其意思是打去春牛的懒惰,迎来一年的丰收。

打春牛兴起于西周时期,到了汉代时,鞭春牛风俗已经相当流行。在立春日的清晨,京城百官身着青衣、戴青帽、立青幡,把土牛送到城门外,官员用鞭子击打土牛,以示劝农迎春,以后这种仪式就固定了下来,并传到了各郡县。

打春牛仪式开始时,人们将一头用纸扎的大黄牛抬出来,然后拉着纸扎的大耕犁缓缓向前移动,官员手执春鞭打牛,而且要念诵词:"一打,风调雨顺;二打,地肥土暄;三打,三阳开泰;四打,四季平安;五打,五谷丰登;六打,六合同春;七打,七星高照;八打,八节康宁;九打,九九归一;十打,天下太平。"这时,牛被打倒,纸被打烂,里面的五谷流出来,这象征着打出一年的五谷丰登。年轻的小伙子们一拥而上,争抢春牛头,谁先抢到谁就会吉祥,这叫作"抢春"。四周围观的人们又争抢春牛腹五谷中掺杂着的柿饼、红枣之类的甜果,寓意一年的生活甜甜蜜蜜。

在打春牛之后,老百姓会哄抢碎牛的散土,认为"土牛之肉宜蚕,兼辟瘟疫"。在旧时的历书和民间木版年画上,都印有春牛图案,大体上都是按照古时"打春牛"的情景来描绘的,寓意是:迎春天,农事始,五谷丰。

 为何有"二月二,龙抬头"的传说

"二月二,龙抬头"象征着春回大地,万物复苏。为什么会有这种说法呢?

在我国北方地区,流传着许多关于"二月二,龙抬头"的传说。

传说一:古时候关中地区久旱不雨,玉皇大帝命令东海小龙前去播雨。贪玩的小龙,一头钻进河里便不再出来了。为了能使小龙播雨,关中地区的一个小伙子在农历二月二这一天,历经千辛万苦到悬崖上采来了"降龙水",

搅浑河水，迫使小龙露出了头与小伙子较量。最后，小龙被打败，被迫降雨，使得关中地区久旱逢甘霖。于是，就流传起了"二月二，龙抬头"的说法。

传说二：很久很久以前，已经有了三个龙子的东海龙王很渴望再得到一个女儿。王母知道龙王的想法后，便给了龙母一颗仙丹。果然，龙母不久后就怀

龙

孕了，并且在第二年的农历二月二生下了一个白白胖胖的龙女。小公主虽一天天长大，却早已厌倦龙宫的生活，一心想要到人间寻找真正的幸福。爱女心切的龙母悄悄把她送出了龙宫。在人间，公主遇到了一个憨厚朴实的青年，与他一见倾心，并永远地留在了这里。龙母天天想念女儿，在每年女儿的生日农历二月初二这一天就会浮出海面，抬头向女儿离开的方向痛哭一场。于是，农历二月二就成了龙抬头日。

传说三：武则天成了唐朝的女皇帝后，玉帝便向玉龙下令三年不许向人间下雨，以示惩戒。玉龙眼见百姓因干旱而挨饿，于心不忍，便偷偷向人间施了一场雨。玉帝得知后，将玉龙打下天宫，压在了一座大山之下，并规定只有在金豆开花的时候，玉龙才能重返天宫。为了救玉龙一命，人们便四处寻找开花的金豆。到次年农历二月初二，人们发现爆开的玉米花与金豆极其相像，便家家户户供起了爆玉米花或炒豆子，最终解救了玉龙。

清明踏青扫墓的习俗有何由来

清明是二十四节气之一，在仲春与暮春之交，冬至后的108天，公历的4月5日前后。中国汉族传统的清明节大约始于周代，距今已有2500多年的历史。《历书》云："春分后十五日，斗指丁，为清明，时万物皆洁齐而清明，盖时当气清景明，万物皆显，因此得名。"在清明节前二三日为寒食节，亦称"禁烟节""冷节""百五节"，为冬至后的105天，公历的4月2日左右。在这一日，禁烟火，只吃冷食，所以叫作"寒食节"。

春秋时期晋国发生内乱，公子重耳等人逃出晋国，流亡在外19年。其臣子中有一个叫介子推的很忠诚，在重耳饿晕时割下自己大腿上的肉煮熟供重耳充饥。后来，重耳重回晋国并成为国君，史称晋文公。但在分封功臣时他

清明祭扫图

却唯独忘记了介子推。贪利之人都争着报功，介子推却背着老母亲到绵山隐居。当晋文公意识到错误后，便亲自带领臣属到绵山恭请介子推，但已无法动摇介子推隐居的决心，拒不出山。有人出主意说介子推是大孝之人，如果放火烧山，他一定会背着老母出来。晋文公便命人放火烧山，希望以此逼出介子推母子。可结果介子推母子仍然未出。后来进山寻找，发现他们母子二人抱着一棵大柳树被烧死了。这令晋文公悲伤而后悔。为了纪念这位忠臣义士，晋文公下令把绵山改为"介山"，在介子推死难之日不准生火做饭，要吃冷食。这一天被称为寒食节。第二年，晋文公又重回绵山祭拜介子推，却看到介子推和母亲被烧死时抱着的那棵被烧焦的柳树又发出了新芽，不禁感慨万分，当即下令把那棵柳树命名为"清明柳"。

由于寒食节与清明节紧邻，到了唐代，寒食节逐渐式微，逐渐地与清明节合在了一起。因为寒食节只允许食用冷食，所以，到了清明节前后，人们便外出踏青，参加一些户外活动，以减少寒食对身体的危害。清明节慢慢成为扫墓、祭祖、外出踏青、荡秋千、进行蹴鞠活动的日子。在唐代，寒食节、清明节成为重要的法定节日，放假四五日。不少文人墨客都写过关于寒食、清明的诗文。

杜牧《清明》绝句云："清明时节雨纷纷，路上行人欲断魂。借问酒家何处有，牧童遥指杏花村。"清明祭祖时已使人哀痛，清明时的阴雨又给人们增加了愁思，且清明节期很长，故清明节被称为民间第一大祭日。明朝刘侗、于奕正撰《帝京景物略》载："三月清明日，男女扫墓，担提尊榼，轿马后挂楮锭，粲粲然满道也。拜者、酹者、哭者、为墓除草添土者，焚楮锭次，以纸钱置坟头。望中无纸钱，则孤坟矣。哭罢，不归也，趋芳树，择园圃，列坐尽醉。"这描写的就是清明祭祖的情形，有多少哀痛在其中。

 **"寒食节"为何不允许生火做饭**

中国祭祀天、地、神仙、祖先等的习俗由来已久。在农历四月，有一个祭祀节日，曾被称为"民间第一大祭日"，这就是寒食节。

在寒食节这一天，家家户户禁烟火，只食用冷食。因此寒食节也被称为"禁烟节"或"冷节"。这是为何呢？

远古时期人们的火崇拜是寒食节形成的源头。古人的生活离不开火，但火有时又会给人们带来重大的灾害。因此，人们对于火是既敬又怕，便形成了对火的祭祀习俗。这一习俗，逐渐演变成了禁火节。

介子推母子

春秋时期，禁火节演变成了寒食节。相传，晋国发生内乱，公子重耳被赶出国门，流亡在外。晋国大臣介子推忠心耿耿，跟随重耳在外逃亡19年。在重耳流亡卫国、饥不果腹时，他甚至割下自己大腿上的肉供重耳充饥。后来，重耳重回晋国，成了晋文公，分封功臣时却唯独忘记了介子推。闻此消息的介子推不动声色地带着老母亲隐居于绵山，从此不问世事。当晋文公意识到错误后，便亲自到绵山恭请介子推，但已无法动摇其隐居的决心。晋文公便命人放火烧山，希望以此逼出介子推母子。可结果，却把母子二人烧死于绵山之上。为了纪念这位忠臣义士，晋文公规定在介子推死难之日不准生火做饭，要吃冷食，称为寒食节。

之后，随着历史的变迁，寒食节推而广之，扩展到全国各地。

 **端午节为何要吃粽子**

粽子，又称角黍、筒粽，是由粽叶包裹糯米蒸制而成的一种食品，同时也是端午节的传统节日食品。粽子的历史很悠久，早在春秋时期就已经出现了"筒粽"。从古至今，每年农历五月初五，中国百姓家家户户都要浸糯米、洗粽叶、包粽子。那么，端午节为什么要吃粽子呢？

端午节是我国的传统节日，始于春秋战国时期，至今已经有2000多年的历史了。从有端午节开始，吃粽子的习俗就产生了，而这个习俗的产生与屈原还有着莫大的联系。据《史记》记载，屈原是春秋时期楚怀王的大臣，他倡导举贤授能、富国强兵，力主联齐抗秦，但是遭到了贵族子兰等人的强烈反对。后来屈原遭谗去职，被赶出都城，流放到沅、湘流域。公元前278

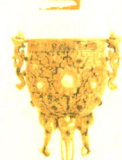

红糖粽子

年,秦军攻破楚国都城,屈原眼看自己的祖国被侵略心如刀割,于是就在农历五月初五这天写下绝笔作《怀沙》之后,抱石投汨罗江身死,以自己的生命谱写了一曲感人的爱国主义乐章。

屈原死后,楚国百姓都十分悲痛,纷纷来到汨罗江边凭吊屈原。渔夫们划船来到江中,有人拿出为屈原准备的饭团、鸡蛋等食物丢进江里,说是要让鱼龙虾蟹吃饱,这样它们就不会去咬屈大夫的身体了。人们见后纷纷仿效。一位老医师拿来了一坛雄黄酒倒进江里,说是要药晕蛟龙水兽,以免它们伤害屈大夫。后来,为了防止饭团被蛟龙所食,人们就用楝树叶包饭,外缠彩丝,于是粽子就产生了。此后,每年农历的五月初五,就有了龙舟竞渡、吃粽子、喝雄黄酒等风俗,人们以此来纪念爱国诗人屈原。

当然,端午节吃粽子的由来与传说还有很多,除了纪念屈原的传说之外,还有纪念伍子胥、纪念孝女曹娥以及古越民族图腾祭等,但是纪念屈原的说法流传最广,也被绝大多数人所采纳。

端午节门前为何要挂艾叶

端午节是我国的传统民间节日,每逢端午之时,家家户户都要将艾、榕、菖蒲等用红纸绑成一束,然后插或悬在门上。那么,端午节时为什么要在门前挂艾叶呢?

传说,在远古时候,水怪想淹一些地方用来做它的地盘,不想被天上的神仙知道了。神仙怜悯人间的百姓,于是砍了艾草和菖蒲做成宝剑去找水怪决斗。在经过了几天几夜的打斗之后,神仙胜利了,水怪答应神仙,只要是神仙的子孙,它都不侵犯。神仙答应了,对水怪说,只要是在墙上挂艾草和菖蒲的人家都属于神仙,没有的就归水怪所有。

到端午的时候,水怪乘着浪头来了,发现几乎每家都挂着一束像宝剑一样的艾草和菖蒲。原来那天决斗后,神仙把手中的艾草和菖蒲撒到了人们住的房子上面,所以才会这样。于是,从此以后每到端午节的时候,人们就会在自己家的墙上挂一些艾草和菖蒲,以保佑房屋和财产。

其实,端午节挂艾叶是有科学依据的。夏季天气燥热,人易生病,瘟疫也容易流行，再加上蛇虫繁殖，容易伤人，所以要十分小心。艾草是一种可以治病的药草，在古代就一直是药用植物，既可以治病保健，又可以驱赶蛇虫，防止被它们咬伤。所以在古代，人们都会在房屋前后栽种些艾草，以求吉祥康健，而端午节挂艾叶也是基于这个原因。除了挂艾叶之外，喝雄黄酒等习俗也具有这样的功能。

艾叶

 中元节为何被称为"鬼节"

在民间流传有"阳间有元宵节，阴间过鬼节"的俗语。其实，老百姓口中的"鬼节"就是每年农历七月十五的中元节。在这一天，活着的人们纷纷以祭祀、参佛、敬墓等方式表达对死去亲人的哀思和怀念。那么，中元节为何会被称为"鬼节"呢？

在道教的"三元说"中，农历七月十五是中元节，是地官诞辰，正值地官校籍赦罪之时。这一天，地官会拿出地府所藏花名册，根据神仙、凡人、鬼魂和动物们的表现进行评判，赦罪免刑。

中元节烧香焚纸

同时，农历七月十五还是佛教的盂兰盆节。传说中，佛祖释迦牟尼有一个名叫目连的弟子。目连的母亲虽貌美却吝啬贪财，而且尤其仇视僧人，故其死后被列入恶鬼行列。目连请求佛祖超度其母。后在佛祖的指引下，他于农历七月十五这一天，准备了各种用具和百味五果，装入盆中，供养十方僧众，最终使母亲脱离了恶鬼行列。佛祖以目连救母的事迹为典范，要求佛门子弟都要孝敬父母，在每年农历七月十五做盂兰盆，报答父母恩情。后来，这一习俗逐渐流传到民间，使农历七月十五成为民间祭祀已逝父母和先人的日子。

另据民间流传，每年农历七月初一起，阎

王都会把地狱之门打开,让那些在地府受难的冤魂厉鬼得以享受短暂的人间烟火。于是,人们就会在七月十五晚上祭祀祖先,顺便准备菜肴酒饭到路口祭祀鬼魂。

由此可见,中元节是一个佛道俗三流合一的节日。无论哪种传说,都与祭祀鬼魂有关,因此中元节也就有了"鬼节"之称。

重阳簪菊花之谜

《易经》中有六阴九阳之说,即"六"为阴数,"九"为阳数,所以农历九月初九称为重九,又称"重阳"。重阳节的历史可追溯至我国战国时期,唐朝时被正式定为民间节日。明朝以前在重阳节这天有登高看老人星的皇室活动,公元1421年明成祖朱棣迁都北京后,由于北京纬度过高看不到老人星就演变成只登高不看星了(老人星纬度在37度以下才可以看见,北京为北纬40度)。在后世流传中人们也逐渐淡忘了看星这个初衷。重阳节这天人们一般会和所有亲人在一起登高避灾,进行插茱萸、赏菊花、饮菊花酒、吃重阳糕、簪菊花等活动。由于九九谐音"久久",寓意长长久久,所以人们常在这一天举行祭祖和敬老活动,民间又称其为"老人节"。1989年,我国正式把每年农历九月初九的重阳节定为老人节,巧妙地将传统与现代相结合,从而使重阳节多了一层现代意义,演变成为尊老、敬老、爱老、助老的老年人的节日。

同插茱萸、赏菊花、饮菊花酒一样,簪菊花也是古时重阳节的一大习俗。因菊花通常在九月开放,有"九月菊"之说,所以菊花就成了九月的标志。人们在登高赏菊花之时,将菊花簪在头上,既有热爱生活之意,又有俏皮、灵动之感。同时古人由菊花的药用功能联想到其有避邪功能,所以将菊花簪在头上。因古时汉族男女皆留长发,所以重阳节簪菊花也是男女老少皆宜。据载,我国汉族女子自古就有簪花的习俗,而且会因节气时令的不同佩戴不同种类的花。生机盎然的春天多簪牡丹、芍药,骄阳似火的夏天多簪石榴花、茉莉花,黄色金秋多簪菊花、秋葵等。重阳节簪菊花的习俗,唐代时已有,杜牧的《九日齐山登高》中"江涵秋影雁初飞,与客携壶上翠微。尘世难逢开口笑,菊花须插满头归"便是重阳

重阳簪菊花习俗

节簪菊花的真实写照。重阳簪菊花的习俗一直延续到明清时,宋代时人们还将彩缯剪成茱萸、菊花的形状来相互赠送佩戴,清朝时簪菊花的习俗演变成人们把菊花的枝叶贴在门窗上,"解除凶秽,以招吉祥"。

我国民间历来有"无菊不成节"的说法,宋代文学家苏轼也曾说"菊花开处乃重阳"。在我国,菊花于重阳节有着非同寻常的重要意义。因此,在登高远望,观赏姹紫嫣红、千姿百态的菊花时,不妨在头上簪一朵菊花,体验一下其独特魅力。

## 秋分为何祭月

秋分,是我国传统的二十四节气之一,其时间大约在每年公历的 9 月 23 日。在上古时期,秋分曾是传统的"祭月节"。据考证,最初的"祭月节"是定在"秋分"这一天的,不过由于这一天在农历八月里的日子每年都不相同,所以不一定都有圆月,而祭月无月则是大煞风景的事情,没有月还祭什么月呢?所以后来就将"祭月节"由秋分日调至了中秋,即固定在农历八月十五这一天。那么,为什么要在秋分这一天祭月呢?

每年夏至之后,太阳就从北回归线逐渐南移,在每年公历的 9 月 23 日前后(22~24 日),到达黄经 180 度,此时的太阳几乎直射赤道,再往南运动,北半球的秋季就将结束而迎来冬天,这一时刻就是二十四节气中的秋分,在我国则正是粮食丰收的时节。先民们认为,日属阳之精,月属阴之精,"天地至尊,故用其始而祭以二至。日月次天地,春分阳气方永,秋分阴气向长,故祭以二分,为得阴阳之义"。也就是说,日月仅次于天地,也关乎到一年的农业耕作和土地收成,祭祀天地自然也要祭祀日月。郑玄也说过:"君子履端于始,举正于中,故本二分也。"因此,春分和秋分就分别成了祭祀太阳和月亮的日子。

据史书记载,早在周朝时,古代帝王就有"春分祭日,夏至祭地,秋分祭月,冬至祭天"的习俗,其祭祀的场所分别称为日坛、地坛、月坛、天坛,四坛分设在东南西北四个方向上,今天北京的月坛就是明清皇帝祭月的地方。据《礼记》记载:

祭月习俗

"天子春朝日，秋夕月。朝日之朝，夕月之夕。"这里的夕月之夕，指的正是在夜晚祭祀月亮。随着社会的发展，这种风俗不仅为宫廷及上层贵族所奉行，也逐渐影响到了民间。仿照古代帝王有春天祭日、秋天祭月的定制，民间也有了中秋祭月之风，到了后来赏月重于祭月，严肃的祭祀变成了温馨的团聚和轻松的欢娱。

冬至为何祭天

每年农历的十一月间，也就是公历的12月22日前后，是我们常说的冬至。在我国古代，在冬至这一天要举行隆重的祭天仪式。那么，为什么要在冬至这一天祭天呢？

从节气上来讲，冬至日是全年中夜晚最长的一天。在这一天，阴气最盛，过了这天，阳气便逐渐滋长，白昼逐渐变长，夜晚逐渐缩短，所以冬至象征着从冬至到夏至的阳期的开始。古书中记载，冬至之后，"初候蚯蚓结，二候麋角解，三候水泉动"。说的是冬至初至之时，阳气刚刚萌发，敏感的蚯蚓首先感受到阳气而蜷曲成结；五天之后，作为阴兽的麋得到阳气滋养而开始长新角；再过五天，泉水感受到阳气而发出淙淙的流水声。这些自然候应较为明显地反映了冬至日之后阳气滋长的过程。因为天代表阳，而冬至又是阳期的开始之日，所以上至君王、下至百姓在冬至这一天都要祭祀上天，祈求安度阳期。唐宋以后，朝野更是将冬至放在了与春节同样重要的地位。

从我国传统文化上来讲，冬至是拜天祭祖的大日子。在《周礼》这本书中就有"以冬日至致天神地（人）鬼"的规定，也就是说，在冬至日，帝王要祭天。那么，为什么帝王要在冬至日来拜天呢？这是因为帝王历来被视为上天之子，是秉承天命来治理人间的，"王者欲有作为，亦求其端于天"。而天为阳，地为阴，冬至日是阳气初升的日子，所以在这一天要祭拜天。根据天圆地方的说法，古人祭天时通常是在圜丘，北京的天坛就是明清时期帝王在冬至祭天的一个重要的场所。通过祭天，帝王就和上天建立起了一种其他人所不能有的特

冬至祭天习俗

殊关系。冬至日还是祭祖的日子，帝王在祭天的时候，往往也要祭祖。

在民间的传统社会当中，老百姓是没有资格祭天的，但是可以祭祖，因此也使得冬至日祭祀活动十分隆重。宋人孟元老在《东京梦华录》上说："十一月冬至。京师最重此节，虽至贫者，一年之间积累假借，至此日更易新衣，备办饮食……庆贺往来，一如年节。"还有一些地方甚至称冬至日为"过小年"，到了这天，学校放假，商业歇市，农人休息，做好应时食品，相互宴请馈赠，所以有民谚说"冬至大如年"。

 ## 元旦饮"屠苏酒"的习俗有何由来

"爆竹声中一岁除，春风送暖入屠苏。"这是王安石《元日》中的诗句，描写了元日那天千家万户放爆竹除岁、喝屠苏酒的情景。古代，元日即元旦，即现在的正月初一。屠苏酒之得名，一说是屠苏是一种药草，可入酒；另一说屠苏是古代的一种房屋，因是在这种房子里酿的酒，所以名为屠苏酒。

据说该酒是汉末名医华佗创制而成。明代李时珍的《本草纲目》记载："屠苏酒，陈延之《小品方》云：'此华佗方也。'"其配方为大黄、白术、桂枝、防风、花椒、乌头、附子等中药材入酒中浸制而成。此药具有益气温阳、祛风散寒、避除瘟疫之邪的功效。传说在元日早上喝此酒，可以预防疾病，全年健康。后来在唐代名医孙思邈那里流传开来。而后，经过历代相传，饮屠苏酒成为了过年的风俗之一。

屠苏酒的喝法是有讲究的。中国人的饮酒习惯一般应该老年人先喝，而饮屠苏酒却恰恰相反，是由小孩和年轻人先喝，年长者排在最后，正所谓"岁饮屠苏，先幼后长，为幼者贺岁，长者祝寿"。全家人围坐在一起喝屠苏酒，祝愿在新的一年里健健康康，老年人延年益寿。

喝屠苏酒的习俗东渡日本后，经过改良，流传至今。元旦早晨日本人会全家人一起喝屠苏酒，以祈祷平安。而在我们中国，喝屠苏酒的习俗却没有很好地传承下来。很少有人知道在元日喝屠苏酒可以预防疾病，保护身体健康。这一悠久的文化传统，还需我们好好地继承，并传承下去。

饮屠苏酒的金瓯永固杯

腊月二十三（四）为何称"过小年"

小年，即每年农历腊月二十三或二十四，是祭祀灶王爷的日子，它是整个春节庆祝活动的开始和预热。小年的主要活动有扫年和祭灶两项，除此之外，民间还有吃灶糖的习俗，有的地方还要吃火烧、糖糕、油饼及喝豆腐汤等。那么，为什么会把腊月二十三或二十四称为"过小年"呢？

腊月二十三以后，人们就开始打扫庭院、居室，清除积垢，置办年货，制作节日食品，一直要忙到除夕，迎接新的一年的到来，所以腊月二十三被看作是过年的预热，是节日的开始，因而就被称作"小年"。但是，这只是一个方面，更重要的是这一天关系到未来一年的福运，所以人们才会重视这一天。有人可能会问：这跟福运有什么关系？这就不得不提到灶王爷了。

在民间，过小年主要是为了"辞灶"，也就是"祭灶王"。灶王也叫"灶君"，民间都称之为"灶王爷"。相传，灶王原是一个名叫张单的富家子弟，他娶了一位名叫郭丁香的贤惠女子为妻，后来又休妻续娶了李海棠。李氏好吃懒做，不久就把张家的财产挥霍一空了，之后改嫁他人。从那以后，张单家境败落，而且又遭受火灾、双目失明，最后沦为乞丐。一天，他乞讨到一户人家，主人给了他热汤热饭，当他知道施饭者就是他休弃的妻子郭丁香时，羞愧难当，一头碰死在灶前。后来，姜太公封神时，将张单封为灶王。

灶王在最初的时候只负责管火，后来受到天帝委派，成为掌管一家的监护神，被封为一家之主。他的权力虽然很大，但却连个土地庙大小的庙宇也没有，只有一张画像（木板印制的年画）贴在灶间的墙上。在画的两旁，贴有"上天言好事，回宫降吉祥"或"东厨司命主，南方火帝君"的对联，横批是"一家之主"。灶王爷在每年的腊月二十三这天要飞升到天庭向玉帝复命，汇报一年来在民间的见闻及各家的各种事情，以作为玉帝降福或惩处的依据。在腊月二十三这天，人们在焚香祭拜后，会将旧年的灶君像揭下来烧掉，然后换上新像，这样就算送灶王爷上天汇报去了。

因为灶王爷会汇报家家户户的各种事情，而这又关系到一个家庭来年的福祉，所以民间在祭灶时都会摆上枣和糖瓜等果品来供奉他。其中，糖瓜是一种用大麦发酵糖化而成的食品，据说是让灶王吃了嘴甜的，能使他上天光说好话不说坏

灶神

话。此外，祭灶时还要供上一碗面汤（即面条），俗话说："灶王爷本姓张，一年一顿杂面汤。"杂面汤是用白面、豆面、地瓜面混合制成的，制作过程十分麻烦，由此可见灶王爷在人们心目中的重要地位。因为这一天人们要祭灶王，而且场面较为隆重，所以人们十分重视腊月二十三，并把这一天称为"小年"，以示其重要性仅次于过年。

北京腊月二十三祭灶神习俗

人们都知道腊月二十三是小年，殊不知腊月二十四也是。早在宋朝时，就有腊月二十四过小年的记载了，但在那时候小年是不分两天的，所以腊月二十四的小年习俗历史更悠久一些。那么，在什么时候发生了变化呢？是在清朝。清朝的皇帝从雍正年间开始，每年腊月二十三这天要在坤宁宫祭神，为了节省开支，皇帝顺便把灶王爷也拜了。以后王族、贝勒群起效仿，也在腊月二十三这天祭灶，自此才开始有了官民在不同日子过小年的分野。虽然日子不是一天，但是其节日内涵是一样的。

腊八食粥之谜

农历十二月初八，俗称腊八，是春节前的最后一个节日。这一天我国有吃腊八粥的习俗，过了这一天，年味会越来越浓。提起腊八节吃粥，大家都不陌生，但至于为什么在腊八这一天吃粥，很多人可能就不是那么清楚了。事实上，关于腊八节吃粥这一习俗，民间还流传着各种不同的说法呢。

一说是祭祀诸神。早在我国商周时代就有祭祀天地、神灵、祖先的习俗。一年到头了，能顺顺利利、丰衣足食，所以要感谢天地、诸神、祖先。于是就在年底前，煮上一锅五谷杂粮熬成的粥，既祭奠天地、神灵、祖先，又表示这一年丰衣足食，过得还不错，并预祝来年获得更大的收成。这种祭祀，表达了我国古代农业社会时期劳动人民的一种朴素、知足、感恩的心理。且据说祭祀的神有八位：先啬神、猫虎神、昆虫神、农神、司啬神、邮表畷神、坊神、水庸神，所以称为腊八。

另一说是吃腊八粥来自于佛教仪式。据说佛教创始人释迦牟尼因修行辛苦，昏倒在河畔，一位放羊姑娘用米豆、野果、奶水等煮成粥给他喝，使得他体力恢复，七天七夜后，释迦牟尼在菩提树下得道成佛，这一天正是腊月

熬腊八粥的材料

初八。因此腊月初八是佛教的盛大节日,称为"佛成道节"。各地佛寺纷纷做浴佛会,举行诵经,并效仿牧女在释迦牟尼成佛前献的粥来煮粥敬佛。佛寺还将腊八粥赠送给门徒及前来进香的善男信女们,并称之为"福寿粥""福德粥",意为吃了之后可以增福增寿,以后便逐渐在民间流传开来。佛教传入我国后,腊八食粥这一习俗也随之传入。

  还有一种说法是和朱元璋落魄时的经历有关。话说元末明初之时,正值寒冬,朱元璋落难入狱,饥寒交迫的朱元璋从监牢的老鼠洞里找出一些红豆、大米、红枣等七八种五谷杂粮,便把它们熬成了粥,美滋滋地吃了一顿。因那天正是腊月初八,朱元璋便美其名曰腊八粥。后来朱元璋平定天下,当上了皇帝,为了纪念在监牢里那个特殊的日子,于是他把这一天定为腊八节,把自己那天吃的杂粮粥正式命名为腊八粥。

  腊八节将传统的祭天敬神祭祖与崇尚佛教融为一体,而且掺入了祈求丰年、增福增寿的因素,并加入了朱元璋的传说,从而成为我国传统的腊祭、佛教的"佛成道节"和民间传说相融合的节日,因此是一个有历史、有特色、有故事的节日。这一天,可别忘了喝碗八宝粥,换取一年的福分。

趣味乡俗知识

 古代女人为何要缠足

元明清时期，中国汉族妇女盛行缠足。尤其是明清时期，妇女们从很小便开始缠足，使足骨变形、足形尖小，行路只能以足跟勉强行走，最终把足缠成了三寸金莲状。"裹小脚一双，流眼泪一缸"。这无疑是一种对自己肢体的摧残。但为什么元明清时期的女人们还是要缠足呢？

关于缠足的起源，说法不一。有说始于隋朝，有说始于唐朝，还有说始于五代。相传隋炀帝东游江都时，征选百名美女为其拉纤。一个名叫吴月娘的女子被选中。她痛恨炀帝暴虐，便让铁匠打制了一把长三寸、宽一寸的莲瓣小刀，并用长布把刀裹在脚底下。她又在鞋底上刻了一朵莲花。这样每走一步就能印出一朵漂亮的莲花。隋炀帝见后，想玩赏她的小脚，便召她近身。吴月娘慢慢地解开裹脚布，突然抽出莲瓣刀向隋炀帝刺去。隋炀帝连忙闪过，但手臂已被刺伤。吴月娘见行刺不成，便投河自尽了。事

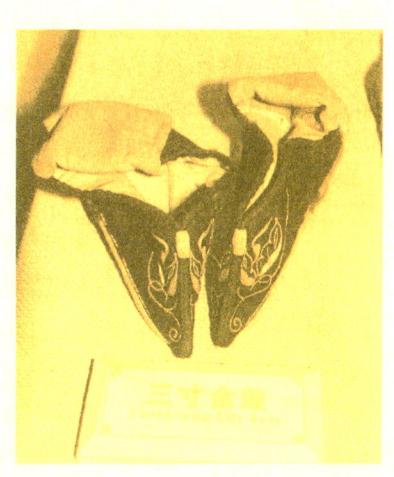

三寸金莲鞋

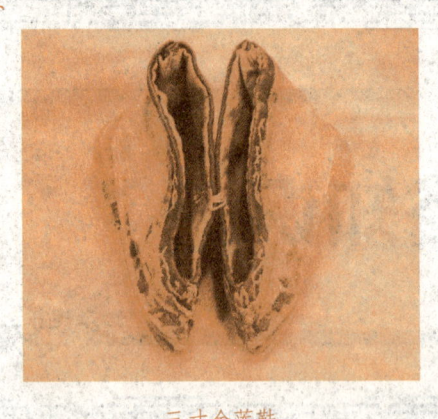

三寸金莲鞋

后,隋炀帝下旨,日后选美,无论女子如何美丽,"裹足女子一律不选"。但民间女子不想入宫的,便纷纷裹起脚来。从此女子裹脚之风开始盛行。

另有传说,南唐李后主的嫔妃窅娘,美丽多才,能歌善舞。李后主为她专门制作了高六尺的金莲,用珠宝、绸带、璎珞装饰,命窅娘以帛缠足,使脚纤小屈上做新月状,再穿上素袜在莲花台上翩翩起舞,从而使舞姿更加优美。然而这只是传说罢了,不会是女子缠脚的主因。

据研究,北宋时上层社会的妇女有缠足的,但为数不多。当时只是把足缠得细长好看,与后来明清时的缠足是不一样的。到了元朝时,蒙古人统治中国,社会黑暗腐败,妇女缠足开始盛行。缠足之后,妇女行动不便,就会少出门,少出门便会减少与坏人相遇的概率。于是,注重门风的汉族家庭,便让家中女子缠足。缠足女子往往是贞洁的,在订婚时会被优先考虑。所以在女子当中逐渐形成了缠足的风气。但当时的缠足还没有达到后来的普遍程度。明朝早期,燕王朱棣篡位后,对女子的迫害有加无减,并影响到了整个明朝中后期。1644年清军入关后,满族人开始统治全国。面对异族统治,汉族妇女再次盛行缠足,而且达到了摧残的程度。后来就连满族官员也赞成缠足,因为一个官员往往娶了几个妻妾,缠足的妻妾不乱跑,好管理,令人放心。当时,西方人见到汉族妇女普遍缠足,而满族妇女多不缠足,惊呼"民族压迫"。此论虽遭中国人反对,但汉族妇女缠足确实主要源于民族压迫。

辛亥革命后,汉人(客家人)推翻了满清的统治,便禁止了妇女缠足的民俗,以让广大妇女的脚获得自然解放。

 古人为何不能穿鞋子上殿

据《吕氏春秋》记载,春秋时期宋国名医文挚有一次提着鞋子去拜见君王,结果君王连理都没理他。而且在古装电视剧中,我们常看到古时大臣们上殿觐见皇上时是不能穿鞋子的。那么,古人为什么不能穿鞋子上殿呢?

原来,在古代时,还没有桌椅板凳、沙发条几等现代家具设施,古人只能在室内铺上"筵"和"席",席地而坐。"筵"是席的一种,通常铺在最下面,"席"铺于"筵"之上。一般正堂内都铺有"筵",客人要进入屋内,要

经过"筵",然后才能落座于"席"上。因此,为了不把主人家的"筵席"弄脏,进屋前一般要把鞋子脱掉,放在门前的台阶下,并且不影响人进出。后来,这种习俗从最初的出于卫生需要逐渐发展成为一种礼仪,以示对主人的尊重。因此,古代时,出于卫生和礼仪的双重需要,无论是帝王将相还是普通百姓,都是要脱鞋才能进屋的。

"席"地而坐的古人

普通百姓家对此可能还不是很讲究,但在帝王面前就要谨小慎微了。否则,轻者罢官,重者被关进大牢,因为大臣穿着鞋子上殿是大不敬之罪。《礼记》中对此也有记载:"待坐于长者,履不上于堂。解履不敢当阶。就履,跪而举之,屏于侧。"

 古人为何本命年扎红腰带

"本命年"是人们的属相年份,十二年遇一次。在一些地方,每到本命年时,不论大人小孩都要买红腰带系上,俗称"扎红";小孩还要穿红背心、红裤衩。这是为什么呢,有什么依据吗?

过"本命年"不是汉民族所独有的习俗,在我国一些少数民族中也有。按藏族旧的说法,每人的生辰按藏历经历一个地支十二年后,在第二个地支开始时是一个坎,宜多念经,多布施,方能避免灾难降临。在辽代的契丹族已经用十二生肖纪年,契丹人把过"本命年"称为"再生礼"或"复诞礼",要举行仪式纪念自己的始生,报答母亲的养育之恩。

在传统习俗中,很多人认为,在本命年中,本人会不大顺利。"本命年"也被称作"坎儿年",是说度过本命年如同迈进一道坎儿一样。传说因为每年值岁的生肖元神都要上天找玉皇大帝汇报工作,所以对当年生肖属相的人的保护会削弱。有民谣云:"本命年犯太岁,太岁当头坐,无喜必有祸。"也有人认为"本命年顺者一顺百顺,鸿运当头,势不可当;背者到处是关口,满眼皆是坎,霉运到家"。于是,人们用一些方法来破解本命年可能不顺的问题。"扎红""穿红"便是破解方法之一。有些人简单扎一条红布,有的则是上山向道士求取红绳子或腰带,有的让家人在红衣服或腰带上面绣上本命年属相,以及"吉祥平安""万事如意"等字样。在这之上,有一些地方,还加有驱邪

本命年辟邪的红腰带

的仪式。

中国人对于红色的喜爱由来已久。在原始社会,人们便开始崇拜红色,用红色的铁矿石粉来代表鲜血,撒在墓中,表示祝愿和吉祥。另外火的颜色、太阳的颜色都是红色,是大光明,可以避邪。还有朱砂是红色的,多用来避邪、镇静安神。故人们认为红色可避邪,红色吉祥,把红色当作喜庆、成功的代表。新年时贴红对联、放红爆竹,嫁娶时用红衣裳、红盖头、红灯笼、红蜡烛。说生活美好是"红红火火",走好运时是"红星高照"。所以,在本命年时,人们便系红色的腰带、穿红色衣服,来祝愿好运和避邪。

 为何小孩满一周岁时要抓周

在中国很多地方,小孩满周岁时有抓周仪式。抓周又称试儿、试晬、拈周、试周,是一种预测小孩的前途和性情,并庆祝其第一个周岁生日的仪式。这种习俗,在民间流传已很久。

南北朝时期,北齐颜之推《颜氏家训》记载:"江南风俗,儿生一期(一周岁),为制新衣,盥浴装饰。男则用弓、矢、纸、笔,女则用刀、尺、针、缕,并加饮食之物及珍宝服玩,置之儿前,观其发意所取,以验贪廉愚智,名之为试儿。"当时抓周已普遍流行于江南地区。

唐宋时期,抓周风俗已在全国各地逐渐盛行开来,谓之"试晬"或"周晬"。宋代孟元老《东京梦华录》记载,民间生子后,"至来岁生日,罗列盘盏于地,盛大果木、饮食、官诰、笔砚、算秤、经卷、针线应用之物,观其所先拈者,以为征兆,谓之'试晬',此小儿之盛礼也。"这是中原开封的抓周习俗。

元代和明代,此习俗更加盛行,被称之为"期扬"。到了清代才有"抓周""试周"之名称。清代满族文学家文康所著《儿女

抓周创作画

英雄传》第十九回就记载了一则抓周趣事："这年正是你的周岁，我去给你父母道喜。那日你家父母在炕上摆了许多的针线刀尺、脂粉钗环、笔墨书籍、戥子算盘，以至金银钱物之类，又在庙上买了许多耍货，邀我进去，一同看你抓周儿。"清末民初，北京民间仍然盛行这种"抓周儿"礼。

红木抓周盘（民国）

小儿周岁时，凡近亲们都循例往贺，聚会一番。一般是给小孩买些糕点食物或玩具当礼物。"抓周儿"的仪式一般都在吃中午那顿"长寿面"之前进行。讲究一些的大户都要在堂中或床前陈设大案，上摆：印章、儒释道三教的经书、笔、墨、纸、砚、算盘、钱币、账册、首饰、花朵、胭脂、吃食、玩具，如是女孩"抓周儿"还要加摆：锅铲子、锅勺、剪子、布尺、绣线、绣花样子，等等。一般人家，用一铜茶盘，内放《三字经》或《千字文》一本、毛笔一枝、算盘一个、烧饼油果一套。女孩加摆：铲子、剪子、尺子各一把。由大人将小孩抱来，令其端坐，不予任何诱导，任其挑选，视其先抓何物，后抓何物，以此来测卜其志趣、前途和将要从事的职业。

如果小孩先抓了印章，则谓长大以后，必乘天恩祖德，官运亨通。如果先抓了文具，则谓长大以后好学，必有一笔锦绣文章，终能三元及第。如是小孩先抓算盘，则谓将来长大善于理财，必成陶朱事业。如是女孩先抓剪尺之类的缝纫用具或铲子、勺子之类的炊事用具，则谓长大善于料理家务。若小孩先抓了吃食、玩具，也不能当场就斥之为"好吃""贪玩"，要美化说成"孩子长大后必有口道福儿，善于及时行乐"，之后视小孩的表现和才能加以引导教育。

现在人们很重视教育，抓周这种习俗，被越来越多的家庭所重视，许多地方都行抓周礼，也算是为孩子今后的教育方向给点指示。

 **为何小孩要戴长命锁**

在我国，小孩儿满百日或周岁时便会挂上长命锁，家长们希望长命锁能保佑婴儿健康成长，辟邪去灾。这一习俗在汉族中广为流传。

长命锁又称长生缕、续命缕、延年缕、五色缕、辟兵缯、朱索、百索等。

骨质长命锁（清）

银锁有圆形的，也有椭圆形的，一般10至14厘米长，6至8厘米宽。用项链或丝编带穿入锁档中，形成一个圈，挂在幼儿脖子上，锁垂在项下胸前。银锁正反面有文字与图案，具有增强保护力的作用。文字多出现在正面，一般为"长命百岁""长命富贵""长发其祥""后生可畏"等字样；图案则多刻在反面，多为麒麟、龙、虎等吉祥动物，都表达了人们对于幼儿生命长久、幸福吉祥的美好祝愿。

戴长命锁的习俗源自夏代太康失国时期夏少康王幼年的故事。夏王相的妃子在战乱中生下少康，为了保护这个弱小的生命，王妃打制了一把"长命锁"，正面镌刻了"长命百岁"四个大字，戴到少康的脖子上，片刻不让离身。后来果有贵人相助少康，使他躲过了种种劫难，并依靠夏墟纶邑做根据地，最终复了国，重返故都。从此，挂长命锁的习俗便流传了下来。

到了魏晋南北朝时，妇女和儿童开始把它当作饰物，不仅用于端午，还用于夏至。在当时，由于战争频繁，加之瘟疫、灾荒不断，广大人民渴望平安，所以用五色彩丝编成绳索，缠绕于妇女和儿童手臂，以祈求辟邪免灾，祛病延年。《荆楚岁时记》中写道："五月五日，以五彩丝系臂，名长命缕。"到了宋代，这种风俗继续存在，不仅流行在民间，还传入宫廷，除妇女儿童之外，男子也可佩之。每到端午节前，皇帝还在长春殿亲自将续命缕赏赐给近臣百官，以便他们在节日佩戴。宋代称这种五彩丝绳编结物为"珠儿结""彩线结"，除丝绳、彩线外，还穿有珍珠等物，在当时京都等地的街市上还有不少店铺和市贩，专门以销售这种饰物为生。到了明代，风俗变迁，成年男女使用者日少，通常只用于儿童，并成为一种儿童颈饰。

锁是一种起封闭作用的器具，门、箱等一旦上锁，就只有用钥匙才能打开。按照民俗的说法，只要挂上这种长命锁，就能"锁"住生命，辟灾祛邪。所以许多儿童从出生不久起，就挂上了这种饰物，一直挂到成年。

在江南地区，外婆要给刚出生的外孙送银制的锁。也有干爹干妈（又称干达）出钱为新生婴儿打制银锁和项链圈的，戴在婴儿颈上。等到孩子长到12岁，便被认为已经过了危险期，要取掉银锁、项圈，称之为开关。江苏地区送给小孩的长命锁不是戴在脖子上，而是挂在小孩的卧室中。还有以寺庙的名义挂长命锁的,也有认和尚或道士为"干达"以借道教或佛教神灵的力量保住小孩的命,避免受邪魔伤害。其做法是,给寺院或道观一些财物,在僧或道面前,让小孩"寄名"为弟子,再以锁形饰物挂在项间,这种锁称"寄名锁"。《红楼梦》一书中就记有这种习俗。薛宝钗的父母就曾让她认一个癞头和尚做干达。癞头和尚给薛宝钗一把小金锁,其上镌刻有"不弃不离,芳龄永继"八字祥语。长命锁还有以百家的名义购买或是打造的,寓意是集百家之力,帮助小孩渡过各种难关。

长命锁

为何要珍藏剃下的婴儿胎毛

在我国,婴儿出生一个月也即满月时会有多种多样的隆重的庆贺满月的仪式,除了为人所熟知的"喝满月酒"外,"剃满月头"也是其中重要的一项活动。

"剃满月头"是民间婴儿满月时的一项重要的仪式,一般在男婴出生24天、女婴出生20天时或者都到满月时剃掉头发,也称"落胎毛"。对于"落胎毛",不同的地方有不同的说法和习俗。但有一点相同的是胎毛不能剃完,要在头顶心或近脑门的地方留下一撮,即俗称的"桃子头""桶盖头""米屯头"等。因"落胎毛"是婴儿离开娘胎后在这一生中第一次剪下的头发,一般人们认为其具有先天的灵气,非常珍贵,而且富有珍藏价值。因此,民间素来有珍藏婴儿胎毛的习俗。有的用婴儿胎毛制作胎毛笔,并在上面刻上婴儿的姓名、出生年月以及对孩子的爱和期望等,不仅可以用来祈福、辟邪,而且还有

"婴儿百日剃头"图

收藏、纪念等意义，也可作为日后父母送给孩子的珍贵的礼物。有的地方是将胎毛搓成球状将其挂在床檐正中，意为孩子长大离开家后依然受母亲的庇佑。有的地方是将胎毛用绳子系起来挂在窗前，取孩子能够承受住风吹雨打之意。有的地方是将婴儿的胎毛用红布包起来，缝进小孩儿的衣物中，以促进孩子的健康成长。

珍藏婴儿胎毛的习俗自古时便有，至今民间仍保留着这项风俗，多用来制作胎毛笔、胎毛章、胎毛画、胎毛绣等婴儿纪念品。

"温锅"的习俗有何来历

"温锅"聚会饭菜

"温锅"是我国民间广为流传的一项古老的习俗，在我国山东地区尤为盛行。指的是在新房落成时或迁入新居之时，亲朋好友带着礼品前来庆贺，主人设宴款待的习俗，又称"温居""暖房""烧炕""添囤"等。

新房建成，乔迁新居，一大帮亲朋好友带着礼品前来欢聚，一来众亲友可以认识新家的门，方便以后来往走动；二来包含着众人添柴火焰高的互助传统；第三，旧时普通人家大多并不富裕，盖完房子后可能就花完了所有的积蓄，更有甚者已债台高筑，经济状况拮据，街坊邻居、亲朋好友等带着家庭用具、食物、礼品等来"温锅"，可以帮助主人暂时缓解生活困难问题；第四，"温锅"这一习俗还可以增进亲戚朋友间的感情与联系，促进与街坊邻居间的和睦相处，主人也可尽快适应新居的环境。

"温锅"是一种风俗，也是一种仪式。"温锅"结束以后，就表示着这里已不再只是一栋冰冷的建筑物，而是一个内容齐全、充满生活气息的家，主人要在这里开始全新的生活。

中国人为何酷爱红色

中国人对于红色的喜爱由来已久。在原始社会，人们便开始崇拜红色，用红色的铁矿石粉来代表鲜血，撒在墓中，表示祝愿和吉祥。另外火的颜色、太阳的颜色，都是红色，是大光明，可以避邪。还有，人们常用的朱

砂是红色的，多用来避邪、镇静安神。在周代可见的金文中"赤"字出现的频率非常高。《说文》中说："赤，南方色也，从大从火。"《释名·释采帛》中也提到："赤，太阳之色也。"南方是阳光充足的地方，南方色也可以理解为"阳色"。所以，红色可以代表旺盛的生命力、阳光和火光、温暖和力量。加之中国处于温带，日光照射

紫禁城红墙

适中，适合人类生活和庄稼生长，不像非洲一样阳光太强，让人难以忍受；也不像北欧或北亚阳光较弱。故中国人要太阳崇拜，对太阳和火红色特别偏爱。

另外，中国人自古以来就认为活人生活的空间为"阳间""阳世"，而人死后的灵魂会进入另一个世界，也就是常说的"阴曹地府""阴间"。到太阳落山以后，阳间晚上的阴暗就和阴间的情景非常相像，阴间的孤魂野鬼会来阳间作祟。如果阳世间的人不小心遇到了，会招来灾难和麻烦。但鬼非常怕阳光，如果遇到了和阳光一样会发光的火，就会狼狈而逃。红色的服饰最接近"太阳"和"红火"，穿在人的身上，鬼怪见到了，就像看到了阳光或者火焰，会非常畏惧和害怕，不敢靠近。所以红衣裳有辟邪、驱魔的作用。小孩子系红色肚兜，年轻女性穿红衣，可以避免被鬼骚扰。人的本命年会多灾多难，在腰间、手腕、脚腕处系上红色带子，穿着红色衣饰，就可以安心度过本命年。新年时贴红对联、放红爆竹，嫁娶时用红衣裳、红盖头、红灯笼、红蜡烛，以求生活"红红火火""红星高照"。

黄色为何被皇家垄断

春秋时期，各诸侯国纷争，其国君的朝服颜色更加难以统一，各有各的爱好。从战国到秦汉魏晋时期，"金木水火土五行终始说"非常盛行。这种学说也称为"五德终始说"，认为朝代的更替就像五行更替一样。在五行学说中，水、火、木、金、土分别与黑、白、青、赤、黄五色相配。这直接影响到了各朝代对吉庆颜色的选择。例如秦朝以为自己具有水德，故尚黑色。衣服、旌旗等都用黑色。秦始皇也穿着黑色的"皇袍"。晋代实行的是金德制

身穿黄色朝服的康熙帝

度,故尚赤色。晋代皇帝的"皇袍"均为红色。之后随着社会的发展,"五德"之说受到了挑战。一些皇帝也不再以"五德"之说作为行事准则。于是,皇帝"皇袍"的颜色也失去了可以参考的定制。

黄色在"五行"学说里代表中央方位,中央属土,土为黄色。加上与金色相类,因此黄色自古以来被认为是尊贵的颜色。于是到了隋朝,隋文帝开始着黄袍,但他并未禁止其他人穿黄色的衣服。

黄色成为皇帝和皇家的专用色是在大唐武德年间。唐高祖李渊规定只有皇帝才能服黄,其他人禁穿黄色衣服。如果大臣和民间有人穿黄色的衣服,便有谋反篡位的嫌疑了。公元960年,后周大将赵匡胤带兵在外,诸将乘机把黄袍加在他的身上,拥他为帝。他就成了北宋的第一任皇帝。从宋代开始,皇宫开始采用黄色琉璃瓦,以后便按此规定沿袭下来。只有皇室才用黄衣服和黄色旗帜。黄色琉璃瓦除了皇室可用外,一些寺院也可以使用。

明成祖朱棣永乐四年(1406),朱棣下令仿照南京皇宫营建北京宫殿,动用工匠23万、民夫百万,至明永乐十八年(1420)落成。紫禁城的建筑采用黄色琉璃瓦顶、红色墙壁,造成鲜明和富丽堂皇的色彩效果,体现出帝王的权势和威严。

药罐子为何只能借,不能还

俗话说:"有借有还,再借不难",但药罐子却是个例外。在我国山西晋南一带,流传着这样一种说法:"药罐子只能借,不能还",且即使主人明明知道药罐子会有借无还,还是会很乐意地借出去。这是什么原因呢?

用药罐子煎药是有讲究的。通常,熬过药的药渣要倒出门外,一为把病"倒"出去;二为药渣倒在门外,供众人踩踏,也有把病压下去、消除病患之意。且一般人家是不置办药罐的,只有久病的人家不得已才会购买。若偶尔生病需用药罐,则会向有药罐的人家借。用完之后,除非主人家来拿,否则是绝对不可以还回去的。因为,把药罐还回去则意味着把病也送给主人家;而借药罐则不同,借药罐意味着送病出门,主人的病快好了,所以主人家一般很乐意将药罐借出去。另外，如若主人家来索回药罐，则借药罐之人一般要在药罐中放一些钱财，以压一压病气。且主人拿回药罐途中，是不可以在别人家停留的，不然会将病患带到所到人家。

太监用的装药罐

还有些地方干脆不借，而是流行着"偷药罐"的风俗。因为他们认为，借药罐就把病也借来了，且用完后也不可以还回去，而偷药罐则可用完再悄悄放回去。这样，既可以熬药解除病患，又可以解决"招病"的麻烦。而主人家往往看到药罐被偷走会很高兴，意味着自己的病快好了，若药罐又还回来，反而会觉得不愉快。

其实，药罐在哪儿并不能决定病的去留，"药罐只能借，不能还"的说法也只是人们怀抱没病没灾这样一种美好愿望的一种说法。值得庆幸的是，现在的药店、医院等地方都设有专门煎药的地方，这不仅解除了人们借药罐的心理问题，也大大方便了患者。

 过生日为何要吹蜡烛

过生日，吹蜡烛、许愿、吃蛋糕，似乎已成为现在的必经程序。那么，过生日时为什么要吹蜡烛呢？

据说这一习俗起源于古希腊，在当地，人们都信奉月亮女神阿耳特弥斯，每年在她的生日庆典上，人们都会在祭坛上供放很多蜂蜜饼，并点亮蜡烛，将蜡烛发出的光比喻成月亮的清辉，从而营造了一种神圣的氛围，以表示对月亮女神的崇敬之情。后来，古希腊人在庆祝孩子的生日时，也会在餐桌上摆上糕饼等食品，并点上蜡烛，以示对孩子的疼爱，并且还增加了吹蜡烛的环节。因为他们认为燃着的蜡烛具有

生日蜡烛

神秘的力量，这时让孩子许下愿望，然后再一口气吹灭所有蜡烛，那么孩子许下的愿望就一定会实现。此后，吹蜡烛便成为了无论是孩子、成年人还是老人生日宴会上的一个非常有意义的活动，且这项活动的影响范围也在不断扩大，在很多国家都流传开来。

还有另外一种说法是，在生日蛋糕上要点上与岁数相同的蜡烛，然后再由寿星一口气吹灭蜡烛。据说，这是因为古时的欧洲人相信烟是能够升入天堂的，许愿后一口气吹灭蜡烛，那么自己的愿望就随着烟一同升到了天堂，这样愿望便可实现。

蜡烛固然有它美好的寓意：燃尽过去，重获新生，开启美好未来，但这只是人们的美好祈愿，有了心理支撑，愿望若要实现，还要靠人们自己的努力。

古人送别时为何要折柳枝

唐代诗人刘禹锡的《杨柳枝词》云："城外春风吹酒旗，行人挥袂日西时。长安陌上无穷树，惟有垂杨管别离。"古人送别时常折柳枝相送，但可选的植物有千百种，为何唯独选取柳树枝呢？

柳的本义在东汉刘熙的《释名·释丧制》中解释为："柳，聚也。"因"柳"与"留"谐音，折柳以赠行人，借此表达依依不舍的留恋之情。另外，柳条细长，送柳含蓄、委婉地表达了长相思之意。

另外，古人有"桃精柳鬼"的说法，认为柳树可以避邪驱鬼。柳枝柳叶还有清热祛毒的药用，可使人远离某些瘟疫，送别赠柳是保护远行的人旅途安全，不生病。

柳树生命力强，有水土的地方即可生根生长，长成大树，好比人在他乡可随遇而安，不为困难所阻。对此清代学者褚人获在《坚瓠广集》里解释："送行之人岂无他枝可折，而必于柳者，非谓津亭所便，亦以人之去乡如木之离土，望其随之皆安，一如柳之随地可活，为之祝福耳。"

那么送的是哪种柳的枝条呢？明代的李时珍的《本草纲目》云："杨枝硬而扬起，故谓之杨；柳枝弱而垂流，故谓之柳，盖一类二种

古人送别折柳图

也。"李时珍讲的是杨柳和垂柳两种柳树。因垂柳枝条细长，弱而垂流，故入诗的、折柳相送的大都是垂柳，或枝条长的旱柳枝。

一般来说，并不是送任何人都送柳枝，主要是相恋男女送别时赠柳。有成语"章台折柳"，就是指情人间折柳送别。汉时长安城有章台街，是妓院和乐坊很集中的地方。后人以章台柳代指风情女子。如盛唐诗人崔辅国的诗《少年行》云："遗却珊瑚鞭，白马骄不行。章台折杨柳，春日路旁情。"韩翃的《章台柳》词云："章台柳，章台柳！昔日青青今在否？纵使长条似旧垂，也应攀折他人手。"花街相别，难免使人恋恋依依，顺手折却路旁柳，含情赠予临行郎，心领神会，尽表风情。

 古人祝寿时为何要送寿桃

古时为老年人祝寿时喜欢送几个大桃，或用面粉做成的桃，或者送一幅寿星托一大仙桃的画，以祝愿老年人福寿无边。但瓜果有很多种，为什么独独选桃作为祝寿的吉祥物呢？

这跟王母娘娘的蟠桃有关。传说王母娘娘是神仙界最厉害的女神，为众女神之首。她有一蟠桃园，园中桃树结有很多蟠桃。她定期设蟠桃会款待群仙众神。如果凡人吃了一个蟠桃，就会长生不老。据《汉武帝内传》讲，西王母率五十余仙下降汉宫，汉武帝盛服跪拜。西王母"又命侍女更索桃果。须臾，以玉盘盛仙桃七颗，大如鸭卵，形圆青色，以呈王母。母以四颗与帝，三颗自食。桃味甘美，口有盈味。帝食辄收其核，王母问帝，帝曰：'欲种之。'母曰：'此桃三千年一生实，中夏地薄，种之不生。'帝乃止"。《汉武帝外传》讲，巨灵神指着汉武帝跟东方朔说："王母种桃，三千年一作子。此儿不良，已三过偷之，失王母意，故被谪来此。"说武帝刘彻本是看蟠桃园的童子，因偷了三回桃，被贬下界。《外传》为《内传》之续说。旧说《汉武帝外传》作于东汉，明清时人考证作于魏晋时。西王母的蟠桃能使人长生不老之说在中国广为人知，谁都想弄一个尝尝。于是，明朝的吴承恩写的《西游记》中大讲孙悟空如何吃蟠桃，又将很多蟠桃带下凡界让猴儿们吃，令读者读后大流口水。

寿桃

从桃本身来说，果甜、鲜，纤维素含量高，富含维生素E，可抗氧化、抗衰老。民间早有"桃养人，桃管饱"之说，桃有滋补强身的作用。其中的纤维素对老年人的常见病如动脉硬化、便秘等都很有好处。《神农本草》上有"玉桃服之，长生不死"的文字。《神异经》说"东方树名曰桃，令人益寿"。这些书都是根据民间的共识而总结出来的。《王祯农书》认为桃为"五木之精"，可驱邪扶正。所以用桃祝寿，不仅有祝颂的意思，还有补身的目的。

还传说，孙膑18岁离开家乡到千里之外的云蒙山拜鬼谷子为师，学习兵法。孙膑刻苦学习，废寝忘食，一学就是十二年，甚至从来没回过一次家。第十二年的一天，孙膑突然想起来，此日是母亲的生日，不知母亲身体如何。于是向师傅请假回家看望母亲。鬼谷子摘下一个桃送给孙膑，说："我送给你一个桃，带回去给令堂上寿。"孙膑回到家，见到母亲，赶忙从怀里捧出鲜桃献上，说："师傅送一个桃给您。"孙膑的母亲吃了桃以后，变得年轻了许多。于是众人纷纷效仿孙膑，在祝寿时也送桃。但是鲜桃成熟是有时令季节的，于是人们在没有鲜桃的季节里用面粉做成寿桃，给父母祝寿。

 古代为何把路费称"盘缠"

盘缠，就是现在所说的路费。在古代，纸币出现之前，人们一直使用的是黄金、白银和铜钱。当然，普通百姓根本就没有多少黄金、白银，只有铜钱。那时候，人们如果要出远门办事或探亲的话，就要把铜钱盘起来后缠在腰间携带，这样一来既方便又安全。因为这些路费既要"盘"又要"缠"，所以古人就把它叫作盘缠。

铜钱是一种中间有孔的圆形金属硬币，人们通常会用绳索将一千个钱币穿成串吊起来。所以，一千钱又叫"一吊钱"。又因为一千制钱叫"贯"，所以一千钱又叫"一贯钱"。

盘缠在社会历史变迁中，又派生出了其他含义，也可解释为生活费。如《金瓶梅词话》第七回写道："妇人听言，一面哭起来，说道：'众位听着，你老人家差矣！奴不是歹意谋死了男子汉，今日添羞脸又嫁人。他手里有钱没钱，人所共知，就是积攒了几两银子，都使在这房子

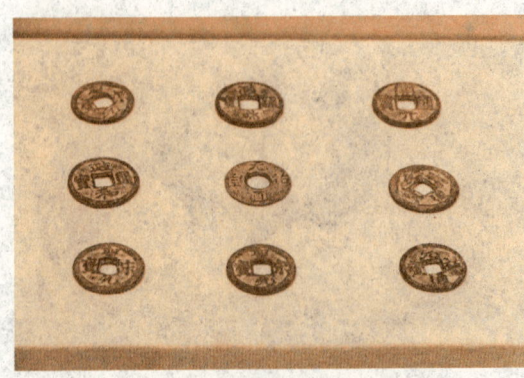

海外华商使用的铜钱（宋明时期）

上。房子我没带去,都留与小叔。家活等件,分毫不动。就是外边有三四百两银子欠账,文书合同已都交与你老人家,陆续讨来家中盘缠。再有甚么银两来?'"

现在,人们还会把路费、旅费说成"盘缠",但已经不是铜钱,甚至也不是纸币,而是各种各样的信用卡了。

古人为何将富翁称为"陶朱公"

陶朱公指"商圣"范蠡,他被奉为中国儒商的鼻祖,是春秋时期越国的政治家、谋士和商人。他自称"陶朱公",经商成巨富,所以被后人用作富翁的代名词。后人对他做过这样的评价:"忠以为国,智以保身,商以致富,成名天下。"

范蠡

范蠡出身贫贱,但博学多才,曾辅佐越王勾践灭吴国,一雪前耻。而在功成名就之后,他却急流勇退,传说化名为鸱夷子皮,并与美女西施远走高飞。最后,他辗转来到陶这个地方,自号"陶朱公",并做起了生意,成了富可敌国的大富翁。

后人根据陶朱公的主要经商思想,提炼精华后加工整理而成《陶朱公生意经》,至今仍广泛流传。其内容如下:

生意要勤快,懒惰百事废。用度要节俭,奢华钱财竭。价格要透明,含糊争执多。赊欠要证人,滥欠血本亏。货物要面验,滥入质价减。出入要谦慎,潦草错误多。用人要方正,歪斜托付难。优劣要细分,混淆耗用大。货物要清楚,散漫查点难。期限要约定,马虎失信用。买卖要随时,拖延失良机。钱财要明慎,糊涂弊端生。临事要尽责,委托受害大。账目要稽查,懈怠资本滞。接纳要谦和,暴躁交易少。主心要宁静,妄动误事多。说话要规矩,浮躁失事多。工作要精细,粗糙出劣品。

 古人为何将钱称为"孔方兄"

从秦朝统一币制到清末改行机制铜币,我国使用圆形方孔铜钱的时间已有2000多年。铜钱作为古代的一种辅币,其前身是战国时期的圜钱。为了方便细加工,铸造时常常会将铜钱穿在一根棒上。这样一来,铜钱就不会乱

方孔元宝

转,中间也会开成一个方孔。所以,人们就将钱称为"孔方兄",也称"孔方"或"家兄"。但是关于它的来源,有两种不同的说法。

说法一:晋惠帝元康年间(291—299年),因为皇帝昏庸无能,导致纲纪大坏,贿赂泛滥,世风日下。"爱钱如命,惟钱是求",可以说是当时社会的真实写照。例如,太子少傅和峤被称为"钱癖";驸马王济以"金埒"著称,他曾用铜钱围成的院墙做跑马射箭场;"竹林七贤"之一的王戎,因为积钱太多而经常手持算具昼夜计算;王戎的弟媳郭氏,曾用钱来环绕床沿。

面对当时那样的社会现状,文学家鲁褒作了《钱神论》一文,以讥讽世风世俗。他在文章中写道:"钱之为体,有乾坤之象……亲之如兄,字曰孔方……危可使安,死可使活,贵可使贱,生可使杀……凡今之人,惟钱而已……"此文尖锐地讽刺了"金钱万能"的思想,立即引起了当时人们的共鸣,被广泛传诵。于是,"孔方兄"也就成为了"钱"的代名词。

说法二:北宋大诗人、词人、书法家黄庭坚曾因得罪朝廷而被降职,他的亲朋好友得知后怕受牵连,开始渐渐疏远他。他很是伤心,遂写了七律《戏呈孔毅父》一首抒发感慨,其诗曰:

管城子无食肉相,孔方兄有绝交书。文章功用不经世,何异丝窠缀露珠。校书著作频诏除,犹能上车问何如。忽忆僧床同野饭,梦随秋雁到东湖。("管城子"是笔的别称。)

这首诗的大意是,自我被降职后,只有无庸俗相的笔墨陪伴左右,钱与我"绝交"了,就像有些人不愿和我来往了。因为此诗广为流传,所以人们就用诗中的"孔方兄"做"钱"的代称。

 "店小二"的称呼有何由来

在古代,人们把社会上的青年男子叫作"小二""小二哥"。而古时候驿站、茶馆、酒肆和旅店里面的服务人员一般都是青年男子,所以人们称其为"店小二"。

古代生活在社会底层的普通老百姓,一般都没有正式的名字。他们只有上了学后才会有学名,等到做了官后就会有官名。但是,绝大多数平民百姓没有这样的机会,因为能够上学或当官的只是极少数。所以,他们的名字大

多是按行辈来称呼的，或者用父母年龄合算一个数目来称呼。例如明太祖朱元璋的曾祖父、二哥、三哥和他本人，分别叫朱五四、朱重六、朱重七和朱重八。当然，古代酒肆或旅店里的服务员都是普通老百姓，因为当家老板理所当然是"店老大"，所以那些服务员也就只能当"店小二"了。

狗不理包子铺店小二

关于店小二的来历，还流传着这样一个故事：据说古代有一个酒肆服务员，名叫王示。因为当时人们的书写习惯是竖写，所以常常会把"示"写脱节而成为"二"和"小"两个字。久而久之，人们就把店员王示亲切地称作"王二小"，再传来传去就说成了"王小二"了。于是，"小二"就成了旅馆、酒店中的服务人员的代名词。

 **山东人为何见面叫二哥**

山东男子说话干脆、办事痛快，被称为"山东大汉"。但在山东，素不相识的男子打招呼时，不像在别处那样叫"大哥"，而是开口互相称"二哥"。这是为什么呢？

其实，这种习俗的来源，并没有确切的史料可考，而只是与当地有趣的传说有关。凑巧的是，山东有两个家喻户晓的名人，在家中都排行老二，他们一文一武，文的是儒家思想创始人孔子，武的是《水浒传》中的人物武松。

孔子被尊为"圣人"，在封建时代里，孔子创立的儒教长期享有国教的待遇，因此没人敢再直呼其名。只有在个别年代，人们才敢称他为"孔老二"，大多时候都叫他"孔圣人"。由此来看，山东人见人叫"二哥"和"孔圣人"的关系不大，大概只是文人们的穿凿附会之说罢了。

武松虽是《水浒传》中虚构出来的"打虎英雄"，但他的言行处处与山东大汉的脾胃相符，所以在山东人的心目中，他是比真实的活人更有生气的典型代表。由于对武松称名道姓不足以表示和他的亲近，山东人便像称呼自家兄弟那样叫他"老二"或"二哥"。久而久之，这个称呼就传播开来了。

此外，山东人喜欢说书、听书，在《水浒传》原本的基础上，他们编了许许多多的说书回目，因而搞得说书的也不叫"说书"了，而是叫"说武老

景阳冈武松画像

二"。武松形象高大,令人十分崇爱,然而不少方面,他却是得了他的兄长武大郎的陪衬才树立起来的。

武大郎其貌不扬,缺少英雄气概,而武松是深入人心的英雄,他们之间的对比很鲜明,因而都被人们牢牢地记在了心中。所以,时间一长,在山东大汉中就逐渐出现了一种约定俗成的"标准",那就是叫"大哥"会让人心中浮起武大郎猥琐的影子,叫"二哥"反而在精神上会泛起武松的英雄豪气。

所以说,山东人见面叫"二哥"。

趣味科举知识

 科举制度是怎样形成的

选拔治国安邦的人才，这是历朝历代的统治者都十分重视的问题。科举制度作为我国封建社会中持续时间最长、影响范围最广的人才选拔制度，自隋炀帝创始（605）至清光绪三十一年（1905）废除，在我国延续了近1300年。那么，科举制度最初是怎样形成的呢？

隋唐以前的选士制度以荐举为主，考试为辅。如两汉时期的察举制度以主管官员（地方长官和中央各部门长官）的推荐为前提，初期确实选拔出了不少济世之才。但要引起主管官员的注意，"声望"是很重要的，于是，士人便沽名钓誉，弄虚作假，或攀附权贵，或贿赂请托，一时间致使士风日下，察举不实，出现了"举秀才，不知书。察孝廉，父别居"的尴尬情况。魏晋以来的九品中正制度是由"中正"官负责考察人才，按九品定级，朝廷再按品授官。在设

科举考生铜像

参加殿试的科举考生

立之初起到了选拔人才的作用,但后期弊端丛生,选人的大权掌握在地方中正官手中,完全为豪门士族所垄断,形成了"上品无寒门,下品无世祖"的局面。

隋朝建立后,在改朝换代中豪门士族的经济势力日趋衰落,隋朝统治者也着意收回旁落于地方长官手中的选士大权,便有心改革选士制度。隋炀帝大业三年(607),设十科举人:孝悌有闻、德行敦厚、节义可称、操履清洁、强毅正直、执宪不挠、学业优敏、文才秀美、才堪将略和膂力骁壮。由于采用分科取士的办法,所以叫作科举。其中,十科举人中,文才秀美科就是进士科,进士科的设立标志着科举制度的正式产生。

唐承隋制,并逐步完善科举制度。如武则天首创武举和殿试;唐高宗调整了学校教育和科举制度的关系,使两者重新得到健康发展。至唐天宝年间,科举制中大部分考试科目已经形成,考试内容也已基本确立,科举制已经发展成为一种完备的选士制度。以后科举制度为历朝历代所沿用,并有所改革与创新,成为各朝代主要的选士制度。

依据考试成绩来选拔人才的科举制度,既不同于以德取人的两汉察举制,又不同于以门第取人的魏晋以来的九品中正制,使得选拔更为客观公正,并且首次将选士制度和学校育士制度结合起来,两者互相促进,又互相制约。有人称其为中国的第五大发明。当然,随着科举制度的发展,其弊端也逐渐暴露出来,这是后话。

何谓"连中三元"

"太宗皇帝真长策,赚得英雄尽白头。"这是唐代诗人赵嘏对古代科举制度的描述。这两句诗可谓一语中的,形象地刻画出古代科举制度的地位。历史上曾有不少著名政治家、文人就是在科举考试中脱颖而出、名留千古的。状元是科举考试的极高荣誉,但是还有一个头衔是比状元更高的荣誉,就是"连中三元"。那么,何为"连中三元"?历史上都有哪些人曾得到过"连中三元"的荣誉呢？

科举制度起源于隋，完备于唐，至明代达到鼎盛，明代科举考试一般分为童生试（县试、府试、院试）、乡试、会试、殿试四个等级。每年的二月，会由县令组织本地的童生参加县试，合格者即可继续参加由知府主持的府试，通过府试的童生们接下来就要参加由朝廷派遣的"学正"主持的院试了。院试合格者就是大家所熟知的"秀才"，可以参加每三年一次的乡试。通过了乡试的学子们被称作"举人"，是可以做官的了。而有些志向远大的举人们，还会继续参加由礼部组织的会试。考过会试的人被称作"贡士"，可以继续参加由皇帝亲自主持的殿试。参加完殿试的学子们就是"进士"。在殿试上，会由皇帝亲自划定前三甲：状元、榜眼和探花。

"连中三元"的明代商辂

所谓的"连中三元"，即在乡试、会试、殿试中都拔得头筹，取得三个第一名。

当然，获得"连中三元"是一件非常光荣但却非常艰难的事情。历史上只有15个人获此殊荣，分别是：唐代的崔元翰、张又新；宋代的孙何、王曾、宋庠、杨寘、王岩叟、冯京；金代的孟宋献；元代的王宗哲；明代的黄观、商辂；清代的钱棨、陈继昌和戴衢亨。

"连中三元"铜钱

科举制度存在的一千三百多年来，为我国形成尚学、善学的风尚和传统文化的发展、传播做出了重要贡献。这15位"连中三元"者也在中国科举制度的历史上留下了浓墨重彩的一笔。

 为何取得科举第一名被称为"独占鳌头"

鳌是古代传说中的神异之物，人们常常视其为保护神。唐宋时期宫殿门前台阶上便刻有巨鳌的浮雕。科举考试中殿试过后，皇上一般会在太和殿召见新科进士。这一天，进士们身着崭新的公服，个个精神抖擞，分左右两班站在文武百官的后面，等候皇上的传召。一般由传胪官按榜依次唱名，即宣布考取进士者的姓名、名次和籍贯。新科进士听到传唱，都要走到中间的御

趣味科举知识

"独占鳌头"铜钱

道上站定,向皇帝叩拜谢恩,从此成为天子门生。传唱完毕,由传胪官引导一甲三名的"状元""榜眼""探花"走到天子座前迎接殿试榜。其中,"状元"居中,且稍前于"榜眼""探花"。而状元站的位置正是第一块御道石正中镌刻的巨鳌头部。此后,人们便形象地称科举考试的第一名为"独占鳌头"。

直至今天,我们仍保留着这一用法。

什么叫"五行状元"

大家都知道"五行"是指金、木、水、火、土。这是我国古代的一种物质观,五行学说认为大自然由这五种要素构成,随着这五种要素的盛衰强弱,不仅人的命运会发生变化,而且大自然也会随之产生变化。那么,"五行状元"又是怎么一回事呢?

"五行状元"是指清代时的五位状元,分别是:同治七年(1868)戊辰科状元洪钧(金);同治十年(1871)辛未科状元梁耀枢(木);同治十三年(1874)甲戌科状元陆润庠(水);光绪二年(1876)丙子恩科状元曹鸿勋(火);光绪三年(1877)丁丑科状元王仁堪(土)。

同治时期状元洪钧

为何科举考试中的第三名称为"探花"

我国科举考试为"三甲取士",即三甲统称进士。一甲三名,赐"进士及第"的称号,第一名称"状元",第二名称"榜眼",第三名称"探花";二甲若干名,赐"进士出身"称号;三甲若干名,赐"同进士出身"称号。其中一甲三名颇受人们关注,第一名、第二名的"状元""榜眼"都较好理解,"元"为首,"眼"在其下,那么,第三名的"探花"有何来历呢?

"探花"一词最早出现于唐代。唐代进士及第后会举行隆重的庆典活动,在杏花园举行探花宴便是其中之一,要事先在同榜进士中选择两名年轻英俊的作为"探花使"或"探花郎",骑马游遍名园,采摘沿途鲜花,应了那句"春风得意马蹄疾,一日看尽长安花"。然后聚集在琼林苑内赋诗,并用采摘的鲜花迎接头名状元。此时的"探花"是指庆典活动中的两名年轻的进士,并不是专指科举考试的第三名。

北宋时殿试成为定制,于是便在殿试后分"三甲",开始时一甲的三名都可以称为状元,后逐渐演变成第一名称"状元",第二、第三名称"榜眼"。因第一名位于榜首,第二、第三名分列左右,整体看进士榜时好似人双眼的位置,故称"榜眼"。南宋时,"探花"成为科举第三名的专指。此后,元、明、清三代沿袭了这种叫法。

"探花及第"图

 科举制度中出现过女状元吗

在"女子无才便是德"的封建社会,女子是没有机会参加科举考试的,自然也不会出现什么"女状元"。然而,在我国长达近1300年的科举制度史中诞生的数百名状元中却有一位女状元,这是怎么一回事呢?

原来,在太平天国时期出现了科举制度史中唯一一位女状元——傅善祥。

太平天国时期提倡男女平等,不仅设有女官统帅的女营,而且在太平天国定都天京后还设置了文职女官。为了选拔有才能的人任职,洪秀全在定都天京后便在科举考试中增加了女子可以参加科举考试的制度。咸丰三年(1853),中国历史上第一次出现了"女子科考",主考官是洪秀全的妹妹、西王肖朝贵的妻子洪宣娇。傅善祥冲出世俗偏见,勇敢地报名参加考试,并同其他200多名女子一起参加了这次的女子科考。结果,20岁的傅善祥考中了第一名,成为中国历史上第一个也是最后一个女状元。考中后的傅善祥在东王杨秀清的府里任职,曾参与了太平天国多篇文件的起草、修改工作,如"天朝田亩制度"以及男女平等、禁食鸦片、禁女裹脚等的文件。因其超强的能力、出色的文笔成为东王杨秀清、天王洪秀全政治和经济上的得力助手,颇得他们的赏识,致使太平天国有"武有洪宣娇,文有傅善祥"之说。1856年,"天京事变"时,傅善祥下落不明,有人推测她可能与东

太平天国时唯一一位女状元:傅善祥

王府两万余人一同遇难。

遗憾的是,轰轰烈烈的太平天国运动好景不长,所以这项制度也没有坚持下去,于是造就了傅善祥唯一一位女状元的历史。

历代各出现过多少状元

自隋炀帝大业三年(607)始设进士科标志着科举制度的正式产生至清光绪三十一年(1905)科举制度被废除,在这近1300年的科举制度史中共出现过多少个状元呢?

也许有人说,这还不好统计,举行过多少次考试就有多少个状元。正常情况下是这样的,但具体考察起来却不那么简单。比如唐代时,有因泄题而考试作废的,有考试正常进行但没有产生状元的;元代时有一榜出两个状元的;金代时则是时而一榜有一个状元,时而一榜有两个状元,时而一榜有三个状元。所以要具体统计时还要分朝代计算。

据考证,自唐高祖武德五年(622)的第一位科举状元孙伏伽开始,到清光绪三十年(1904)最后一位状元刘春霖止,在这1283年间,可考的榜数为745榜,共产生了592名状元(一说504人),加上其他短命政权选考的状元以及各代的武状元,中国历史上总计可考的文武状元为777人。

科举制虽创始于隋朝,但隋朝时每次开科取士的人数极少,且现存的史料记载中也没有相关的详细记录。

据《文献通考·选举考》和《登科记考》等书记载,唐代时共举行科举考试265场,其中,有一次因考试泄题而作废,有12次进士考试没有产生状元。因此唐朝时共产生状元252名,其中姓名可考者为155人(含一人只知其姓)。

据相关资料显示,五代时共产生状元121名。其中,据《文献通考·选举考》和《记考》等资料记载,中原五朝共开进士科47次,产生状元47名;据《十国春秋》《马氏南唐书》《陆氏南唐书》《江南余载》等记载,南唐开进士科19次,产生状元19名;又据《十国春秋》等资料显示,可推估吴、前蜀、后蜀、南

状元匾

汉 4 国共产生状元 55 名。

《文献通考·选举考》《宋史》《续资治通鉴》及《续资治通鉴长编》等文献记载，宋代时共开进士科 116 次，加试两次，共产生状元 118 名。

据《辽史》《辽史纪事本末》及《续资治通鉴》等资料记载，辽代共开进士科 57 次，产生状元 57 人。

"状元及第"铜镜（明代）

西夏虽也举行科举考试，但相关史料中并没有详细记载，据其首尾两次考试时间及宋、金考试情况推测，西夏共开进士科 27 次，目前仅知一位状元姓名。

据《金史》《金史纪事本末》《中州集》《归潜志》等文献记载，金代共开进士科 43 次。但因金代有时是分辞赋、经义两科考试，有时是分辞赋、经义、策论三科考试，且各自分别产生状元，因此金代时共产生状元 74 名（其中辞赋状元 43 名、经义状元 13 名、策论状元 18 名）。在此期间的国中之国伪齐政权也举行过两次科考，产生 2 名状元。

《元史》《续通鉴》等资料记载，元代的科举考试时开时停，共举行过 16 次，且每次都分"南北榜"，因此有状元 32 名。

据《明史》《明史纪事本末》及《明清进士题名碑录索引》等相关史料记载，明朝的科举考试基本上是三年考一次，其中有一年考了两次，称为"春夏榜"，合计考了 89 次，产生状元 89 名。

另明末张献忠的"大西政权"举行过 6 次考试，其中有 2 次以大屠杀告终，另 4 次产生状元 4 名。

《清史稿》《清史·列传》及《明清进士题名碑录索引》等资料记载，清朝共开科 112 次，其中有两次分"满榜"和"汉榜"，因此共有状元 114 名。

另据《江南春梦庵笔记》《盾鼻随闻录》《贼情汇纂》《金陵癸甲纪事略》等资料记载，太平天国时期考试种目繁多，有天试、东试、北试、翼试等，共举行过 21 次，因有一次分男科、女科考试，因此，此期间共产生男女状元 22 名。

因此，根据现有史料，初步统计我国历朝历代共产生状元约 886 名。

 中国历史上第一个、最后一个状元分别是谁

科举制度作为我国封建社会重要的选拔人才的制度，自隋朝时创立至清末光绪三十一年（1905）被废除，历经近 1300 年的历史。在这漫长的岁月

中，朝代几经更迭，先后产生了500多名状元（武状元除外）。那么谁是中国历史上第一个状元，谁又是中国历史上的最后一个状元呢？

进士科始设于隋炀帝，但其开科情况今已不详。在中国的科举史上，第一个有名可考的状元是隋末人孙伏伽，其参加了唐高祖武德五年（622）十二月举行的科举考试，并在30名参考举人中脱颖而出，获得第一名的好成绩，从而成为我国历史上的第一个状元。

孙伏伽，贝州武城（山东武城）人。其在隋朝末年便已涉足官场，从最初一名卑微的小吏一直做到了京畿万年县（今陕西西安）的法曹，能力可见一斑。李渊在长安称帝后，孙伏伽识时务地归顺了李唐王朝，并参加了于唐高祖武德五年（622）十二月举行的科举考试，从而成为我国历史上第一个有名可考的状元，青史留名。

那么谁又是中国历史上的最后一个状元呢？

科举制度于清光绪三十一年（1905）被废除，而在清光绪三十年（1904）举行的科举恩科考试中，中状元的刘春霖便成了我国历史上的最后一个状元。恩科是在正常的考试之外，每逢朝廷庆典或其他的重大事情而特别开科考试，始于宋，明、清沿用此制。若正科与恩科合并举行，则称恩正并科。光绪二十九年（1903）为正科，而光绪三十年（1904）逢慈禧太后七十大寿，便增加了恩科。恰逢这一年的恩科成为我国历史上的最后一届科举，中状元的刘春霖从而有幸成为我国历史上的最后一个状元。

话说这刘春霖成为我国历史上的最后一个状元不仅偶然，而且这背后还有一段颇为曲折的小故事呢。据说殿试过后，主考大臣便把试卷按名次排列，送交慈禧太后定夺。因为按照惯例前三甲是要由最高领导人来决定的。慈禧太后乍一翻被主考官列为头名的试卷，字很是漂亮，不禁点头赞许。但一看文章作者时，便立马火冒三丈。原来这是广东考生朱汝珍，"朱"为明朝皇家的姓，慈禧太后心中自是忌讳；"珍"字又让慈禧太后想起了最受光绪皇帝宠爱的珍妃，她曾支持光绪皇帝改革试图从自己手中夺回政权，心中不满不免徒增了几分。再加上朱汝珍是广东人，广东历来"是非"多，洪秀全、康有为、梁启超、孙中山等这些让慈禧太后头疼不已的人都出自广东。怒火中烧的慈禧太后

第一个状元：孙伏伽

便将朱汝珍的试卷弃之一旁,接着看第二份试卷,一看考生是直隶(今河北省)肃宁人刘春霖,不由转怒为喜。原来,这一年正逢天气大旱,急盼一场大雨,"春霖"二字便是极好的兆头。清朝末年外忧内患不断,慈禧太后自是希望清王朝能结束风雨飘摇的命运,恢复到肃静安宁的局面,"肃宁"便又是一个好征兆。于是,幸运之神便降临到了刘春霖身上,慈禧太后大笔一挥,刘春霖便由原来的第二名一跃成为头名状元。

"十年寒窗无人问,一举成名天下知",也许,在我们关注状元这一闪耀头衔的背后更应看到他们的博学多识以及他们为此付出的努力。

最后一个状元:刘春霖

 中国历史上最老的状元、最年轻的状元分别是谁

在"学而优则仕"的封建社会,参加科举考试摘取状元桂冠成为文人进入仕途的最好途径。因此很多文人佳士无不以此为终生奋斗的目标,年龄上自然也是千差万别。那么,中国历史上最老的状元和最年轻的状元分别是谁呢?

历代状元中,有史可查的最年老的状元是唐德宗年间的尹枢,中状元时已70多岁高龄。据唐代笔记小说集《唐摭言》记载,杜黄裳任主考官,想公正地选出真正有才能的人。第三场考试结束后,杜黄裳便对众应试者说:"我受皇上之托选拔有才能的人,诸位都是当代才学之士,怎么就没有人帮我一把呢?"在场的500多名应试者面面相觑,不知如何是好。只见时年已70多岁的尹枢独自走上前去说道:"不知您有什么吩咐?"杜黄裳说道:"没有人写榜。"尹枢道:"我愿效力。"杜黄裳便令人递过纸笔,尹枢便开始逐一题名,大声唱名,从头到尾,公正有序,全场肃穆以待。最后,只剩下状元一栏空缺,杜黄裳问道:"状元写谁是好?"尹枢当即回道:"状元非老夫不可!"听罢杜黄裳不由得暗自震

最年老的状元:尹枢

最年轻的状元：莫宣卿

惊，但细细想来，还真是当之无愧，状元非他莫属，于是便让他自己亲笔写了下来。这样，便有了历史上70多岁高龄的尹枢中状元的记载。另据《太平广记》记载："贞元七年，杜黄裳知举，闻尹枢（注：原文误为尹极）时名籍籍，乃微服访之。问场中名士，枢唯唯。黄裳乃具告曰：'某乃今年主司也，受命久矣，唯得一人某，他不能尽知，敢以有请。'枢耸然谢曰：'既辱下问，敢有所隐？'即言子弟有崔元略、孤进有林藻、令狐楚数人。黄裳大喜。其年枢状头（即状元）及第。试《珠还合浦赋》。藻赋成，忽假寐，梦人告曰：何不叙来去之意。既寤，乃改数句。及谢恩，黄裳谓藻曰：叙珠来去有如神助。"这说的也是唐德宗贞元七年（791）70多岁高龄的尹枢毛遂自荐中状元之事。

至于最年轻的状元则出在唐宣宗大中五年（851），中状元的是年仅17岁的广东封开人莫宣卿，宣宗皇帝为此还特意赐诗曰："南方远地产奇才，突破天荒出草莱。神鲤跳翻三尺浪，皇都惊震一声雷。"另赐锦衣一件以示嘉奖。据说莫宣卿家境贫寒，自幼丧父，与母亲相依为命。但小小的莫宣卿聪明勤奋，7岁时便以一首"我本南山凤，岂同凡鸟群。莫俊天下有，谁能佐圣君"的诗闻名乡里。12岁时即中秀才，被乡人誉为"神童"。17岁时莫宣卿高中状元，从而成为广东科考史上的第一个状元，也是中国历史上最年轻的状元。

无论是最老的状元还是最年轻的状元，抛开其他方面不说，其学习精神都是值得后人学习的，这也奠定了今天"终身学习"的理念基础。

现存唯一的状元试卷是谁的

在山东青州博物馆中保存着明万历二十六年（1598）科考状元赵秉忠的一份殿试试卷，这也是我国大陆地区保存的唯一一份状元试卷（台北故宫博物院收藏有几份清代状元试卷）。

这份试卷由封面、封底、19折册页构成，且封面、封底均为全绫装裱，每折册页高47.6厘米，宽14.1厘米。19折册页分三部分构成，第一部分为考生姓名、机关、年龄等，并上溯祖宗三代的基本情况，以证清白。第二部分为正文部分，共15折。正文卷首顶天为当时在位皇帝朱翊钧御笔亲书的

"第一甲第一名"六字,下为朱翊钧御书下钤的"弥封关防"长印,占一折。接着为文章正文,为1厘米见方的工整小楷,共2460字。文章题目为"问帝王之政和帝王之心",赵秉忠提出"实心先立""实政继举"才能使天下太平、百姓安乐的主张,精辟地阐述了改善吏治、兴邦治国的对策,具有重要的历史和现实意义。第三部分也即在正文之后的最后3折列着少保兼太子太保、吏部尚书、武英殿大学士张位等9位阅卷官和1位印卷官的职衔与姓名。

近1300年的科举考试史,产生了数百位状元,但由于朝代更迭、战乱等原因,目前保存的仅有这一份状元试卷,是我国研究科举制度和明史的重要文献。

状元赵秉忠

附:

殿试题目:问帝王之政和帝王之心

赵秉忠状元卷(节选):

臣对:

臣闻帝王之临驭宇内也,必有经理之实政,而后可以约束人群,错综万机,有以致雍熙之治;必有倡率之实心,而后可以淬励百工,振刷庶务,有以臻郅隆之理。

立纪纲,饬法度,悬诸象魏之表,着乎令甲之中,首于岩廊朝宁,散于诸司百府,暨及于郡国海隅,经之纬之,鸿巨纤悉,莫不备具,充周严密,毫无渗漏者是也。何谓实心?振怠惰,励精明,发乎渊微之内,起于宥密之间,始于宫闱穆清,风于辇毂邦畿,灌注于边疆遐陬,沦之洽之,精神意虑,无不畅达,肌肤形骸,毫无壅阏者是也。

……

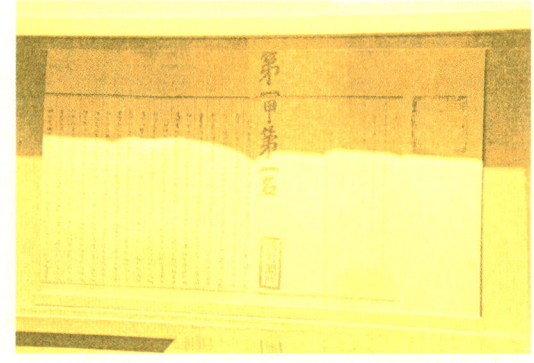

明代赵秉忠状元卷

历代进士人数知多少

进士匾

中国古代科举制度中，科举最后一级殿试及第者称为进士。隋炀帝大业年间始置进士科目。唐亦设此科，凡应试者谓之举进士，中试者皆称进士。唐武则天长安二年（702）始置武举制度。宋代大部分时间的科举内容与唐代区别不大。元代的科举不再分科，专以进士科取士，并指定教材，模式变得死板。明、清时，贡士经殿试后，及第者皆赐出身，称进士。且分为三甲：一甲3人，赐进士及第，分别称状元、榜眼、探花；二甲赐进士出身，三甲赐同进士出身。1901年清政府废武举制，1905年停止科举。至此，1300年的科举制度宣告结束。自隋唐至清末，大约考取进士162 450人，武进士2万余人，状元近千人。其中，明清两代先后举行进士考试201科，取中进士51 624人。

据有关学者统计，隋唐五代共录进士6000多人，宋约50 000多人，辽、西夏、金约3000多人，元朝1139人，明朝约24 595人，清朝约录26 849人。

古代许多著名作家都是进士出身，如唐代的贺知章、王勃、宋之问、王昌龄、王维、岑参、韩愈、刘禹锡、白居易、柳宗元、杜牧等，宋代的范仲淹、欧阳修、司马光、王安石、苏轼等。考中进士，一甲即授官职，其余二甲参加翰林院考试，学习三年再授官职。

状元是科举制度殿试第一名，又称殿元、鼎元，为科名中最高荣誉。历史上获状元称号的有1000多人，但真正参加殿试被录取的大约750名左右。唐代著名诗人贺知章、王维，宋代文天祥，明朝杨慎，都是经殿试而被赐状元称号的。

 雁塔题名是怎么回事

雁塔，即大雁塔，位于西安的大慈恩寺中，为唐玄奘所建。唐朝时，进士及第者（即新中进士）均会在大雁塔内题名，以示纪念、荣耀，故称"雁塔题名"。据五代王定保《唐摭言》记载："进士题名，自神龙之后，过关宴

后，率皆期集于慈恩塔下题名。"

唐中宗神龙年间（705—707），进士张莒游慈恩寺时，因为一时兴起，遂将自己的名字题在了大雁塔下。没想到如此平常的行为，却引得其他文人骚客纷纷仿效，尤其对新科进士们来说，更把"雁塔题名"视为莫大的光荣。

大雁塔

当时，科举考试结束后，皇帝一般会举行"曲江宴饮"，与新科进士们把酒畅谈。接下来，进士们会集体来到大雁塔下，并推举书法好的人将他们的姓名、籍贯和及第时间等，用墨笔题在墙壁上。如果这些人中有人日后升到了卿相之位，还会用朱笔把自己的姓名改为红色。

"雁塔题名"的人当中，白居易是最为著名的一个。他27岁时便一举中第，当时按捺不住喜悦之情的他，写下了这样的诗句："慈恩塔下题名处，十七人中最少年。"再如，新科进士刘沧曾写下了一首名为《及第后宴曲江》的七律："及第新春选胜游，杏园初宴曲江头。紫毫粉壁题仙籍，柳色箫声拂御楼。霁景露光明远岸，晚空山翠坠芳洲。归时不省花间醉，绮陌香车似水流。"其中，"紫毫粉壁题仙籍"一句，韵味十足，简直把自己当成是天上的文曲星了。

虽然新科进士们春风得意、诗兴不减，但是慈恩寺的墙壁毕竟有限，久而久之，一堵堵白墙便成了题满人名的"花墙"。然而可惜的是，这些题名后来都没有被保存下来。究其原因，据说是唐武宗时（840—846）的宰相李德裕觉得自己不是进士出身，所以对进士们心生嫉妒，于是下令把"雁塔题名"全部清除了。

何谓贡院

在我国古代封建社会，凡是献给皇帝或朝廷的物品叫"贡品"。贡院与贡品有相似之处，它是指通过科举考试选拔出人才贡献给皇帝或国家。贡院最早出现于唐朝，是封建时代举行会试的考场，即开科取士的地方。现存贡院大多为遗址，比如江南贡院、北京贡院、定州贡院和川北道贡院等。

江南贡院：又称南京贡院、建康贡院，是中国古代最大的科举考场，因

江南贡院大门

而名气也最大。它位于南京城南的夫子庙旁,东接桃叶渡,西邻状元境,南抵秦淮河,北对建康路,是古代的"风水宝地"。贡院曾经占地约30万平方米,是夫子庙地区的主要建筑群之一,如今只剩一个四合院式结构的楼宇,作为展示性的博物馆,内有建筑模型图。在贡院四周,建有两重围墙,且上面布满荆棘,目的是防止考生私携夹带翻墙作弊,故称"棘闱"。

北京贡院:始建于明永乐十三年(1415)。贡院内主要有明远楼、公堂、聚奎阁、会经堂和望楼等。东西两侧有考棚,又叫"号棚",共计9000多间。明清时期,北京贡院既是顺天府(北京)乡试的地方,也是全国会试的考场。那时候,考生进考场要受到严格的检查,也就是一个个地搜身,如果发现有人私带纸条或书本的话,会被立即送交有关部门严办。监考时更加严格,每个考生都有自己的考棚。考生进入考棚后,门会被锁上,叫作"锁院试贡"。

定州贡院:始建于清乾隆三年(1738),占地10余亩。道光十四年(1834),重修定州贡院。作为封建王朝科举取士的场所,它是目前我国唯一保存较好的贡院遗址。原建筑坐北朝南,是中轴式东西对称形式,规模宏大,气势雄伟,院内现仅存影壁、大门、魁阁号舍、大堂和后楼5座建筑。2001年,定州贡院被国务院批准为"全国重点文物保护单位"。

川北道贡院:位于今四川省阆中市,是全国保存最完好的贡院之一。据《阆中县志》记载:"顺治九年壬辰(1652),全川未靖,补行辛卯科乡试,闱设保宁府。甲午、丁酉、庚子三科皆在保宁,至康熙二年癸卯(1663)始移成都","嘉庆二十二年(1817),川北道黎学锦(1776—1838)率属重修。"

定州贡院魁阁号舍

 ## 南闱、北闱各指什么

南闱和北闱，是明清时期科举制度的两个专有名词，对此有两种不同的解释。

第一种说法：明朝从明仁宗洪熙元年（1425）起，会试（礼部试、礼闱）时南人和北人分开应试，名额也是按比例分别录取。当时规定，录取名额南人占6/10，北人占4/10。所以，把南人科举考试称为"南闱"，而把北人的科考叫作"北闱"。

宣德年间（1426—1436）和正统年间（1436—1449），会试又分为南闱、北闱和中闱。录取名额规定如下：每100人中，南取55名，北取35名，中取10名。据《明史·选举志》记载："（唐）寅，江左才士，戊午南闱第一。"这句话表明，唐伯虎当年曾考中"南闱"第一名。

曾考中"南闱"第一名的唐伯虎雕像

第二种说法："南闱"是指南京的应天乡试（江南乡试）贡院，"北闱"是指北京的顺天乡试贡院。明、清时期，乡试是在京城和各省省城举行的科举考试，照例每3年举行一次，但凡获秀才资格的府、州、县学生员、监生和贡生等，均可报名参加。因为考试时间通常安排在八月，因此也叫"秋试"。考试分3场进行，即"四书五经"、策问和诗赋三部分，每场考3天。乡试考中后，称为"举人"，这样才有资格进入更高层次的会试和殿试。

 ## "科举四宴"分别指哪四宴

在封建科举时代，一般考试结束后，朝廷会组织通过科考的士子参加由官方主办的盛大庆祝宴会。这样做的目的是，笼络天下士人为统治者效劳。我国古代的"科举四宴"分别是：鹿鸣宴、琼林宴、鹰扬宴和会武宴。自唐代以来，由于科举制度分设文武两科，所以四宴中鹿鸣宴和琼林宴属于文科宴，鹰扬宴和会武宴为武科宴。

鹿鸣宴：是为祝贺通过乡试的新科举人而举办的宴会。始设于唐代，明清沿用之。贺宴之所以取名为"鹿鸣"，是因为宴会上要唱《诗经》中的《鹿鸣》一诗（"呦呦鹿鸣，食野之苹。我有嘉宾，鼓瑟吹笙……"）。此外，古人

常用鹿来象征"禄"的意思,因为有"禄"就意味着升官发财。

此宴的具体举办时间定在乡试放榜的第二天,由地方官吏主持,入席者除新科举子外,还包括内外帘官(即考场工作人员)等。据《新唐书·选举志》记载:"每岁仲冬,州、县、馆、监举其成者送之尚书省……试已,长吏以乡饮酒礼,会属僚,设宾主,陈俎豆,备管弦,牲用少牢,歌《鹿鸣》之诗,因与耆艾叙长少焉。"

琼林宴:始于宋代,是为殿试后考中进士的人举行的宴会。宋太祖规定,殿试后由皇帝宣布新科进士的名次,并赐宴庆贺。宋徽宗政和二年(1112)以前,宴会都是在"琼林苑"(设在都城汴京城西的皇家花园)举行的,故名"琼林宴"。据《宋史·乐志四》记载:"政和二年,赐贡士闻喜于辟雍,仍用雅乐,罢琼林苑宴。"政和二年以后,改"琼林宴"为"闻喜宴"。元、明、清三代又改称"恩荣宴"。名称虽前后发生了变化,但内容大致未变。

南宋状元、后来官至右丞相的文天祥,曾写过一首《御赐琼林宴恭和诗》,描写的就是琼林宴的盛况:"奉诏新弹入仕冠,重来轩陛望天颜。云呈五色符旗盖,露立千官杂佩环。燕席巧临牛女节,鸾章光映壁奎间。献诗陈雅愚臣事,况见赓歌气象还。"

鹰扬宴:是为武科乡试中举者而设的宴会。"鹰扬",就是"像鹰一样飞扬"的意思,出自《诗经》"维师尚父,时维鹰扬"一句。据清吴荣光《吾学录·贡举》记载:"武乡试揭晓翼日,燕(宴)监射主考执事各官及武举于顺天府,曰鹰扬燕(宴),仪与鹿鸣燕(宴)同。"

会武宴:是武科殿试放榜后举行的宴会。自隋朝开始,武科殿试后,各代朝廷都要为武科新进士们举行宴会,以示庆贺,地点就定在兵部。会武宴的规模浩大,十分排场。这从《吾学录·贡举》中就可以看出来:"《通礼》武殿试传胪后,燕(宴)有事各官暨诸进士于兵部,曰会武燕(宴)。"清梁章钜《浪迹丛谈·武生武举》也云:"文称鹿鸣宴,武称鹰扬宴,人皆知之;文进士称恩荣宴,而武进士称会武宴,则罕有知者。"

古代的科举宴会

 "同年"是何意

在科举时代,"同年"是指同榜录取之人的互称。唐时,同榜进士称"同年"。据李肇《唐国史补》记载:"(进士)俱捷谓之同年。"

"同年"一词,经常出现在古代的文史资料中。如北宋司马光《训俭示康》载:"同年曰:'君赐不可违也。'"又如元人萨都剌《送郑天趣进柑入京》一诗中有这样的句子:"同年若问侬消息,为说愁来奈病何。"

同年录

明清之际,把乡试和会试的同榜登科者都称作"同年"。例如,明末冯梦龙辑录的《醒世恒言·张廷秀逃生救父》里说:"你我虽则隔省同年,今日天涯相聚,便如骨肉一般。"

据清顾炎武《生员论中》载:"同榜之士,谓之同年。"清初诗人赵翼所著的《陔馀丛考》记载:"余庚午乡举,宛平黄叔琳(康熙时进士)开府系前庚午举人,曾为先后同年之会;大学士史铁崖并及见先后进士同年,真为盛事。"清阮葵生《茶馀客话》记载:"乾隆己未,赵秋谷与新贵遥认同年,沈归愚诗云:'后先己未亦同年。'"

 参加科考的考生都用什么方法作弊

"十年寒窗苦,一卷定终身""学而优则仕",为了能在科举考试中取得理想的成绩,从而跻身仕途,一些考生除了平时下功夫学习外,也会动动歪脑筋,在考试时想出一些歪门邪道来。综观历朝历代,古代参加科举考试时考生们一般会采用以下三种作弊方法。

贿赂:贿赂分两种,一为考生贿赂主考官,二为主考官主动献媚,都可以直接获得好成绩。

贿赂主考官也就是花钱买通主考官,这是唐代科举考试中的最大弊病,贵族官僚家庭无不行贿请托。贿赂之风的盛行使得科举为贵族官僚子弟所垄断,选拔人才的科举考试有名无实。晚唐著名诗人杜荀鹤诗文很好,却屡试不中,曾写诗慨叹道:"空有文章传海内,更无亲族在朝中。"但这种方法也

趣味科举知识

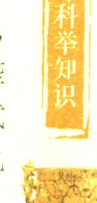

存在风险。如在清光绪十九年（1893）八月的浙江乡试中，鲁迅的爷爷周福清因主考官是其同治十年时同为进士的同学殷如璋，便有心为儿子也就是鲁迅的爸爸周用吉走个后门，便派家奴给殷如璋送密信，信中注明了要关照周用吉和另外几个考生，并定下了在试卷上写"宸忠、茂育"四字为辨别标记。信中也说明了酬劳为洋银一万元。但不巧的是，这封密信惨遭败露，信中提到的鲁迅的爸爸及另外几位考生均被取消了考试资格，周福清逃至上海，后周福清被朝廷通缉，于是周福清回乡自首，坐了八年的大牢，周家从此逐渐败落。

据《新唐书·苗晋卿传》记载，在唐天宝二年（743）的科举考试中就发生了主考官主动献媚的事。资料显示，唐天宝二年的科举考试主考官是吏部侍郎苗晋卿和宋遥，而这二人是权臣李林甫一手提拔任命的。在李林甫的授意下，参考的64名宦官子弟都中了进士，其中唐玄宗的宠臣张倚的智障儿子张奭竟然中了甲科第一。在唐玄宗亲自主持的复试中，64人无一人通过，张奭更是对着试卷一直发愣，一个字也没写出来。毫无疑问，此事败露了。唐玄宗大怒，严惩了相关人员。

夹带：有关系的可以走后门贿赂，没有关系的就另想他法了——夹带经文或文章进入考场内作弊。最常见的夹带形式是往衣服、鞋帽里面藏相关经文，也有的利用文房四宝夹藏抄录的答案或文章。相对应地市面上就出现了专供方便携带的微型书，在河南洛阳曾发现了一本《五经全注》，长约6.5厘米，宽约4.8厘米，厚约1.5厘米，全书共342页，约30万字，收录了《易经》《书经》《诗经》《礼经》《春秋》五经，并附有注释和序言，堪称世界微型书之最。在南京的江南贡院也有一本《五经全注》，长5厘米，宽4.3厘米，厚0.7厘米，书上的字与跳蚤大小不相上下，一粒米可盖住8个字，堪称我国尺寸最小、文字密度最大的作弊奇书。令人瞠目结舌的还有在今故宫博物院中保存着的一件写满密密麻麻文字的内衣。一种种作弊奇方，不得不令人慨叹果真是"上有政策，下有对策"。

还有更为巧妙的，在采用"夹带"作弊的考生中，唐代时已出现了利用"高科技"手段作弊。考生用墨鱼汁把内容写在衣服上，进入

"投石传递"作弊图

考场前在上面涂上泥巴,考试时,便把干了的泥巴搓掉,文字就显示出来了,而过了一段时间后,文字又会自行消退。

请人代考:请人代考也叫"请枪手",这种方法历朝历代都有,而且古代也没有身份证或照片核对,所以"枪手"就可以很容易地进入考场。唐朝时的著名词人温庭筠和清朝末年的胡汉

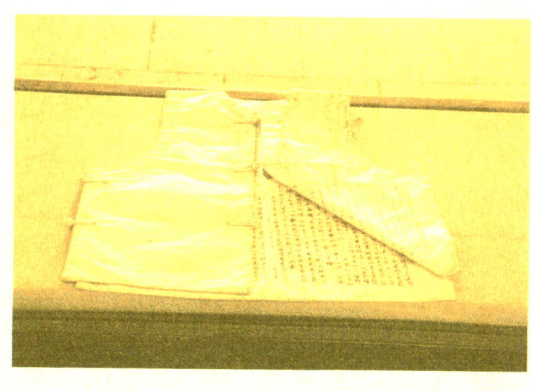

夹带

民便是有名的"枪手"。胡汉民青年才俊,一心想出国留学,但苦于家庭贫穷一直未能如愿。胡汉民便两次替人参加乡试,皆中举人,胡汉民也因此得到了六千大洋的酬劳,如愿东渡日本留学。

"万般皆下品,唯有读书高",在科举是世人进入仕途的唯一途径时,考试作弊的出现似乎也就顺理成章了。这也是至今我国教育文化中仍然存在的异化现象,值得人们深思。

清代科举考试中的童试要经过哪几次考试

清代的科举考试分为四级:童试、乡试、会试和殿试。清人为了取得参加科举考试的正式资格,必须首先参加童试,获得生员资格,俗称考秀才。童试为三年二考,分为三个阶段:县试、府试和院试。

县试考试分为四场或五场,第一场为正场,其余皆为复试,每场放榜一次,每次淘汰若干人,考中的参加府试。这仅是科举考试万里长征中迈出的第一步,却有成千上万的人难以过关。《清朝野史大观》中记载,县试"久试不第者尤甚。某叟年五十余,应县试考三十次,尚未冠。自题七绝云:县试归来日已西,老妻扶杖下楼梯。牵衣附耳高声问,未冠今朝出甚题?"

府试通常考一场,凡考中者,由府造具清册申送学政,参加院试。

院试是童试的最后一道关卡,也是童试成败攸关的一次考

清代童生张杏南县试卷

试，由学政主持。院试分为岁试和科试两种。岁试的作用在于督促生员的日常学业。顺治九年（1652）实行"六等黜陟法"，对生员实行动态管理，并根据岁试成绩实行相应的赏罚。科试是为选拔参加乡试者而进行的选拔性考试。科试大体上分为三等，列一、二等及三等前茅者（大省前10名，中小省前5名），即可取得参加乡试的资格。

通过了童试，便获得了秀才出身，童试第一名称为案首。一般只有获得秀才的资格才能参加乡试。

清代哪些人可以进入国子监学习

国子监是清朝时设立在京师的中央官学，亦称国学或太学，始设于顺治元年（1644）。

国子监的学生通常称为监生，因其资格不同，又分为贡生和监生。"贡"者，贡于王庭之义；贡生即地方贡生员于朝廷。清代的贡生有六种：岁贡、恩贡、拔贡、优贡、副贡和例贡。岁贡为常贡，是各府、州、县学均根据定额，每年从府、州、县学中选送"食廪年深者，挨次升贡"，也就是选送那些屡试不第的生员进入国子监学习。因为一般是按照年资顺序选送，所以又称为"挨贡"。但又因岁贡多为年老体弱的人，到京坐监有困难，实际上岁贡多不到京，常常就近安排。恩贡即凡遇国家庆典或新君即位，特别开恩选送生员入监，以当年正贡做恩贡，陪贡做岁贡。因岁贡实际上难以选出人才，便出现了拔贡。拔贡是在岁贡之外，另外"遴选文行兼优者"进入国子监，开始是不定期选拔，雍正五年（1727）时定为每六年选拔一次，乾隆七年（1742）时又改为每十二年选拔一次。优贡为每三年从地方官学中选送"文行兼优者"入监，初期廪膳生（原定生员，由国家供给膳食）、增广生（新增加生员）、附学生（新录取的生员）都有资格参加选送，雍正时规定仅限于廪膳生和增广生。副贡是选取乡试中列名副榜的生员进入国子监学习。例贡为生员通过捐纳资财进入国子监。其中，岁贡、恩贡、拔贡、优贡和副贡被认为是正途，区别于例贡，合称为"五贡"。监生因其来源不同，可以

北京国子监辟雍殿

分为恩监、荫监、优监和例监四种。恩监为八旗汉文官学生、算学满汉学生考取国子监的,以及圣贤后裔考入国子监的。荫监有恩荫和难荫之分。顺治二年(1645)规定文官京官四品以上、外任官三品以上、武官二品以上的,可以荫子一人入国子监读书,称为恩荫;凡任职三年期满,后死于职守的满汉文武

北京国子监学生当年读书课桌

官员〔顺治九年(1652)规定三品以上〕,可以荫一子入监学习,称为难荫。荫监的设置,是封建官僚子弟享受教育特权的一种表现。优监指选拔优秀附学生进入国子监学习。例监则是指没有任何功名的庶民通过捐纳资财的方式获得进入国子监学习的资格。与例贡一样,例监被认为是杂流。

在国子监学习的,还有外国留学生。如康熙二十七年(1688),琉球国王开始派遣陪臣子弟梁成楫等随贡使至京师,进入国子监学习。雍正六年(1728),俄罗斯派遣官生鲁喀等来中国留学,后来又有好几批。直到同治年间,仍有来自琉球的留学生在国子监学习。监生在国子监学习期间,由"户部岁发帑银,给膏火"。外国留学生也同样"月给银米器物",学成则遣归。

国子监的教学内容,主要是"四书""五经"《性理》《通鉴》等书,学生"兼通十三经、二十一史,博极群书者,随资学所诣"。此外,国子监生还要学习清朝有关的诏、诰、表、策论、判,每日临摹晋、唐名帖数百字。

 清代乡试何时何地举行

在清代童试、乡试、会试、殿试四级考试中,乡试为省级考试,每三年举行一次,逢子、午、卯、酉年的八月份举行,每次考三场共计九日,考中者称为举人,一旦成为举人就有了做官的资格。

乡试的考场称为贡院,设在省城。考生在经过严格的搜身检查、洗澡裸检后进入考场,其间不得再出去,直至三场考试全部结束。考生便在这一间间号房内进行作答,每排号房尾部都有厕所,邻近厕所的号房称为"臭号"。而八月份正值天气炎热,加之有些考生贪图近便,大小解都不去厕所,使得

河北定州贡院大门

坐"臭号"的考生苦不堪言。《科场回忆录》中曾有记载,有考生"丁酉科(1879年)二场,坐臭号,天气郁蒸,竟至发病,曳白而出"。还有坐得离做饭近的称为"火号",烟熏火炙,也是苦不堪言。因此乡试有"三场辛苦磨成鬼"之说。

清代的乡试始于顺治二年(1645)的乙酉科,止于光绪二十九年(1903)的癸卯科,共举行112科。其中,正科84科,加科2科,恩科26科。

什么叫公车赴试

"公车"是"公家马车"的简称,"公车赴试"即坐公家配备的马车参加考试。早在汉朝时,为表示对察举士人的礼遇,都是由公家配备的马车专门负责接送进京参加察举科考核的士人。《后汉书·光武帝纪下》记载:"举贤良方正各一人,遣诣公车。"在后世的传承中,公车遂成为"举人进京赴试"的代

公车

称。历史上著名的"公车上书"即是指清光绪二十一年(1895)康有为、梁启超等联合进京参加考试的数千名举人联名上书光绪帝,反对《马关条约》的签订。

会试主考官是怎么选定的

会试是金、元、明、清四代科举考试的名目之一,是由礼部主持的全国性考试,参加会试的人必须是乡试中试的举人。会试一般在乡试的第二年举行,即逢丑、辰、未、戌年春季的二月在京师举行。因考试是在春季举

行，所以会试又称"春试"或"春闱"。

会试的4名（明代为2名）主考官由部都请派充，分别由进士出身的大学士和尚书以下、副都御史以上的官员担任，主考官称为总裁。另有同考官18人（明初为8人，后有所增加，多时曾达20人），多由翰林充当。

光绪十五年会试官单

会试的考试内容和考试程序基本和乡试相仿，也分为三场，分别于初九、十二、十五进行，每场考三日，每一场第一日点名入场，第三日交卷出场。会试中试者称为贡士，第一名称为会元，凡会试中选者即获得参加殿试的资格。

清代殿试是怎样进行的

殿试为科举考试中最高一级的考试，由皇帝亲自主持。源于西汉的"问贤良策"，始于武则天天授二年（691）于洛阳殿前亲策贡举人，但此时尚未形成定制。宋太祖开宝八年（975）于讲武殿策试贡院合格举人，并排出名次，殿试自此成为定制。

清代在殿试前要先参加在紫禁城内保和殿举行的复试，复试后，才能参加也是在保和殿举行的为期一天的殿试。应试者自黎明入，要经过点名、散卷、赞拜、行礼等礼节，然后才开始颁发试题册，进行考试。清代殿试仅考时务策一道，清初题目长约二三百字，康熙后变为约五六百字，有时题目还会达千字左右。乾隆二十六年（1761），改为从阅卷大臣密议八条中圈出四道为题。策文的篇幅不限，一般在2000字左右，但文章起收要按一定的格式来写，而且字体、书写很重要，必须用正体，字要方正、光圆、乌黑、体大，一定程度上书写比文章还重要。至日暮时交卷，殿试结束。试卷要经受卷官、掌卷官、弥封官等官收存，等到阅卷日，分交给八名阅卷官审读，每人一桌，轮流传看，并各依据自己的评判加上"○"或"△"或"\"或"1"或"×"的五种记号，得"○"最多者为佳卷。并在最后从得"○"最多的卷中选出前10本送呈皇上，由皇上从中评判出一甲三名，即"状元""榜眼""探花"。最后由填榜官填写发榜昭告天下。

殿试没有黜落，参加殿试者统称为进士，只是通过考试将考生排出名

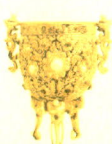

清代殿试场所：北京故宫保和殿

次等甲，出榜分为三甲：一甲三名，分别为"状元""榜眼""探花"，赐"进士及第"的称号。一甲三人立即授官，状元授翰林院编修。二甲若干名，占录取者的1/3，赐"进士出身"称号，第一名称传胪。三甲若干名，占录取者的2/3，赐"同进士出身"称号。二、三甲进士如欲授职入官，还要在保和殿再参加考试，综合前后考试成绩，择优入翰林院为庶吉士，即俗称的"点翰林"，其余的人则分发各部任主事或赴外地任职。

趣味文化典籍

史书为何又被称为"汗青"

南宋杰出诗人、抗元英雄文天祥《过零丁洋》中"人生自古谁无死,留取丹心照汗青"的名句至今为后人所传唱,其中的"汗青"一词指的就是"史册、史书"。那么,古人为何要将史书称为"汗青"呢?

"汗青"本是一种制作竹简的工序。在纸张发明之前,古人用"竹简"记事。而制作竹简则颇费一番功夫,首先要选上等的青竹(即绿色之竹),简称为"青",然后将竹子削成长方形的竹片。因竹子表面有一层竹青,含有油水成分,不易书写刻字,而且容易被虫蛀,于是古人想出了用火烘烤的办法,在将竹简去掉水分后,再刮去竹青部分。这样一来便于书写,二来也可干燥防虫。烘烤过程中,新鲜青竹内的水分被蒸发出来,冒出一个个水珠,就像出汗一样,所以人们就将烘烤竹青的工序称为"汗青"。

文天祥雕像

而史书之所以会被称为"汗青",这和我国古代的书写材料有关。当时人们的主要书写材料是竹简,而"汗青"又因是制作竹简的主要程序从而成为竹简的代名词,于是,人们索性用"汗青"一词来代称著作了。一般长的竹简上记述的是儒家经典,短的竹简则多记载诸子事迹及史传。古人在竹简上刻字后,接着还要在它们一边打孔,然后用丝绳或牛皮带将一片片的竹简连起来,形成像"册"字一样的书。久而久之,"汗青"便成了"史册、史书"的特指。

值得一提的是,"汗青"与"史册、史书"虽为同义词,可以通用,但在正式的历史记载中,古多用"汗青",今多用"史册、史书"。我们在古诗文中总能见到的"汗青"一词,则多为诗词中平仄押韵的需要。

何谓韦编三绝

"韦编三绝"是什么意思呢?韦,指的是熟牛皮。韦编,指的是用熟牛皮作为绳子把竹简编联起来。三,在这里是一个约数,表示多次。绝,即断。这个成语说的是孔子读《易》次数很多,以至于多次翻断了用牛皮做带子的竹简。

春秋时期的书,主要是在由竹子制成的竹简上写字而成的,多则几十个字,少则八九个字。因此,要写成一部书需要用到许多竹简,写完后要用牢固的绳子按次序编联起来,这样才最后成书,以便于人们阅读。通常情况下,用丝线编联的书叫"丝编",用麻绳编联的书叫"绳编",用熟牛皮绳编联的书就叫"韦编"。因为熟牛皮很结实,因此常用来编排大部头的书。像《易》这样厚重的书,在当时自然要用非常结实的熟牛皮绳来编联起来。

孔子剪纸韦编三绝

孔子到了晚年的时候,喜欢读《易》。他花了很长的时间和精力,反反复复地把《易》的全文通读了多遍,还附注了许多内容。孔子这样翻来覆去地读,竟然把串联竹简的牛皮带子磨断了好几次,不得不多次换上新的再使用。即使读书读到了这样的地步,孔子还是谦虚地说:"假如让我多活几年,我就可以完全掌握《易》的文与质了。"有感于孔子的这种读书的精神，后人们常用这个成语来形容读书勤奋的人。

 ## 孔子著《春秋》之谜

《春秋》，又称《麟经》《麟史》，是中国现存最早的一部编年体史书，儒家五经之一，记载了从鲁隐公元年（前722）到鲁哀公十四年（前481）的历史。据史籍记载，《春秋》是孔子修订的。但也有人认为《春秋》是鲁国史官的集体作品。那么，《春秋》是不是孔子所著，孔子又为何著《春秋》呢？

《春秋》

《春秋》中用于记事的语言极为简练，然而几乎每个句子都暗含褒贬之意，被后人称为"春秋笔法"。由于《春秋》的记事过于简略，因而后来出现了几个对《春秋》进行解释的《传》，较为有名的是被称为"春秋三传"的《左传》《公羊传》和《穀梁传》。《公羊传》和《穀梁传》讲"圣人的微言大义"，希望阐述清楚孔子的本意。故有人认为两传中有些内容有牵强附会的嫌疑。《左传》以史实为主，补充了《春秋》中没有记录的大事。

《春秋》一书的史料价值很高，对其所记242年间诸侯攻伐、盟会、篡弑及祭祀、灾异、礼俗等，都有记载。它所记鲁国十二代的世次年代，也完全正确，所载日食与现代天文学界推算的日食，互相符合的有30多次。这足证《春秋》并非古人凭空杜撰，可以定为信史，绝非一般的文人所能创作的。然而，由于《春秋》对事件的记载很简略，加之在长期的流传过程中，文字上有脱、增、窜之类的问题，所以较为难懂。北宋王安石说《春秋》是"断烂朝报"，述事过于简略。

《左传·成公四十年》云："《春秋》之称，微而显，志而晦，婉而成章，尽而不污，惩恶而劝善，非圣人谁能修之。"清朝时袁谷芳的《春秋书法论》说："《春秋》者，鲁史也。鲁史氏书之，孔子录而藏之，以传信于后世者也。"石韫玉《独学庐初稿·春秋论》也说："《春秋》者，鲁史之旧文也。《春秋》共十二公之事，历二百四十年之久，秉笔而书者必更数十人。此数十

孔子

人者，家自为师，人自为学，则其书法，岂能尽同？"很显然，《春秋》是孔子对原有史料修改润色而成。这一点学者们无异议。

孔子作《春秋》的原因，在《史记》中有详载："余（太史公）闻董生曰：'周道衰废，孔子为鲁司寇，诸侯害之，大夫壅之。孔子知言之不用，道之不行也，是非二百四十二年之中，以为天下仪表，贬天子，退诸侯，讨大夫，以达王事而已矣。'（孔）子曰：'我欲载之空言，不如见之于行事之深切著明也。'"司马迁说："夫《春秋》，上明三王之道，下辨人事之纪，别嫌疑，明是非，定犹豫，善善恶恶，贤贤贱不肖，存亡国，继绝世，补敝起废，王道之大者也……故《春秋》者，礼义之大宗也。夫礼禁未然之前，法施已然之后；法之所为用者易见，而礼之所为禁者难知。"先贤孟子亦云："孔子作《春秋》，而乱臣贼子惧。"在春秋时代，诸侯挟持天子，大夫放逐诸侯，家臣反叛大夫，天下的秩序混乱了。"弑君三十六，亡国五十二，诸侯奔走不得保其社稷者不可胜数。"孔子看到这样的景象，编订《春秋》，寓大义于叙事之中，以褒善贬恶，警诫后人，使志士知是非善恶，使乱臣贼子有所惊惧。

 《孙子兵法》作者之谜

春秋时期的《孙子兵法》通称《孙子》，又称《吴孙子兵法》，是中国历史上一部经典而又影响深远的军事著作，曾被中外人士奉为兵书之鼻祖。《孙子兵法》相传为春秋吴将孙武所撰。但是关于《孙子》的实际作者，战国子书《商君书》《韩非子》等都提到过"孙吴之书"，指的是《孙子兵法》和《吴子兵法》，但并未说明作者即是孙武。所以《孙子兵法》的作者到底是不是吴国将军孙武，史学界一直未有定论。

认为《孙子兵法》是孙武所作的依据来源于《史记》。汉代司马迁《史记·孙武列传》正式记载了孙武的事迹，云："孙子武者，齐人也，以兵法见吴王阖闾。阖闾曰：子十三篇吾今观之矣。"肯定《孙子》十三篇为孙武所著，说孙武以此十三篇兵法进谒吴王，协助其整军经武，富国强兵，西伐强

楚，北威齐晋，争霸中原。《史记》之说一出，千年之间，无人怀疑。但是自宋代开始，就有史学家陈振孙、叶适等怀疑《孙子》不是孙武撰写，甚至还怀疑历史上是否真有孙武其人。但针对这一观点明代宋濂认为，《汉书·艺文志》载古兵法有《膑孙子》(孙膑)和《吴孙子》(孙武)，区别清楚，本为两人，实无可疑。

汉简《孙子兵法》（复制品）

而且太史公撰书严谨，是严肃认真的史家，其记事立言，翔实可靠，本传中所叙孙武、孙膑之事明明白白。

还有一种观点主张《孙子》是由孙武与其门徒们共同撰著的。持此种观点的人认为，《孙子》的主要思想体系肯定是属于孙武的，但有一个成书过程。即当孙武、伍子胥佐助阖闾成就事业后，伍子胥被排挤，孙武遂见机引退总结战争经验，整理成系统的军事理论，然后讲学授徒，传授军事学术。其门徒耳受笔录，世代相传，最后在春秋战国期间逐渐形成了这部内容丰富、体系比较完整的兵法著作。其间文字虽有所增删，但未改变孙武的核心思想。因此被视为孙武所撰，也未为不可。

虽然要彻底解开《孙子》作者之谜，还有待于进一步的考古和研究，但相对于这部书带来的社会价值，已并不那么重要了。因为时至今日，《孙子兵法》的价值已经不仅仅是一部军事教科书了，许多中外人士也纷纷开始学习其中的运筹用计之精粹，甚至有人用《孙子》经营工商企业，并颇有建树。

 《国语》是由左丘明所作吗

《国语》是中国最早的一部国别史著作。它记录了周朝王室和鲁国、齐国、晋国、郑国、楚国、吴国、越国等诸侯国的贵族间的朝聘、宴飨、讽谏、辩说、应对之辞以及部分历史事件与传说。《国语》又叫《春秋外传》，传说为春秋末期鲁人左丘明所作，与《左传》并列为解说《春秋》的著作。后世之人对《国语》是由左丘明所作产生了怀疑。那么，《国语》的作者不是左丘明的话，又会是谁呢？

最早提出《国语》的作者是左丘明的人是西汉的大史学家司马迁。在司马迁的《史记》中记载："左丘失明，厥有《国语》。"此后，东汉的大史学

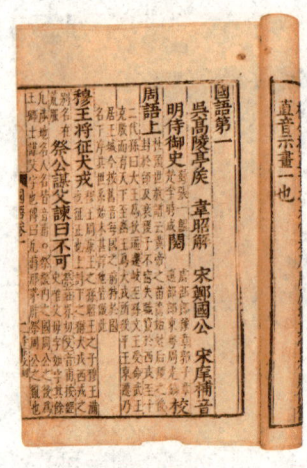

《国语》

家班固在《汉书》中记载："《国语》二十一篇，左丘明著。"按照这些史书的说法，左丘明为孔子的《春秋》做好传记后，不幸失明，然而他"雅思未尽……稽其逸文，纂其别说……"意思是说，根据作传时没有用完的材料，左丘明又写了一本书，即《国语》。

汉朝之后，许多学者对左丘明作《国语》产生了质疑。晋代思想家傅玄说："《国语》非左丘明所作。凡有共说一事而二文不同，必《国语》虚而《左传》实，其言相反，不可强合也。"从此之后，宋人朱熹、清人皮锡瑞等人对《国语》的作者是左丘明也存有疑问。

时至今日，《国语》的作者到底是不是左丘明这个问题依然困扰着我们。虽然近代之人和晋之后的古人都认为左丘明不是《国语》的作者，但是都拿不出有力的证据。在现代人普遍看来，《国语》的内容是由各国史料汇编的，并非出于一人、一时、一地，这也解释了为什么《国语》中的描写手法不尽相同。《国语》主要来源于春秋时期各国史官的记述，后来经过熟悉历史掌故的人加工润色而成。大约是在战国初年，或者稍后编纂成书。也就是说，《国语》的原文是由很多人写成的。至于这个"润色"之人是不是左丘明就不得而知了。

《国语》的作者是谁还需要进一步的考证，但是它在中国文学史上的地位是有目共睹的。柳宗元作《非国语》，论《国语》是非，"乃以《国语》文胜而言庞，好诡以反伦，学者溺其文必信其实，是圣人之道翳也"。司马迁认为《国语》所载内容"皆国家大节兴亡之本"。姑且不论《国语》是否违背圣贤之道，仅从另一方面，我们不难看出，散文大家柳宗元都认为《国语》"文胜"。也就说明了，《国语》在文学史上确实占有一席之地。其笔法缜密、生动、精练、真切，对后世的文学创作有很好的借鉴意义。

另外，《国语》还开创了中国以国分类的国别史体例，对后世史书的体例产生了深远的影响。比如陈寿所著《三国志》、崔鸿所著《十六国春秋》、吴任臣所著《十国春秋》等书，莫不是受到《国语》的影响

左丘明

而仿照《国语》的体例编写的。

 《胡笳十八拍》究竟为谁所作

《胡笳十八拍》是一篇长达一千二百九十七字的骚体叙事诗，根据此诗谱写的同名乐曲位列我国古代十大名曲，流传至今。郭沫若曾评价"这是继《离骚》以来最值得欣赏的一部长篇叙事诗"。《胡笳十八拍》原载于宋郭茂倩《乐府诗集》的卷五十九和朱熹《楚辞后语》的卷三，但这两部书中文字记载稍有出入。至于其作者，有学者认为此诗是东汉才女兼文学家蔡文姬所作，但也有学者提出异议。

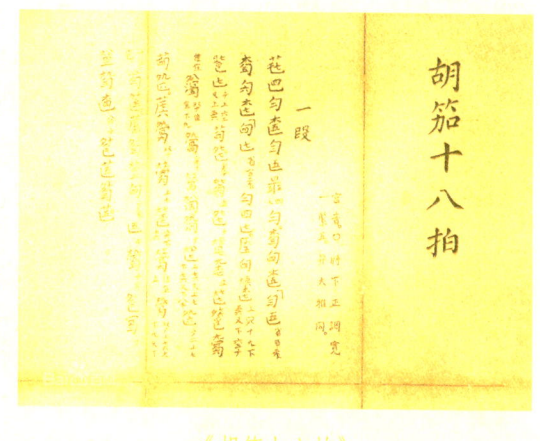

《胡笳十八拍》

蔡琰，字文姬，是东汉文学家和书法家蔡邕的女儿，她本人也是我国历史上著名的才女和文学家。蔡文姬天资聪慧，加上受父亲的影响，从小耳濡目染，博学多才，长于辩论，精通音律，且还精于天文数理，曾与父亲一起续修《汉书》。蔡文姬16岁时嫁给了河东世族卫家的卫仲道，卫仲道也是出色的学子，应了古人的"才子配佳人"，婚后夫妻两人恩爱，生活幸福。可惜好景不长，结婚不到一年，卫仲道便咯血而死，而他们也无一儿半女，卫家更是嫌弃她克死了自己的丈夫，对她冷言冷语。心高气傲的蔡文姬不顾父亲的反对，毅然回到娘家。东汉末年，社会动乱，23岁的蔡文姬被匈奴掳去，因蔡文姬的才情，后被匈奴左贤王纳为王妃，并生下两个孩子。虽是王妃，但独自一人远离故土家乡，流落他乡，饱尝异族异乡异俗生活之苦。12年后，曹操统一北方，感念恩师蔡邕对自己的教诲，便出重金赎回了蔡文姬，这年她35岁。回来后的蔡文姬在曹操的安排下，嫁给了田校尉董祀。董祀一表人才，通书史，谙音律，而蔡文姬饱尝生活艰辛，时常精神恍惚，自然董祀对文姬是有偏见的，只是迫于曹操的压力，才接受了蔡文姬。婚后第二年，董祀犯了死罪，蔡文姬不顾夫妻二人的嫌隙为他向曹操求情，曹操考虑蔡文姬的遭遇，便宽宥了董祀。此后，董祀感念妻子的救命之恩，也重新审视了蔡文姬，且夫妻二人看透世事，便隐居山林。

持肯定观点认为《胡笳十八拍》是蔡文姬所作的学者有李顾、王安石、

《文姬归汉图》

严羽、李纲、王应麟、韩愈、黄庭坚、罗贯中、郭沫若等。他们认为《胡笳十八拍》是蔡文姬在被曹操赎回嫁给董祀后,想到自己一生三嫁,命运坎坷,在还乡之喜与和自己孩子分离的思念之痛的矛盾心理交织下而作的。没有亲身经历的人是做不出如此感人肺腑的诗句的,流落南匈奴达12年之久的遭遇,"回归故土"与"母子团聚"不能两全的矛盾痛苦心理,这些蔡文姬的经历和《胡笳十八拍》所述十分相符。

而持否定意见的有朱文长、苏轼、王世贞、胡应麟、沈德潜等。综合起来,争论点主要在以下几个方面。首先,史书《后汉书》、诗文选集《文选》、诗歌总集《玉台新咏》、《蔡琰别传》中均没有《胡笳十八拍》的记述,晋《乐志》和宋《乐志》中也没有,因此,人们认为唐以前并没有此诗,应是唐代人伪造的。其次,《胡笳十八拍》与东汉诗的语言风格、修辞炼句、音律等方面均不同。《胡笳十八拍》的一些词句讲究对仗,且炼字修辞精巧,平仄谐调,与唐代的七言律诗很像,并不像东汉诗的风格。最后,《胡笳十八拍》中描述的场景和地理环境与历史事实不符。《胡笳十八拍》中"城头烽火不曾灭,疆场征战何时歇?杀气朝朝冲塞门,胡风夜夜吹边月"的诗句描写的是汉与匈奴连年征战的局面,而事实上那时并没有。蔡文姬是被南匈奴掳去,而汉末南匈奴分为二支,放扶罗、呼厨泉一支居河东平阳,也就是今天的山西临汾,诗中"夜闻陇水兮声呜咽,朝见长城兮路杳漫""塞上黄蒿兮枝枯叶干"则描述的是甘肃等地的环境,地理环境方面也与事实不符。

还有人引唐代刘商《胡笳曲序》的小序:"蔡文姬善琴,能为离鸾别鹤之操……后董生以琴写胡笳声为十八拍,今之《胡笳弄》是也",说《胡笳十八拍》为"董生"即唐代董庭兰所作。而郭沫若解释为"后董生"应为"后嫁董生",是指蔡文姬后来嫁给了董祀,董祀弹奏蔡文姬的这首诗。更有反对者指出刘商的这段文字不足信,因其中多处内容与其他的文字记载不同。

《胡笳十八拍》的作者究竟是不是蔡文姬,目前学术界还没有统一的观点,我们翘首以待希望早日得到满意的答案。一首诗,写不尽坎坷人生路；悠悠琴声，诉不完胸中万般情怀。我们于这感人肺腑的千古绝唱中，同作者一起体味辛酸人生，恍惚间，我们看到作者正行走在一条荆棘丛生的长路上……

诸葛亮到底有没有写过《后出师表》

蜀汉政权在刘备亡故后，诸葛亮主持发动了对曹魏的第六次北伐。据史载，《前出师表》和《后出师表》是诸葛亮在公元227—228年先后向后主刘禅的上疏，两篇上疏语意恳切，情致动人，尤其是《后出师表》提到"鞠躬尽瘁，死而后已"一语，发人肺腑，以致后来演变成为一个成语，专门用来赞美那些献身国家和民族的伟大"公仆"。但是有许多史学家认为，诸葛亮可能并没有写过《后出师表》，其原因有二。

首先，《后出师表》的出处不明。在陈寿《三国志·蜀志·诸葛亮传》中，只载有《（前）师表》，而没有《后出师表》。《后出师表》是刘宋裴松之注《三国志》时引录东晋习凿齿《汉晋春秋》的，而《汉晋春秋》中的这篇《后出师表》又是出于三国孙吴大鸿胪张俨的《默记》。中国最早的诗文总集《昭明文选》，也只选录《（前）出师表》，而不收《后出师表》。由此怀疑这篇文章并非出自诸葛亮之手。

其次，通过对比前后《出师表》会发现，文中的立意、写作目的和历史年代甚至文辞风格都有很大的差异。从立意上看，《前出师表》表示了诸葛亮对北伐必胜的信心："当奖率三军，北定中原，庶竭驽钝，攘除奸凶，兴复汉室，还于旧都。"《后出师表》却语气沮丧："然不伐贼，王业亦亡；惟坐待亡，孰与伐之？"虽然此时已有街亭一败，但"受任于败军之际，奉命于危难之间"的诸葛亮怎会雄心全挫呢？从写作的目的上看，《后出师表》的意义不明确。根据历史记载，《后出师表》谈到"议者谓为非计"，但当时蜀汉并没有人反对北伐，诸葛亮根本无须上此表以说服别人，这句话不符合当时的情况。最后就是遭人诟病最多的史实部分了。《蜀志·赵云传》说赵云"建兴七年卒"，《后出师表》上于建兴六年十一月，却说："自臣到汉中，中间期年耳，然丧赵云、阳群、马

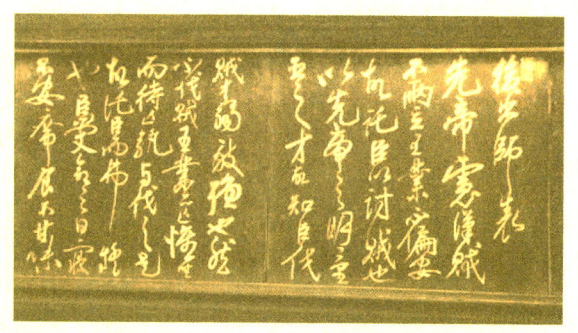

《后出师表》

诸葛亮

玉、阎芝、丁立、白寿、刘合、邓铜等及驱长屯将七十余人",而且阳群、马玉、阎芝、丁立、白寿、刘合、邓铜等人,均不见史书记载,显系作伪者故意捏造,以混淆视听。文辞风格上,《前出师表》风格高迈,读时可感是忠臣志士无意为文。《后出师表》是辞意庸陋,如"群疑满腹,众难塞胸,今岁不战,明年不征"四句,均一句四字,两句对偶,意思完全雷同,《前出师表》就没有这样风格的句子。

既然认为《后出师表》非诸葛亮自作,那么,真正的作者又是谁呢?因为《后出师表》出于张俨的《默记》,因此一些学者就认为它是张俨所作。也有人认为伪作者应是诸葛亮的胞侄诸葛恪。诸葛恪在公元252年孙权临死时,受命为吴大将军,全权辅佐幼主孙亮。当时孙氏皇族与江南大族的势力非常强大,诸葛恪为了树立自己的威望和掌握兵权,就发动对魏的战争。然而这却引起举国反对,正如《后出师表》中所说的"议者谓为非计"。于是,诸葛恪一方面"著论以谕众",另一方面伪制《后出师表》,以便使自己的伐魏主张得到一个有力的旁证。后来这篇文章被张俨收录进他所撰的《默记》。

时隔千年,《后出师表》究竟是谁所作也没有统一定论,只待有一天的考古新发现,或许可以解开千古谜题。

《兰亭序》是王羲之写的吗

《兰亭序》,又名《兰亭集序》《兰亭宴集序》《临河序》《禊序》《禊帖》,由晋代书法家王羲之在绍兴撰写,书法成就很高,与颜真卿《祭侄季明文稿》、苏轼《寒食帖》并称三大行书法帖。一千多年来,人们对《兰亭序》是由王羲之书写的深信不疑。然而到了20世纪60年代,在中国主流媒体上,却掀起了一场《兰亭序》是不是王羲之书写的争论。事实上又是怎么回事呢?

东晋穆帝永和九年(353)三月初三,王羲之与谢安、孙绰等四十一位名士,在今浙江绍兴会稽郡山北面的兰亭聚会,行流觞曲水之乐,各有诗文,辑为《兰亭集》。王羲之乘着酒兴方酣,用蚕茧纸、鼠须笔疾书,为《兰亭集》作序文。法帖共28行,324字,章法、结构、笔法都很完美。书法道

健飘逸，为书法中的极品。当时王羲之50岁，作为书法家正是最好的时候。《兰亭序》书法不类王羲之早先的作品，连他自己都感到不似平生之作。王羲之酒醒之后，再书《兰亭序》，但均逊色于原作。所以《兰亭序》原稿一直被王羲之视为至宝，并当作传家之宝传给王氏后代。当传至王羲之第七代子孙智永和尚的弟子辨才和尚时，《兰亭序》原稿被唐太宗李世民"骗"入朝廷。唐太宗得《兰亭序》后，曾诏名手赵模、冯承素、虞世南、褚遂良等人钩摹数个副本，分赐亲贵近臣，但摹本无一胜过王羲之的原作。

　　传说因为唐太宗太喜欢《兰亭序》真迹了，以至于死时也让其陪葬。可是，到五代时，耀州刺史温韬把唐太宗的昭陵盗了，在其写的出土宝物清单上，并没有《兰亭序》。另一说《兰亭序》真迹藏在武则天的乾陵里面。还有说温韬盗出的有《兰亭序》帖，后来传到明朝时入藏于藏书家丰坊的万卷楼。1562年，《兰亭序》原帖毁于万卷楼大火。

　　现存的《兰亭序》帖为唐朝时的摹本，有五大摹本，分别是《兰亭神龙本》《虞本》《褚本》《定武本》《黄绢本》，以"神龙本"最为著名。

　　《虞本》为唐代大书法家虞世南所临，因卷中有元朝天历内府藏印，亦称"天历本"。虞世南得智永和尚真传，书法直接魏晋风韵，与王羲之书法意韵极为接近，用笔浑厚，点画沉遂。故《虞本》是最能体现《兰亭》意韵的摹本。

　　《褚本》为唐代大书法家褚遂良所临，因卷后有米芾题诗，故亦称"米芾诗题本"。此册临本笔力轻健，点画温润，血脉流畅，风格洒落，深得《兰亭》神韵。故《褚本》是最能体现《兰亭》魂魄的摹本。

　　《冯本》为唐代内府栩书官冯承素摹写，因其卷引首处钤有"神龙"二字的左半小印，后世又称其为"神龙本"。因使用"双钩"摹法，摹写精细，笔法、墨气、行款、神韵，都得以体现，故《冯本》为唐人摹本中最接近《兰亭》真迹者，是最能体现兰亭原貌的摹本。另有碑拓神龙本、天一阁碑刻神龙本。

　　《定武本》是唐代大书法家欧阳询的摹本，于北宋宣和年间勾勒上石，因于北宋庆历年间发现于河北定武而得名。定武原石久佚，仅有拓本传世。《定武本》是最能体现《兰亭》风骨的摹本。

　　《黄绢本》因书于黄绢上而得名，相传亦为褚遂良所临。

　　后人称赞《兰亭序》书法的艺术"点画秀美，行气

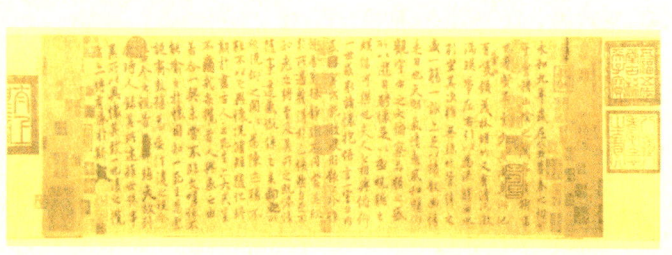

东晋王羲之《兰亭序》

山东临沂王羲之故居

流畅","清风出袖,明月入怀","飘若浮云,矫若惊龙","遒媚劲健,绝代所无","贵越群品,古今莫二"。

清代乾隆年间,有一位名叫赵魏的学者首先提出,王羲之的字不可能像《兰亭序》那样的行书,应该更有古意一些。到清朝末年,广东书画家李文田认为,古人评价《兰亭序》说"龙跳天门,虎卧凤阙,铁画银钩",王羲之的真迹应该像"虎卧凤阙"那样古拙才对,但《兰亭序》书法儒雅漂亮,不像是王羲之写的。

1964年和1965年,南京出土两块东晋时期的王、谢家族墓志。郭沫若研究发现墓志上的字体非常古拙,带有浓厚的隶书笔意,与同时代的《兰亭序》的行书笔意大不相同,他认为"天下的晋书都必然是隶书",并大胆提出《兰亭序》行书帖"既不是王羲之的原文,更不是王羲之的笔迹",而是王羲之的第七代孙智永和尚所写。

此说一出引起很多学者的反驳,经毛泽东批示可以进行学术讨论后,在学界掀起了一场长时间的辩论,以论证《兰亭序》是不是王羲之的真迹。1973年3月,文物出版社收集相关18篇文章,编纂成《兰亭论辩》一书。

现在的专家分析认为,郭沫若的论点不够严谨,把晋朝墓志上的字体跟《兰亭序》手稿里的字体相对比,这种比法是行不通的。因为古人写正式文字,用的是正式书体,而平时手稿里的字,隶书的笔意可能相对就会少一些,甚至没有,所以郭沫若的比较方法是不对的。另外,他大胆怀疑《兰亭序》是智永和尚伪造的,也是出于主观推断,并没有根据。大多数学者相信《兰亭序》书帖是王羲之所书无疑。

《推背图》神奇的预言之谜

2009年一部关于全球毁灭的灾难电影《2012》上映后,引发了人们对"预言"的好奇,因为电影中2012年世界末日到来的说法源于古代美洲玛雅人的预言。而在我国也不乏相关的预言著作,我国的《推背图》《易经》与西方的《玛雅预言》《诸世纪》一起被誉为世界四大预言经典,《推背图》和《乾坤万年歌》《马前课》《梅花诗》《藏头诗》《烧饼歌》《黄蘖禅师诗》一起被称为"中国七大预言书",《推背图》更是号称"中华第一预言书"。

相传,《推背图》由我国唐代著名的天相家李淳风和袁天罡所作,以推算大唐国运。据说在唐太宗李世民年间,一天李淳风在观天象时看出武则天将夺权之事,于是一时兴起,开始推算起来,谁知一发不可收拾,竟然一直推算到唐以后中国2000多年的命运,旁边的袁天罡在背后忍不住推他的背说道:"天机不可再泄,还是回去休息吧!"这才停止,《推背图》的名字也由此而来。因《推背图》中的预言极其准确,一直以来被历代统治者列为禁书。现在我们所能看到的《推背图》版本是清朝乾隆年间的举人金圣叹评批的版本,原本现保存于台北故宫博物院中。

从目前我们所能看到的内容来看,《推背图》是在《周易》八卦学说的基础上,运用一定的演绎方法对人类社会发展轨迹做出的概括性预言。每一卦象以八八六十四卦之一起始,全书共60象。除第一象引言和最后一象结言不是预言外,共有58象预言。每一象的编排是:卦图一幅,图下面是谶诗二首,谶下面是颂。"谶"是预言的意思,是推断和猜测。"颂"是主流歌曲。

《推背图》预言的时间跨度大且内容既广泛又集中。《推背图》预言的是唐代以后约1800年有关国家命运的政治历史大事。预言范围从第2象的大唐气数一直到第59象的世界大同,每象相接,且依历史顺序而来,并不错乱。内容涉及到争霸战争、宫廷政变、王朝开辟、太平盛世、农民起义等多个方面,且每一件事又都是关系到国家命运和历史发展的大事,意义非凡。

《推背图》的神奇性还在于其预言的准确性。截止到清代学者金圣叹在世时已应验到第33象,一般认为从39象到47象预言的是20世纪中叶至21世纪上半叶的历史,其中39象至42象的预言已经发生。最令人不可思议的是已经发生的历史似乎被《推背图》中的预言一一言中。如第3象卦图是手握刀刃的女尼,因武则天曾出家为尼,暗示武则天称帝;第5象图为史

袁天罡与李淳风

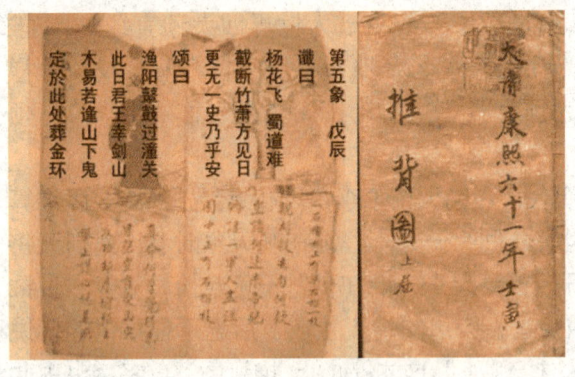

《推背图》

书、马鞍、玉环，杨贵妃又名杨玉环，预示唐朝中期的安史之乱和马嵬之变；第21象图为一位胡人驱赶两位皇帝，预示女真南侵，"靖康之变"；第27象中预言朱元璋建立明朝；第28象则预言"靖难之役"；第32象是说李自成推翻明朝，明朝灭亡；第34象太平天国内讧；第35象图为城门大开，有两个士兵（后面远处还跟着一个士兵）正大踏步地往里闯，暗示第二次鸦片战争英法联军入侵北京；第36象描述的是辛酉政变及其后的两宫太后垂帘听政的历史事件；第37象就是清朝的结束；第39象预言中华民族的抗日战争的胜利。

一个个预言真的发生，准确得令人瞠目结舌，让我们不得不佩服1000多年前的古人竟能如此神通。也许有人会说，那赶紧研究一下我们现在及以后会发生什么，以提前做好应对准备。预言虽隐藏天机，很神奇，语言却常常晦涩难懂，人们往往是在事情发生后才会如梦初醒般醒悟。如果人们只是想当然地去理解，不仅不能预知未来，还可能会带来严重后果。秦始皇把"灭秦者胡"中的"胡"理解为"胡人"，耗费了巨大的人力、物力和财力修筑万里长城以抵御胡人的进攻，但没想到这里的"胡"是指他的儿子胡亥。也许秦始皇如果不那么看重这句谶语，一门心思治国安民，秦朝也不会仅15年就"二世而亡"。或许正如《推背图》第60象颂中所写："万万千千说不尽，不如推背去归休。"一切皆在言说与不可言说之间。

"道可道，非常道；名可名，非常名。"预言虽神，却只能用心去悟，给我们提供一些有关运势的见解，但我们绝不能完全沉迷其中，忽略了人本身应该做出的努力。

《广陵散》失传没有

《广陵散》，又名《广陵止息》，这是我国古代的一首大型器乐作品。魏晋琴家嵇康以善弹此曲著称。公元262年，嵇康以"乱政"之罪被斩首。刑前索琴弹奏此曲，并慨然长叹："《广陵散》于今绝矣！"《广陵散》真的失传了吗？

其实，嵇康所说的"绝矣"和失传并不是一个概念。据《世说新语·雅量》载："嵇中散临刑东市，神气不变。索琴弹之，奏《广陵》。曲终曰：'昔袁孝尼尝从吾学《广陵散》，吾靳固之，《广陵散》于今绝矣！'"正因为嵇康临刑索弹《广陵散》，才使这首古典琴曲名声大振。因而在一定程度上，《广陵散》是因嵇康而"名"起来的。但所谓"于今绝矣"则非指曲子本身而言，它主要反映了嵇康临刑时的愤激之语。况且在嵇康之前《广陵散》就流传于民间，在长期的流传过程中，凝聚着历代传颂者的心血，后来又经过嵇康这位音乐大家的精心加工，《广陵散》必定是震慑人心的。但由于

嵇康

具有"谱简腔繁"特点的记谱法，嵇康所奏《广陵散》在节奏上的处理无法标于谱面而流传后世。

事实上，琴曲《广陵散》经《神奇秘谱》保存，一直流传到今天。"广陵"实际上是古代扬州的称谓，"散"是操、引乐曲的意思。《广陵散》的作者不详，很可能是广陵地区的劳动人民。《广陵散》是我国古代的一首大型器乐作品，它萌芽于秦、汉时期，其名称记载最早见于魏应璩《与刘孔才书》："听广陵之清散。"到魏、晋时期它已逐渐成形定稿。随后曾一度流失，后人在明代朱权编印的《神奇秘谱》中发现它，再重新整理，才有了我们现在听到的《广陵散》。起初，广陵散有多个曲谱，据张永《记录》载："又有但曲七曲《广陵散》《黄老弹飞引》……《窈窕》，并琴、筝、笙、筑之曲。"可见《广陵散》在成曲之初并非是古琴曲，也是有其他乐器伴奏的。

《神奇秘谱》所载的《广陵散》比较完整，是今日经常演奏的版本，谱中有关于"刺韩""冲冠""发怒""报剑"等内容的分段小标题，所以古来琴曲家即把《广陵散》与《聂政刺韩王》看作是异名同曲，讲述的是战国时期聂政为父报仇、刺杀韩王的故事。全曲贯注着一种愤慨不屈的浩然之气。嵇康也正是看到了《广陵散》的这种反抗精神与战斗意志，才如此酷爱《广陵散》并对之产生深厚的感情。

所以，历史上的《广陵散》并没有因为嵇康被杀而失传，而是保留了最精华的琴曲部分，在清代曾绝响一时。中华人民共和国成立后我国著名古琴

家管平湖先生根据《神奇秘谱》所载曲调进行了整理、打谱，使这首奇妙绝伦的古琴曲音乐又回到了人间。

《满江红》的作者是否为岳飞

岳飞的《满江红》一词，文字慷慨激昂，感情真挚，充分反映出岳飞精忠报国的英雄气概。该词从明代中叶以后开始流传，四百多年来脍炙人口，妇孺皆知，很少有人对它的著作权产生过怀疑。但是近年来关于这首词的作者是否为岳飞，却产生了颇多争议，有人认为此词可能不是岳飞所作。

认为《满江红》不是岳飞所作的原因主要有三点。首先是考证中发现《满江红》并非出自岳飞的文集。岳飞孙子岳珂所编《金陀粹编》中的《岳王家集》没有收录《满江红》一词。《满江红》最早见于明代嘉靖十五年（1536）徐阶所编的《岳武穆遗文》，是据弘治十五年（1502）浙江提学副使赵宽所书岳坟词碑收入的。而且赵宽碑记中提及岳飞另一首《送紫岩张先生北伐》诗，经清人王昶考系明人伪作。所以《满江红》词也有可能是明人伪作。

其次，《满江红》词中存在地理常识错误，问题出在"驾长车，踏破贺兰山阙"一句。岳飞伐金曾直捣黄龙府，黄龙府在今吉林境内，而贺兰山在今甘肃河套之西，南宋时属西夏，并非金国地区。贺兰山著称于史书，始于北宋。唐、宋时人若以贺兰山入诗，都是实指。所以，岳飞作为一代名将，不会把地点混淆到如此地步。弄混这些地点只能有一个可能，那就是这首词不是有亲身经历的岳飞所作。而在《满江红》出现的明代中叶，明将王越在贺兰山抗击鞑靼，打了第一个大胜仗。因此"踏破贺兰山阙"，非常符合当时的军事情况。

最后，《满江红》一词的内容和风格都存在疑点。词中提到了多处岳飞自己的事迹和典故，如"三十功名"与"八千里路云和月"等等。作者自己总结自己的生平，细想起来颇为不合常理，只有完全了解岳飞生平的人才能写出这些语句。另外就是《满江红》一词的风格慷慨澎

浙江杭州岳王庙岳飞塑像

湃，和已认定为岳飞原作的《小重山》词中的失意之味大相径庭。

当然也有历史学者认为《满江红》就是岳飞的杰作。关于《满江红》未被《岳王家集》收录的问题，文学史上也有过作品历久始彰的先例，如唐末韦庄的《秦妇吟》湮没九百多年才看到全文。因而《满江红》不见于宋、元人著录，直到明代才发现，也不足为怪。有关地理错误，有学者认为贺兰山为"长安""天山"一类地名，可用作比喻性的泛称。岳飞是把贺兰山比作黄龙府。关于"三十功名尘与土"之句，可知此词是在岳飞三十岁或三十岁前后有感而作。岳飞三十岁时受到朝廷的恩宠，开始掌指挥大权，因责任重大，身受殊荣，感动深切，乃作成此壮怀述志《满江红》词。而"八千里路云和月"则来源于岳飞自二十岁离开家乡，转战南北，至三十岁由九江奉诏入朝，"计其行程，足逾八千里。故词中有之句"。还有关于这首词的风格，历来文学史上两种风格兼擅的作家很多，岳飞《小重山》与《满江红》风格不一致，也不足为怪。

虽然《满江红》的作者是否为岳飞未有定论，但是这首词中饱含的爱国精神却令人振奋。就算是伪作，但也足见作者功力之深厚，将岳飞想言而未言之语诉诸笔端，被人千古传颂。

 ## 《百家姓》为何以"赵"姓为首

提起中国姓氏，人们最熟悉的自然是《百家姓》一书。《百家姓》是一本关于中文姓氏的书，在旧时与《三字经》《幼学琼林》《千字文》等一起被列为孩童的启蒙读物。书中将常见的姓氏编成四字一句的韵文，以便诵读记忆。头两句为"赵钱孙李、周吴郑王"。这么多姓氏，为什么偏偏把赵姓放在首位呢？

赵姓为大姓，由来已久。根据《姓纂》记载，颛顼帝的后代造父是西周著名的驭马能手。传说他曾取良马八匹，献予周穆王，并且驾马西行至昆仑，见到了西王母，乐而忘返。后来，又亲自载着穆王，日行千里，平定乱事，因功被赐于赵城（大概在今山西洪洞县赵城镇）。下传至赵襄子时，与韩、魏三分晋地，

古籍《百家姓》

建立赵国,其后子孙以国名为氏,称赵姓,并尊造父为其始祖。

此外,《百家姓》以"赵"姓为首的最重要原因是,宋朝皇帝姓赵,故尊赵姓为天下第一姓。王明清的《玉照新志》记载:"如市井间所印《百家姓》,(王)明清尝详考之,以是两浙钱氏有国时小民所著,何则?其首云:'赵钱孙李',盖钱氏奉正朔,赵本朝国姓,所以钱次之;孙乃忠懿(钱)之正妃;又其次,则江南李氏。次句云'周吴郑王'皆武肃而下后妃。"由此可见,《百家姓》以"赵"姓打头,并非因为"赵"为天下第一大姓,而是因为《百家姓》完书于北宋初年的吴越钱塘地区。当时宋代的皇帝姓"赵","赵"自然成为当时的"天下第一姓",不排在首位,就有"欺君之罪",必然会引祸上身。而宋时吴越王的钱氏后裔居浙江,所以"钱"姓便排列第二。钱氏的正妃子姓"孙",借钱氏之威势,排在第三。而"李"氏为第一大姓,故排在第四。

明朝初年,又出现过一部《皇明千家姓》,首句是"朱天奉运",因为开国皇帝是朱元璋的缘故,所以这一回是朱氏当头了。到了清朝,还由政府颁布过一部以康熙皇帝名义主编的《御制百家姓》,该姓谱只收汉族姓氏,起首几句是"孔师阙党,孟席齐梁;高山詹仰,邹鲁荣昌",以示尊孔崇儒。而《百家姓》作为儿童识字发蒙的启蒙读物的作用凸显,以尊卑定姓序的观念则越来越淡薄,直至被人们遗忘,也未尝不是一件好事。

《清明上河图》"五次入宫,四次被盗"之谜

河南开封清明上河园张择端雕像

《清明上河图》是北宋徽宗时期画师张择端所画,描绘的是北宋都城汴京东南郊的街市风俗和漕运情况。这幅画完成后,献给了宋徽宗。宋徽宗用"瘦金体"书法亲笔在图上题写了"清明上河图"五个字,并钤上了双龙小印(今佚)。在以后的800多年里,《清明上河图》成为帝王权贵巧取豪夺的目标,几经辗转飘零,五次进入宫廷,四次被盗出宫,演绎出许多传奇故事。

1127年,金国将北宋汴京的图书珍宝运往金国都城哈尔滨,包括《清明上河图》。金国人张著、张公药、郦权、张世积等题跋于图后。蒙古人灭金国后,将《清明上河图》收入秘府。

官匠装池者以赝本偷换出宫，售予某贵官。中途又被保管人偷售给杭州的陈彦廉。1351年后，杨准从陈彦廉处购得此图，题长跋记述始末。次年，江西的刘汉从杨准处获观，为之题跋，誉之"精艺绝伦"。1365年李祁记图为静山周氏家。1461年前后，明朝的吴宽题称，图在大理寺卿朱鹤坡家，并说："朱公云：'此图有稿本，在张英公家。'"1451年明朝人李东阳在图后两次题写长跋，详记画面内容，并说在弘治以后，图归华盖殿大学士徐溥所有，徐溥临终时，赠李东阳。

《清明上河图》模型

明嘉靖三年（1524），《清明上河图》转到了兵部尚书陆完家。陆完在图后作题记。陆完死后，他的夫人将《清明上河图》缝入枕中，不离身半步，视如身家性命。后来其子急等钱用，便将《清明上河图》卖至昆山顾鼎臣家。此事被严嵩父子得知后，图被他们强行索去。严嵩败后，家产被籍没，图入大明宫廷。1578年，图由明朝内府转入司礼监冯保手中。冯保作跋。1644年清军入关以后，图先后为陆费墀、毕沅等人收藏。毕沅死后第二年（1799），因案牵连，家产被籍没，图被收入清宫廷，藏于迎春阁内，并著录于钦定《石渠宝笈三编》。

清朝亡后，从1922年11月16日开始，到1923年1月28日的73天时间里，溥仪以"赏赐"其弟溥杰的名义，将书画手卷1285件、册页68件移出皇宫。每一件书画都价值连城。其中，《清明上河图》就有四卷之多，包括北宋画家张择端所画的《清明上河图》、明代画家仇英仿画的《清明上河图》，以及明代其他画家以苏州为背景仿画的"苏州片"《清明上河图》等。1925年2月24日，溥仪打扮成商人的模样，在日本人的监护下，来到天津法租界的张园。他移出的大量紫禁城珍宝、字画，也秘密地转移至天津。溥仪在天津度过了7年多的时光。

1932年3月8日，溥仪带着他的家眷和大量珍宝、字画，从天津迁往长春，就任伪满洲国皇帝。《清明上河图》等珍图藏在伪皇宫东院图书楼中。1945年8月，日本关东军司令官山田乙三通知溥仪迁都通化。溥仪请宽限3天的时间打理行装，实际上，是打包那些从北京故宫带出来的珍宝、字画。

清明上河图（部分）

他从大量的珍宝、字画当中精选了一些珍品，便逃往通化大栗子沟。剩下的珍宝、字画被一些侍卫哄抢。溥仪在大栗子沟仅仅住了3天，之后又匆忙逃往沈阳，准备从沈阳逃往日本。溥仪又从所携的珍宝、字画中选出小部分，而将大部分珍宝、字画留在了大栗子沟。这些被遗弃在大栗子沟的珍宝、字画，有的被抢走，有的被烧毁，后来有一部分被解放军收缴。

1945年8月19日，溥仪在沈阳机场乘飞机准备逃往日本。飞机起飞后被苏军迫降，溥仪和他的随从人员，以及随身携带的珍宝、字画被苏军截获。溥仪被遣往苏联赤塔，后转至伯力，五年之后，被遣送回国。但四个不同版本的《清明上河图》则下落不明。1948年，解放军解放了长春。解放军干部张克威通过当地干部收集到伪满皇宫流散出去的珍贵字画十余卷，其中就有《清明上河图》。后转给林枫，林枫又转给东北博物馆。

1950年冬天，东北局文化部开始整理解放战争后留下的文化遗产。书画鉴定专家杨仁恺先生在鉴定收缴来的大量字画时，发现一卷长卷画面呈古色古香的淡褐色，画中描绘人物、街景的方法，体现着独特古老的绘画法式，气势恢宏，笔法细腻，人物、景物栩栩如生。这幅画上虽然没有作者的签名和画的题目，然而画卷上历代名人的题跋丰富翔实，历代的收藏印迹很多，仅清末代皇帝溥仪的印章就有三枚之多。尤其是画卷之后有金代张著的题跋："翰林张择端，字正道，东武人也。幼读书，游学于京师，后习绘事，本工其'界画'，尤嗜于舟车市桥郭径，别成家数也，按向氏《评论图画记》云，《西湖争标图》《清明上河图》，选入神品，藏者宜宝之。大定丙午清明后一日。"杨仁恺判断这就是北宋张择端的《清明上河图》。于是将这幅画卷的照片，发表于东北博物馆编印的《国宝沉浮录》中。

此事立即引起了国内外专家学者的高度关注。时任国家文物局局长的郑振铎将这幅画卷调往北京。经专家学者进一步考证、鉴定，确认这幅绘画长卷就是名闻遐迩的北宋张择端《清明上河图》。画面中虹桥的结构符合北宋木拱桥的结构，而其他本的《清明上河图》不能体现这一点。于是稀世国宝《清明上河图》入藏北京故宫博物院。

"文化大革命"中，林彪的部将李作鹏利用权势将《清明上河图》从故宫博物院"借"出，据为己有。他还伙同邱会作、吴法宪等人一起，夺取了其他一大批珍贵文物。林彪一伙倒台后，《清明上河图》又入藏北京故宫博物院。

 谁是《金瓶梅》的真正作者

位居明代"四大奇书"之首的《金瓶梅》所署笔名是兰陵笑笑生，那么兰陵笑笑生到底是何方神圣、姓什名谁一直困扰着我国文学界和"金"学界的专家学者们及众多读者，从而成为《金瓶梅》研究中的"哥德巴赫猜想"。

据考证，"兰陵"为地名，而全国叫兰陵的地方仅有两处：一处是今山东枣庄市峄城区；另一处是今江苏常州市武进县。"笑笑生"为作者笔名。但至此我们还是对作者没有明确的概念。万历丁巳年（1617）刻本《金瓶梅词话》开卷序后有一篇廿公《金瓶梅跋》，廿公跋中第一句话说"《金瓶梅传》，为世庙时一巨公寓言"。明沈德符《万历野获编》则说"嘉靖间大名士手笔"。从中我们可以窥知，"笑笑生"是明嘉靖间"一巨公""大名士"，但依然无真实姓名。据此信息，后人展开了多方研讨论证，到目前为止，各种猜想中提出的可能作者达60人之多，但主要有以下几种主流的说法。

王世贞说：王世贞，字元美，号凤州，又号燕州山人，明嘉靖年间的文学家、史学家，曾任南京刑部尚书。王世贞博学多才，名满天下，与李攀龙、谢榛等被合称为"后七子"，《明史》中称赞他"才最高，地望最显，声华意气，笼盖海内"。相传，王世贞的父亲因进献《清明上河图》的赝品被人识破，从而得罪权臣严嵩和严世藩父子，最终被迫害致死。于是王世贞便以严嵩父子为原型创作《金瓶梅》，揭露他们的种种丑恶罪行，从而替父报仇。

而最早记载王世贞作《金瓶梅》的是明刻本《山林经济籍》和《万历野获编》。清康熙十二年（1673）宋起凤的《稗说》与清初的《〈玉娇梨〉缘起》均指出《金瓶梅》作者为王世贞。值得一提的是，《稗说》虽为野史和民间

王世贞

徐渭

传说,但就史料价值而言,这本书还是相当靠谱的。此后,人们口耳相传,坚定了王世贞作《金瓶梅》这一信息。此说在20世纪30年代时遭到鲁迅、吴晗、郑振铎等人的严重质疑。1979年朱星重新提起此说,并从王世贞籍贯山东,是"嘉靖间大名士",才学高深,经历过官场大场面,见多识广,好酒好色的情怀等十个方面进行了论证。此后上海交通大学许建平教授也从内外两方面对此说进行了全面论证。

屠隆说:"屠隆说"是由黄霖教授首先提出来的,因他发现《金瓶梅》中第56回的"哀头巾诗"和"祭头巾文"出自屠隆的《开卷一笑》;且屠隆祖籍江苏常州武进(古称兰陵),他以"淫纵"罢官;坚持写作"淫雅杂阵",这种情欲观与《金瓶梅》很相符。而且,目前发现的最早的明万历年间的《金瓶梅》版本由欣欣子作序,经查家谱,欣欣子为屠隆的族孙屠本畯。所以大家便认为《金瓶梅》为屠隆所作。

李开先说:此说最早见于中国社会科学院文学研究所《中国文学史》1962年版由吴晓玲所加的一条脚注"李开先的可能性较大",在1979年重印时把这句"李开先的可能性较大"删除了,但吴晓玲本人1982年6月在美国发表讲演时重申此说。我国著名古代文学研究专家、元明清戏曲小说研究领域的泰山北斗级的人物徐朔方教授(1923—2007)也主张李开先是《金瓶梅》的作者。主要依据如下:首先李开先是山东人,"嘉靖八子"之一,曾担任京官,创作过多种戏曲,其《词谑》《诗禅》表明他对市井文学的爱好和修养。其次,《金瓶梅》第七十回〔正宫·端正好〕套曲五支出自李开先的《宝剑记》第五十出原文,而且《金瓶梅》中大量引用了李开先《宝剑记》中的曲白,文风也和《宝剑记》有相似之处。最后,《金瓶梅》中有李开先的"自我影射"。如书中西门庆在妻妾、家乐、园林、会友方面都有李开先的影子;书中有"藏春坞",而李开先家有"藏春阁";都说过"留驴阳"的笑话;李开先的长子"戊申"生人,极受宠爱,不幸夭折,与书中的官哥相似等。

徐渭说:潘承玉教授在1999年1月出版的《金瓶梅新证》一书中详细论述了《金瓶梅》作者之"徐渭说"。在该书中,潘承玉教授首先通过对《金瓶梅》一书中佛教、道教的描写进行分析,把《金瓶梅》的作者定位在"跨越嘉、隆、万三朝,主要生活在嘉靖年间",接着"指出小说作者同时又是资料丰赡的戏曲学者、技巧纯熟的戏曲作家、素养全面的画家与擅长应用文写作的幕客";"作者应该有边关甚或御敌的生活阅历","具有较强烈的民族忧患意识和御敌卫国意识";"作者有强烈的方言俗语爱好";"作者必有以上各方言区（按指绍兴、山东、北京、苏州、山西、福建、广东等）的生活经验";"有著书藏名于谜的爱好"。又通过对一系列文献资料的研究考证，"证明小说作者必为绍兴人"。然后，潘承玉教授逐一论证徐渭符合《金瓶梅》作者的条件。

兰陵笑笑生《金瓶梅》

贾三近说：这是20世纪新时期《金瓶梅》作者新人第一说。徐州教育学院张远芬教授在其《金瓶梅新证》中指出，贾三近为山东枣庄峄城人，也即古时的兰陵，是明嘉靖、万历年间的文学家，而且贾三近的生平事迹、人生经历、个人嗜好等方面都符合《金瓶梅》作者的要求。

蔡荣名说：浙江学者陈明达于2008年11月推出长篇论文《〈金瓶梅〉作者蔡荣名考》，从八个方面以翔实的证据论证《金瓶梅》真正的作者是明朝黄岩人蔡荣名。这篇文章一经发表，引起了海内外众多学者和媒体的关注，美国、中国香港等多家报刊刊发了陈明达的这篇论文。

蔡荣名（1559—？），字去疾，别字簸凡，明黄岩人，出身书香门第，从小聪慧异常，17岁时考中头名秀才。但他我行我素，偏激狂傲，不耐繁文缛节，多次赴省试均未中举。于是就纵情诗酒，常常醉中成诗。蔡荣名于24岁时北上拜谒王世贞，深受赏识。著有《太极注》《芙蓉亭诗钞》等。

陈明达认为，《金瓶梅》中大量独特的黄岩方言只有黄岩人才能写得出来，蔡荣名的籍贯、出身、经历和性格特点等方面都符合写作《金瓶梅》，而且书中多处或暗示或影射其作者为蔡荣名。

此外还有"王穉登说""汤显祖说""冯梦龙说""李元芳说""李渔说""赵南星说""李贽说""金圣叹说""王采说"等，不一而足。但均不能完全使人信服，因此至今《金瓶梅》的作者仍无定论，悬而未决。

《金瓶梅》作为明代"四大奇书"之首，是我国文学史上最伟大的小说之一，在我国文学史上具有开拓性的意义。也许，谁是《金瓶梅》的真正作者并不重要，重要的是这是一本让人百读不厌的好书，影响着一代又一代的人。而作为读者，可能重要的是你是否真正读懂了《金瓶梅》这本书的意义和历史价值。

《西厢记》作者之谜

元杂剧《西厢记》全名《崔莺莺待月西厢记》，共五本二十一折五楔子，它正面提出了"愿天下有情人终成眷属"的思想，有力地冲击了封建礼教和封建婚姻制度，而且它的曲词优美，富于诗的意境，一经搬上舞台，便深深触动了男女青年的心弦，博得观众们的喜爱，有"《西厢记》天下夺魁"之说。在《红楼梦》中更是借黛玉之口称赞其"语句惊人，余香满口"。通常人们认为其作者是元代著名杂剧作家王实甫（1260—1316），但一直以来也不断有人提出质疑，认为其作者为关汉卿（约1220—1300）或者关汉卿作王实甫续或王实甫作关汉卿续。但苦于关于王实甫、关汉卿二人的生平后人知之甚少，且现存《西厢记》多为明代的校订本，元刊本的《西厢记》我们今天已无从见到，因此《西厢记》的作者之争依然在继续。

元末文学家钟嗣成的《录鬼簿》认为《西厢记》为王实甫一人所著，明太祖朱元璋第十七子、明初戏曲家朱权和明代文学家、史学家王世贞也持同样看法。中华人民共和国成立后，国内也较流行这种看法。我国享誉中外的著名文学史家、楚辞学专家游国恩、谭正璧等均认为《录鬼簿》中的说法是可信的，《西厢记》确为王实甫所作，而且谭正璧还指出，关汉卿也作过《西厢记》，不过不是杂剧而可能是小令（《乐府群珠》卷四中，有关汉卿作的总题为《崔张十六事》的《普天乐》小令十六支），这可能就是后人误传关汉卿作或续作《西厢记》的由来。

但同时也有人认为，《西厢记》是元代杂剧作家、"元曲四大家"之首的关汉卿所作，或者关汉卿作，王实甫续，或王实甫作，关汉卿续。

王实甫

元杂剧一般以一本四折来表现一个完整的故事，而《西厢记》有五本二十一折，其争论点也主要在第五本上。最早有关《西厢记》记载的元人周德清的《中原音韵》和明初朱权的《太和正音谱》都只摘引了《西厢记》前四本，并没有有关第五本的任何资料，因此有人推断《西厢记》的第五本为续本，为关汉卿所作，前四本为王实甫原作。且有人考证出前四本在结束时符合我国古代传统戏曲的结构特点，且改变了当时戏曲大团圆结尾的通病，在思想上强调"情"，无论在写作手法上，还是在思想上，都极具创新性，而第五本时的结局，则没有体现出这种特点。最早主张"王作关续"的明代戏曲作家徐复祚在《三家村老委谈》中指出《西厢记》第五本的文学风格和语言与前四本不统一。明末卓人月也认为第五本与前四本所述不同,主张"王作关续"。明崇祯十二年（1639）张深之校正本,更是在作者一栏署名"王实甫编,关汉卿续"。明末清初著名文学家、

元王实甫：《西厢记》

文学批评家金圣叹也坚定地支持"王作关续"说,一时间"王作关续"说似乎有成定论之势。

当然,还有人提出不同的见解。一代鸿儒、我国著名古典文学家陈中凡教授既否定王实甫独作说,也不认同"王作关续"说。他认为元杂剧通常是一本四折,每折由一个人独唱,而现在的《西厢记》却并非这样。有可能最初的《西厢记》确为王实甫所作,但并不是多本连演的杂剧,在元曲的创作发展过程中受南戏的影响,由元代后期剧作家改编而成,既是元代后期所作,续作者自然不会是生活在元代前期的关汉卿。

我们在欣赏古人留下的一部部优秀的作品的同时,也期待《西厢记》作者之谜早日揭开,以让广大读者见识这位大家的庐山真面目。

 《永乐大典》的正本下落之谜

《永乐大典》是明永乐年间编纂的一部类书,全书22 937卷,11 095册,约3.7亿字,是目前我国最大的一部类书,《大英百科全书》称之为"世界有史以来最大的百科全书"。明成祖朱棣即位后为了证明自己的文治武功,便于即位后的第二年（1403）命翰林学士解缙、姚广孝编纂类书,解缙组织学者们夜以继日地编修,1404年《文献大成》编写完成。但明成祖认为编写时间仓促,内容不够丰富,便下令加派人手重新编纂修订。3000多名文人儒士经过四年的精心编纂修订,一部上至先秦,下到明初,包括经、史、子、集、释藏、道经、戏剧、评话、工技、农艺等各方面的集古今图书之大成者《永乐大典》终于于永乐六年（1408）问世。

《永乐大典》有两个版本,一是明成祖永乐年间编纂修订完成后的版本,

解缙

称为"永乐正本",开始放在南京文渊阁的东阁,后明成祖朱棣于永乐十九年(1421)迁都北京,一部分藏书也随之被带到北京,《永乐大典》被放置在北京文楼中。另外一个版本是明嘉靖年间重新抄录的版本,称为"嘉靖副本"。明世宗嘉靖三十六年(1557)北京紫禁城奉天门、午门和三大殿发生大火,喜爱《永乐大典》的明世宗令人及时把《永乐大典》从文楼中抢了出来,《永乐大典》这才幸免于焚毁。此后,明世宗恐书再有意外,便萌生了重录《永乐大典》的想法。嘉靖四十一年(1562),明世宗任命高拱、瞿景淳、张居正等人负责《永乐大典》的重录工作,重录完全按照"永乐正本"摹写,不加任何改动。前后109位阁臣儒士经过将近六年的辛苦抄写,终于在明穆宗隆庆元年(1567)四月完成副本的抄写工作,抄好的副本被放置在明世宗嘉靖十三年(1534)新修建的皇史宬中。

两个版本的《永乐大典》均藏于深宫之中,没有刊印,流传很少,真正接触过此书的人也并不多。现存《永乐大典》约400册,分散在世界八个国家30多个收藏机构中,我国仅有226册,且为"嘉靖副本"。历史上《永乐大典》屡遭浩劫,"嘉靖副本"到清乾隆时已缺2000多卷,且又经历了清朝官员的盗窃和光绪二十六年(1900)八国联军侵华时的焚毁,《永乐大典》"嘉靖副本"所剩无几。而更令人可惜的是,在明嘉靖年间重录后,"永乐正本"已不知所踪,竟然神秘地失踪了。后世人们对《永乐大典》正本的下落也是众说纷纭,有人认为其被李自成焚毁,也有人认为其作为殉葬品深埋于永陵,还有人提出其毁于万历年间的一场大火。

李自成兵败迁怒《永乐大典》?

1644年3月18日,李自成攻克北京,四月被吴三桂和多尔衮的联军击溃,四月三十日李自成率残余人马撤离北京,心有不甘的李自成临行前曾火烧紫禁城和北京的部分建筑。因此,有学者推测,《永乐大典》正本可能就焚毁在这场大火中。郭沫若是此观点的支持者,他曾在《影印永乐大典序》中说:"明亡之际,(北京)文渊阁被焚,正本可能即毁于此时。"但反对者认为这种观点只是猜测,并没有相关证据,且李自成的那把大火确实烧毁了许多书籍,但并没有资料记载其中有《永乐大典》。

为嘉靖皇帝殉葬藏于永陵中？

嘉靖后，《永乐大典》正本便神秘地失踪了，且嘉靖皇帝生前相当喜爱《永乐大典》。据此，有人猜测，《永乐大典》正本作为殉葬品埋藏于嘉靖皇帝的永陵中。曾任中国社科院秘书、钱锺书秘书的栾贵明在《永乐大典之谜——永乐大典索引·序》中说："尽管天际封锁得异常严密，又有副本存在，水火之灾、流传丧失等种种烟雾，但事实是不可改变的。《永乐大典》正本，完整的一部大书，没有毁亡，更没有佚失。按照嘉靖本人的说法，它应该好端端地藏在'他所'。'他所'就是永陵的玄宫吧？这也就是那个该找而没有找过的地方啊！"他指出，嘉靖帝于1566年12月驾崩，但过了3个月也就是在1567年的3月才葬入永陵，而且是到了4月15日，继位的隆庆帝才赏赐《永乐大典》的重录人员。为什么嘉靖帝死后3个月才入葬永陵？有人计算，若现代人要运整套《永乐大典》，则要装满4卡车才运得完，而在没有现代交通工具的明代只能用马车来运输。也许在这3个月里，隆庆帝为了满足嘉靖帝的心愿，命人把《永乐大典》正本运往永陵也未可知。

但这也只是推想，并无确切证据。而嘉靖皇帝的永陵是谢绝参观的，且现在世界范围内都反对主动发掘帝陵，若主动发掘永陵，则将会是又一场文化浩劫。因此，若为这种设想寻找证据，只能从其他方面来研究、探索了。

真正凶手是明万历年间的一把火？

中国美术学院国际教育学院院长、明史专家任道斌教授于2009年5月22日在北京明长陵营建600周年学术研讨会上提出，《永乐大典》正本毁于明万历年间的一把火。

据《明史》记载，明万历二十五年（1597）六月，北京皇宫三大殿皇极、中极、建极殿发生火灾，火灾损失惨重，朝廷甚至"捐官俸，开矿税"以集资进行修复。在晚明学者方以智的《通雅》中有这样一段关于《永乐大典》的记载："近时《永乐大典》……命解缙纂集……今散失矣。"而在这段文字的后面是方以智的儿子方中履写的注文："《永乐大典》藏于文楼，嘉靖中火，上亟命救得免，复命儒臣摹录，隆庆元年始竟。万历中因三殿火，书遂亡。"晚明另一位学者董其昌在其《容台集》中也记载皇宫火灾殃及文渊阁中的典籍。据

皇史宬

《永乐大典》

考证，方以智是明崇祯十三年（1640）进士，曾任翰林院编修、定王讲官等职，擅长典章制度和考据之学；方中履秉承家学，亦擅长考据，谙熟明季史事；董其昌为明万历十七年（1589）进士，后任翰林院编修。因此，任道斌教授认为他们的记述是可信的。谈迁在其记载明朝历史的编年体史书——《国榷》中也有"万历末，《永乐大典》不存"的说法。据此，任道斌教授认为《永乐大典》正本毁于明万历年间的火灾。

关于《永乐大典》正本的下落目前虽有各种说法，相关专家学者也都在努力研究、探索，但均无足以让人信服的证据来证明自己的观点，因此其下落至今仍是我国文化史上的不解之谜，我们期待谜底揭晓的那一天！

《水浒传》的作者是施耐庵吗

《水浒传》一般简称《水浒》，是中国历史上第一部用白话文写成的长篇小说，开创了白话章回小说的先河，是中国古典四大名著之一。但是有关《水浒传》的作者问题，几百年来学术界观点一直难以统一，有人认为是施耐庵所作，有人则认为是罗贯中所作，还有人认为是施耐庵和罗贯中合著，众说纷纭，莫衷一是。

在众多说法中最主流的观点是，《水浒传》的作者是施耐庵。这个版本首见于胡应麟的《少室山房笔丛》。施耐庵自幼聪明好学，元至顺二年（1331）中进士，后助张士诚反元，离开张士诚后浪迹江湖，悬壶济世替人医病解难。至正二十七年（1367），朱元璋剿灭张士诚后，到处查探张士诚的旧部属。为避免祸端，施耐庵隐居不出，专心于《江湖豪客传》的创作。《江湖豪客传》即为日后的《水浒传》。

还有一种观点认为《水浒传》的作者是罗贯中。这种说法首见于郎瑛的《七修类稿》。同时在田汝成《西湖游览志余》、王圻《续文献通考》《稗史汇编》、许自昌《樗斋漫录》、阮葵生《茶余客话》等书中均有记载。罗贯中是《三国演义》的作者这一点并不存在争议。而《三国志演义》和《水浒传》两部小说，前者用的是文言，后者却用通俗的白话，在语言形式上完全不用，说它们出自同一作者的笔下，实在很难获得首肯。

而另一种比较可信的说法是，《水浒传》为施耐庵与罗贯中合著而成。这种观点首见于高儒的《百川书志》，虽然有一定的道理，但遗憾的是书中并没有交代清楚他们的合作关系，谁为主，谁为次？依照常理来判断，一半对一半的可能性极小，也不可能那么凑巧。目前比较准确反映二者合作关系的史料是明代有关《水浒传》作者的题署。高儒《百川书志》载："施耐庵的本，罗贯中编次。""嘉靖本"、天都外臣序本、袁无涯刊本载："施耐庵集撰，罗贯中纂修。"所谓的"本"，是宋、元、明时代的常用语，即"真本"。"集撰"含有"撰写"之意。这表明，施耐庵是作者，是执笔人。所谓"纂修"，可解释为"编辑"，和"编次"是同样的意思。这即是说，罗贯中是编者，或整理者和加工者。由此可以推断施耐庵是《水浒传》的作者应该是不争的事实，同时罗贯中应该也参与了创作的过程，他是施耐庵的合作者。

施耐庵

高鹗到底有没有续写《红楼梦》

《红楼梦》是中国古典四大名著之一，集思想性和艺术性于一身，是我国古典小说发展的巅峰之作。《红楼梦》是一部章回体小说。全书共一百二十回，情节生动，文字紧凑，笔调流畅，为读者展现了一幅封建大家族盛衰交替的历史画卷。可是，根据一些专门从事研究《红楼梦》的研究人员的传统说法，这部历史性、真实性都很强的文学巨著不是完全由作者曹雪芹写成的。曹雪芹没有完成全书原定的创作计划，只写完了八十回就在贫病交加中油枯灯灭。是稍晚于曹雪芹的高鹗根据前八十回的思路续写了后四十回。但是也有人持反对意见。那么高鹗究竟有没有续写《红楼梦》呢？

关于高鹗续写《红楼梦》的说法，最早起于20世纪20年代初，以胡适和俞平伯发表的考证文章最有说服力。后来鲁迅先生也认为《红

高鹗

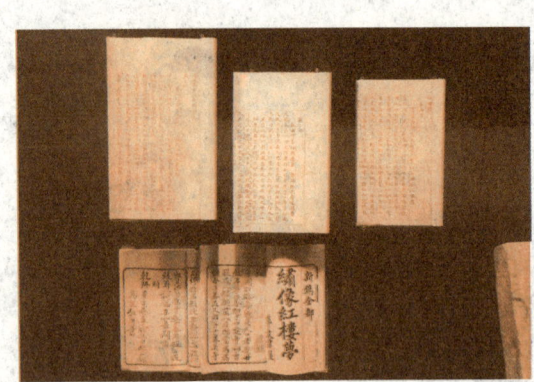

《红楼梦》诸版本（复制品）

楼梦》有原作与续作之分。鲁迅考证认为："高鹗续《红楼梦》当在乾隆辛亥时，未成进士。"这种说法影响极其深远，在《辞海》中《红楼梦》条的内容里就有："前八十回曹雪芹作，后四十回一般认为系高鹗所续。"

其实从当时的情况来看，高鹗续写红楼梦的可能性并不太大。这种说法首先可以在程伟元的程甲本卷首序中找到证明。程伟元在序中写道："是书既有一百二十回之目，岂无全璧？爱为竭力搜罗，自藏书家甚至故纸堆中无不留心。数年以来，仅积二十余卷。一日偶于鼓担上得十余卷，遂重价购之。"这段话讲得十分清楚，程伟元本人曾见过一百二十回的回目。他用了多年的时间，终于从货郎担子上淘获了曹雪芹所写《红楼梦》的后四十回原稿。程伟元与高鹗是同时期的人，也没有理由撒谎，所以上述记载应该是可信的。

而且高鹗想凭一己之力续写《红楼梦》的难度是非常大的。书中第一回记载着曹雪芹在悼红轩中"披阅十载，增删五次，纂成目录，分出章回"。这些被记录在书中的工作，是作者写完全书时才应该做的事。同时从技术层面上分析，续书并不容易，续书者不仅要揣摩原著者的意图，还要熟悉原著者的语言习惯、艺术构思、写作手法等诸多方面的特点，这几乎比写原著还要难。可按传统说法，高鹗仅用不到两年的时间就写完了四十回，而曹雪芹写八十回却用了十年的时间，相比之下差距太大。

近些年来，有红学研究者将1959年在山西发现的《乾隆抄本百廿回红楼梦稿》（简称《红楼梦稿》）与其他所有版本进行了对照，发现《红楼梦稿》才是曹雪芹的手稿本。因为其中的语言含有大量的南京方言，符合曹雪芹世代居住在南京的实际情况，这一点是东北籍的高鹗无论如何也模仿不来的。所以有学者断定红楼梦一百二十回均由曹雪芹完成，高鹗所做的工作不过是做了简单的补缀而形成了"程高本"。

真相如何，我们无法获悉，但是有一点可以肯定，高鹗必定与《红楼梦》有着千丝万缕的关系，或续写，或补缀。然而《红楼梦》的魅力不就在于其中所蕴含的这一个个未解而难解的谜团吗？

《红楼梦》的名字有何来历

四大名著之一的《红楼梦》有《石头记》《情僧录》《风月宝鉴》《金陵十二钗》等名称,直到1784年,这部享誉世界的名著才正式题名为《红楼梦》。那么,这一名字有何来历呢?

曹雪芹在"凡例"中说:"'红楼梦',是总其全部之名也。"意思是说整部小说说的不过就是红楼一梦。脂砚斋对《红楼梦仙曲十二支》的批注是:"点题,作者自云所历不过红楼一梦耳。"那么,为什么称为"红楼"呢?

《乾隆抄本百廿回红楼梦稿》

我国著名红学研究者周汝昌说,"红楼"一词可追溯到唐代诗人韦庄《长安春》中的诗句"长安春色谁为主,古来尽属红楼女",其《闺月》中的"美人情易伤,暗上红楼立"亦提到了红楼一词。据此,周汝昌认为,"红楼"一词指的是富家女儿的金闺绣阁。据考证,"红楼"和"朱门"一样,都是古代王公贵族豪华住宅的代称,那么,不言而喻,"红楼梦"说的就是红楼中贵族的南柯一梦。

《红楼梦》通过对宝黛爱情的悲剧以及贾、史、王、薛四大家族从兴盛到衰败的描写,显示出了对封建统治思想及制度的批判以及其必然灭亡的趋势,宛若"红楼一梦"。

蒲松龄为何要写《聊斋志异》

《聊斋志异》是我国清代小说家蒲松龄创作的一部文言短篇小说集。"聊斋"是蒲松龄的书斋名,"志"是记的意思,"异"指的是奇异的故事。《聊斋志异》记述的便是"神仙狐鬼精魅故事"。那么,蒲松龄为何要写《聊斋志异》呢,是闲得无聊才写这些神仙鬼怪的故事吗?

这要从蒲松龄的生平经历说起。蒲松龄(1640—1715)出身于一个没落的地主家庭,刻苦好学,学识渊博,19岁时即以县、府、道三个第一考取秀才,但以后却屡试不第,直到71岁时,才援例成为贡生。热衷科举却不得志

蒲松龄

的蒲松龄对科举制度和封建社会的弊病深有体会，于是便广泛收集社会上的神仙狐鬼精魅的故事，结合自己的生活体验，在合理想象的基础上加以创作，以反映黑暗的社会现实，揭露科举制度的黑幕，以及赞美底层人民坚贞、纯洁的爱情。郭沫若曾高度评价蒲松龄的《聊斋志异》："写鬼写妖高人一等，刺贪刺虐入木三分。"

因此，与其说蒲松龄的《聊斋志异》是一部神仙鬼怪故事的小说集，不如说是一部蒲松龄历尽"二十余寒暑"写出的表达对黑暗现实的不满与对理想的追求的"孤愤之作"。

趣味语言文字

 "一寸光阴一寸金",为何用"寸"形容光阴

"一寸光阴一寸金,寸金难买寸光阴",被人们熟知。小时候,浪费时间,不好好学习,就会被大人们教导说,"一寸光阴一寸金"时间宝贵,不能浪费。那么,人们为什么要用寸来形容光阴呢?

元代同恕《送陈嘉会》诗:"尽欢菽水晨昏事,一寸光阴一寸金。"《淮南子·原道训》:"故圣人不贵尺之璧而重寸之阴,时难得而易失也。"唐·王贞白《白鹿洞二首》:"读书不觉已春深,一寸光阴一寸金。"人们用寸来形容光阴,主要与古人的计时方式有关。

古时候,人们没有手表,一般采用晷计时。晷,又称为日晷。日晷,即是在圆形板上刻上表明时间的度数,圆中心立一小棍,由日出到日落,小棍的阴影由长而短,又由短而长地映在度数上,即表示着时间。其原理就是利用太阳投射的影子来测定并划分时刻。日晷通常由铜制的指针和石制

北京故宫太和殿前日晷

的圆盘组成。石质的晷盘四周刻有子、丑、寅、卯、辰、巳、午、未、申、酉、戌、亥十二个度，用来表示时辰。小棍通常是用铜制造的。但是在阴天下雨时，日晷就不好用了。即使这样，日晷的发明在天文学上也有重大的意义。此外，古代人们还利用沙漏、香计时。自古就有"一炷香的时间"的说法。

"寸阴"，即阴影缩短或延长一寸的距离。寸阴的时间极为短暂，如白驹过隙。古人常以寸阴形容时间过得很快。这在今天仍然有着积极的意义。

 "一人得道，鸡犬升天"出自哪里

"一人得道，鸡犬升天"，常被用来讽刺那些依附权势而升官发财的人。这一句话大有来历。

在《汉中碑石》上记载了这样的一个故事：汉居摄二年（7），今城固县许家庙有一个名叫唐公房的人，在今安康做官。有一天他在城固县老家遇见一个修仙炼道的真人，就拜他为师，并常常送给他鲜美的甜瓜品尝。真人被唐公房的诚心感动，决定赠给他仙丹服用。唐公房服用了仙丹之后，能辨兽言识鸟语，而且健步如飞，数百里的路程，转眼就到。百姓都很惊奇。当时的郡守大人知道了，就决定跟唐公房学习修仙炼道，但始终不能像唐公房那样懂鸟兽的语言，行走如飞。郡守大人以为唐公房藏私，就想要加害唐公房一家老小。唐公房知道后，就告诉了他的师傅。他师傅告诉他不必惊慌，他自有办法。真人给了唐公房一些丹药，告诉他只要服用了就会白日飞升。唐妻留恋房舍及禽畜，仙人又给房屋涂上仙药，给禽畜喂下仙药，这样，全家人和禽畜都服了仙药，"须臾，有大风玄云来迎公房妻子，房屋、六畜，倏然与俱去……鸡鸣天空，狗吠云中"。

当地老百姓就建造了一座"灵寿宫"，纪念唐公房一家人得道飞升。后来，改名为"唐仙观"。据明嘉靖四十五年（1566）《城固县志》记载："唐仙观，（县城）西北二十五里。汉居摄二年名曰'灵寿宫'，因唐公房升仙改今名。"

还有一个传说和这个类似。淮南王刘安

淮南王刘安

笃信修道炼丹。有一次他遇见了仙人，就拜他为师，学习修道炼丹之术。大功告成之时，汉武帝派人来捉刘安，刘安情急之下吃了炼制的丹药，飞升成仙。他的亲朋好友也吃了丹药，就连他家的鸡鸭鹅犬也都吃了炼丹炉里的丹药，因而都飞升成仙了。

后来故事流传下来，越传越离奇，便有了现在的各种版本。"一人得道，鸡犬升天"的成语沿用下来，流传到现在，成为人们所熟知的成语故事。

 ## "三个臭皮匠"，真能"顶个诸葛亮"吗

人们常说"三个臭皮匠，顶个诸葛亮"。诸葛亮是蜀汉的丞相，一生鞠躬尽瘁，死而后已，其智慧、谋略可谓是人上之人。皮匠一般是指用皮革制作物件的工人或者修理、制作皮鞋或其他皮货者。臭形容技术不好。那么，"三个臭皮匠"真能"顶个诸葛亮"吗？

《三国演义》第四十三回："诸葛亮舌战群儒。"在当时，东吴孙权手下，高朋满座，谋人智士无数。诸葛亮一人单凭三寸不烂之舌，辩得对方哑口无言，大获全胜。如此大智大慧的人，是三个皮匠能比肩的吗？更何况是三个臭皮匠呢？

"三个臭皮匠，顶个诸葛亮"中的皮匠应该为裨将。裨将在古代是副将。原来的意思是指三个副将的智慧加在一起可以和诸葛亮并驾齐驱。如果细细想来，诸葛亮是军事家，擅长行军打仗。皮匠根本就不懂军事，即使再多加在一起也不可能抵过一个诸葛亮。那么这句话是怎么由来的呢？

《三国演义》草船借箭时，诸葛亮命三个手下按计策做了准备。布置完成之后，这三个手下去报告诸葛亮，认为用草靶子当人，有可能被曹操识破。就在船上竖立两三个稻草人，套上皮衣、皮帽，看起来就像真人一样。后来，曹操果然中计。

话说有一天诸葛亮到东吴做客，为孙权设计了一座塔，用来掂量东吴的实力，也是对东吴的刁难：塔顶上的铜葫芦，要有五丈高，四千多斤重，东吴无人能做。只好张榜寻能人异士。有三个皮匠看到了，就用自己的皮匠技术缝制了一个铜葫芦的形状，埋在沙土之中，然后浇铸铜汁，于是这个宝葫芦就做成了。后来就有了"三个臭

诸葛亮

皮匠，顶个诸葛亮"的说法。

其实从时间上考虑，三个臭皮匠不能顶个诸葛亮。诸葛亮是军事家，他有丰富的作战经验。三个裨将虽然也处于前线，也有丰富的战斗经验，但是，从智慧上讲，他们中每一个人的智慧都不会比诸葛亮高。诸葛亮可以在短时间内想出一个合理的办法或者计策。他们三个人要花很长的时间想出方法，还要在一起反复讨论、论证，等到最后决定的时候，恐怕时机早就错过了。战争是分秒必争的事情，时机稍纵即逝，一般不会容得三个裨将在那慢慢思考的。

如果三个裨将真能顶个诸葛亮，当年刘备也不需要去三顾茅庐，只需要贴一张告示，来的就不仅是三个裨将了。这句话的意思应当这样理解，三个是虚指，意思是说很多，或者大量。很多人的集思广益也可以想出诸葛亮的办法来。所谓智者千虑必有一失，愚者千虑必有一得。很多人同时去想一件事情，他们职业、身份不同，出发点和个人素质也不同，那么他们一个人考虑事情或许是片面的，但是很多人的片面组合在一起，去其芜杂，存其精华，那么就会得到一个甚至可能比诸葛亮还要好的办法来。

 为何说"无事不登三宝殿"

佛、法、僧号称佛门三宝。佛指大知大觉之人；法即是佛所说的教义；僧指继承和宣扬教义之人。三宝所在之殿，也就是三宝殿。佛所在宝殿是大雄宝殿；法所在宝殿是藏经阁；僧所在宝殿是禅房。这三处地方，无事不能随意乱闯。后人用"无事不登三宝殿"表示没有事情不会去登门拜访。

原本人们去大雄宝殿总是有求而来，或是祈愿或是还愿，一般无事的时候不会登殿。藏经阁是佛法所在之处，里面藏有大量经文，一般人也是不能进入的。对于禅房，虽然是和尚的休憩之所，但是也是修禅之所，也不能随意出入。"三宝殿"是庄严的地方，僧众们是不得随意进入的。到后来，佛教发扬光大的时候，这条规矩也为人们所熟知，也就

辽宁抚顺赫图阿拉城地藏寺大雄宝殿

产生了"无事不登三宝殿"这句俗语。

其实三宝殿中的"宝"是比喻的用法。正如金银珠宝等物质财富能使人生活快乐一样，佛法僧三宝也能使人在灵魂上得到满足，使人们的灵魂得到快乐。比之有限的生命，无限的灵魂得到快乐才是最重要的。皈依三宝，就能洗涤我们的心灵，使灵魂得到升华。

明代小说《金瓶梅词话》中说："小媳妇无事不登三宝殿，奉本县正宅衙内分付，敬来说咱宅上有一位奶奶要嫁人，讲说亲事。"在此时三宝殿是虚指，表示到访人家的府邸。

"无事不登三宝殿"对现代人来说不陌生，但是三宝具体是指什么，恐怕知道的人就不太多了。

 ## "半斤""八两"为何会"差不多"

人们一般用半斤八两来形容两个人实力不相上下，多为贬义。那么为什么"半斤"和"八两"会"差不多"呢？这要从古代的度量衡说起。

在秦朝一统天下之前，我国的度量衡没有统一的规定，各国的商贾之间交易很不方便。秦王朝建立之后，秦始皇实行改革，让李斯负责起草文件。在当时度量的标准已经确定了，唯独"衡"还没有主意。于是，李斯去请教秦始皇。秦始皇御笔一挥，写下"天下公平"四个大字。李斯看着这四个大字百思不得其解，最后恍然大悟，把四个字的笔画加在一起，就成了"衡"的单位，即一斤等于十六两。那么半斤就是八两。

汉代度量衡：铜砝码

现在看一下古代的杆秤，你会发现有好多星星。在古人眼里，北斗七星，南斗六星，福禄寿三星，总共十六星。十六星在杆秤上，就是一斤。也就是说，半斤是八星，也就是八两。宋代释惟白《建中靖国续灯录》："踏着秤锤硬似铁，八两原来是半斤。"宋代释普济《五灯会元》卷十一："问：'来时无物去时空，二路俱迷，如何得不迷去？'师曰：'秤头半斤，秤尾八两。'"

《水浒传》第一百零七回："众将看他两个本事，都是半斤八两的，打扮也差不多。"此时半斤八两已经有贬义。

在我国长达两千多年的封建社会中，一斤等于十六两的衡制度一直在使

用。直到中华人民共和国成立后，由于十六两制在计算的时候有些不方便，才改成现在的一斤等于十两。

为何说"寡妇门前是非多"

寡妇在封建社会是不幸运的一个人群，在寡妇的世界里，到处都是风言风语。年轻守寡，谓之克夫；中年丧偶，言其妨人；老年失伴，说你没福。在古人眼里，妇女要有三从四德。而一个完整的女人，在外有丈夫支撑着一片天，家里上有公婆可以奉养，下有儿女承欢膝下。丈夫死后，一切都是由寡妇自己亲手打理。在古代，人们讲究"清白"和"节操"。而女人一般不能抛头露面。如果寡妇偶尔对人一笑，或善意地给赶路者递上一碗水，也会闹得满城风雨，成为长舌之人茶余饭后的谈资。

在封建社会，夫为妻纲，一旦丈夫死了，妻子就得守寡。但是妻子死了，丈夫却可以再娶。尤其在程朱理学的影响下，妻子就更要恪守妇德。天有不测风云，人有旦夕祸福。夫妻结合，自然其中一个会先死去。不管是留下谁，都是人生的一大不幸。然而寡妇在这个问题上还要再遭受别人的歧视。而且，不管寡妇如何循规蹈矩，都躲不掉别人的猜疑，躲不开受挑逗、受轻慢和受鄙视的境地。

在古代，人们认为红颜是祸水。寡居的女人如果姿色绝佳，更能招惹是非。在古代典籍里，不乏记载欺凌寡妇之人。

清人朱翊清写的《埋忧集》中有这样一个故事：李某家境贫寒，却娶得一个如花似玉的妻子杨氏。李某死后，杨氏无钱给李某买棺材，只能和婆婆以泪洗面。对杨氏一直垂涎的薛某，见有机可乘，就借钱给杨氏，并让她的婆婆在字据上画押。葬礼结束之后，薛某就去催债，杨氏婆媳没有收入来源，自然还不起。最终，杨氏只有从了薛某，改嫁给他。如果薛某能够好好对待杨氏婆媳也算是功德一件了。

在古代，男性几乎都有侠义情结，都很乐意救助弱小。然而对于寡妇，很多"侠士"都望而却步，不是不想救助，实在是是非太多，拿捏不好分寸。"侠士"不好做，为非作歹的

寡妇：祥林嫂形象

人却对寡妇胡作非为,往往结果是弄得寡妇不清不白,寡妇的反抗还常常酿成悲剧。《窦娥冤》就是典型的事例。

2000年的封建社会,压抑了寡妇的人性,泯灭了社会的良知。寡妇是封建社会的牺牲品。虽然现代《婚姻法》有保护政策,但是2000年来形成的封建余毒依然在当今社会中毒害着妇女。女人再婚本就是很难的事情,再加上人们的风言风语,寡妇的生活可想而知。

 "敲竹杠"何意,有何来历

清代人李宝嘉的《官场现形记》第十七回:"兄弟敲竹杠,也算会敲的了,难道这里头还有竹杠不成?"敲竹杠就是利用他人的弱点或找借口来索取财物或抬高价格,比喻利用别人的弱点或以某事为借口来讹诈。

张献忠时期的大顺通宝

关于敲竹杠的来历有好几种说法。第一种说法,明朝末年,张献忠起兵攻入四川,对这里的贪官污吏大杀特杀,百姓们拍手称快。成都知府平日里贪赃枉法,聚敛了很多金银珠宝。如今,成都被占,自己的财物无法运出城去,心急如焚。恰巧看到了后花园中栽种的竹子,心生一计。他命人把竹子砍掉,把中间打空,把金银珠宝装进去。然后,将竹竿封装好,乔装成老百姓放在马车上准备运出城。

到了城门口,起义军拦下了车辆要进行检查。知府说:"我们是做小本生意的,贩点竹子,准备运回乡去卖。这点小意思,请大家喝茶。"起义军随意看了一下发现确实都是竹竿。有一个老义军,感觉事有蹊跷:"楠竹出产在乡间,做生意的人都是从乡下拉竹子进城卖,哪有从城里头拉竹子到乡下去卖的?"恰在此时,张献忠来巡城。老义军就告诉了这个情况。张献忠拔出刀敲了敲竹竿,然后一刀劈开,珠宝散落一地。流传到后世,就成了"敲竹杠"的故事。

第二种说法,清朝末年,一般的小买卖都是以铜钱作为交易单位,店家接钱后便丢在用竹杠做的钱筒里,晚上结账时再倒出来,谓之"盘钱",又称之为"盘点"。当时有家店铺的老板很不老实,陌生顾客进门,往往随意提价。每当伙计在接待顾客时,店主就敲一下竹杠,示意提价。

第三种说法,清朝末年,鸦片走私严重,走私贩子为躲避官府检查,费尽心机。水上走私鸦片的人,把鸦片装在竹制的船篙里。一天,一艘商船

停在码头,接受官府的检查。查遍了整个船舱都没有发现鸦片。一个师爷吸着长烟筒,漫不经心地走到船艄,信手在撑船的竹篙上敲烟灰,敲得竹篙"嘟嘟"直响。此时,船主吓得面无人色,而别人却没有什么反应。船主知道师爷已经发现了猫腻,就慌忙把这位师爷请到后舱,掏出大把的银子悄悄塞给他,请他关照,不要再敲竹篙了。师爷得了贿赂自然不再敲竹杠了。

第四种说法,过去的运输工人用的都是竹杠,他们把血汗换来的银圆、铜圆放在手中的竹杠中,把头、恶霸来了,只要敲一下竹杠,便知道一天收入多少。

还有一种说法是,四川山区,有钱人进山烧香乘坐一种用竹竿做的简易轿子,由人抬着上山。抬到半山腰的时候,抬轿子的人就会敲竹杠,示意加钱,否则就不抬了。乘坐轿子的只好加钱。

女人的细腰为何被称为"小蛮腰"

唐朝孟棨《本事诗·事感》:"白尚书(即白居易)姬人樊素善歌,妓人小蛮善舞,尝为诗曰:樱桃樊素口,杨柳小蛮腰。"美姬樊素的嘴小巧鲜艳,如同樱桃;小蛮的腰柔弱纤细,如同杨柳。

唐代刑部侍郎白居易,晚年退休的时候买了两个歌伎,一个善歌,一个善舞,于是白居易就写诗赞美她们"樱桃樊素口,杨柳小蛮腰"。白居易对这个小蛮腰的歌伎很是喜爱,常写诗歌赞美她,比如:"一树春风千万枝,嫩于金色软如丝。永丰西角荒园里,尽日无人属阿谁?"

自古以来小蛮腰就是女子追求的目标。古时有"楚王好细腰,官中多饿死"的说法,可见纤腰如柳是多么的令人追捧。婀娜多姿、摇曳纤巧的杨柳腰的女子,为保持优美的身材,不得不少吃或不吃东西,甚至"三月不知肉味",自然身体羸弱,走路气喘吁吁,甚至还出现了饿死人的情况。不是吃不饱,而是根本不想吃。

有人认为小蛮腰中的"蛮"字和"蛮夷"的"蛮"有关系。"好细腰"的楚王所在的楚国,在当时的地理位置上,被称为蛮

小蛮腰

夷之地。所以"细腰"被称为"蛮腰"或者"楚腰"。其实这种说法有点牵强附会。从历史上来看，春秋战国时期的楚国不仅不属于蛮夷之地，而且灿烂的楚文化不亚于中原地区。笔者认为，小蛮腰还是从白居易诗歌中得来的。

白居易是个大文豪，通音律，而且诗歌写得很好。还有一点，白居易喜欢女色。白居易官秩四品，按规制只能养三个女姬。不过他又养了数百专管管弦的女子。这些人精通音律、诗词歌赋，而且身材出众，白居易曾写诗歌赞美："菱角执笙簧，谷儿抹琵琶。红绡信手舞，紫绡随意歌。"

其中一个女姬叫小蛮的，腰如柳，柔弱纤细。又因"樱桃樊素口，杨柳小蛮腰"这句诗，人们就把细腰称为"小蛮腰"。另外还延伸出了"小蛮靴""小满意"等东西。爱美之心人皆有之，但不可过了头，损害了身体健康，那可就得不偿失了。

 为何将占女孩便宜称为"吃豆腐"

豆腐传说是淮南王刘安发明的。淮南王刘安笃信炼丹之术，一日他用黄豆、盐卤等物炼制出一种"白如纯玉，细若凝脂"的丹药，即豆腐。史书记载："豆腐之法，始于淮南刘安。"据五代谢绰《宋拾遗录》载："豆腐之术，三代前后未闻。此物至汉淮南王亦始传其术于世。"明代李时珍的《本草纲目》、叶子奇的《草木子》、罗顾的《物原》等著作，都把豆腐的发明归功于西汉淮南王刘安。至于为何将占女孩子便宜称为"吃豆腐"还有一番来历。

刘安发明豆腐之后，这种食物很快风靡长安。当时长安街上有个夫妻开的豆腐店。妻子非常美貌，风情万种，肌肤就如豆腐一般，又白又嫩，被称为"豆腐西施"。很多顾客以吃豆腐为名到店里对老板娘调情，甚至动手动脚，比如趁付铜板时摸摸老板娘的纤手等。顾客回家，其妻子就打翻了醋坛子，埋怨丈夫去"吃豆腐"。

还有一种说法，旧时丧俗有"吃豆腐饭"的习惯。丧家准备饭菜请帮忙料理丧事的村人吃，其中以豆腐为主菜。因

麻婆豆腐

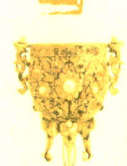

为豆腐是白色的，丧事以白色为主基调。丧家会把做好的饭菜放在门外的桌子上，请大家来吃。有些没帮忙的人也会去吃。丧家也不好意思去撵走他们。古人忌讳丧事，所以去帮忙丧事就说是去吃豆腐饭。而没帮忙的人吃了丧家准备的饭菜，也说是吃豆腐饭。后人就把吃豆腐作为占别人便宜的俗语了。

在旧上海，男子调戏女子，有时动手动脚占点便宜，就被斥责为"吃豆腐"。豆腐色白、面细、质嫩、性软，很像年轻女子肌肤白皙、细嫩而性情软弱。所以"吃豆腐"也就有了占女子便宜的意思。

男女朋友若是恋人关系，做一些肢体上的接触情有可原，也能促进感情交流。但是若女方没有身体接触的意愿，而被男子纠缠从而被"吃豆腐"就不应该了。男女交往要有礼貌，要尊重对方，才能获得比较愉快的感觉。所以，豆腐可以吃，但不可以乱吃。

 为何说"狗嘴里吐不出象牙来"

"狗嘴里吐不出象牙来"这句话听着颇为费解。为什么狗嘴里要吐出象牙来？狗嘴里当然吐不出象牙来！那么这句俗语是如何产生的呢？

象牙在狭义上讲指雄象的獠牙。象牙可以被加工成珠宝、首饰、雕刻品等，是一种非常昂贵的原材料。狗牙狭义上讲，是狗的牙齿，很常见，一点都不稀奇，也不珍贵。狗嘴里只能长狗牙这是天经地义的，也是自然规律。狗嘴里不会长出象牙，这是必然的。所以，狗嘴里吐也只能吐出狗牙来，吐不出珍贵的象牙。有时人们称他"狗嘴里吐不出象牙来"，意思是说他说的话一点都不珍贵，一点用也没有。有时他说谎话，说脏话，说的话不是好话，人们也会称他"狗嘴里吐不出象牙来"。为什么不是"羊嘴里"或者"马嘴里""吐不出象牙来呢"？这个与文化传统有关。人们骂人经常用"狗"，比如"狗腿子""狗仗人势""狗眼看人低""虎落平阳被犬欺"，等等。所以，人们骂人就说他是"狗什么什么"。有个词语叫"吐字清晰"，说话就是"吐字"。"金口玉言"比喻说话算数，不可更改。其本意是说他的

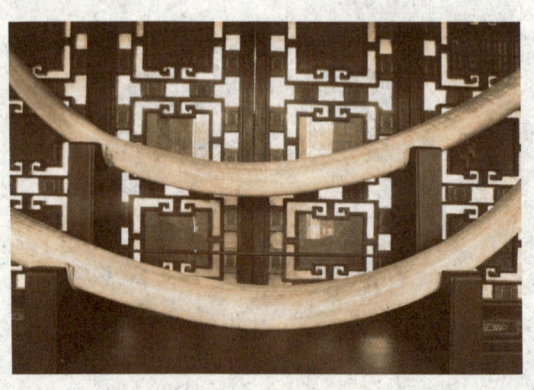

北京故宫乐寿堂所藏象牙

话是"玉"。玉是很珍贵的东西。象牙也是很珍贵的东西。在"狗嘴里吐不出象牙来"这句话中，象牙是用来比喻人说的话。为什么用象牙而不用玉做比喻呢？因为狗嘴里只能长牙不会长玉。而名贵的牙齿，只有象牙。从比喻意上理解，狗嘴是比喻人嘴，吐是指说，象牙比喻珍贵的话、有用的话。连起来，本意就是人的嘴里说不出有用的话来。说白了，"狗嘴里吐不出象牙来"就是骂人的话，把人比喻成狗。人们骂人说不出好话来，就用"狗嘴里吐不出象牙来"。这大概就是为什么说"狗嘴里吐不出象牙来"的缘由了。

中国文化博大精深，一些俗语的产生必然有一定的文化根源、社会渊源。理解了俗语产生的原因，那么俗语的意思也就自然而然明白了。

 "穿小鞋"有何来历

所谓的"小鞋"不是指小孩子穿的鞋子。旧时，妇女流行裹足，足被裹得又细又小，所以穿的鞋子也就很小。一千年前，南唐后主李煜得到一个美人，她的脚很小，号称"三寸金莲"。后来就兴起了裹足之风。至于裹足之风是不是因李煜而产生的暂且不论。裹足之风盛行之后，妇女忍受痛苦，把自己的足裹成"三寸金莲"。所以鞋子自然也不会比"三寸"大多少，穿的鞋子自然就很小了。

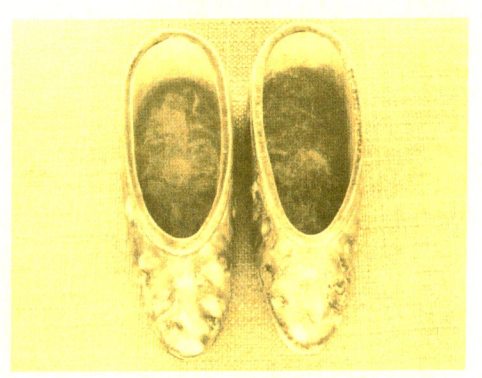

三寸金莲小脚鞋

相传北宋时期有一个美丽的姑娘叫巧玉，她的后娘要把她嫁给一个又聋又哑的有钱人，巧玉自然不同意。虽说是父母之命，媒妁之言，但是巧玉誓死不从。她的后娘也没有办法，便想方设法去整治巧玉。一日，一个媒婆把巧玉说给一个秀才。巧玉很高兴，就同意了。她的后娘也没有反对，双方定下了出嫁的日子。古代男女结婚之前不能见面，为了防止受骗，就只有留下一双鞋子，在新娘出嫁的时候穿。若是合脚自然就是真新娘。巧玉的后娘就在这双鞋子上打起了注意。她把这双鞋子做得很小，让媒婆带给男方。出嫁的那一天，媒婆把鞋子交给巧玉穿。巧玉怎么穿都穿不上，穿不上鞋子，自然不能上花轿。巧玉又急、又气、又恼，最后竟悬梁自尽了。人们非常惋惜。流传到后来，人们就把背后使坏，或利用某种职权寻机置人于困境的人为

"给人穿小鞋"。再到后来，凡是上级对下级或人与人之间进行打击报复的行为，都称为"穿小鞋"。

为何是"才高八斗"而不是"才高九斗"

在古代"斗"是粮食的计量单位，"石"是一种容量单位，一石等于十斗。人们喜欢用才高八斗和学富五车来形容一个人有才华。人的才华怎么用斗来计量呢？这里有个鲜为人知的故事。

谢灵运是南朝的大诗人，才华横溢，善于描写自然景物，开创了文学史上的山水诗一派。李白有诗云："脚着谢公屐，身登青云梯。半壁见海日，空中闻天鸡。"诗中的"谢公"就是指谢灵运。在一次宴会上谢灵运夸奖曹子建道："魏晋以来，天下的文学之才共有一石，其中曹子建独占八斗，我得一斗，天下其他的人共分一斗。"

"才高八斗"的曹植

从这段话看来，谢灵运对曹子建之才很敬佩，没有把天下的其他文人放在眼里。曹子建也就是曹植，是曹操的儿子，曹丕的弟弟。曹植是建安文学的集大成者，其文学造诣有目共睹，他的《洛神赋》和《白马篇》都是千古名作。而其七步诗"煮豆持作羹，漉豉以为汁。萁在釜下燃，豆在釜中泣。本是同根生，相煎何太急"，更是家喻户晓。清初杰出诗人、文学家王士禛尝论汉魏以来两千年间的诗家中堪称"仙才"的，唯有曹植、李白、苏轼三人耳。也难怪谢灵运夸奖曹植之才有"八斗"了。由此，后世便习惯称才学出众者为"才高八斗""八斗之才"，而不能说"才高九斗"或是"才高十斗"。

为何将年老尚有风韵的妇女称"半老徐娘"

"半老徐娘"也称"徐娘半老"，多用来比喻年老而尚有风韵的妇女。据清代学者赵翼在《廿二史札记》卷十中考证，这个典故出自唐朝李延寿撰的《南史·梁元徐妃传》。

《梁元徐妃传》记载，南朝梁元帝萧绎有个妃子叫徐昭佩，东海郯县（今山东省郯城北）人，前齐国太尉徐嗣之的孙女，梁朝侍中信武将军徐绲的女儿。公元517年十二月，被迎娶为湘东郡王萧绎的王妃。出嫁当时路经西州，狂风大作，房倒屋塌，之后又下暴风雪，把喜事的帷帘都覆盖成白色；等新娘到了夫家时，西州大雷狂作，把柱子都震碎。这被认为是不祥的预兆。婚后，生世子萧方等、益昌郡主萧含贞。

半老徐娘蜡像

徐昭佩年轻时是一个花容月貌、风华绝代的美女，但年过三十，人老珠黄，青春芳华将尽。眼看自己容颜衰老，又受皇帝的冷落，她对自己的婚姻生活大为不满，郁郁寡欢。梁元帝萧绎仅有一只眼可视，徐妃自恃出身名门贵族，又对萧绎的相貌心存不满，于是在萧绎面前只打扮半边脸，名曰"半边妆"，并道："他一个眼睛只能看一边"，以嘲讽萧绎独眼，求得心理平衡和安慰。但这却只能使萧绎更加疏远她。除此之外，她还嗜酒，常常喝得大醉，呕吐在萧绎的衣袍上，使萧绎彻底远离了她，移情于其他佳人。她独守空房，难耐寂寞，便开始偷偷找情夫。有一个情夫是朝中的美男子暨季江。此时她虽已是中年妇女，但在浓妆艳抹中还透着一股无尽的风情余韵。暨季江也忍不住赞叹道："柏直狗虽老犹能猎，萧溧阳马虽老犹骏，徐娘虽老犹尚多情。"

徐妃沉浸在风花雪月里，不知自醒，又与当时美貌绝伦、风流倜傥的诗人贺徽有情诗来往。萧绎无法忍受她的风流淫荡。徐妃生性妒忌，对宫中失宠的姬嫔，视为知己，发现宫女受宠怀孕，则寻机杀之。公元549年，有一宠妃不明不白地死了，萧绎便以徐妃因妒毒死宠妃为借口，逼她自杀。她绝望之下只好投井而死，年仅43岁，葬于江陵瓦官寺。从此，"半老徐娘"的风流韵事尽人皆知，给萧绎脸上抹了一道黑。

 为何称倒票人为"黄牛"

"黄牛"是牛的一种，也是对倒票人的一种称呼。那么，为什么将倒票的人称为"黄牛"呢？

作为一种动物，"黄牛"是牛的一种，其特点是一年换两次毛，而且皮硬毛多。

作为对倒票人的一种称呼,"黄牛"一词为上海地区特有,已有200多年的历史。有人描述他们"恃气力或势力,采购物资及票务凭证后高价出售以图利"。"黄牛党"又称"票贩子",他们深谙物以稀为贵的道理,常常能精准地看准市场,囤积一些人们需要的东西。时局不稳时,他们囤积医药、粮食、布匹等物品,等到时局混乱、商店关门时,他们便高价卖出囤积的这些物品,从中牟取暴利。中华人民共和国成立前,他们倒卖黄金等物品。"文革"时期,他们倒卖的主要是缝纫机、自行车、电视机等各类物品的票证。随着社会的发展,现在,"黄牛党"瞄向了更多、更广的领域,火车票、演唱会门票、体育赛事门票、限量抢购的物品等都是他们赚钱的机会。

倒票的"黄牛党"

这两种相差十万八千里的事物怎么会联系到一起呢?首先,黄牛的特点是一年换两次毛,且皮硬毛多,"黄牛党"人就是挣毛利的意思。加上黄牛在农村地区一般不做苦力活,以肉用居多,有偷闲之意,这与"黄牛党"人投机取巧牟利也很相似。所以,"黄牛党"一词常含有贬义。其次,之所以称倒票人为"黄牛",与一群人在那里抢购票券或物资犹如"黄牛群之骚然"的景象有关,所以形象地称他们为"黄牛"。

"黄牛"的出现,有一定的必然性,一定程度上打破了垄断和特权造成的分配不合理现象。这或许是"黄牛"能够存在的原因之一吧。

 两姊妹的丈夫为何被称为"连襟"

在我国民间,人们把姊妹们的丈夫俗称为"一担挑",而书面语则雅称为"连襟"。这由何而来呢?

"连襟"这一称谓最早见于唐代,大诗人杜甫晚年寓居川东,与一位当地的李姓老翁很合得来,经常互邀小聚,谈天说地,煞有趣味。如果有几天未见面,还要互致书信,以慰思念之情。后来细以序论,两家还是拐弯抹角的亲戚,自然更添几分亲切。过了一段时间,杜甫要出峡东下湖湘,临别之际,杜甫忆起两人在一起度过的岁月和笃厚的友情,许多感慨涌上笔端,写了一首诗《送李十五丈别》,里面有几句是这样写的:"孤陋忝未亲,等级敢比肩。人生意气合,相与襟袂连。"襟是衣襟,袂是衣袖,形容彼此关系像衣服的襟跟袖一样密切。

北宋末年大诗人洪迈，把"连襟"一词移用到姊妹丈夫间的称谓上。洪迈有个堂兄在泉州做幕宾，不很得意，其妻的姐夫在江淮一带做节度使，得知此事后，便写了一封荐书，推荐洪迈的堂兄去京城供职。事成之后，洪迈的堂兄甚为感激，托洪迈替自己写了一份谢启，寄于妻子的姐夫，里面有这样几句话："连襟相连，夙愧末亲之孤陋；云泥悬望，分无通贵之哀怜。"这里的"连襟相连"，就是用来形容姊妹丈夫之间的密切关系。后来，人们又将"连襟相连"简化为"连襟"，成为姊妹丈夫间专用的称谓了。而比洪迈还早一些的马永卿，在所著的《懒真子》里提及：江北人呼友婿为"连袂"，也呼"连襟"。由此可见，宋朝时流行的称呼"连襟"已经具有了今天的意义了。

杜甫雕像

两兄弟的妻子为何被称为"妯娌"

看看"妯娌"这两个字，就能领略汉字的妙不可言。同是女字旁，右边框架的组成部分也相似，但彼此又是对着干的，一个朝上，一个朝下。朝上的"妯"，身段稳重，神态像是鼻孔冲天，得理不饶人；朝下的"娌"，则显得小而娇气，恃宠而骄，有小狐狸的媚相。如果一家有两个儿子，两儿媳就互为妯娌。在中国人的传统观念里，妯娌之间的关系和婆媳之间的关系一样难处，妯娌关系的好坏直接影响着全家的家庭气氛。

关于"妯娌"有个小故事，出自《聊斋》，是说妯娌俩去庙里求签，看她俩同去赶考的丈夫是否考中。大的求了张"侬可凉凉去"，小的求了张"我也凉凉去"，两人都不懂是什么意思。酷暑天气，她俩在屋里挥汗如雨地做饼，这时一群人吹吹打打上门报喜，说大公子考中了。婆婆就叫大媳妇："侬可凉凉去！"大媳妇就

四妯娌

到旁边休息乘凉去了。二媳妇一个人接着干活,气得眼泪在眼眶里打转。不一会又有吹吹打打的人上门,说二公子也考中了。二媳妇就把擀面杖一扔,说:"我也凉凉去!"无须多着墨,妯娌间的争斗负气,活泼泼地都表现出来了。本来是不相干的两个女孩子,因为嫁了兄弟俩而在一个屋檐下过活,朝夕相对服侍公婆,心里难免要计较婆婆偏向谁。本来婆媳关系就是第一层难,再加上第二层妯娌关系,琐琐碎碎,日复一日地计较着相处,的确是折磨。

妯娌关系是兄弟关系的一个延伸。《尔雅·释亲》云:"长妇谓稚妇为娣妇,娣妇谓长妇为姒妇。"晋郭璞注:"今相呼先后,或云妯娌。"《北史·崔休传》说:"家道多由妇人,欲令姊妹为妯娌。"元代杨奂的《孙烈妇歌》:"屈己接妯娌,尽心奉舅姑。"

为何女英雄被叫作"巾帼英雄"

巾帼是古人使用的一种首饰,宽大似冠,高耸显眼,内衬金属丝套或用削薄的竹木片扎结,外紧裹一层彩色长巾而成,有多种式样。这种冠饰戴在头上,罩住前额,围在发际,两侧垂带结在项中,勒于后脑。而且可以随时取下(如脱帽),也可随时戴上(只需系紧侧带)。这既不同于假发,也不同于裹巾。先秦时期,男女都能戴帼,用作首饰。到了汉代,巾帼才成为妇女专用,上面缀着一些金珠玉翠等。

巾帼的种类及颜色有多种,如用细长的马尾制作的叫"剪氂帼",用黑中透红颜色制作的叫"绀缯帼"。因巾帼这类物品是古代妇女的高贵装饰,人们便把"巾帼"作为妇女的尊称,称女中豪杰为"巾帼英雄"。明朝沈璟《义侠记·征途》云:"须髯辈,巾帼情,人间羞杀丈夫称。"清朝蒲松龄《聊斋志异·二班》云:"媪亦以陶椀自酌,谈饮俱豪,不类巾帼。"这些都是用巾帼代指女子。

"巾帼"一词,现存文献中最早出于《晋书·宣帝纪》:"(诸葛)亮数挑战,帝(司马懿)不出,因遗帝(司马懿)巾帼,妇人之饰。"在三国时,蜀国丞相诸葛亮率军出祁山,攻打魏国。魏军统领司马懿与诸葛亮在渭南对峙。诸葛亮远道而来,急

司马懿

于决战。司马懿采取了战略相持的拖延战术，以消耗蜀军的战斗力。诸葛亮深知，这样僵持下去对蜀军是极为不利的，必须找到机会，速战速决。但魏军凭深沟高垒，拒不出战，蜀军难以找到突破处。诸葛亮心生一计，派人大张旗鼓地前往魏营给司马懿送了一些妇女用的头巾、发饰和衣裳，及胭脂类的东西。另附一封信，说司马懿作为魏国的大将领，掌握那么多兵将，竟然不敢出来应战，简直是太胆小了。如果不敢出战，一味躲着，和妇女又有何区别？干脆就把妇女的头巾包在头上，再用脂粉抹脸化妆，证明自己是妇女算了。司马懿看了"礼物"，又读了书信，气得火冒三丈，欲领兵与诸葛亮决一死战。幸亏当时有魏王所派的人从旁制止，才使得司马懿没有上当。

 "河东狮吼"为何是凶悍老婆的代名词

"河东狮吼"这个成语出自宋代洪迈的《容斋随笔·卷三·陈季常》："忽闻河东狮子吼，拄杖落手心茫然。"那为何后来又成了凶悍老婆的代名词呢？

说起这个，有个典故。北宋的时候，有一太常少卿、工部尚书陈希亮，亮有一儿子叫陈慥，此人狂放不羁，傲视世间，视荣华富贵为粪土。尽管是官宦之后，但陈慥不坐车，不戴官帽，和那些爱摆架子的人很不一样。后来陈慥隐居在龙丘，当地人不知道他的来历，就叫他"方山子"。元丰三年（1080），苏东坡因"乌台诗案"被贬到黄州任团练副使，不期遇上陈慥，两人成为好友。陈慥在龙丘的房子叫濯锦池，宽敞华丽，家里养着一群歌伎，每有客来访，就以歌舞宴客。而陈慥的妻子柳氏，性情暴躁凶妒，每当陈慥欢歌宴舞之时，就醋性大发，拿着木杖大喊大叫，用力捶打墙壁，弄得陈慥很是尴尬。为此，苏东坡就写了一首诗取笑陈慥，诗云："龙丘居士亦可怜，谈空说有夜不眠。忽闻河东狮子吼，拄杖落手心茫然。"河东是柳氏的郡望，暗指柳氏。"狮子吼"一语来源于佛教，是佛教中的护法神，象征威严，可见苏轼赋诗时并非全是贬义。

后来这个故事被南宋的洪迈写进《容斋三笔》中，广为流传，河东狮吼的典故也从此确立，至今仍然是悍妻的代名词，借以讥讽惧内的人。

苏东坡雕像

为何知识分子被称为"老九"

中国古代的知识分子可称为文人或名士,而现在的知识分子更是被认为是有较高文化水平的脑力劳动者。为何知识分子不是"老大"而被人称为"老九"呢?

把知识分子称为"老九",虽说是"文化大革命"的产物,但追溯起来却是元朝时期。忽必烈统一北方、建立元朝后,把帝国臣民分为四等,第一等是蒙古人,第二等是色目人,第三等是"汉人",第四等是"南人"。郑思肖的《心史》中提到,依职业的性质,忽必烈把帝国臣民更细致地划分为十级,一是官(政府官员),二是吏(不能擢升为官员的政府雇员),三是僧(佛教僧侣),四是道(道教道士),五是医(医生),六是工(高级工程技术人员),七是匠(低级手工技术人员),八是娼(妓女),九是儒(知识分子),十是丐(乞丐)。一向在中国传统社会最受尊敬的儒家知识分子,竟然被划分到社会的最底层,比儒家所最鄙视的娼妓都不如,仅稍稍胜过乞丐。

20世纪六七十年代,"文化大革命"以阶级斗争为纲,斗争的对象是地、富、反、坏、右、叛徒、特务、走资派,还有知识分子。知识分子遭受了非常的整治和摧残,被冠上"臭老九"的头衔,成为社会最卑贱的阶层。当时的知识分子要接受工农兵的再教育,进行脱胎换骨的改造,所以排在斗争和改造对象的第九位。第一位是地主,第二位是富农。老九的地位如此卑贱低下,因而在老九的前面往往冠有"臭"字,呼作"臭老九"。

当时又盛行样板戏,其中有一出戏叫《智取威虎山》。戏中的主人公是解放军侦察英雄杨子荣,他巧扮土匪,顶替胡彪,打入匪巢,被威虎山匪首坐山雕封为上校副团长。因为坐山雕手下已有八大金刚为副手,所以假胡彪被称为老九。戏中假胡彪曾被坐山雕等怀疑为共军,于是脱下值日标带,甩手要走,坐山雕唯恐闹僵,急呼:"老九不能走。"这句台词曾被毛泽东主席戏用,于是一时间"老九不能走"也就在社会上风行起来,成为社会需要知识分子和挽留使用知识分子的一句诙谐话。

"臭老九"

改革开放以后,随着社会主义市场经济的发展,"老九"的地位有了很大改善。尤其是进入新世纪后,知识分子已经逐步成为社会精英的主体。

 为何古人称公婆为"舅姑"

在现代汉语中,"舅""姑"分别表征着"我母亲的兄弟"和"我父亲的姐妹"两种亲属关系。然而,在古汉语里,"舅姑"一词往往与现在人们所说的"公婆"同义。为何古人要把公婆称为"舅姑"呢?

唐朝朱庆馀的《近试上张水部》诗云:"洞房昨夜停红烛,待晓堂前拜舅姑。妆罢低声问夫婿,画眉深浅入时无?"还有一首是王建的《新嫁娘》:"三日入厨下,洗手作羹汤。未谙姑食性,先遣小姑尝。"朱诗中的"舅姑"指的是公婆,王诗中的前一个"姑"也是婆婆的意思。但是在古代公婆为何被称为舅姑呢?这就需要从我国古代的婚姻制度及其演变谈起了。

失礼于公婆("舅姑")被判刑的人

在原始社会,实行的是群婚制。随着人类的进步、部落的形成,婚姻制度便从原始群婚制发展到族外婚制。以最古老的两个姓氏姜姓和姬姓为例,姜姓部落的女子嫁到姬姓部落,生下一男一女,女子又嫁回姜姓部落,男子又娶了姜姓部落的女子。按照这种族外婚制延续下去,可以知道姜姓部落的女子出嫁后,她的婆婆就是她的姑姑,而公公也正是她的舅舅。

古代汉语中把公婆称为"舅姑",正是这种婚姻制度在语言上的反映。《尔雅·释亲》说:"妇称夫之父曰舅,称夫之母曰姑。"这里所载的实际就是姑舅表婚亲属制的残余,公婆之称为"舅姑",其源盖出于此。这种称谓习惯一直延续到唐宋时期。

族外婚制后来发展成了对偶婚,一直延续到现在。而公婆的称谓也逐渐地固定下来了,不再被称为"舅姑"了。而至今仍在农村流行的婚谚"姨娘亲不是亲,姑舅亲辈辈亲",所说的并不是今天意义上的姑姑和舅舅的子女可以成婚,而是古代"姑舅"称谓的误传。这就是为何古人称公婆为"姑舅"的缘故。

 为何古人称妻子为"拙荆""贱内"

"拙荆""贱内",从表意上来看,似乎尽含贬义,常常被认为是蔑视妇女

被称为"拙荆"的古代妇女们

的卑称。为何古人要这样称呼自己的妻子呢?

荆现名牡荆,是马鞭草科的一种落叶灌木。古代又名楚,用来做刑仗,鞭打犯人。"受楚"是件痛苦的事,所以"楚"字又引申有"痛苦"的意思,如痛楚、苦楚。荆在古代还用来制作妇女的发钗,称为"荆钗"。如《太平御览》中记载,东汉隐士梁鸿的妻子孟光生活俭朴,以荆枝作钗,粗布为裙。"拙"是无才的意思,古人云:"女子无才便是德。"在古代,人们将"德"看得比"才"更加重要,向人称自己的妻子"拙"(无才),其伏笔正是隐说自己妻子是有德之人。所以,后来古人就以"拙荆"谦称自己的妻子。

贱内是古代的丈夫在别人面前对妻子的一种谦称,"贱内"之"贱",并非人格之"贱"。古人言"贵贱",多指地位的高低、富贵与贫穷。这里的"贱"字,并非指妻子,而是对自己的谦称。"贱内"即"我的妻子"。至于"内"字,不过是"女主内"之"内",是"家"的意思,引申为"女主人"即妻子,也不含任何贬义。

无论是"拙荆"还是"贱内",皆乃大丈夫谦逊之辞,而非不礼之称。

为何古人称学生为"桃李"

我们常常赞美某位老师培育了众多学生,会说到"桃李满天下""桃李满门"等溢美之词,这几句贺词中的"桃李",指的就是学生。古籍中也有很多这样的记载,如唐朝刘禹锡《宣上人远寄和礼部王侍郎放榜后诗因而继和》诗:"一日声名遍天下,满城桃李属春官。"及唐朝白居易《奉和令公绿野堂种花》诗:"令公桃李满天下,何用堂前更种花。"原来,"桃李"一词典出《韩诗外传·卷七》:"夫春树桃李,夏得阴其下,秋得食其实。"那么,为什么古人用"桃李"来代称学生呢?

"桃李"一词的由来同春秋时的魏国大臣子质有关,但却有两种不同的说法。据汉朝《韩诗外传》记载,春秋时,魏国有个臣子叫子质,因为得罪魏文侯,丢官只身逃到了北方。在北方,他结识了一个叫简主的人,并向简主说:"从今以后,我不再栽培人才了。"简主问他:"这是为什么呢?"子质说:"大堂上有半数的士人是我栽培的,朝廷上有半数的大夫是我栽培的,边境的士卒军官有半数也是我栽培的。现在大堂上的人在国君面前说我的坏话,朝廷上的大夫用法律来

同济大学的"桃李"们

恐吓我,边境上的人也拿着兵器抢劫我,所以我再也不栽培人才了。"简主说:"唉!你的话错了。如果春天种的是桃树、李树,夏天就可以在树荫下乘凉,秋天就可以采食它们的果实。但如果春天种的是蒺藜,夏天不但不能采它的叶子,到秋天还会长出刺来。从种树来看,问题出在你所栽培的人身上。现在你所栽培的人,都不是正直的人。所以,君子要先有选择,然后再栽培他们。"后来,人们就用"桃李"来比喻老师所培植的优秀人才,并逐渐也把所栽培的后辈、门生都称为"桃李",最后"桃李"也就成为学生的代称。

还有一种说法,说的也是大臣子质,他学富五车,知识广博。他因为得罪了魏文侯,就跑到北方一旧相识家里躲避。这位朋友的家境并不富裕,子质不愿给朋友加重生活负担,便想开个学馆,收一些学生教读,借以糊口。朋友很支持他,就腾出两间空房作为教室。子质所收的学生不分贫富,只要愿学的都可以拜他为师,一视同仁。这个学馆里有一棵桃树,一棵李子树。凡是来上学的学生都跪在桃李树下认先生。子质指着已结果的两棵树教导学生们说:"你们都要刻苦学习,要像这两棵树一样开花结果。只有学问高,才能为国家做出一番大事业。"为了把学生教育成有用人才,子质认真教学。在他的严格管教下,学生们都发奋读书,学到了不少真本领。后来,这些学生先后成才,成了国家的栋梁。他们为了感念子质先生的教诲,都在自己住处亲手栽种桃树和李子树。子质到各国游历时,碰到了在各国当官的学生,并看到了学生栽的这两种树,便自豪地说:"我的学生真是桃李满天下啊!一个个都很有作为!"从此,当先生(老师)的就以"桃李"代指学生,并把学生多称作"桃李满天下"了。

为何把容易犯傻的人称为"二百五"

苏秦

我们跟熟悉的朋友聊天过程中,偶尔会顺口说一句,你这人怎么这么"二百五"啊;或者是日常生活中经常听到人们把那些说话做事不经大脑,容易犯傻的人称为"二百五"。这"二百五"出自哪里,你知道吗?

一查资料才知道,这"二百五"的由来有很多。最早的一说是,战国时有一说客,名叫苏秦,身佩六国相印,很是威风,但也因此遭到齐国大夫的嫉妒。齐国大夫便派人刺杀苏秦。结果刺客没有把苏秦刺死,只是将其砍成重伤就跑了。苏秦临死之前跟齐王说,他死了之后,让齐王把他的头砍下来悬挂在城门外,并用鞭子抽打他的尸体,然后张贴皇榜,上面写着:"苏秦是个大内奸,死有余辜。今幸有义士为民除害,大快人心。齐王重赏黄金千两,请义士前来领赏。"齐王依计行事,榜文一贴出,就有四个人声称是自己杀了苏秦。齐王见到他们就煞有介事地问:"这一千两黄金,你们四个人怎么个分法?"这四人不知中计,高兴地立即回答道:"每人二百五。"齐王拍案大怒道:"来人,把这四个'二百五'推出去斩了!"从此,"二百五"一词就这样流传下来了。

另一种说法是,唐朝的长安"市长"京兆尹权势很大,出巡时有庞大的仪仗队伍。在最前开路的小吏官名叫"喝道伍佰",他手拿一根长竿赶开路人。后来,"喝道伍佰"增为二人,但长安群众并没有以两个伍佰称他们,反而说他们是共称伍佰,于是每人就被称为二百五;又因为他们每人手中持一长竿,所以又称他们为二杆子。这说明长安群众对作威作福的官吏的反感。流传至今,二百五与二杆子都成了莽撞、无礼、粗鲁之人的代名词。

再有民间流传的说法是,从前有一个秀才,为了考取功名废寝忘食、发奋苦读,可是终其一生都不曾中举,连儿子都没有生。到了晚年,老秀才终于心灰意冷、淡泊名利了,反而喜得贵子,添得双丁。秀才回想一生成败,不由得感慨万千,于是给两个儿子起名,一个叫成事,一个叫败事。从此秀才在家闭门课子,日子过得其乐融融。一天,秀才吩咐妻子道:"我要去集市上逛逛,你在家督促二子写字,大儿子写三百,小儿子写二百。"秀才赶集回来之后询问二子在家用功如何，老妻回答道："写是写了，不过成事不足，败事有余，两个都是二百五！"

此外，关于二百五还有很多说法，比如跟推牌九有关，源于街机游戏等等。"二百五"不是一个很古老的词，不用说《尔雅》《说文》《康熙字典》不载，即便《辞源》《辞海》也不见踪迹，只有《现代汉语词典》收有词条，却也未标明出处。

从以上资料来看，"二百五"就是用来指那些傻头傻脑、不很懂事而又倔强莽撞的人。

怀孕为何称"身怀六甲"

明末小说家冯梦龙的白话小说《东周列国志》第二回云："褒姒曰：'太子为母报怨，其意不杀妾不止。妾一身死不足惜，但自蒙爱幸，身怀六甲，已两月矣。妾之一命，即二命也。求王放妾出宫，保全母子二命。'"其中的"身怀六甲"是怀孕的意思。而"身怀六甲"中的"六甲"究竟意指什么则有很多争议。

最普遍的说法是把六甲当成六个甲日，即甲子、甲寅、甲辰、甲午、甲申、甲戌，这六个甲日是妇女最易受孕的日子。《隋书·经籍志三》著录有《六甲贯胎书》。故人们用身怀六甲暗指女子怀孕。

民间有人认为"甲"为神将，"六甲"指的是六个神将，而"身怀六甲"是指怀了有出息的孩子。当然这种说法不够准确，只能说反映了人们希望自己的孩子长大后能够有所作为的愿望。

也有人认为六甲是指六十年一甲子。古人记载年份是用天干与地支相配合来记录的，六十年是一个循环。六甲也可泛指老年人，即六十岁的人。据传说玉女怀李耳（老子）八十多年，生下来时，小孩即一头白发，故取名老子。或因这个典故，人们才把怀孕称为身怀六甲。但这只不过是附会的传说罢了，不能信以为真。

从这几种说法来看，以

中国科学技术馆母体怀孕模型

六甲指甲子、甲寅、甲辰、甲午、甲申、甲戌六个甲日最为可信。但不管是哪一种说法，都是一种赞美的说法，有保佑安胎和希望孩子成器的意思。

 媒婆为何称"红娘"

结婚嫁娶是人生中的大事，男男女女都希望在茫茫人海里找到属于自己的另一半。但多数人不能通过自由恋爱找到意中人。在男男女女之间按各自标准牵线搭桥的便是媒神和媒人，古有"天上无云不下雨，地上无媒不成婚"之说。

主管婚姻的神为媒神。周朝以前，华人以始祖母女娲娘娘为媒神。《礼记·月令》云："（仲春之月）是月也，玄鸟至。至之日，以大牢祠于高禖。"高禖，即媒神。周朝时，有的周人以周武王之妻邑姜为媒神。

中国古代有官媒、私媒之分。朝廷设官媒，来管理百姓的婚姻。主要职责是记录新生婴儿的出生年月和姓名；通令成年男子要按时结婚，不可逾期；每年二月祭祀媒神，督促青年适龄男女及时结婚；主管婚姻诉讼案，惩罚那些违法者。私媒是民间的媒人，大多是业余的，也有专业的媒婆。他们对"婚姻六礼"纳采、问名、纳吉、纳征、请期、亲迎的程序很熟悉，能够主持婚姻的各种仪式。私媒通过平时的观察，了解各家情况，哪家有嫁女娶媳的需要，以及某男与某女是否般配，他们都了如指掌，所以做媒极为方便。专业的媒婆则大都是精明的中老年妇女，能说会道，通晓世故，以从一桩桩婚姻中取得一定利益为生。做媒婆很重要的一点就是口碑、信誉要好，不能只为取利而说谎骗婚。

把媒人称为"红娘"出现较晚，大约出现在唐朝以后，而且是在文人当中才有的现象。唐代元稹著有传奇《莺莺传》，所述为张生与崔莺莺的爱情故事。从中牵线传书的是崔莺莺的侍女红娘。此后，"红娘"便成了文化人对媒人的别称。"红娘"一词在一般民众当中并不使用，甚至很多人不知道什么是红娘，还以为是穿红衣裳的娘子呢。

红娘和崔莺莺

# 接生婆为何又叫"稳婆"

接生婆是无医师资格而帮助其他妇女分娩的女人。因历史时期和南北地域及民族文化的不同,接生婆有多种称呼。那接生婆又是为何被称为"稳婆"的呢?

"稳"是安稳、稳当、安全的意思,"稳婆"就是旧时民间以替产妇接生为业的人(《妇人大全良方》卷十七),意欲母子稳当平安。

接生婆

据史料记载,稳婆作为一种专门的职业,最初应形成于东汉时期。唐宋时期,稳婆作为一种职业已非常盛行。稳婆除了给私人接生外,还为官府服役,平时也常被叫作老娘。按照明代蒋一葵先生所著的《长安客话》的说法,宫廷所需稳婆,都是要在民间收生婆里预选,然后把预选出来的稳婆名字登记在册,以备需要时选用。被选进内廷的稳婆除了接生,以及选奶口(乳娘)时看看"乳汁厚薄,隐疾有无"之外,还在宫廷选美活动中起着重要的作用,不仅在辨别妍媸时有着她们的份,并在裸衣检查体格、皮肤、乳房、阴部时,更是非她们莫属。

明清时期,永安稳婆这一行已相当普遍。她们一般在自家门口悬有招牌,上书"祖传某奶收生在此"的字样。小小燕城,稳婆多达十余人,十里八乡稳婆数量则更多。闽地稳婆都非常崇信观音,视临水夫人陈靖姑为行业保护神。在长期社会的发展中,稳婆这一行也逐渐形成了自己的行话。如她们称孕妇为"锁母",胞浆(羊水)外溢为"报喜",腹疼即将分娩为"挂喜",分娩为"才喜"等。

随着法制的不断健全,无证行医已属非法,稳婆这一延续数千年的古老职业,最终被接生员、助产士、产科医生所取代。但是,我们从旧稳婆身上看到的是那种敬业的精神,那种虽然原始、落后却曾经照耀过人类繁衍漫长历程的光辉。

为何把夫妻失散或决裂后重新团聚与和好叫"破镜重圆"

西安破镜重圆雕塑

破镜重圆，顾名思义，就是把打破了的镜子又修补成了原来的圆形。"重圆"有重新修补好、使之圆满之意。这个词往往比喻夫妻失散或决裂后，又重新团聚或和好。这个成语源于一个让人不胜感慨的故事。

"破镜重圆"出自唐朝孟棨的《本事诗·情感》篇。南北朝时，陈朝太子舍人徐德言娶的是陈后主叔宝的妹妹乐昌公主。乐昌公主才貌俱佳，夫妻二人的感情很好。但不幸的是国运将终，美满之家将被拆散。隋开皇八年（588）十二月，隋军大举进攻陈国。徐德言担心陈国亡后，他们夫妻将会失散，凭公主的才貌和身份，一定会被掳入权贵豪门。倘若情缘未断，还望有相见之日，应该有信物为凭。于是公主便拿出一面铜镜，徐德言把它破为两半，一人一半，作为信物。约定若日后失散，便于翌年的正月十五元宵节在街市卖破镜，希望能有见面的机会。

次年二月，陈都城破，陈后主叔宝被俘，陈国亡。乐昌公主亦在被俘者之列。隋还军后，隋主将杨素因功大被封为郢国公，邑三千户，真食长寿县千户，"赐物万段，粟万石，加以金宝，又赐陈主妹（乐昌公主）及女妓十四人"。乐昌公主身在杨素家，心在徐德言处。元宵节那天，公主托一个老苍头到市场去卖那半个铜镜。行人见一老苍头卖半块镜子都很奇怪，便问要价几何。谁知苍头要价甚高，众人就不再过问。

徐德言依期到达京城，于正月十五这天到市场上寻找，看见一老苍头在卖半块镜子，便拿出自己的那半块一对，两块镜片合而为一。问知苍头原委后，便在镜面上题了一首诗："镜与人俱去，镜归人不归。无复嫦娥影，空留明日辉。"让苍头带镜回后交给公主。公主看到破镜重圆，心知夫君徐德言来了，读了这首诗后，顿时泪如泉涌，痛不欲生。杨素见状，问知内情，感其二人的真情，决定成人之美，把乐昌公主送还徐德言，并赠资让他们回归故里。于是徐德言夫妻二人终于得以团聚。

这段破镜重圆的佳话流传千古，不知激励了多少夫妇珍惜他们的爱情。有人为了那个失散的人等到头发白，有人等到入了土；今生不见黄泉见，黄泉不见来生见,实在令人感动。

 为何把接待或宴客的主人称"东道主"

在日常生活中,我们常常能听到"东道主""做东"这样的说法。"做东"是"东道主"一词的通俗说法。东道主指接待或宴客的主人,或指请客的人。那么,"东道主"一词具体是从何而来的呢?

东道主一词出自《左传·僖公三十年》烛之武跟秦国君所说:"若舍郑以为东道主,行李之往来,共其乏困,君亦无所害。"这里的"东道主"意为东方道路上的主人。公元前630年,秦、晋两国合攻郑国,大军兵临城下,郑国危在旦夕。郑国的烛之武深知晋国和秦国之间本不和

烛之武退秦师

谐,常常明争暗斗,就悄悄到秦军营中见秦穆公,说:"从地理位置来讲,秦国和郑国之间隔着一个晋国,贵国要是越过晋国来控制郑国,恐怕很难做到。灭了郑国之后,到头来得到好处的还是晋国。他们的实力加一分,就等于秦国削弱一分。不如保存郑国,而郑国也对秦国心存感激。如果秦国要出使东方各国而路经郑国,郑国也可以做东道主为秦国安排驻行。"秦穆公觉得很有理,就和郑国达成协定,单方面退兵了。晋文公见秦军不管晋军单独撤去,不宜强撑,也只好退兵。郑国在东,秦国在西,郑国对秦国来说可自称"东道主"。

由于这个故事,后来便用东道主代指"接待或宴客的主人",并一直沿袭到现在。如今东道主一词还在广泛使用。请客的一方,或各种会议的主办方往往自称"东道主"。

 为何小气的人被讽刺为"吝啬"

我们平常生活中总把一些小气的人称为"吝啬鬼",但"吝啬"这一词是从何而来的,相信大多数人都不甚了解。

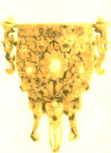

巴尔扎克笔下的吝啬鬼葛朗台

吝啬意为"小气"。《三国志·魏书·曹洪传》云："初，洪家富而吝啬。"又作"遴啬"。关于这个词的来历，民间有一段趣闻。传说很久以前，有两位先生，一个名吝先生，一个叫啬先生。吝先生有一回到城里办事，在半路上碰到了啬先生。两人一路上有说有笑，谈得十分投机，于是便结为朋友。分手时，他们相约中秋节到乌有山子虚亭饮酒赏月，定好了由吝先生携酒，啬先生备菜。但两人都很小气，不肯轻易花一分钱。中秋节到了，两人如约来到子虚亭所在的乌有山，但见彼此都是一双空手而来，他们大眼瞪小眼地互相对视了一会儿，忍不住哈哈大笑。两人谦让一番在亭子里坐下之后，吝先生首先站起来打破僵局。只见他一只手弯曲着佯装举杯状，另一只手遥指高空，朗声说道："月光如水水如酒，请啬先生开怀畅饮。"啬先生也不甘示弱，随即伸出两个手指做筷子，指着荷塘深情地说："池中游鱼鱼是菜，请吝仁兄大饱口福。"两人"觥筹交错"，互敬互让，好不高兴。吝先生脖子一仰，嘴里咂得滋滋作响，连声称道："好酒，好酒，杜康也要逊色三分！"啬先生也把手指送入口中，连声称道："好菜，好菜，山珍海味也无与伦比！"过往的行人看到这两个人如痴如醉的举动，无不捧腹大笑。其中一位过客认识吝啬二人，便走上前打趣道："今天两位仁兄赏月，喝的是吝啬酒，吃的是吝啬菜，活着是吝啬人，死了是吝啬鬼。"从此，"吝啬"一词便逐渐传扬开来，用于形容极其小气的人。

无论是生活中，还是小说中，吝啬的人一般都是反面角色，巴尔扎克笔下的葛朗台应该可以当选吝啬鬼的代表。吝啬被人们普遍视为人性的缺点，这就是为何小气的人被讽刺为"吝啬"。

单身汉为何被称为"王老五"

时下，"钻石王老五"的说法随处可见，意为"值得追求的单身男人"。"钻石"比喻富有、有魅力，这好理解，那么，"王老五"为什么是指单身汉呢？

探究起来，原来"王老五"是一个方言俗语，而且由来已久。《汉语方言大词典》和《港台语词词典》等辞书都认为，"王老五"是粤方言，意思为光棍、单身汉。广东民间曾经流传着这样一种说法，王老五本来实有其人，是一个王姓穷人，在家里排行老五。他平时老实巴交，因为贫困，一辈子没有娶妻。后来当地人就用"王老五"来戏称大龄单身男子。

"王老五"一词在人们口中被广泛传开，应该和20世纪30年代上映的一部黑白故事片《王老五》有关。该片表现的是下层人民在抗战时期的艰辛生活。导演兼编剧为祖籍广东潮汕的蔡楚生，"王老五"是其家乡方言。电影的主角是当时上海黄浦滩码头的一个脚夫，蔡楚生为他取名"王老五"。他家境贫寒，35岁仍未

王老五泥塑

娶妻成家，一直单恋着泼辣的邻家穷姑娘。后因他仗义助人的举动感动了姑娘，两人结为连理。

从词义的角度来看，"王老五"包括"贫穷、大龄、未婚、男性"等语义要素。今天的大龄单身男性越来越多，他们的单身往往并非经济的原因。"王老五"这一词语的内涵也随之发生了变化，"贫穷"这层意思逐渐脱落，只剩下了"大龄""未婚""男性"三个意思，词语的诙谐色彩也更加明显，有时甚至还被人们用来自嘲。

人们常常把单身的百万富翁、千万富翁，甚至亿万富翁称为"钻石王老五"。现在，"王老五"的使用范围进一步扩大，加一个"女"字，就可以用来指称女性大龄未婚者。离婚者也可以重新站到"王老五"的行列中。可见，"王老五"一词的包容性越来越大，对财富状况、性别、婚史都没有特别要求，只剩下了"单身"这一语义要素了。

 古代平民为何被称为"匹夫"

平民本义是指平善之人。《书·吕刑》："蚩尤惟始作乱，延及于平民。"孔传曰："延及于平善之人。"后来泛指老百姓。那在古代平民又为何被称为"匹夫"呢？

"匹夫"的"匹"，原指数量单位，古代四丈为匹。又言二丈为一端，二端为两；每两成一匹，长四丈。两而成匹，有相合之意。按照该意义，夫指

顾炎武

男子，妇指女子，两者亦相合，故称匹夫、匹妇。后来，匹夫和匹妇就成为平民、普通平常人的代称。再演变下去，匹妇被淘汰，匹夫也不光是指男子，而是泛指普通平常之人了。《左传·昭公六年》曰："匹夫为善，民犹则之，况国君乎？"《吕氏春秋》："上为天子而不骄，下为匹夫而不惛，此之谓全德之人。"张溥《五人墓碑记》："亦以明死生之大，匹夫之有重于社稷也。"《韩非子·有度》："刑过不避大臣，赏善不遗匹夫。"汉代班固的《白虎通·爵》："庶人称匹夫者，匹，偶也，与其妻为偶，阴阳相成之义也。"唐朝刘德仁《长门怨》诗："早知雨露翻相误，只插荆钗嫁匹夫。"这些资料里的"匹夫"都是指老百姓、平常之人。

明末清初学者顾炎武的名言"天下兴亡，匹夫有责"，是说国家的兴盛与灭亡，每个平常普通人都有义不容辞的责任。康有为《大同书》丙部："欧洲中世有大僧、贵族、平民、奴隶之异，压制既甚，故以欧人之慧，千年黑暗，不能进化。"可见，"匹夫"一词已经成为平民的代名词。

除此之外，"匹夫"还有独夫的意思，多指有勇无谋的人，含有轻蔑意味。如《孟子·梁惠王下》"夫抚剑疾视曰：'彼恶敢当我哉！'此匹夫之勇，敌一人者也。"苏轼《留侯论》："匹夫见辱，拔剑而起，挺身而斗，此不足为勇也。""匹夫之勇"一词一直流传至今，还保留着原来的意义。

 ## "领袖"一说出自何处

"领袖"原指衣服的领口和袖口，后来把一些有影响力和组织力的最高领导人称为"领袖"。到底"领袖"一说出自何处呢？

"领"的本义是"脖子"。如《诗经·卫风·硕人》："领如蝤蛴，齿如瓠犀。"《毛传》："领，颈也。"所以衣服挨近脖子的部分也可称为"领"，即"衣领"。再如晋陶潜《闲情赋》："愿在衣而为领，承华首余芳。""袖"在上古时期被称为"袂"。"袖"只是指局部，不能指全部的袖子，而"袂"为衣袖的总称。《战国策·燕策三》和《史记·刺客列传》都有关于"荆轲刺秦王"的记载："左手把秦王之袖，而右手持匕首揕之。未至身，秦王惊，自引而起，袖绝。"此句中"袖"即指袂之长于手的部分，因为是接上去的，就被

拽断了。汉代以后,"袂"字逐渐消失,衣袖统称为"袖"。古代汉族人的衣袖都比较宽大,加上接上的一部分,一般也比较长,既可御寒,也可藏物。

由于"领"和"袖"在衣服上有重要作用,古人穿衣服很讲究衣领和袖口。古人在制作衣服时,领口和袖口都是单独用料的,并镶以金边,穿戴后给人一种堂堂正正的印象。由于其突出醒目、庄重严谨的特点,因此,在古人眼中具有表率的作用,从而产生了"领袖"一词。

"领袖"一词最早见于《晋书·魏舒传》,魏舒为国家鞠躬尽瘁,深受晋文帝器重,文帝每次朝会坐罢,目送之

革命领袖孙中山

曰:"魏舒堂堂,人之领袖也。"我们现在用的"领袖",是指"国家、政治团体、群众组织的最高领导人",如"伟大领袖毛泽东""革命领袖孙中山"等等。

 ## 名人为何常被称为"大腕"

在眼下的娱乐圈里,很多有一定知名度的艺人常被称为"大腕儿"。那"大腕儿"一词是怎么来的呢,为何把名人称为"大腕儿"呢?

追根溯源,"大腕儿"一词来源于旧时的江湖隐语。旧时走江湖的人初次会面,为了知晓对方身份,就用隐语让对方通报姓名,说"赐个万儿"或"亮个蔓儿"。例如单田芳《童林传》第一七一回中,黄面鬼眨巴眨巴小眼睛,仔细打量着主仆说:"那你就道个蔓儿吧!你是哪个溜子上的?"有时写作"万儿",有时写作"蔓儿"。走江湖的人都希望自己名气大点,能在江湖上有个名声。那些名气大的江湖客便被称为"大万儿""大蔓儿"。其实"万儿""蔓儿"也未必是这个词的真实本字,只是隐语这样写罢了。由于"腕儿"与"万儿""蔓儿"同音,后来"大万儿""大蔓儿"二词便写成了"大腕儿"。

另有说法是"大万儿"一词来源于清朝时的天地会。天地会以反清复明为根本宗旨,有共同的政治目标,共以"万"为姓。"万"有众多、光大的意思。"大万儿"指会里的大人物。但这种说法比较牵强。

大腕梅兰芳剧照

还有一种说法是在梨园界,成功的"名角"称"万儿"或"蔓儿"。每出戏都以"角儿"为中心,其他演员都是依靠"角儿"而存在,称为"傍角儿"或"傍蔓儿"。演员们在相互询问时,往往会说"您现在傍谁呢?"意思是你在跟那个名角儿混啊?对方答:"我过去傍马某,现在改傍梅某了。"对方肯定说:"嗯,您傍对了。"刚入道的演员起初就得靠"蔓"爬到架上去,假如日后能够成名自立,那就是"立蔓"了,称为"扬名立腕"或"扬名立万"。名气大的就称为"大万儿"或"大蔓儿",后来写成"大腕儿"。

这样看来,"大腕儿"这个词起源于清朝至民国初期,而且出身不好,不是正规的汉语词汇,因此在正式场合不见使用。

难以破解的文明文物之谜

后母戊方鼎是做什么用的

提起后母戊方鼎,大家也许会一头雾水。其实,后母戊方鼎就是之前的司母戊方鼎。因鼎腹内壁上铸有"司、母、戊"三个大字,所以当初这只鼎被定名为"司母戊方鼎"。商代"司即祀字",意味着商王祖庚或祖甲祭祀母亲戊之意。近些年,一些专家建议将其改名为"后母戊方鼎",因为商代的书写较自由,可以正写,也可以反写,这样"后"和"司"的字形是一样的。又据铭文可知,后母戊方鼎是商王武丁的两个儿子为祭祀其母亲而制的,定名为"后母戊方鼎",取"商王之后"之意。

后母戊方鼎于1939年3月19日在河南安阳武官村吴家柏树林出土,鼎高133厘米、长110厘米、宽78厘米,重875千克。鼎身四周铸有精巧的"盘龙纹"和"饕餮纹",增加了后母戊方鼎的威武凝重之感。"龙纹"寓意为中华民族是龙的传

后母戊方鼎(曾称"司母戊方鼎")

人。"饕餮纹"一说是强大、凶猛的意思,寓意广大人民强大勇敢,能够克服一切困难。另一说饕餮是传说中好吃的猛兽,把它铸在青铜器上,表示吉祥、丰年足食。后母戊方鼎是目前世界上出土的最大最重的青铜器,现珍藏于我国国家博物馆,图案和形状被定为国家博物馆馆徽。

后母戊方鼎的身上,写满了我国商代的历史文化,同时也装满了不解之谜,首先要面临的问题就是后母戊方鼎是做什么用的?

鼎在我国古代是贵族身份的象征,有天子九鼎、诸侯七鼎、大夫五鼎、元士三鼎或一鼎的说法。早在七千多年前我国就出现了陶制的鼎,铜鼎则是商周时期重要的礼器,多做炊食器用。后母戊方鼎则是商王祖庚或祖甲祭祀母亲戊而作的祭器。

 越王剑之谜

1965年冬在湖北荆州江陵县望山楚墓群1号墓中出土了一把青铜剑,剑上用鸟篆铭文刻着"越王勾践,自作用剑"八个字,后经专家研究证实,这就是传说中的越王剑之一,素有"天下第一剑""青铜剑之王"之美誉。

越王剑总长为55.7厘米,宽4.6厘米,柄长8.4厘米,重875克。剑首外翻卷成圆箍形,内铸有间隔0.2毫米的11道同心圆,剑身上布满了规则的黑色菱形暗格花纹,剑格正面镶有蓝色玻璃,背面镶有绿松石。靠近剑格的地方有两行鸟篆铭文——"越王鸠潜(一说鸠浅,是勾践的通假),自乍(作)用剑。"令大家惊叹的是,这把越王剑虽在地下深埋了2000多年,但其居然毫无锈蚀,闪烁着的青光,寒气逼人,且锋利无比,16张复印纸,一划即破。难怪古书上记载其"肉试则断牛马,金试则截盘"。

越王剑为什么会历经千年而不生锈?剑身上的黑色菱形暗格花纹是如何制作出来的?古人在没有先进仪器的情况下是如何在剑柄上铸出间隔只有0.2毫米的11个同心圆的?这一个个问题吸引着考古工作者不断去探索、研究。

有研究人员指出,这把剑之所以历经千年而不生锈,是因为古人在这把剑身上镀上了一层含铬的金属。但这并没有消除大家的疑问,反而使疑问更加深了。业内人士大都知道,铬是一种既

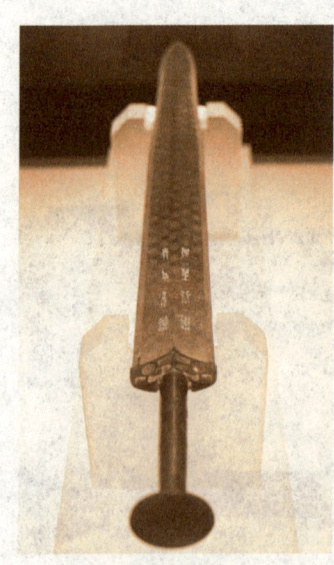

春秋晚期的越王剑

耐腐蚀性又耐高温的稀有金属，熔点大约在 4000℃，地球岩石中含铬量很低，因此提取十分不易。在 2000 多年前的春秋战国时期，古人是如何知晓这一点的，又是如何提取铬的？这至今仍是不解之谜。至于黑色菱形暗格花纹，据说这门工艺是一种化学反应。11 个间隔 0.2 毫米的同心圆则是纯手工制作的。

千年不锈的古剑，静静地躺在地下，与曾经的惊心动魄形成鲜明的对比，但寒气逼人的青光似乎在诉说着战争的残酷，同时也闪烁着古代劳动人民的智慧。古人超乎想象的科技早熟让 21 世纪的我们在叹服的同时，更想探明他们的技术渊源在哪里。

 秦始皇传国玉玺下落之谜

公元前 221 年，秦国灭掉最后的齐国，完成了中国统一的大业。由于象征天下政权的九鼎没有下落，秦始皇便用价值连城的和氏璧制作了一枚传国玉玺，作为正统合法政权的信物。据史书记载，此玺方圆四寸，螭虎纽，一说龙鱼凤鸟纽，正面刻有丞相李斯以大篆书写的"受命于天，既寿永昌"八个字，由玉工孙寿雕琢。在历史的长河里，传国玉玺经历了怎样的起伏沉浮，现在又在哪里呢？

做此玉玺的和氏璧大有来头。春秋时，楚国人卞和在山间见一凤凰落在一块石头上，便知此石中有宝玉，于是将此石献给了楚厉王。谁料楚王的玉工不识货，说是一块普通石头。卞和因此获罪，被斩断左脚。楚武王时，卞和再次献玉，又被砍了右脚。直到楚文王时，剖开石头，才发现里面真是块美玉，便把玉做成璧，取名和氏璧。后来和氏璧流落到了赵国。秦王听说后，要以十五座城池来换取和氏璧。蔺相如看出秦国没有交换诚意，出妙计拒绝了秦王。直到公元前 228 年秦破赵，和氏璧才落入秦国。

据《史记》记载，秦嬴政二十八年（前 219），秦始皇帝乘龙舟过洞庭湖，风浪骤起，龙舟将倾，疑是湖中龙王索宝，秦始皇将传国玉玺抛入湖中，风浪顿息。八年后，华阴平舒道上有老者将此传国玉玺交给使臣，之后忽然不见。秦王子婴元年（前 207）冬，沛公刘邦驻军灞上。子婴献传国玉玺于刘邦，秦

江苏疏通河道时挖出来的"传国玉玺"

清碧玉"皇帝行宝"

朝亡。到西汉末年，外戚王莽欲篡权，遣其弟王舜到长乐宫太后处索要玉玺。太后怒而骂之，掷玺于地，破其一角。王莽令工匠以黄金补之，但是玉玺还是留下了瑕疵。后来王莽兵败被杀，禁卫军校尉公宾得传国玉玺，趋至宛，献于更始帝刘玄。更始三年（25），赤眉军杀刘玄，立刘盆子。后刘盆子兵败宜阳，将传国玉玺献于汉光武帝刘秀。至东汉末期的灵帝熹平六年（177），袁绍入宫诛杀宦官，段珪与张让等人劫持少帝、陈留王（汉献帝）出逃，传国玉玺几经辗转到了汉献帝的手里。公元220年，曹丕逼汉献帝禅位，建立了曹魏，乃使人于传国玉玺肩部刻隶字"大魏受汉传国玺"七字。晋代魏后，玉玺归晋。

五胡乱华时，政局动荡不安，政权更迭频繁。晋永嘉五年（311），前赵刘聪俘晋怀帝司马炽，玺归前赵。19年后，后赵石勒灭前赵，得玺，于右侧加刻"天命石氏"。20年后，冉魏帝灭后赵，得玉玺。后冉魏求东晋救援，把传国玉玺送至东晋建康。这一时期，有多人私刻假玉玺冒充，比如东晋刻了一个玉玺，西燕慕容永刻一玉玺，姚秦刻一玉玺，等等。公元589年，隋统一全国，传国玉玺归隋。隋朝廷将那些假的传国玉玺统统销毁。隋亡后，萧皇后携皇孙杨政道带着传国玉玺遁入突厥。唐贞观四年（630），唐朝令李靖率军灭东突厥，将杨政道和萧后迎回大唐，传国玉玺归大唐。

五代十国时期，937年，后唐河东节度使石敬瑭带契丹军攻至洛阳。后唐末王李从珂怀抱传国玉玺在玄武楼自焚。从此传国玉玺下落不明。

宋绍圣三年（1096），咸阳人段义称修房舍时从地下掘得"色绿如蓝，温润而泽"，背螭钮的玉印，经翰林学士蔡京等13名官员考证，认定是"真秦制传国玺"。然而，据后世考证，这是蔡京等人哄骗皇帝而伪造的。

元成宗铁穆耳时，天下又一次"发现玉玺"。1293年，铁穆耳回京即位的途中，右丞相张九思献上"传国玉玺"一枚，说是秦朝相传的国玺，为元朝大将军木华黎所得。铁穆耳收下玉玺后，回京即位。但这个玉玺没有其他人见过，也没经考证，不大可能是真的。

朱元璋建立大明王朝后，并未得到传国玉玺。由于元朝朝廷远遁漠北，朱元璋便遣徐达率军入漠北，多次败北元军，但未能找到传国玉玺。后来大将蓝玉在摸鱼儿海袭破北元朝廷，俘获数万人，也没有找到传国玉玺。可以相信，元朝时的蒙古人没有得到传国玉玺。

1924年11月，冯玉祥等人驱逐清末代皇帝溥仪出紫禁城时，警察总监张壁和鹿钟麟等人曾在宫中追索镶金的传国玉玺，也没有找到。至此，人们相信，真正的传国玉玺早已失传了。

传国玉玺虽然无法像秦始皇期望的那样可以百代万代地传承下去，但是玉玺可以长久保存下去，也许在某个深深的土层中，如果有缘，或许那一天会重现真容吧。

 ## 南越王国千古之谜

1983年，在我国广州象岗山的一个工地上发现了一个面积约100平方米、深入地下20米、用750多块砂岩大石构筑而成的陵墓。经专家证实，此墓是南越王国第二代君主赵眜的陵墓。后又相继发现了南越王国时期的大型地下石构水池、南越国王宫御苑和南越国宫殿遗址，由此，关于南越王国的资料一点点丰富起来，关于南越王国的千古之谜也逐渐被揭开。

南越王国是岭南地区的第一个封建王国，由赵佗于公元前204年建立，赵佗自称"南越武帝"，定都番禺（今广州），是一个地方性政权。后向西汉政权称臣，接受汉朝封王。公元前111年汉武帝平南越，一把火烧了南越王国的都城番禺，历经五世93年历史的南越王国宣告结束。

当时的南越王国除了宫殿之外，应该还有百姓生活区、贸易区等区域，但目前只发现了南越王宫署，其他的遗迹目前还没有一点出土的迹象。这令相关专家很困惑：南越王宫署只是番禺城的一部分，那么当时的城在哪里呢？规模有多大？城墙修建在什么地方？这些目前均无从知晓。

在出土的众多文物中，令专家兴奋的是一枚约5厘米高、质地坚硬、未完成的象牙印章。首先，在古代南方尚未开发，一向被称作蛮夷之地，出土的文物一直都很有限，这次南越王宫署的发现，大大丰富了广州地区的文物数量。其次，这枚象牙印章采用的不是中国印章传统的正方形或长方形，而是西方印章常用的椭圆形，其上的头像无论是从脸型还是发型来看，明显是一个外国人

广州南越墓出土的流云纹漆木棺椁（复制件）

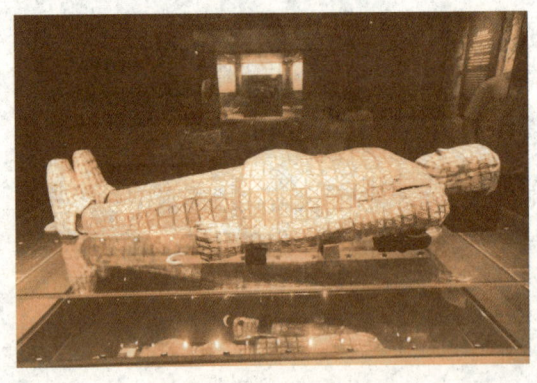

广州南越墓出土的丝缕玉衣

的头像。这反映了当时的广州已有外国人存在。史料中记载广州有外国人存在，但苦于一直没有物证，因此这枚印章有着非同寻常的意义。但印章上的这位外国人到底是哪个国家的、为什么来到广州、当时的广州有多少外国人等一系列问题还有待于进一步的研究。

在出土的南越王宫署建筑中使用了大量的石质材料，如石柱、石梁、石墙、石门、石砖、石池、石渠等，而我国建筑在唐宋以前多以木质结构为主，唐宋以后才大量使用石质材料，西方古代建筑则以石结构为主。这引起了专家们的兴趣，南越王国独树一帜的石建筑是否意味着当时的南越王国已经引进了西方的建筑风格和建筑人才呢？

其次，专家们还提出了"南越王宫署石渠流向图形之谜""御花园'龟鳖石池'上的建筑之谜""带刺的瓦当有什么功用""黑皮黑肉的鹅卵石来自哪里"等几大谜团。相信，随着南越王宫殿的进一步挖掘，会出现越来越多的谜团，而且，随着考古工作的进行，这些谜团终会得到解开。

三星堆文化未解之谜

三星堆遗址位于距中国四川广汉城西7公里、距南兴镇4公里的鸭子河畔，南距成都约40公里，北距德阳26公里，距今4800—2800年，分为四期，第二、三期相当于夏商周时期，属青铜时代文化遗址。那么，这里是什么时期、什么人群的文化，当时小国之间又有什么样的贸易呢？

三星堆遗址最早发现于1929年，是当地农民燕道诚打井时偶然发现一坑玉石器。之后陆续有几次发掘。1986年发现精美绝伦的一、二号祭祀坑，令三星堆遗址名震中外，被誉为世界第九大奇观。遗址先后出土了玉石器400余件，黄金器、青铜器、陶器、象牙器等千余件，其中有世界罕见的青铜立人像，有象征蜀国最高首领身份和权力的"金杖"，有世界上年代最早、树株最高的青铜神树，还有大小各异的青铜人面具，证明古蜀人创造了灿烂的文化，有很高的青铜制作工艺和水准。1985—1987年对成都市区的十二桥遗址进行了发掘，该遗址最下层的文化面貌与三星堆遗址最晚期遗存相同，可能与三星堆文化的去向有关。

在三星堆遗址二号坑出土的青铜人面像中,有三件体形庞大的纵目人面像尤其引人注目,他们有一双明显凸出眼眶的眼睛、一对向斜上方伸出的大耳、一副高高的鹰勾鼻、一张上翘接近耳根的大嘴,整个面部给人一种神秘而又亲切的感觉。其中最大的一件通宽138厘米,通高65厘

三星堆博物馆

米,眉宽近7厘米,眼球呈柱状,出眼眶达16.5厘米,中部还有一圈镯似的箍,宽2.8厘米。这些纵目人面像与人的五官是相违背的,有一种观点认为三星堆的纵目人面具是古蜀国国王蚕丛氏"纵目"形象的写照,《华阳国志·蜀志》记:"周失纲纪,蜀先称王。有蜀侯蚕丛,其目纵,始称王……作石棺石椁,国人从之,故俗以石棺椁为纵目人冢。"当时的人喜好将眼部绘成纵目。

1963年,冯汉骥教授曾认识到三星堆"一带遗址如此密集,很可能就是古代蜀国的一个中心都邑"。现在一些学者也认为,三星堆地区很有可能是古蜀王鱼凫或杜宇的都邑所在。

在三星堆出土的青铜器中,青铜神鸟神树特别引人注目。一号大型神树形制最大,通高396厘米,残高359厘米,圆形底座圈直径为92.4~93.5厘米,圈上三足呈拱形,状似树根。座上为树身,其上套铸三层树枝,每层出三枝弯曲向下,全树共九枝。第一层树枝靠近根部,第二层树枝在树干中段,第三层树枝靠近树端,端部残缺。每层树枝共分三杈,其中一枝中部又分两杈。各下垂枝端有一花,中部向上短枝花朵上有一立鸟,共九只鸟。在与分两杈的树枝方向相反一侧的底座上嵌铸一龙,龙身呈绳索状蜿蜒顺树干而上,尾巴残缺。有人说它的源起是建木,有说是扶桑。

商朝青铜面具(1986年四川广汉三星堆出土)

传说建木是沟通天地人神的桥梁,伏羲、黄帝等众帝都是通过这一神圣的梯子上下往来于人间天庭。《山海经·海内南经》:"有木,其状如牛,引之有

商朝青铜人首（1986年四川广汉三星堆出土）

皮，若缨、黄蛇。其叶如罗，其实如栾，其木若蓲，其名曰建木。"郭璞注："建木，青叶，紫茎，黑华，黄实，其下声无响，立无影也。"《山海经·海内经》："建木，百仞无枝，有九欘，下有九枸，其实如麻，其叶如芒，大暤爰过，黄帝所为。"《吕氏春秋·有始》："白民之南，建木之下，日中无影，呼而无响，盖天地之中也。"《淮南子·坠形训》："建木在都广，众帝所自上下。"但是建木上不应有九只鸟，而扶桑上有，于是有人认为青铜神鸟神树是扶桑。

《山海经·大荒东经》记："大荒之中，有山名曰孽摇頵羝。上有扶木，柱三百里，其叶如芥。有谷曰温源谷。汤谷上有扶木，一曰方至，一曰方出，皆载于鸟。"《山海经·海外东经》记："汤谷上有扶桑。十日所浴，在黑齿北，居水中。有大木，九日居下核，一日居上枝。"扶桑树与三星堆神树比较符合。但扶桑国离中国遥远。《梁书·诸夷传·扶桑国》："扶桑在大汉国东二万余里，地在中国之东，其土多扶桑木，故以为名。"由此看来，古人的眼界比我们想象的要远。

在年代稍后的金沙遗址中清理出的珍贵文物多达千余件，包括：金器30余件，玉器和铜器各400余件，石器170件，象牙器40余件，出土象牙总重量近一吨，此外还有大量的陶器出土。从文物的时代看，绝大部分约为商代（约公元前18世纪后期—公元前12世纪末期）晚期和西周（约前1046—前771）早期，少部分为春秋时期（前722—前481）。在出土的30余件金器中，有金面具、鱼纹金带、太阳神鸟金箔、蛙形金箔、喇叭形金器、盒形金器等，其中金面具与广汉三星堆的青铜面具在造型风格上基本一致。出土的400多件青铜器主要以小型器物为主，有青铜立人、铜虎、铜铃、铜璧、铜立鸟等，其中铜立人像与三星堆出土的青铜立人像相差无几。金沙文化可能是三星堆文化的去向之一。

三星堆青铜的铜料来自云南铜矿，是通过当时的商道运送过来的。这条商道即是后来的南方丝绸之路。并且，大量的象牙和海贝也是从这条路上运输过来的。考古证明，在夏商周时期，确实有一条从四川向云南、贵州、东南亚、印度次大陆各小国的贸易往来之路。只是由于春秋战国时的割据，该道已不为中原官方所知。汉朝使臣张骞在大夏（今阿富汗）看到了蜀布、笻仗，询问得知是从印度运来的，进而意识到四川经云南到缅印、印度、大夏之间存在一条道路。公元前126年,在外漂泊13年的张骞回到长安,向汉武帝汇报西域的情况。汉武帝决定"开通西南夷"。但军队为西南夷所阻,始终未探明这条商道。至唐代这条商道才为官方掌握。

由于缺乏相关的记载,又找不到相应的后裔人群,也不清楚其诸多文化现象的含义,现在的几种解释多属推测或猜测,所以三星堆所包含的秘密始终难以全部解开,给人们留下一个发挥想象的空间。

 巴人王朝为何湮没

巴人是生活在长江三峡峡江地区的一支古老民族,起源于湖北清江下游长阳的钟离山,后在清江边建筑夷城,成立了巴王国。巴人以虎为图腾,好鬼神,实行祖先崇拜。从原始社会起,巴人就活跃在峡江地带。商、西周时期是巴国的全盛时期。战国以后,巴国的支柱产业巫盐的盐泉沦落楚国,巴国由此开始衰落。战国后期,中原七雄争霸,西边的秦国在商鞅变法后强大起来了,巴蜀遂成为强秦猎食的对象,公元前316年巴国被秦灭亡。

一个王朝有起源、有发展、有衰落,这本十分正常。但让大家百思不得其解的是巴国被秦灭亡后,巴族没有留下任何文字记载,数十万巴人也在历史中突然消失,杳无音信,无相关资料记载,也无迹可循。从此巴人王朝湮没在历史中。

有人猜测说,秦军残暴,也许是巴人被秦军打败后被全部坑杀,因为秦军就曾坑杀赵军40万之多。

也有人说,也许是巴国兵败后存活下来的人迁移他地了。最近商洛地区出土的一些文物与三峡地区出土的巴人文物几乎如出一辙,有很大的相似性,而且器具上的符号也惊人的一致。于是,人们猜测,也许是巴人为躲避战乱祸害而迁移他地并隐居起来。

还有一种说法是巴人并没有被坑杀,也没有迁移他地,而是就是现在土家族的祖先。之所以史料上没有记载,是因为巴国已经灭亡,不复存在,没有巴国,他们也便不称自己为巴人了。而且,据考古研究发现,现在的土

湖北长阳巴人故里

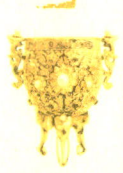

家族的生活方式、习俗等与曾经的巴人很相似。但这种说法并没有进一步被更有力的证据来证实。

这个曾经活跃在三峡峡江地带的古老民族,早在公元前十几世纪就拥有可以与中原强大的商王朝相媲美的青铜文明,并且拥有自己独特的至今难以破解的文字符号,创造了属于自己的辉煌文化。但其更多的文明、文化及湮没之谜尚待人们的进一步探索。

女儿国消失之谜

"美丽痴情的女王,喝了其中的水就能生孩子的子母河……"相信大家对《西游记》中的女儿国印象颇深,而且也充满了好奇。历史上真的有女儿国吗?有的话怎么现在没有了呢?

据四川省社科院历史研究所研究员、四川康藏研究中心副主任任建新介绍,他经过长期的研究和实地考察发现,"女儿国"在历史上确实存在过,今天四川甘孜州的丹巴县至道孚县一带就是《旧唐书》中记载的东女国的中心,而且现在有一些村寨还一直保留着"女儿国"的一些古老习俗。

据史料记载,东女国最大的特点是重女性、轻男性。东女国的女王和副女王均是由族群内推选出的有才能的女性担任,女王去世后,由副女王继位。女王的旨意,通过女官传达到官外。女王和官吏都为女性,男人是不能够在朝廷做官的,只能在外服兵役。且东女国不存在夫妻关系,家庭中以母亲为尊,主导一切事务。东女国的建筑都是碉楼,女王住在九层的碉楼上,普通百姓住四五层的碉楼。

《旧唐书》中有关于东女国的记载,但唐代以后,关于东女国的记载在史书中便中断了。东女国神秘失踪了吗?

任建新认为,唐玄宗时,吐蕃的势力从雅鲁藏布江东扩到大渡河一带,且唐朝和吐蕃的关系一度很好。唐中期时,唐朝和吐蕃的关系变得紧张,唐朝先后招降吐蕃统治区的8个少数民族部落从岷山峡谷迁移到大渡河边定居,

泸沽湖

东女国便是其中之一。后来,唐逐渐衰落直至分裂,已无力统一管理,吐蕃也渐渐灭亡,其曾经统治过的青藏高原地区重新回到了原来的部落时代。包括后来的宋元明三代,对青藏高原地区的统治一直都很薄弱,因此基本没有史料记载。清代时健全了土司制度,但此时的东女国部落由于受外来文化影响较大,逐渐演变成父系社会,传统的习俗保留得也很少,只有一些依旧生活在深山峡谷的部落,仍保留了母系社会的痕迹。

就这样在历史的风云际变和社会的向前发展中,女儿国在史料中慢慢地消失了,但美丽的女王和神奇的子母河永远地留在我们的记忆深处。

楼兰古城消失之谜

历史上的楼兰古城在汉时又称鄯善国,位于新疆罗布泊西岸,是一个历史悠久的文明古国。古代"丝绸之路"在这里分为南、北两道,加之楼兰古城依山傍水,河流两岸水草丰美,土地肥沃,因此楼兰古城成为西部的交通枢纽重镇,一时间往来商旅不断,热闹非凡,繁华一时。然而,公元400年,高僧法显西行取经时途经此地,他在《佛国记》中记载,此时的楼兰已是"上无飞鸟,下无走兽,遍及望目,唯以死人枯骨为标识耳"。从此,这座昔日绿草遍地、人流如织的丝绸之路上的重镇便在人们的视线中悄无声息地消失了,只留下"城郭巍然,人物断绝"的不毛之地和其神秘消失之谜。

人们对楼兰古城自4世纪后的神秘消失,历来说法不一。

一说楼兰消失于战争。随着楼兰国的衰落,被其他国家入侵,后被灭亡。

二说楼兰消失于干旱、缺水和生态恶化。持此说者认为,这里逐渐干旱、缺水,生态环境恶化,于是人们便离开楼兰迁到了其他地方生活。同时,罗布泊的干涸也印证了此处生态环境的恶化。

三说楼兰消失于丝绸之路北道的开辟。丝绸之路北道的开辟使经过楼兰的丝绸之路逐渐被废弃不用,没有了经济支撑,加之这里风沙较大,楼兰便逐渐衰落下来。

四说楼兰消失于一场大规模的瘟疫疾病。一场突然而来的瘟疫疾病夺去了楼兰城大部分的生命,侥幸存活下来的人纷纷逃离

罗布泊楼兰古城遗址

楼兰，躲避瘟疫。

五说楼兰消失于生物入侵。相传，在楼兰有一种从两河流域传入的蝼蛄昆虫，对人类健康和生活有极大的危害，但苦于其生命力顽强，在楼兰又没有天敌，人们无法消灭它们，便只得举城迁移。

在众多的说法中，被大多数人认可的说法是：由于泥沙淤积，孔雀河改道，塔里木河断流，旧湖在炎热的气候中逐渐蒸发变成沙漠，使得下游的楼兰地区水源逐渐枯竭。加之汉、匈奴及其他游牧民族国家常在这里进行战争，导致植被破坏严重，加剧了自然环境的恶化。而水是生命之源，于是楼兰古城的人们纷纷搬离此地，楼兰古城逐渐成为空城，湮没在肆虐的风沙中。

另外，楼兰古城的消失还与其经济地位的丧失有关。海上丝绸之路的开辟，使陆上丝绸之路逐渐废弃，而楼兰古城便慢慢丧失了其原有功用，回归宁静。在这西北荒漠中，没有了经济支撑，伴随着漫天黄沙的楼兰古城，只能湮没在这片黄沙中了。

如今，楼兰古城遗址中，空留坍塌、破败的城垣，孤零零地矗立在这西北荒漠中，更增添了几分苍凉、悲壮之感，给人们留下了其神秘消失之谜。

 马王堆女尸不腐之谜

马王堆汉墓是西汉初期长沙国丞相轪侯利苍及其家属的家族墓地，位于今湖南长沙市区东郊的马王堆乡。1972年至1974年先后挖掘出土三座汉墓，分别是汉初长沙丞相轪侯利苍二号墓、利苍妻一号墓、利苍之子三号墓，共出土漆器、丝绸、帛画、帛书等三千多件珍贵文物，更令人称奇的是一号墓的主人利苍妻"辛追夫人"的尸体历经2000多年竟然保存完好。

1972年，一号墓出土时，辛追夫人保存完好的尸体让世人震惊。虽然已深埋地下2000多年，但辛追夫人的尸体几乎与新鲜尸体无异。形体完整，全身润泽，而且部分关节可以活动，软结缔组织甚至还有弹性。辛追夫人的遗体能保存到如此完好的地步，它既不同于木乃伊，也不同于尸蜡和泥炭鞣尸，是一种

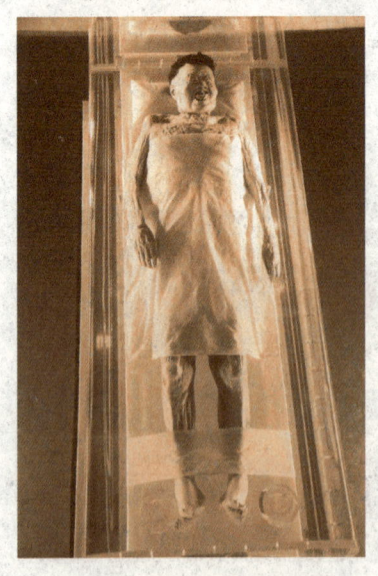
长沙马王堆汉墓出土的女尸

特殊类型的尸体保存方法,堪称防腐学上的奇迹。千年不腐女尸,一时震惊世界,吸引不少游人、学者的目光。

据湖南省博物馆副馆长刘小豹介绍,辛追夫人尸体千年不腐的原因大致有两个:深埋和密封。根据湖南的地理环境,地下8米以下的土壤有恒温恒压恒湿的特质。尸体用四座棺材呈阶梯式摆放,用木炭、白膏泥、夯土和封土作为密封材料,有效地起到隔氧、隔菌的作用。

另外,在辛追夫人尸体出土的时候,人们发现棺材里注满了一种红色的棺液。经检测化验,这种红色棺液成分复杂,其主要成分有有机汞,也就是水银,还有多种中药成分,之所以呈红色是因为在里面加了朱砂,而朱砂中含有砷和汞,这对人体是有害的。同时,专家推测,辛追夫人生前可能有服用丹药的习惯,以求延年益寿。众所周知,我国古代为求长生炼出的丹药多含有汞等有毒性物质,这些古人并没有意识到。但在其死后却意外起到杀菌作用,从而保证尸体不腐。

也许会有人发出这样的疑问:为什么利苍及利苍之子的尸骨没有完好保存下来,唯独辛追夫人的尸体保存完好呢?湘雅医学院人体解剖学和神经生物学系主任罗学港认为 这说明这种红色棺液的防腐药水是因偶然因素形成的,并不是人们为保存尸体而特意配出的。

现在,对于辛追夫人尸体历经千年而保存完好,我们只是有了初步的认识,并未完全搞清楚到底是为什么尸体可以千年不腐。相信随着研究的进一步深入,辛追夫人尸体不腐之谜终会得到合理的解释。

 诸葛亮造的木牛流马之谜

在《三国演义》中,把诸葛亮的木牛流马描述得绘声绘色,活灵活现,在人拉推之下会行走,好不神奇。但木牛流马到底是什么样的一种步行机器呢?

木牛流马最远可追溯到春秋末期的自动机器。据《韩非子·外储说》载:"墨子为木鸢,三年而成,蜚一日而败。"《论衡》记载,鲁班为其老母造了一架木车马,"木人御者,机关备具,载母其上,一驱不还",而

诸葛亮造的木牛流马

成都锦里街角摆放的木牛流马

走失其老母。

至三国时代,诸葛亮发明木牛流马,仅靠人力推拉,即可用其在崎岖的山道上运送军粮,且"进退自如","人不大劳,牛不饮食"。东晋陈寿《三国志·蜀志·诸葛亮传》记载:"(建兴)九年(231),亮复出祁山,以木牛运,粮尽退军,与魏将张郃交战,射杀郃。十二年春,亮悉大众由斜谷出,以流马运……亮性长于巧思,损益连弩、木牛流马,皆出其意;推演兵法,作八陈图,咸得其要云。亮言教书奏多可观,别为一集。"《三国志·后主传》:"(建兴)九年(231)春二月,亮复出,围祁山,始以木牛运……十二年(234)春二月,亮由斜谷出,始以流马运。秋八月,亮卒于渭滨。"但陈寿和罗贯中却没有详述如何制造木牛流马。宋齐时期的祖冲之(429—500)曾造出一种人力自行机器。《南齐书·祖冲之传》记载:"(祖冲之)以诸葛亮有木牛流马,乃造一器,不因风水,施机自运,不劳人力。"

作木牛流马法在《三国志》裴松之的注中有详载:"《亮集》载作木牛流马法曰:'木牛者,方腹曲头,一脚四足,头入领中,舌著于腹。载多而行少,宜可大用,不可小使;特行者数十里,群行者二十里也。曲者为牛头,双者为牛脚,横者为牛领,转者为牛足,覆者为牛背,方者为牛腹,垂者为牛舌……刻者为牛齿,立者为牛角,细者为牛鞅,摄者为牛秋轴。牛仰双辕,人行六尺,牛行四步。载一岁粮,日行二十里,而人不大劳。流马尺寸之数:肋长三尺五寸,广三寸,厚二寸二分,左右同。前轴孔分墨去头四寸,径中二寸。前脚孔分墨二寸,去前轴孔四寸五分,广一寸。前杠孔去前脚孔分墨二寸七分,孔长二寸,广一寸。后轴孔去前杠分墨一尺五分,大小与前同。后脚孔分墨去后轴孔三寸五分,大小与前同。后杠孔去后脚孔分墨二寸七分,后载孔去后杠孔分墨四寸五分。前杠长一尺八寸,广二寸,厚一寸五分,后杠与等。版方囊二枚,厚八分,长二尺七寸,高一尺六寸五分,广一尺六寸,每枚受米二斛三斗。从上杠孔去肋下七寸,前后同。上杠孔去下杠孔分墨一尺三寸,孔长一寸五分,广七分,八孔同。前后四脚,广二寸,厚一寸五分,形制如象;靬长四寸,径面四寸三分。孔径中三脚杠,长二尺一寸,广一寸五分,厚一寸四分,同杠耳。'"

对这段文字,后世不同的人有不同的理解。很多人想复制出木牛流马,创意不少,但样式不一,互不认同。宋《事务纪原》说:"蜀相诸葛亮之出征,始造木牛流马以运饷,盖巴蜀道阻,便于登陟故耳。木牛即今小车之有前辕者,流马即今独推者是。"宋《陈后山集》载:"蜀中有小车,独推,载八石,前如牛头。又有大车,用四人推,载十石,盖木牛流马出。"清朝麟庆撰《河工器具图说》土车则云:"独轮,料、土兼载。"这些都说木牛流马演变为独轮车,或本来就是独轮车。今四川的独轮车名为鸡公车,传说就是诸葛亮的木牛流马。

但多数人认为,木牛流马应该有四只脚,在数人推拉之下还会行走。依此理解复原出的木牛流马有四条腿,有的还加一两个轮子。此外,还有五腿的、三轮的、四轮的,等等。由于复原出来的木牛流马样式不一,且差别很大,所以不能确定原物是什么样的机器。

此外,有人认为蒲元才是"木牛流马"的真正发明者。杜佑《通典》说:"亮集督军廖立、杜睿、胡忠等,推意作木牛流马。据此,则蒲元诸人实创之,非亮自创也。"清朝严可均辑有蒲元的三篇文章。蒲元为丞相诸葛亮的西曹掾。其一文《与丞相诸葛亮牒》:"元等辄率雅意,作一木牛,廉仰双辕,人行六尺,牛行四步,人载一岁之粮也。"此句文字与裴松之所注略同。也或许木牛流马为蒲元和诸葛亮等人共同研制,但没有更多的史料证明。

 汗血马之谜

有"日行千里,夜行八百"之称的汗血宝马,本名阿哈尔捷金马,产自土库曼斯坦。汗血宝马体形高大优美,外表英俊神武,轻快灵活,奔跑速度非常快且耐力极好,可以长距离骑乘。因其奔跑时脖颈部位流出的汗中有红色物质,鲜红似血,故被称为"汗血宝马"。

在古代,汗血宝马是匈奴骑兵的重要坐骑,汉武帝偶得一匹称其为"天马"。但只有一匹汗血马不足以改变国内马的品质,

汗血马

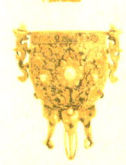

为拥有更多的"汗血宝马",汉武帝不惜两次西征,最终获得良马。现在,在其原产地土库曼斯坦,汗血宝马被誉为国宝,将其形象印制在国徽和货币上。而且,现在汗血宝马常常被作为土库曼斯坦国礼赠送他国以示友好。

那么,被传得神乎其神的汗血宝马真的能"日行千里,夜行八百"吗?它奔跑时真的会流血吗?

事实上,一般来说,马的极速是每天150公里左右,最多也不过200多公里。经过对汗血宝马的测算,其奔跑速度的确非常快,最快速度纪录为84天跑完4300公里,在平地上跑完1000米只需1分07秒,仅比世界公认的速度最快的英国纯血马慢5秒。所以,我们常在古代文献中看到的汗血宝马能"日行千里,夜行八百"的说法夸大了汗血宝马的奔跑速度。但汗血宝马的耐力极好,它非常耐渴,在50℃的高温下,一天也只需饮一次水。因此汗血宝马特别适合长途骑乘。从这层意义上来说,"日行千里,夜行八百"的说法也是有其合理性的。

在《班固所修前汉书》一书中清朝人德效骞将汗血宝马的这种"汗血"现象解释为是"马病所致"。他认为在马的臀部和背部常常生长有一种寄生虫,它能钻入马皮内,从而使马皮在寄生虫进入两个小时内就会出现往外渗血的小包。部分外国专家在对汗血宝马的"汗血"现象进行考察后认同德效骞的"汗血"现象是受到寄生虫的影响的说法。

另一部分学者认为汗血宝马之所以会出现"汗血",是因为汗血宝马在奔跑时体温上升,从而使得少量红色血液从毛孔中渗出,出现"汗血"现象。因为马在奔跑时头部温度和平时一样恒定在40℃左右,而体内血液温度则可高达45℃到46℃,且汗血马的毛细血管非常发达,在马高速奔跑后,随着血液温度的升高,出现少量血液从毛孔中渗出是有可能的。反对者指出,如果"汗血"真的是汗血宝马的血液,那汗血宝马可能早就在"日行千里"或"夜行八百"的路途中因失血过多而死亡了。

而在汗血宝马的原产地土库曼斯坦的养马专家则称,马的肩部和颈部的汗腺较发达,马出汗时往往先潮后湿,对于枣红色或栗色毛的马,出汗后局部颜色会因潮湿而显得更加鲜艳,从而给人"流血"的错觉。另外,汗血宝马的皮肤较薄,奔跑时,血液在血管中快速流动容易被看到,给人在往外流血的感觉。

汗血宝马在古代很名贵,在今天由于数量稀少依然价值不菲,其身价最高可达上千万美元。目前世界上仅存3000多匹,其中2000多匹在土库曼斯坦,被该国奉为国宝。

 ## "南海一号"南宋沉船之谜

"南海一号"是一艘我国南宋初期的船,因失事沉没于广东阳江市南海海域。它最初于1987年被发现,限于技术、资金等方面的问题,当时并没有及时打捞。"南海一号"是20世纪90年代初中国水下考古事业创始人俞伟超先生为这艘沉船起的名字。

打捞于2007年开始,距离初次发现已20年。"南海一号"是一艘全木质结构(马尾松木、杉木)的船,船长30.4米,宽9.8米,高3.5米(不包括桅杆)。沉没于水下23米深处,船身上覆盖了近2米的淤泥,甲板已经腐烂,但令人大为吃惊的是,船身其他部分保存较为完好,是目前为止(2012年)发现的最大的宋代船只。

针对"南海一号",人们心中有太多的疑问。

一是沉船之谜。为什么会沉船及沉船的确切时间。人们在对外国沉船事件进行考察后,认为"南海一号"之所以沉船很有可能是因为超载。据说当时欧洲的两艘军舰瑞典的"瓦沙"号和英国的"玛丽·罗斯号",都是因为加装了大炮造成载重量过大而沉没的。至于沉船的确切时间,一时无从考证。因为在船上发现了不同时期的钱币,有北宋末期和南宋初期的,甚至还有汉初的钱币。

二是它从哪里出发,要到哪里去。相关专家从沉船的船头所在位置推测,"南海一号"应该是从中国出发,到新加坡、印度等东南亚地区或中东地区进行海外贸易的。同时"南海一号"出水的文物大多产自江西和福建,而且史料中曾有记载,在宋代广东港的船很少有向北航行的,多发自泉州及以北港口。史学家据此判断,"南海一号"发自广州的可能性不大,很有可能出发地是在福建泉州地区。

三是船主是谁,是否逃生。目前"南海一号"已出水了四两重的金手镯、金戒指、1.8米长的金腰带等黄金首饰,都没有生锈,且数量较少,不可能是远洋货物。考古专家便推测,这些黄金饰品的主人可能是非常富有且身材高大魁梧的富商。根据目前的打捞情况看,还没有发现人的骸骨。假设当时有逃生

福建德化窑白釉仰莲纹盘口瓶(南宋"南海一号"沉船出水)

南宋沉船"南海一号"上发现的部分瓷器

的机会,船上的富商应该不会把随身所戴的这些金手镯、金腰带、金戒指等饰品扔掉再逃生,所以很可能的是当时船上的人同"南海一号"一起葬身南海。

四是木质沉船长期不腐的秘密。虽然沉船的具体年代还没有确定,但据专家推算其大概时间在840年前。"南海一号"位于水下20多米处,被2米多厚的淤泥覆盖着,一艘木质的货船如何会在水下浸泡800多年而不腐烂?相关专家称,这里主要有两个方面原因:一是船体上的淤泥提供了隔绝氧气的环境,而且通过对沉船周围淤泥的研究发现,淤泥内有很多生物,但没有存活的,这说明船体周围氧气浓度非常低。二是"南海一号"虽是木质,但所使用的材质是松木,松木是抗浸泡比较好的造船材料,且广东民间历来就有"水泡千年松,风吹万年杉"的说法。

五是沉船所携带的历史信息。"南海一号"上装载有八万余件保存完好的瓷器、生活用具等文物,已出水完整的可复原器物总计4500余件,主要以瓷器为主,此外还包括金器、银器、锡器、铁器、铜钱、漆器、动物骨骼、植物果实等。对"南海一号"的考古,将会为复原海上丝绸之路的历史、陶瓷史提供极为难得的实物资料,具有极高的历史文化价值和学术研究价值。

2011年4月,"南海一号"完成了第二次试发掘,为其整体发掘奠定了基础。我们期待从这艘古沉船上探测到更多的"秘密",获取更多有价值的信息。

 "红崖天书"千古之谜

1995年,贵州安顺地区发布了这样一条令人震惊的公告:悬赏100万元人民币用来破解红崖天书。这条公告一经传出便引起了世人的关注,难道红崖天书就这么神秘、这么难以破解吗?天书中又隐藏着什么样的秘密呢?

在贵州省安顺地区关岭布依族苗族自治县东部晒甲山上有一块浅红色山崖,在长约百米崖壁的北端一处平整崖面上有一些大小不一、既像文字又像

图画的铁红色印迹，其排列不齐，错落参差。崖壁如墙似屏，长约50米，高约20米，非镌非刻，非楷非隶，结构奇特，大者一米见方，小者十几厘米。再往右看，还有几处崖壁也有，但属最左面的崖壁最大，几处连接起来，长达百米，极其壮观。当地人因为无从知晓它们的来历，就把它们叫作"红崖天书"。

红崖天书

经专家研究发现，天书应该是在明嘉靖1546年以前出现的，因为在1546年，有关红崖天书文字记载的《咏红崖》诗篇才第一次出现，而在此之前的所有史书和地方志上，对于红崖天书这样很有名气的奇特碑文，没有丝毫记载。因此专家做出大胆推断，红崖天书的出现是在明朝时期。

经过对文字的分析，"允"就是明朝朱允炆的允；"丙戌年"，也就是1406年。由此可知，这个天书应该是与建文帝遁逃云贵有关，因为永乐四年，也就是1406年，明朝的宫廷发生了一场政变，1402年朱元璋去世后，当时年仅21岁的朱允炆，也就是明朝开国皇帝朱元璋的孙子继承了皇位，时称建文帝。在他继位之后不久，他的叔叔，镇守北京的燕王朱棣带兵攻打南京。战争打了4年，最后朱棣打了胜仗做了皇帝，而这个时候朱允炆却不知所踪。在《明史》中关于他的失踪是这样记载的："宫中火起，帝不知所踪。"

到底建文帝到哪里去了呢？据专家推测，他可能是来到了贵州。那么，红崖天书上的奇怪文字符号记载的真与建文帝有关吗？有关专家在随后对红崖天书摹本的考证中，又找到了许多证据，这些资料也进一步证明了红崖天书是明朝初年建文帝所著的说法。但是这只是一种猜测，不是一种肯定的回答，直到现在为止，关于红崖天书的谜底还是无人能解。也许红崖天书的真实面目就像我们文化长河当中的很多不解之谜一样，会成为一个永恒。一切都留待后人去破译这个千古之谜——"红崖天书"。

"天池怪兽"之谜

长白山天池位于长白山主峰火山锥体的顶部,是中国最大的火山口湖,也是中国和朝鲜的界湖,其北部在吉林省境内。因其水面海拔高达2150米,故被称为"天池",是世界上最大、最深、最冷的火山口湖。

长白山天池不仅以其"水光潋滟晴方好,山色空蒙雨亦奇"的绝妙景象吸引着众多前来观赏的游客,"天池怪兽"的传说更为其增添了一层神秘的色彩。

自20世纪初以来,从地方志记载到游客多次目击,"天池怪兽"频频出现。据《长白山志》记载:"引路人徐永顺云:光绪二十九年五月,其弟复顺随王让、俞福等六人,到长白山狩鹿,追至天池,适来一物,大如水牛,吼声震耳,状欲扑人,众皆惧,相对失色,束手无策。俞急取枪击放,机停火灭。物目眈眈,势将噬俞,复顺腰携六轮小枪,暗取放之,中物腹,咆哮长鸣,伏于池中。半钟余,雹落如雨,大者寸计,六人各避石下,俞与复顺头颅血出,用湿衣裹之。池内重雾如前,毫无所见。"光绪三十四年(1908),《长白山江岗志略》中记述:"自天池中有一怪物浮出水面,金黄色,头大如盆,方顶有角,长项多须,猎人以为是龙。"此后,1962年、1976年、1980年、1985年等均有不同的人或看到或用相机拍到所谓的"天池怪兽"。1985年11月2日的《光明日报》发表《天池怪兽之迹》一文,详细介绍了"天池怪兽"出现的经过。2002年,在长白山西坡山顶游玩的一二百名游客再次声称看到了"天池怪兽"。

根据文字记录和游客的描述,"天池怪兽"的模样不一,有的呈鱼形,黑色,身长约两米左右,背部和两侧有鳍,游起来速度很快。有的描述中怪兽体形巨大,有七八米长,棕黑色,似牛。而且怪兽的出没时间也没有一定的规律,提到最多的是常出现于8月中旬雨后天晴时。

虽然众人对"天池怪兽"的描述都言之凿凿,但一些科学家称,这里因

长白山景区大门

缺少食物链而不可能存在大型生物。长白山是一座休眠火山，历史上曾有过多次喷发。最近一次是在1702年，距今（2012年）已有300多年，所以长白山天池形成的时间并不算很长。加之这里气温较低，水温即使是在盛夏季节也只有5℃左右，年平均气温为-7.3℃，年积雪日达到258天，积雪最深

长白山天池

可达3米，目前所知的能在这里生存的只有几种冷水鱼。所以像描述中的那么大的"天池怪兽"是不可能在这里生存下去的。

另一种观点认为，所谓的"天池怪兽"也许是天池中的礁石。天池中的礁石常常会随水的波动而时隐时现，有时露出水面，有时沉入水中，远远望去，好似动物在游动。

时至今日，对于这传说中的"天池怪兽"，我们或只见其影，或只望其形，并没有找到有说服力的证据来证明它的存在、它是何种物种。因此，在"天池怪兽"之谜解开之前，"天池怪兽"只能是这个壮美瑰丽的高山湖泊的一个美丽传说。

 太湖成因之谜

太湖，古称震泽、具区、笠泽、五湖，位于江苏省南部，是中国第二大淡水湖（原位居第二的洞庭湖随着湖面缩减退为第三位）。整个太湖水系共有大小湖泊180多个，流域面积达3.69万平方公里，水面面积2338平方公里。湖水由北、东两面通过以娄江、吴淞江、黄浦江为主的70多条河港下泄长江，密布的水道对航运、灌溉和调节河湖水位都十分有利。

太湖以其优美的自然风景和灿烂的人文景观吸引着众多游人的目光，广大的科研人员和地质爱好者在欣赏太湖优美的湖光山色的同时将目光聚焦在了太湖的成因上。

相传，在王母娘娘的蟠桃大会上，玉皇大帝送了一个大银盆作为礼物，盆内有72颗特大翡翠，还有各种玉石雕琢而成的千姿百态的飞禽走兽，远远望去，活像一个精致的生态园。正当大家对这个大银盆赞不绝口时，不请自

趣味导游知识宝典

太湖鼋头渚风景区

来的弼马温孙悟空一腔怒气而来大闹天宫，他不管三七二十一，见一样打一样，一棒下去，银盆便从天上跌落到人间，嵌在地里，银子化作白花花的水，72颗翡翠变成了72座山峰，玉石雕刻而成的飞禽走兽除了走兽没有成活，其他的均变成了相应的物种。今天的太湖就这样形成了。

当然这只是人们借助丰富的想象力而口耳相传的故事，给太湖增添了一层神圣的面纱。对于太湖的成因，学术界一直没有达成一致观点，存在不同的认识。

构造成湖论。构造成湖论认为，太湖平原原是一个大的海湾，以后不断为水和沉积物所填充，遂演化成现在的湖泊。

潟湖成因说。潟湖成因说认为，这里原是一个大海湾，由于长江、钱塘江等的泥沙长期淤积，使得长江三角洲不断向东延伸，海湾口被淤积的泥沙构成的沙坝封堵，海湾因此封闭从而形成了今天的太湖。在河水和雨水的作用下，海水逐年淡化，太湖也就成了淡水湖。

陨石冲击坑说。陨石冲击坑说认为，5000万年前，一颗巨大的陨石从东北方向降落到地上，因其能量巨大，产生相当于1000万颗广岛原子弹爆炸所拥有的巨大冲击力，于是便留下了2300多平方公里的陨石坑，即今天的太湖。2009年，南京大学地球科学系的几名教授在对太湖排水清淤中发现的含铁质的石棍、带孔似炼铁的炉渣和一些形状似人或动物的石头进行研究后认为，这些"奇石"是太湖冲击坑的溅射物。这为陨石冲击坑说提供了关键性的证据，使得陨石冲击坑说引起了学界的广泛关注。

此外，关于太湖的成因还有构造沉降说、火山说、积水说和下陷说等。

 **西湖成因之谜**

有"人间天堂"之称的西湖位于浙江省杭州市的西部，旧时也称西子湖。秀丽的湖光山色和众多的名胜古迹使人们对西湖充满了神往。然而，在人们对它的美充满憧憬与想象之时，也不免有些好奇，西湖这么美，它是怎么形

成的呢？

"西湖明珠自天降，龙飞凤舞到钱塘。"这里还有一个神话传说呢。相传天上的玉龙和金凤雕琢了一颗璀璨的明珠，王母娘娘想要而不得，遂与玉龙和金凤发生了争抢，明珠在三人的争夺中意外掉落人间，变成了今天的西湖，玉龙和金凤也随之下凡，变成玉龙山（即玉皇山）和凤凰山守护在西湖身边。

西湖"花港观鱼"风光

当然，这只是一个神话传说，是人们在科技不发达时代对西湖成因的一种美好想象，寄寓了人们对西湖的喜爱。近代以来，随着科学技术的发展，广大学者用科学的观点和方法对西湖的成因进行了探索，目前主要有以下几种不同的观点。

火山喷发成因说。西湖南、西、北三面群山怀抱，东面是平原，西北面的宝石山上，存在着一条古代遗留下来的火山通道，且葛岭、宝石山由火成岩中的流纹岩和凝灰岩构成。经多年科学检测，整个火山通道向南延伸向西湖。

1909年，日本地质学家石井八万次郎在东京《地质学杂志》上撰文称，西湖与日本的中禅寺湖成因相似，南山为古生代岩层的山坡，溪水北流，为西湖北山的火山岩堵塞而成。石井八万次郎也是最早用地质学观点解释西湖成因的人。

西湖长桥风光

中华人民共和国成立后，地质部门在对西湖湖中三岛和湖滨公园地质钻孔取样分析后认为，约在1.5亿年前的侏罗纪晚期，在今西湖一带曾发生了强烈的火山喷发，由于岩浆外流而使地壳内部空虚，最后火山口陷落成为洼地，这洼地便成了今天西湖的雏形。

潟湖成因说。1920年，

科学家竺可桢在对西湖地形考察后发表了《杭州西湖生成的原因》一文，认为："西湖原是钱塘江左边的一个小小湾儿，后来由于钱塘江泥沙沉淀下来，慢慢地把湾口塞住，变成一个潟湖。"竺可桢还从沉积率推断，认为西湖开始形成年代约在一万二千年前。1924年，地质学者章鸿钊在其发表的《杭州西湖成因一解》一文中对竺可桢的观点进行了补充："西湖之成，其始以潮力所向而积成湖堤，其继以海滩变迁而维持湖面，二者为形成西湖之重要条件。"

东汉华信筑防海大堤成因说。相传，东汉一名叫华信的地方官，为抵御钱塘江咸潮而在今西湖以东修筑防海大堤，众所周知，西湖的南、西、北三面均是群山怀抱，东面是平原，这样一来，便把西湖围了起来，且唐代以前西湖以钱塘湖为名。

目前人们更倾向于潟湖成因说，这不仅因为权威科学家竺可桢支持此观点，而且从目前在地理、气候、生物等方面收集到的信息来看也偏向于潟湖成因说。

虽然西湖的成因还没有得到最终证实，但这已足够论证"沧海变桑田"这句话。如今秀美的西湖千百年前究竟是什么样的，我们拭目以待这一谜题的揭晓。

桃花源究竟在何处

东晋诗人陶渊明在《桃花源记》中为我们描绘了一个没有阶级、没有剥削、人人劳作、自食其力、自给自足、和平恬静、民风淳朴、人人自得其乐的理想社会，令无数人为之魂牵梦绕。那么这样一个桃源仙境究竟是陶渊明虚构出来的还是现实生活中确有其原型，如果有的话，这原型又在哪里呢？

陶渊明生活在晋宋易主之际，政治腐败，社会不安，人民赋税、徭役繁重，苦不堪言，军阀连年混战，陶渊明怀抱一腔抱负却无法实现。性格耿直的陶渊明不愿与世俗同流合污，毅然辞去了上任仅81天的彭泽县令，归隐田园。心系国家的他虽"心远地自偏"，却仍旧关心国家大事，借写作抒发自己的情怀，在《桃花源记》中塑造了一个与现实社

湖南常德桃花源

会截然不同的美好社会。

如今在全国各地,自诩为桃花源的景点有三十多处,且各有各的说法,但没有一处能够拿出足够的证据证明自己就是陶渊明笔下的"桃花源"。

有人说所谓的"桃花源"是陶渊明根据自己家乡的情况而写出来的。陶渊明的家乡庐山有一处山谷,风景秀美,地势平坦,和《桃花源记》中描述的很像,而且这里还有姓陶的人家,经证实其祖先是陶渊明。所以人们便猜测也许当初陶渊明是以这里为蓝本而描述了理想中的世外桃源,但仅限于一种猜测,目前尚无任何证据。

在陶渊明的笔下,桃花源在武陵郡,人们认为其描绘的景象与当时居住在武陵地区的苗族社会生活很像,而且地名也相符,于是人们便认为它的原型是湖南湘西武陵苗族古代村落。相关学者在对武陵地区苗族古村落实地考察后指出苗族人自古就有在村口路旁、房前屋后栽种桃树的习俗,这因为他们不仅视桃子为一种鲜美可口、能充饥解渴的水果,更认为桃树是一种"神树",能避邪、治病与驱鬼。而且这里的苗族村寨布局、屋舍结构和外貌特征以及人们的衣着、礼俗、习规等也都与陶渊明的描述十分相似。于是一部分人认为陶渊明笔下的桃花源并不是虚无缥缈的,而是以湘西地区武陵苗族古村落为原型。

另一处被大多数人称为桃花源的是湖南的桃源县。这里俯临沅水,背倚青山,松竹垂阴,景色优美,人们生活得怡然自得,而且历史上属武陵郡。

还有人认为,陶渊明笔下的"桃花源"在湖北省十堰市竹山县官渡镇的桃源村。据《竹山地名志》记载,桃源村名始于晋代。而且东晋时这里的堵河就叫武陵河,竹山叫武陵县。湖南的武陵比竹山晚叫了八百多年,且在晋之后。武陵峡谷内至今还有桃源乡、桃源村的地名。相关学者在对这里进行实地考察和认真研究后一致认为,这里的山、水、桃林、土地、环境等完全与陶渊明的描述一致。从自然环境方面来看,官渡镇桃源村的确与陶渊明笔下的桃花源最接近,但其是否为"真桃花源"还有待于进一步的证实。

虽然陶渊明笔下的"桃花源"我们尚未找到其确切的原型,但相信真正的桃花源也许就在我们每个人的心中,在于我们心中所保留的那片净土。

鸣沙之谜

鸣沙,顾名思义,就是会发出声响的沙子,一般发生在海滩或者沙漠里边,是世界上普遍存在的一种奇妙的自然现象。

鸣沙现象在世界上广为分布,据说在世界上已经发现了100多处可以发

声的沙滩或沙漠。美国的长岛、马萨诸塞湾,英国的诺森伯兰海岸,丹麦的波恩贺尔姆岛,波兰的科尔堡,蒙古国的戈壁滩,智利的阿塔卡玛沙漠,沙特阿拉伯的一些沙滩和沙漠等,都存在鸣沙现象。我国也有三个著名的鸣沙地:甘肃敦煌县城南的鸣沙山、宁夏回族自治区中卫县的沙坡头黄河岸边的鸣沙山和内蒙古库布齐沙漠罕台川两岸的响沙湾。

鸣沙现象不仅地域分布广,而且发出来的声音也是多种多样的,并不统一。我国甘肃敦煌的鸣沙山天气晴朗时会有丝竹弦的声音,好像在演奏音乐一样,人们称其为"沙岭晴鸣"。宁夏回族自治区中卫县的沙坡头黄河岸边的鸣沙山每逢农历端午节,人们便会听到这块沙地发出的像打雷一样的轰隆巨响。而在内蒙古库布其沙漠罕台川两岸的响沙湾则会听到各种声音,有时好像手风琴拉出的低沉的乐声,如泣如诉;有时又好像叮当作响的银铃,令人如醉如狂;有时好像飞机擦过天空发出的轰鸣声,有时又好像航行在大海上的轮船拉响的汽笛声。在国外,鸣沙发出的声响也各具特色。美国夏威夷群岛的高阿夷岛上的沙子,会发出一阵阵像狗叫一样的声音,人们因此称它为"犬吠沙"。而苏格兰爱格岛上的沙子,则会发出一种尖锐响亮的声音,就好像食指在拉紧的丝弦上弹了一下。

鸣沙发声也是有条件的。鸣沙现象一般发生在海滩或者沙漠里,并且一般都发生在风和日丽或者刮大风的天气,或者有人在沙子上边滑动的时候。而在潮湿的天气、雨天和冬天的时候,鸣沙一般都不会发出声响。另外,人们还发现,只有直径是 0.3~0.5 毫米的洁净的石英砂,才能发出声响,而且沙粒越干燥声响越大。

那么,这些沙子为什么会发出声响呢?

古时候,由于科技不发达,人们便给这鸣沙冠以各种说法。有的说是冤鬼在喊冤,有的说是地狱的魔鬼在呼叫,有的说是女妖为了引诱船员们而在沙滩上歌唱,有的说是地下寺院里的钟声在呼唤着僧侣们去祈祷……于是,许多带有神秘色彩的故事就这样由鸣沙蔓延开来。

现在随着科技的发展,科学家们对鸣沙现象进行了深入细致的研究,并提

甘肃敦煌鸣沙山的骆驼队

出了许多不同的观点。有的人认为，沙子与沙子之间有空隙，空气流动时，这些空隙便构成了一个个的"音箱"。当沙丘崩塌以后，空气在这些空隙间进进出出，引起空气的振动，当空气振动的频率正好与这个无形的"音箱"产生共鸣的时候，就会发出声响。有的人认为，不同风向的风长年累月地吹

甘肃敦煌鸣沙山

动着这些沙粒，使得这些沙粒变得大小均匀而且很干净，同时在其表面形成了像蜂窝一样的孔洞。鸣沙之所以能发出声响，可能就是这种具有独特表面结构的沙粒之间的摩擦共振造成的。1979年，一个叫马玉明的中国学者，提出了新的见解，他认为，鸣沙的"共鸣箱"不在地下，而是在地面上的空气里边。

世界之大，无奇不有。鸣沙究竟如何发声，现在还无定论，这有待于科学家去进一步研究、探索。

 泰山无字碑由谁而立

在海拔1532.7米的泰山极顶玉皇顶玉皇庙门前有一块无字碑，碑为方柱体，高6米，宽1.2米，厚0.9米，由石柱、顶盖石和顶柱石三部分组成，以示高上加高。泰山是历代帝王封禅之地，封禅必立碑刻字以歌功颂德，但在此绝顶上为何会出现无字碑，它是何时、何人所立？

在泰山无字碑的东西两侧各有一块诗碑，代表了人们对无字碑的两种不同观点。

无字碑的东侧，是张铨的观无字碑诗碑，碑上有"莽荡天风万里吹，玉函金检至今疑。袖携五色如椽笔，来补秦王无字碑。观无字碑一绝。万历丁巳十月，大明张铨书"字样。诗文用行书书写，共3行，满行12字，字径15厘米。诗碑高240厘米，宽80厘米，立于明万历四十五年（1617）。因诗文中有"来补秦王无字碑"字样，所以，一部分人认为泰山无字碑是秦始皇所立，立碑之意在于焚书。清朝乾隆皇帝更断言："本意欲焚书，立碑故无字。虽云以身先，大是不经事。"不过，据《史记·秦始皇本纪》记

载,秦始皇在泰山上所立之碑是刻有文字的,并不是无字碑。并且,焚书之举是秦始皇在三十四年(前213)接受丞相李斯的建议后施行,因而不可能在六年之前就有了焚书的计划,并为此立无字碑。

后又有人提出推测,说此碑本来有字,但经长时间的风吹雨打、日晒雨淋后,原有的文字被风化剥落,以致成了无字碑。但这种观点的漏洞在于,从现存的无字碑来看,风化情况并不是很严重。而且它在宋代就已被称为无字碑,秦代所立的有字泰山碑,在宋代尚能辨认出146字,如果此无字碑也是秦代所立,那么到宋代不可能被剥蚀得一字不存。

山东泰山无字碑

无字碑的西侧是1961年夏郭沫若登泰山而留下的郭沫若诗碑,诗文曰:"晨兴观日出,星月在中天。飞雾岭头急,稠云海上旋。晨曦光晦若,东辟石巍然。摩抚碑无字,回思汉武年。一九六一年夏,登泰山观日未遂。郭沫若。"据此,有人认为,此碑乃汉武帝所立。而且《史记·封禅书》中记载,元封元年(前110),汉武帝确实曾前往泰山封禅且在泰山顶上立过石碑。但质疑者认为,好大喜功的汉武帝怎么不趁此机会为自己歌功颂德却立一块无字碑呢,这明显与他的个性不符。

从无字碑沧桑的碑体上我们能够读懂它悠久的历史,但若想进一步探究它背后的秘密,还有待找到更充分的能让人信服的证据。

 慈禧太后遗体三次入殓之谜

慈禧太后(1835年11月29日—1908年11月15日),姓叶赫那拉,名杏贞(同治帝即位,尊其为圣母皇太后,号慈禧太后),满洲镶蓝旗(后入满洲镶黄旗)人,清咸丰帝的妃子,同治帝的生母。她三度垂帘听政达47年之久,乾纲独断,两决皇储,运大清国脉于其股掌之上,是1861—1908年间清王朝的实际统治者,极大地影响了中国近代历史的走向。然而,这样一位清朝"无冕女皇",生前享尽荣华富贵,拥有无上至尊的地位,却在死后的76年间,先后三次被殓入同一口棺材内,不得不让人慨叹所谓的"生前身

后名"。

第一次入棺：1908年死后第二天。光绪三十四年（1908）十月二十二（公历11月15日）未时三刻，慈禧走完了她74年的人生路程。第二天上午8时5分，在隆裕皇太后和瑾妃的敬视下，慈禧的遗体被殓入棺内。陪同她一起入棺的还有满满一棺的奇珍异宝。她的心腹太监李莲英和侄子所著的《爱月轩笔记》中记载：慈禧尸体入棺前，先在棺底铺三层金丝串珠锦褥和一层珍珠，共厚一尺。头部上首为翠荷叶，脚下置粉红碧玺莲花。头戴珍珠凤冠，冠上最大一颗珍珠大如鸡卵，价值1千万两白银。身旁放金、宝石、玉、翠雕佛爷27尊。脚下两边各放翡翠西瓜、甜瓜、白菜，还

慈禧太后

有宝石制成的桃、李、杏、枣200多枚。身左放玉石莲花，身右放玉雕珊瑚树。另外，玉石骏马8尊，玉石18罗汉，共计700多件。葬殓完毕，又倒入4升珍珠、宝石2200块填棺。慈禧的梓宫于宣统元年（1909）十月初四日巳时葬入河北遵化菩陀峪定东陵地宫。

第二次入棺：1928年遭盗墓抛尸后。"树大招风风撼树，人为名高名丧人。"慈禧也不例外，随同她一起下葬的满满一棺的珠宝便为她招致了毁尸抛棺的祸患。在她死后20年，也就是1928年的7月4日至10日，军阀孙殿英盗掘了乾隆帝的裕陵和慈禧陵，不仅掠走了全部随葬珍宝，嘴里的宝珠也被抠走，而且慈禧的遗体被抛出棺外，上衣也被扒光了，下体仅剩一条内裤。

河北遵化清东陵慈禧陵陵恩殿

慈禧遗体在地宫被暴尸40多天后，溥仪派载泽、耆龄、宝熙等人到东陵对慈禧的遗体进行了重新安葬。载泽等人进入地宫，见慈禧遗体趴在棺盖上，出现了许多斑点，长满了白毛，头朝北，脚朝南，左手反搭在后背上，景象凄惨。载泽等人见内棺可以继续使用，就命旗

难以破解的文明文物之谜

妇用一块黄绸将慈禧遗体盖上，将一件黄缎褥铺在遗体一侧，然后慢慢翻转尸身，这样正好将遗体仰卧在黄缎褥上。只见慈禧面色灰白，两眼深陷无珠，颧骨高隆，嘴唇有伤痕。众人用如意板将慈禧遗体抬入棺内，如意板未撤出。又在遗体上盖一件黄缎被，并把从地宫里捡到的慈禧生前剪下的指甲和掉的牙用黄绸子包好，放在黄缎被上。最后载泽又将当年得到的慈禧遗物——一件黄缎袍、一件坎肩盖在上面，盖上棺盖，用漆封上棺口。第二次入殓完毕。

第三次入棺：1984年文物局清理内棺搬出尸体。1984年1月5日，由国家文物局和清东陵文物保管所组成的10人清理小组开始了对慈禧内棺的清理工作。慈禧内棺基本完好，通体朱漆，顶部四面收起，呈坡状。棺长225厘米，前高98厘米、后高91厘米、前宽128.5厘米、后宽123厘米。棺盖上有9尊团佛像和凤戏牡丹图案，四壁内外均阴刻藏文佛经，填以金漆。开启棺盖后，只见一件黄缎被把棺内盖得严严实实，被上盖着一件黄缎袍，袍上又盖一件坎肩……很明显，这是1928年溥仪派人重殓后的原状，55年来一直没人动过。

清理小组依次揭取了被上的两件衣服，发现了1928年放入的包着慈禧生前剪的两节指甲和掉的一颗牙齿的小黄包。把黄缎被卷起后，便是慈禧的遗体。只见她头朝北，脚朝南，仰身直卧。脸部及上身用黄绸包裹着，下身穿着绣满了"寿"字的裤子，每个字长7厘米，宽6厘米。揭开黄绸，只见头微微左偏，两眼深陷成洞。有些花白的头发一部分披散于胸前，一部分顺垂于右侧。右手搭放在腹部上，左手自然垂于身体左侧，腰间扎着一条丝带，胸部袒露。两只脚上也裹着黄绸，揭开黄绸，只见右脚穿着白绫袜子，左脚赤裸，袜子放在左裤腿上。整个遗体虽然肌肉无存且有许多裂口，但全身仍然皮骨相连，保存得比较完整。

清理小组用她身底下当年抬遗体用的如意板将遗体从棺中抬出，往棺内喷洒了防腐消毒药液，后又将其抬入棺内。然后将黄缎被、小黄包及两件衣服依次按原样放回棺内，并再次往棺内喷洒防腐消毒药液，盖上棺盖，封好棺盖口。在木工们将残破的外椁修好后，将其套在棺外。这是慈禧死后第三次被殓入棺中。

河北遵化清东陵慈禧陵地宫内的慈禧棺椁

权倾朝野的慈禧无论如何也不会想到自己死后会三次殓入同一口棺内，而且遭受盗墓、暴尸的羞辱。如今，慈禧的遗体完整地安放在棺内，保留着1928年第二次入殓时的原样，只留下静默的荒冢任后人评说。

 北京人头盖骨失踪之谜

1929年12月2日，在北京房山周口店龙骨山上，挖掘出第一块完整的北京猿人头盖骨，考古学家将其命名为中国猿人北京种，简称"北京人"。1936年，另外三个完整的北京人头盖骨和一个完整的人类下颌骨，又相继在周口店被挖掘出来，一时震动了全世界。北京人头盖骨化石的发现，不仅将人类自身历史整整提前了50万年，而且平息了20世纪以来围绕爪哇猿人的争论，确立了"猿人阶段"的存在，证实了达尔文关于人类起源于古猿的理论，从而揭开了人类进化史上重要的一页。

1937年，日本发动全面侵华战争，考古工作被迫停止。5个出土的北京猿人头盖骨化石，被存放进了美属北京协和医院，由中美学者共同创建的"中国地质调查所新生代研究室"负责保管。1940年12月26日，日军占领北平，战事一触即发，出于安全考虑，文物专家们决定将头盖骨化石交由美国代为保管。

但运送头盖骨化石的过程却一波三折，起初国民政府、美国政府都因各种理由拒绝这一请求。但经科学家们的不懈坚持和多方努力，1941年11月，重庆国民党政府最终明确表态，允诺"头盖骨"出境，美国方面也同意了头盖骨由美国领事馆安排，由美国人带出中国，暂存纽约的美国自然历史博物馆。

然而，意外再次出现。据记载，"头盖骨"转移行动按计划实施，由美国海军陆战队护卫，乘从北平到秦皇岛的专列预计于12月8日上午抵达秦皇岛，在秦皇岛港转乘"哈德逊总统号"船运往美国。而列车按计划到达秦皇岛，"哈德逊总统号"却因1941年12月7日清晨开始的日本对珍珠港的空袭而没能靠港。此时，驻扎在秦皇岛山海关一带的日军也

北京周口店遗址

北京周口店遗址北京猿人狩猎归来场景

开始了对美军的突袭行动,美海军陆战队的列车和军事人员包括美在秦皇岛的霍尔姆斯兵营的人员顷刻成为日军的俘虏,包括"北京人"在内的物资和行李均成为日军的战利品。北京人头盖骨从此下落不明,至今已71年……

自1941年太平洋战争爆发,"北京人头盖骨"化石不见踪影后,我国方面多次寻找但均无果而终。"北京人头盖骨"到底去了哪里呢?

观点一:在日本侵略者手中。日本早就对"北京人头盖骨"化石垂涎三尺,而且1937年七七事变后,日本方面就曾派人到北京打探过相关的情报。

二战后,在北京人头盖骨化石的发现者裴文中的报告中提到这样的信息:(民国)三十四年(1945)十一月十四日,中央社东京专电:"盟军最高总部称:前为日军窃夺并运至东京之北京人骨骸现已发现。"(民国)三十五年(1946)一月一日,北平《英文时事新闻》载有路透社电:"东京帝国大学已将此无价之骨骸标本运赴盟军总部。"从这些信息中人们判断出"北京人头盖骨"确实是被日军劫走了而且日本已经将其上交盟军。

在战后事务处理中,我国方面就此询问了当时的驻日美国海军司令斯脱特,但斯脱特的回答却让人十分失望:盟军司令部已经就中国政府此前的要求,根据报端的信息查问过东京帝国大学。回答是,没有任何根据证明"北京人头盖骨化石"在东京或者在日本!白纸黑字的官方通讯社电讯,在这里却遭到矢口否认。

日本外务省民间财产局作为战后归还被侵略国物资的执行部门,在发给盟军总部民间财产管理组的报告中表示,"头盖骨"化石并没有在日本被发现。并且1941年12月在秦皇岛及其周围驻扎的日本部队的相关资料已经丢失,该部队人员姓名和现在的地址不详。

这样,"北京人头盖骨"在日本寻找的线索便中断了。

观点二:在中国。作为"北京人头盖骨"押运人的美国军医威廉·弗利自1941年12月8日之后就音讯皆无。直到30年后的1971年,《纽约时报》上发表了一篇作者是威廉·弗利的文章:"12月8日,我在秦皇岛被日军逮捕,一周后被释放回天津租界。之后,我收到了从秦皇岛战俘营寄回的行李,以及应该装着北京人头盖骨化石的军用提箱。我打开自己的行李,发现被人动过。第二天,我就把其中的两只箱子送到天津的百利洋行和巴斯德研究所,而另两只则交给我平时最信任的两位中国人。"

根据这些线索,相关方面询问了百利洋行天津分行和巴斯德研究所的所有老职员,得到的回答却惊人的一致:"提箱?什么提箱?我们从来没有见过美国军医。"而威廉·弗利所提到的"两位中国人"则表示,他们的箱子里绝没有任何和化石乃至骨头相似的东西。

20世纪90年代,一名曾是日本"731"部队的上尉军医、参加了侵华战争的老兵在弥留之际,透露:"头盖骨"化石埋在日坛公园的一棵松树下,这棵松树被刮下一块长约1米、宽约20厘米的树皮作为记号。后来有关人员确实找到了一棵被刮过树皮的松树并进行了深达3米的挖掘,结果仍没能找到"北京人头盖骨"化石。

观点三:在"哈德逊总统"号上。有人认为,"北京人头盖骨"化石应该是在"哈德逊总统"号上丢失的,而"哈德逊总统"号由于受到日舰追逐,半途被击沉。

但也有人认为,"哈德逊总统"号根本没到秦皇岛去接应美国海军陆战队,它从菲律宾首都马尼拉开航以后,一直被一艘日本军舰追逐,随后搁浅在上海以东长江口附近,最终被日军击沉。

观点四:在沉船"阿波丸"号上。1972年,时任美国总统尼克松访华,曾将美方认为的化石下落作为绝密礼物送给中国政府,称化石可能在日本沉船"阿波丸"号上,并提供了"阿波丸"号沉没在中国海域的具体方位和装载货物清单。

"阿波丸"号是一艘日本远洋油轮,建造于20世纪40年代。1945年3月28日,"阿波丸"号载满了从东南亚一带撤退的大批日本军官和要人从新加坡出发驶向日本。4月1日午夜时分,该船行至中国福建省牛山岛以东海域时,被正在该海域巡航的美军潜艇袭击,3分钟后迅速沉没。

1977年,被后来所称的"77·13工程"正式启动,开始了对"阿波丸"号沉船的初步打捞。除了资料记载的橡胶、锡锭等物品准确相符外,打捞人员还发现了伪满洲国内阁总理大臣郑孝胥以及郑孝胥之子郑禹的家藏小官印和圆砚。由此可以断定,"阿波丸"号确实携带大量中国北方宝物。那么,有国宝之称的"北京人头盖骨"化石会不会也在这艘船上呢?

但由于当时种种条件的限制,打捞于1980年停止。在已经打捞上来的物品中并没有发现与"北京人头盖骨"相关的任何线索。

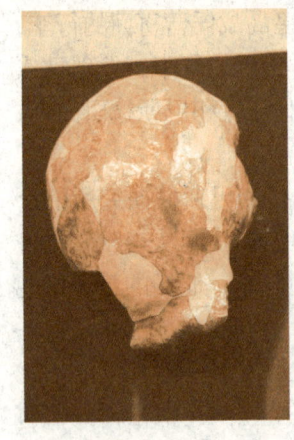

北京猿人Ⅱ号头盖骨（模型）

观点五："北京人头盖骨"也许已被毁坏。一部分人认为，当时战火纷繁，如果是金银珠宝书画等，倒还可能保存下来，但对于"北京人头盖骨"化石，很难说日军有如此高的辨别力。伴随着1998年由14名中科院资深院士发起的"世纪末大寻找"的无果而终，再一次寻找的希望破灭，人们便综合目前各种信息和线索，认为"北京人头盖骨"很可能已经毁于战火之中了。

幸运的是，当年在这些"头盖骨"被运往美国前，已由胡承志制作了头盖骨的模型，这不仅让人们有机会了解原始祖先的模样，而且也为我们今天的研究留下了珍贵的资料。

2005年7月2日北京市房山区寻找"北京人头盖骨"化石工作委员会成立，虽然一次又一次线索中断，希望破灭，但这阻止不了我们寻找的脚步。

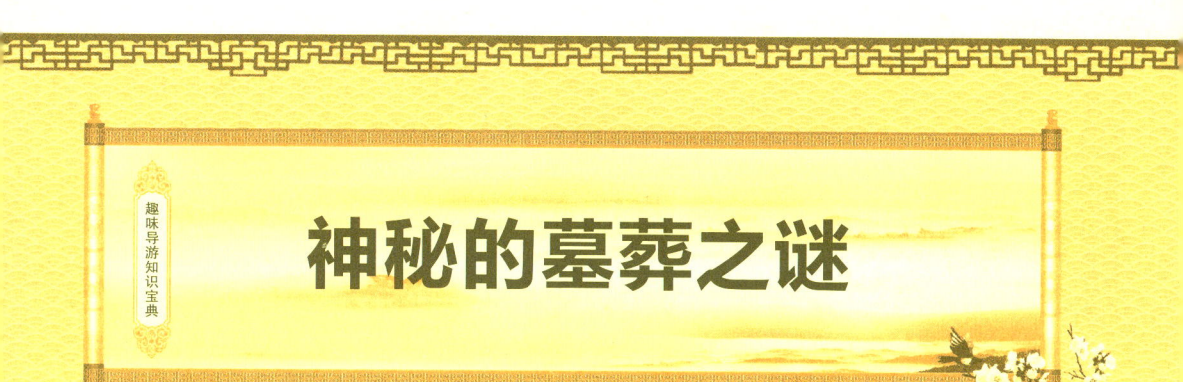

神秘的墓葬之谜

 黄帝陵陵址之谜

黄帝是中华民族的始祖，其陵墓也被称为是"天下第一陵"。如今的黄帝陵位于陕西省延安市黄陵县城北桥山。因桥山之名，黄帝陵又称桥陵。黄帝陵是中国历代帝王和著名人士祭祀黄帝的场所。据史书记载，公元前442年，就开始祭拜黄帝。唐朝时建立祠庙，一直是历代王朝举行国家大祭的场所。

黄帝死后，人们为了纪念他，便修冢立庙。《史记》记载："黄帝崩，葬桥山。"宋乐史《太平寰宇记》云："桥山，《山海经》云：蒲谷水源其山下，水流通，故谓桥山。"汉代人认为黄帝的陵墓就在桥山。《史记》中记载汉武帝"乃遂北巡朔方，勒兵十余万。还，祭黄帝冢桥山，释兵须如"。

传说黄帝活了118岁，有一次在东巡的时候，忽然晴天霹雳，一条黄龙从天而降，对黄帝说："你的使命完成了，现在随我升天吧。"

河南郑州黄帝故里轩辕黄帝塑像

陕西黄帝陵

黄帝自知天命难违,爬上了龙背。当黄龙飞到陕西桥山时,黎民百姓痛哭流涕。黄帝请求下驾安抚百姓。在黄龙的再三催促下,黄帝才又爬上龙背,驭龙宾天。百姓们抓住黄帝的衣衫一再挽留。黄龙带走了黄帝,只剩下黄帝的衣冠。也就是说现在的黄帝陵,只是他的衣冠冢。于是桥山黄帝陵便为世人认可。辛亥革命胜利后,孙中山就以中华民国大总统的名义,为祭奠黄帝陵写下了"中华开国五千年,神州轩辕自古传。创造指南车,平定蚩尤乱。世界文明,唯有我先"的气壮山河的诗句。

"汉朝立庙唐扩建,到了宋朝把庙迁。不论谁来做皇帝,登基都不忘祖先。"这四句诗歌道出了桥山黄帝陵的历史。然而最近几年有人提出黄帝陵并不是在现在的桥山。那么黄帝陵不在桥山,又会在何处呢?

1994年,有人在《西北史地》杂志上发表文章,认为黄帝陵在宁州罗川县东80里的子午山。《史记》中说黄帝葬于桥山,而"桥"在《尔雅》中的释义为"山锐而高",且在《史记》注释中没有提到陕西。在南北朝时期的《史记集解》中,"黄帝陵在上郡桥山"。无独有偶,在唐朝人《史记索隐》中说,桥山在上郡阳周县,山有黄帝陵。唐张守正说,黄帝陵就在宁州罗川县东80里的子午山,还说上郡阳周桥山南有黄帝冢。之后的《元和郡县图志》干脆就说子午山就是桥山。《明史·地理志》中也持同样的说法。在清代《读史方舆纪要》中说:"桥山,也曰子午山,也曰子午岭,宁州百里,即子午岭之别阜,岭北即真宁,汉县志所云桥山在阳周南也。"

另外,有人还指出,秦在子午岭上修过秦直道,当年黄帝"西至于空桐,登鸡头"和秦始皇"巡陇西、北地,出鸡头,过回中"及汉武帝"北巡朔方",其实走的都是一条道,即秦直道。秦直道遗址证实黄帝陵位于罗川县东90里秦直道之间,且在秦直道西侧,约是现今的庆阳地区正宁县东部的五顷塬一带。那里还有一处地名乔冢塬。明朝《万姓统谱》中说:"黄帝葬桥山,子孙守冢,因为氏。"乔即桥。

这种观点在甘肃史学界引起了很大的反响。1998年,黄帝陵被定在正宁县的五顷塬村。

然而对于桥山就是子午山的说法也有人提出了质疑,并指出黄帝陵在正宁县五顷塬乡西头村南面的桥山。持这种观点的人认为,司马迁说的桥山既不在陕西黄陵县，也不在陕北榆林县，而是在甘肃的庆阳地区。如果只根据《尔雅》中的"锐而高"就把子午山叫做桥山是不妥当的。"锐而高"的山有很多。其实罗川到五顷塬村和西头村都不到80里。而西头村南面沟里的桥山却与黄土高原其他山有所不同，山形似馒头，有明显人工加工的痕迹。此山因山脚下有一个水冲刷形成的洞，其上形似土桥而得名桥山。乾隆年间的《正宁县志》记载："陵墓，黄帝葬衣冠上，在正宁县湫头镇东北西头村之桥山，当谷一峰耸起，草木葱蔚，上有荒冢，旁立一原，镌字曰：黄帝葬衣冠之处。"

还有人提出观点，在北京市平谷县境内有黄帝陵墓遗址。其根据是《大明一统志》上的记载："鱼子山，在平谷县东北一十里，上有大冢，云轩辕黄帝陵也。唐陈子昂诗：北登蓟丘望，求古轩辕台。疑即谓此。山下有轩辕庙，见存。"此观点一出，就被众人批判。《大明一统志》不仅前后矛盾，而且书中有"疑即谓此"一句。是怀疑在此，并不是真的就在此了。退一步讲，平谷县若真是有黄帝陵，那么在历代的地理志上应当有记载。然而自汉到宋的地理书关于今平谷县的都没有提及黄帝陵。

其实，黄帝活在远古时期，年代久远，加上中国地域广阔，各地人民都特别敬爱他，黄帝陵本身就是衣冠冢，所以在全国各地有"黄帝陵"的出现也不足为怪。在不同的时期，建立不同的黄帝衣冠冢也是有可能的。从史书记载中，我们只能推断出最早的黄帝陵位于哪里。若是从地方观念上去争取黄帝陵的所在，这是不科学的方法，也是不可取的方法。科学容不得半点虚假。考古，也应该用科学的方法合理地剖析民间传说和史料记载。只有这样才能解开黄帝陵之谜。

 曾国国君墓为何建在随国

机缘巧合下，一座古代墓葬在湖北省随县被无意发现。其后，考古学者们对它进行了发掘。随着发掘的进行，大量珍贵的青铜器出土。经研究得知这座古墓为战国时期曾国国君曾侯乙墓。随县在战国初期为随国所在地。人们不禁要问：曾国国君墓为何建在随国？

曾国是楚的附庸国。公元前

曾侯乙编钟

曾侯乙墓出土的彩漆豆

433年，楚惠王赠送给曾国国君曾侯乙礼乐器铜钟。包括这个铜钟在内，此次发掘共出土了文物7000多件。如此庞大的数目，令人惊叹不已。其中兵器4500件，能够一窥当时楚国强大的军事实力。如此众多的陪葬品也证明了曾侯乙在楚国的地位非同一般。其陪葬品中的编钟，是目前中国出土乐器中规模最大、质量最佳、完整性最好、音律协奏性最高的顶尖精品。这些编钟及其他古乐器的出土，是中外音乐史上的一大奇观。

曾侯乙是曾国国君，其墓葬却在随国。这其中的原因是什么，后人对此作了一些推测。第一种说法是，曾国就是随国，曾、随是同一个国家。曾国和随国都是姬姓国，是西周分封于江汉的诸姬姓国之一。另外从两国的地望中来看，也是一致的。到目前为止，出土的曾国青铜器都分布在随枣走廊一带，且是从南阳盆地进入随枣走廊的。还有，在古代一国两个名字也很常见。如河南附近的吕国又称甫，山东附近的州国又称淳于，楚称荆，魏称梁，俯拾皆是。因此，曾国很可能就是随国。所以把曾国国君的墓葬建立在随国的国土上也就不足为奇了。

第二种说法是考古发现的曾国有可能是史籍上的缯国或鄫国。在春秋战国时代，各诸侯国的领土大小不一样，国君的墓葬也不一定就建在本国国都。一些小的诸侯国因为封地面积小，国君的墓葬会建在国都附近。较大的诸侯国，封地面积大，才有专门的墓地。如鲁国国君墓地不在国都曲阜而在阚（距曲阜100多公里）。《史记》中记载了秦国的国君葬地，有不少的一部分都没有葬在秦国国都。也许，随国被楚国灭亡之后，作为楚国的附庸国曾国就迁移到随国，把曾侯乙的墓穴建在随国也是有可能的。从曾侯乙的陪葬品中也可发现楚国国君与曾侯乙的关系不浅。因而迁移一说也未必不可信。在今人编写的《曾国考》等书中，考证了曾国和随国在西周时期已经同时存在了。说随国就是曾国缺乏有力的证据。进而提出了随国被楚国灭亡后，曾国迁移到随国的说法。

以上两种说法都没有直接的证据能够证明自己观点的正确性。考古是一项很艰巨的任务，只有经过缜密的思考，做出合理的推断，然后用科学的方法找出有力的证据去证明，才能得到历史的真相。曾国国君的墓葬为什么会出现在随国，这个历史之谜，恐怕还需要专家们进行更深入的考证。

 ## 商代妇好墓的主人究竟是谁

商代在中国历史上存在了500年，对中国的青铜文化还有玉器文化有很大的影响。商代的玉雕技术已经炉火纯青。在至今发掘出的商代玉器中，每一件都是艺术品，每一件都美轮美奂。其精美程度，在商代妇好墓中可见一斑。在妇好墓中有大量精美的青铜器和玉器。如此众多的陪葬品说明墓中之人的身份非同一般。那么，商代妇好墓的主人究竟是谁呢？

妇好墓位于当时小屯村西北的岗地，因推行"农业学大寨"平整工地的浪潮，这片岗地将要被平整。考古学者已经发现这片岗地有遗址存在，只是没有有力的证据。于是经过多方探查，最终发现了夯土房基。夯土房基的发现，为保护这片遗址提供了重要依据。其后，经过批准，开始了发掘工作。经过多天的发掘，这座墓穴重见天日。墓穴保存完好，陪葬品丰富。其中出土的青铜器和玉器，最能体现出殷墟文化的发展水平。在出土的文物中，发现铸有"妇好"铭文的达109件，是铭文铜器的半数之上。在陪葬品中，还发现了铜钺。钺是军权的象征。也就是说，墓主人的身份一定很高贵。通过多方面的证实，考古学家确定这个墓穴的主人是妇好，因此这座墓葬也就被称为妇好墓。

妇好是商朝大王武丁的妻子，也是中国历史上有据可查的第一位女将军。在甲骨文中记载，妇好生前特别得到武丁的宠爱，并且经常领兵打仗。最多的一次，曾带兵13000人，也是甲骨文记载中动用人数最多的一次战斗。真不愧为女中豪杰。

妇好墓的发现，使人们真实地看到了3000年前商代人的生活和艺术。出土的大量精美的玉器，对现今的玉器研究及推广有很深远的意义。妇好墓保存很完整，为了解商代王室墓提供了一个实例。在妇好墓中发现了三件象牙杯。这些象牙杯做工精细，造型美观，是现存历史上最高的象牙杯，堪称国之瑰宝。在墓穴中还发现了6800多枚海贝。海贝出产于我国台湾、南海。这些海贝的发

河南安阳殷墟妇好墓出土的青铜编铙

河南安阳殷墟妇好墓出土的"司母辛"四足铜觥

现,反映了商王朝与我国东海、南海海域有直接或间接的联系。在墓穴中的装饰品模仿各种动物的形象,以野兽、家畜和禽鸟类为多,也有鱼、蛙和昆虫类。这些饰品富有生活气息,如一件回首状的小鹿,表现出警觉的神情。

妇好不仅是巾帼豪杰,而且还是一名巫师,她主持国内的祭祀典礼,是当时地位最高的祭祀。同时,妇好也是一名好妻子,她不仅为武丁分忧,而且还为武丁生育一子和一女。

当妇好去世很多年后,武丁依然对她念念不忘。妇好在商代历史上产生了巨大的作用,推进了历史的发展、社会的进步。从妇好墓中出土的文物为祖国的文化增添了光彩,尚有待于我们从多方面、多视角进行研究。

金缕玉衣之谜

金缕玉衣是汉代规格最高的殓服。玉衣,也称玉匣,是汉代皇帝和高级贵族死后穿用的殓服。按死者等级分为金缕玉衣、银缕玉衣和铜缕玉衣。缕是指连接玉片的丝线。金缕是说丝线是金的,银缕、铜缕以此类推。玉衣的形状在古书中有记载,如"匣形如铠甲,连以金缕""如铠状,连缝之,以黄金为缕"等。然而直到在汉代墓穴之中发现金缕玉衣才真正解开了金缕玉衣之谜。

1968年5月的一天,正在满城陵山施工的解放军无意中发现了一座古墓,随后上报。国家有关部门立即派专人进行发掘工作。在发掘的过程中,发现了好多带有"中山内府"字样的铜器。经过专家们的推断,认为中山是指中山国。中山国在中国历史上出现过两个,一个是春秋战国时代的鲜虞中山国;

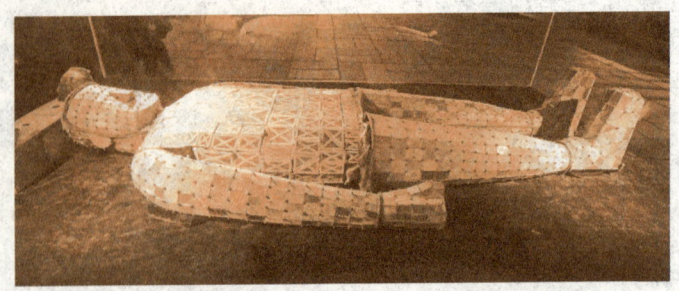

河北保定满城汉墓身着金缕玉衣的窦绾

另一个是西汉时期的中山国。通过墓穴中其他文物的佐证，专家们认为这座古墓为汉代墓葬。这座古墓的发现证实了史书中记载的汉代以山为陵的埋葬制度。专家们初步认定这座古墓是属于中山国国王的墓葬。中山国存在了150多年，共有10位王执政。到底是哪一个王呢？

中国国家博物馆馆藏金缕玉衣

满城发现汉墓的消息传到了郭沫若那里。郭沫若当时任中科院院长。当汉墓中发现金丝连缀玉片的玉衣时，郭沫若推掉所有工作，亲临现场。经过郭沫若确定，这件玉衣是金缕玉衣，为王者所有。之后，在这个墓葬旁边又发现了一座墓葬。结合史书资料和现场文物，确定了这两个墓穴的主人分别是刘胜和其妻子窦绾。

至于玉衣是怎么制作的，现代人已经想象不出来。关于人们制作如此精美的玉衣作为殓葬品的原因，众说纷纭。归纳一下，主要有下面几点：

第一，它是由祭祀用玉到殓葬品用玉自然发展而来的。其实在新石器时代，人们就有将玉器作为殓葬品的风俗。如良渚文化出土的墓葬中，发现了大量的玉器。在《周礼》中有"疏璧琼以殓尸"的记载。在西周，有缀玉面饰的丧葬习俗。

第二，它反映了当时独尊儒术的社会风气，也是死者身份和地位的象征。孔子认为玉是君子的象征。《礼记·聘义》载："夫昔者君子比德于玉焉。温润而泽，仁也；缜密以栗，知也；廉而不刿，义也。"《诗经》曰："言念君子，温其如玉，故君子贵之也。"在古代，只有君子才能佩戴玉器。后来玉器逐渐成为身份和地位的象征。在汉代，"罢黜百家，独尊儒术"。金缕玉衣恐怕与此也有某些关联。

第三，古人认为玉器殓葬可使尸身长期不朽，有防腐的作用。古代帝王都希望自己能够长生不死，即使死去也希望自己能够获得重生。在一些史书典籍中也有相关的记载。《抱朴子》中曰："金玉在九窍，则死人为之不朽。"《后汉书》卷四十一说："凡贼所发，有玉匣殓者，率皆如生。"《西京杂记》曰："棺器天象形兆，尸身不坏，孔窍中有金玉，其余器物皆朽烂不可别。"在古人看来玉器能够使尸身不腐，古代帝王更耗费人力物力去打造玉衣，来保护自己的尸身，以待自己能够重生。

据说汉武帝的玉衣更为豪奢。《西京杂记》曰："武帝匣上皆镂为蛟龙、鸾

凤、龟麟之象,世谓蛟龙玉匣。"

金缕玉衣的出现,表明了汉代玉器雕琢技术达到了极高的水平。金缕玉衣制作工艺的高超让现代人都为之汗颜。汉朝覆亡之后,史上再也没有皇帝使用金缕玉衣殓葬了。中山王刘胜墓穴中金缕玉衣的发现,解开了金缕玉衣的存在之谜。然而伴随而来的却有更多的谜团。金缕玉衣是如何制作的,又是何人制作的,这些谜团有待后人去解决了。

龟山汉墓千古之谜

龟山汉墓位于徐州市的龟山西麓,是西汉第六代楚王襄王刘注的夫妻合葬墓。1981年,当地群众开山采石首次发现了龟山汉墓。其后,有关部门进行了发掘工作。到1993年6月,龟山汉墓第一期保护工程竣工。

龟山汉墓为典型的崖洞墓,其南为楚王襄王刘注墓,北为其夫人墓,两墓均为横穴崖洞式。龟山汉墓中有15间墓室和两条甬道,总面积超过700平方米,容积达2600立方米,几乎掏空了整个山体。这么庞大的工程是如何开凿的,至今仍是历史之谜。

南甬道被发现时由26块塞石堵塞,分上下两层,每层13块,每块重达6~7吨。在石块间的空隙很小,连一枚硬币也难以塞下。据专家考证,这些塞石来源于西南很远的地方。它到底来自哪里,不为人知,又是如何被运来并塞进甬道中也是未解之谜。这两条甬道各长56米,高1.78米,宽1.06米,沿中线开凿最大偏差仅为5毫米,精度达1/10000;两甬道之间相距19米,夹角为20″,误差仅为1/16000,如将其向西无限延伸,其交点将位于1000公里外的西安,这是迄今世界上打凿精度最高的甬道。甬道两壁都磨如平镜。在当时的技术条件下修建这样的甬道,现代人真是无法想象。

在楚王刘注的棺室北面墙上清楚地显示着一位真人大小的影子。这个影子身穿汉服,峨冠博带,做拱手迎宾状,被称为"楚王迎宾"。令人不可思议的是,这一现象是在墓室正式开放之后才形成的。有人认为是渗水的原因,可是影子外却没有任何渗水痕迹;也有人认为是

徐州龟山汉墓

由于岩石石质不同而形成，但是它为什么偏偏出现在楚王棺室中呢？

刘注前殿位于整个墓葬的中心部位，为15间墓室中最大的一间。中间的擎天石柱，高大粗壮，气势雄伟，恰好撑在南北甬道的中轴线上。这是巧合，还是布局？

徐州龟山汉墓出土的车马

在刘注夫妇两个墓宫之间有一道石门，在楚王夫人下葬后，才由工匠们开通。这道门楚王这边小，夫人那边门大，使整个通道成为一曲尺形，也是5个墓室中唯一一个开凿不规整的过道。那么为什么会出现这样的现象呢？仅仅是误凿吗？

在刘注夫人墓室的前厅和棺室及石柱上都分别留有乳头状石包。这些石包星罗棋布，毫无规则可言，又不似天上的星辰，也不是做装饰之用。这些石包是做什么用的呢？是天然形成的吗？还是另有用意？

目前龟山汉墓正在向社会寻求四大谜团的答案。这四大谜团分别是：第一，如此精确的甬道是如何修建的？第二，龟山汉墓几乎挖空了整个山体，如此庞大的工程是如何进行的？第三，刘夫人墓室中的那些石包有什么用意？第四，"楚王迎宾"是如何形成的？

这些未解之谜陆续提出后，好多专家学者还有历史爱好者对此做了一些解释，却都是不能自圆其说。至今，仍没有一个能让人信服的说法提出来。秦唐文化看西安，明清文化看北京，两汉文化看徐州。这座汉代古墓将为徐州增色不少，也为徐州蒙上了一层神秘的面纱。

 秦始皇陵坐西朝东之谜

秦始皇陵中埋葬着中国历史上第一位封建皇帝——秦始皇嬴政。这座陵墓也是世界八大奇迹之一。秦始皇陵位于陕西省西安市临潼区骊山脚下，由丞相李斯主持规划设计，大将章邯监工，修筑时间长达38年。这座工程浩大、气魄宏伟的陵墓，创历代封建统治者奢侈厚葬之先例。陵墓仿秦都咸阳建造，分内外两城，内城周长2.5公里，外城周长6.3公里。坐西朝东的格局深深地困惑了一代代的学者。那么，秦始皇陵为什么要坐西朝东呢？

在秦汉时期，有一种社会风俗，但凡主人或者地位高的人都是坐西朝东。

陕西秦始皇兵马俑博物馆

在《史记》中记载,"项王、项伯东向坐,亚父南向坐。亚父者,范增也。沛公北向坐,张良西向侍"。当时,项羽称王,地位崇高,事项伯为父,故项伯地位也很崇高,皆坐西向东。沛公刘邦在当时的地位很低,故坐东向西,且是"侍奉"他们。在其他文献中也有坐西向东的座位是尊贵的记载。秦始皇自称天下第一个皇帝,地位自然尊贵无比,死后当然也要坐西朝东。

也有人认为这与秦始皇的雄心壮志有关。秦始皇陵从秦始皇成为秦王的时候就开始修建。当时秦朝还没有一统天下。秦国地处西方,坐西向东修建皇陵,即使秦始皇有生之年看不到秦朝统一天下,死后也要看到。皇陵修建了38年,在修到一半时,秦国已经统一了天下,秦始皇成为了七国之主。但是皇陵方向也不用修改了,因为秦始皇还想在死后俯视着他所征服的土地、他的雄伟霸业。坐西朝东的秦始皇陵,显示了秦始皇的雄才霸略。

秦始皇好道,这是众所周知的事情。秦始皇生前曾派徐福东渡,去寻找传说中的蓬莱仙岛。在史书记载中,秦始皇也曾多次出巡,东临碣石,南达会稽,无不显示出他对长生不老、求仙问药的向往。徐福一去不返,秦始皇是朝思暮想。死后,秦始皇还是忘不了,仍要向东而望,祈求神仙来度自己,让自己飞升仙境。

有些人从秦朝人的祖先来自哪里着手探讨这一问题。认为秦人祖先来自东方的人认为,叶落要归根,秦朝人却不能回到东方的故乡,因为中间隔着好几个国家。只好死后,坐西向东,以示对故乡的思念。认为秦人祖先来自西方的人认为,秦人采用"头朝西方"的葬俗,是想彰显他们来自中国西部。如此,华夏诸族流行的北首而葬之俗,是否说明他们来自北方呢?还有人提出了新的看法,认为西首而葬的习俗和"屈肢葬"习俗一样,都与他们的古代文化和宗教

陕西秦始皇陵一号坑出土文物

信仰有关。"白马藏人"对本民族盛行的西首葬的解释是，日落归西，人亦随太阳走。至于秦人对西首而葬有什么解释就不得而知了。

以上这些都是后世之人根据史书和风俗习惯等方面做出的推测。秦始皇陵为什么要坐西朝东，这个问题目前还没有定论。笔者认为，坐西朝东也许仅仅是因为当时的一种丧葬习俗。或者，是因为秦始皇笃信风水，认为坐西朝东埋葬能够更好地利用好风水而已。

 ## 曹操为何要建72座陵墓

曹操虽未称帝，却有帝王之尊，为何却会提出"薄葬"，并且还要建造72座疑冢呢？曹操一生戎马倥偬，为中国的统一大业作出了巨大的贡献。在当时"挟天子以令诸侯"，地位是何等尊贵。大权在握，富贵自然不成问题。然而，他却提倡节约，对家人和官吏要求也极为严格。据说，曹操的一个儿媳妇，因穿绫罗绸缎，被曹操下令"自裁"。在财物短缺的一段时间里，曹操冬天不穿皮质衣服，大臣们也不敢戴皮帽子。曹操不仅提出"薄葬"，并且身体力行。传说，安葬曹操的那一天，72辆马车从城里分为东西南北四个方向驶出，以至于现在还无人能够确定曹操的尸身埋于何处。

东汉末年，曹操身为丞相，身份可想而知。然而他死后却实行"薄葬"，并建造72座疑冢，令世人百思不得其解。后人通过史料和传说，试着分析了曹操真墓的所在。然而，并无结果。1988年，《人民日报》上登出了一篇震惊世人的文章《"曹操七十二疑冢"之谜揭开》。文中说："闻名中外的河北省磁县古墓群最近被国务院列为第三批全国重点文物保护单位。过去在民间传说中被认为是'曹操七十二疑冢'的这片古墓，现已查明实际上是北朝的大型古墓群，确切数字也不是72，而是134。"于是，曹操的72疑冢的说法便不再准确了。

然而曹操的尸首埋于何处呢？至今仍然是个谜。

据传说，曹操曾当过盗墓贼，并且还成立了专门的盗墓机构——"发丘中郎将"和"摸金校尉"。这两个职官名称，被《鬼吹灯》的作者使用，被称为盗墓史上的两大宗派，

安阳曹操高陵二号墓

亳州曹操运兵道

而曹操也成为了盗墓祖师爷。其实在史书中也有记载曹操盗墓的事情:"操别入砀,发梁孝王冢,破棺,收金宝数万斤,天子闻之哀泣。"曹操看到过很多盗墓现场尸骨纵横、面目全非的场面。所以,他本身有很多仇人,更何况地位尊贵,若不实行"薄葬",死后肯定也会受到盗墓贼的打扰,不得安息。曹操生性多疑,若是只造一座墓穴,恐怕会被后人发掘,不如多造一些疑冢。于是后来才有了曹操72疑冢的传说。

然而也有人对曹操是盗墓贼提出了质疑。当然曹操有没有盗过墓还值得讨论。曹操可能是看到了厚葬的弊端和被人盗掘的险境,才实行"薄葬",并设置72座疑冢。

有一首诗歌写曹操的墓穴所在地,诗云:"铜雀宫观委灰尘,魏主园林漳水滨。即今西望犹堪思,况复当年歌舞人。"据诗歌推断,曹操的墓葬应该在漳水。《彰德府志》说,魏武帝曹操陵在铜雀台正南5公里的灵芝村。然而这些都是假设,或者说这些都可能是曹操的疑冢。还有一种说法,曹操陵位于其故里谯县的"曹家孤堆"。

《魏书·文帝纪》载:"甲午(220年),军治于谯,大飨六军及谯父老百姓于邑东。"《亳州志》载:"文帝幸谯,大飨父老,立坛于故宅前,树碑曰大飨之碑。"《魏书》还说:"丙申,亲祠谯陵。"如此推断的话,曹操的陵墓应该在亳州了。然而这一说法也没有得到世人的认可。

曹操是东汉末年著名的政治家、军事家,他的一生波澜壮阔。因《三国演义》一书褒蜀贬魏,曹操被写成是一代枭雄,奸诈无比。后人对他更是贬多褒少。俞应符《曹操疑冢》诗写道:"生前欺天绝汉统,死后欺人设疑冢。人生用智死即休,何有余计到丘陇。人言疑冢我不疑,我有一法君未知。尽发七十二疑冢,必有一冢藏君尸。"后代文人大多贬低曹操,骂其为奸贼。曹操的功过是非,我们暂且不论,其所造疑冢却是真实存在的。然而,曹操的真冢在哪儿,却不为世人所知。这也达到了曹操当年建造疑冢的目的。

古人死后,都不愿意被世人打扰。如果没有适当的时机,那么就让曹操伴随他的真冢长眠地下吧。若是有一天,时机来临,曹操真冢得见天日,那个时候也许曹操奸贼的千古骂名就可以被洗掉了。

刘备陵墓之谜

刘备的惠陵位于成都南门武侯祠大街，前大门悬挂着"汉昭烈庙"的横匾，后面是陵墓。汉昭烈是刘备的谥号。但有人认为惠陵只是刘备的衣冠冢。那么这里是不是真的刘备墓呢？另外，大门匾额明明是说这是刘备的庙，为何当地人却称此庙为武侯祠呢？

刘备攻打吴国失败后，退到了白帝城，于公元223年四月病逝。五月，诸葛亮扶灵柩回成都。八月葬惠陵。有一种说法认为刘备死时天气很热，从白帝城运回到成都至少需一个多月，在将尸体运回成都的途中，尸体腐烂，于是葬于眉山市牧马山、彭山脚下的莲花村，因此莲花村刘备墓才是刘备的真墓所在地。另外，郭沫若于1961年在奉节考察时认为，刘备墓在奉节的可能性比较大。奉节还有甘夫人墓，可做佐证。

早在南宋绍兴年间维修刘备陵庙时，学士任渊作《重修先主庙记》云："成都之南三里许，丘阜岿然曰惠陵者，实昭烈弓剑所藏之地。"他只是说惠陵是"昭烈弓剑所藏之地"，并没有说不是真墓，可能只是史家笔法，为王者讳，为亲者讳，以代指刘备兵败而亡，葬于此地。

《三国志·蜀志·先主传》记载："五月，梓宫自永安还成都，谥曰昭烈皇帝。秋八月，葬惠陵。"《三国志》被认为是信史，因此刘备葬于惠陵较为可信。至于尸体防腐技术，可用水银、朱砂护尸，以使尸体长期不腐烂。

武侯祠内刘备殿中，正中为刘备贴金塑像，左侧陪祀的是他的孙子刘谌。在刘禅降魏时，其子刘谌到刘备墓前哭告，杀掉家人后自杀身亡。因其忠孝，故而享祀。这也可证刘备的家人认惠陵为刘备的真墓。

刘禅是刘备的长子，但殿中没有刘禅配祀。据说以前也有刘禅像，但因他昏庸无能，不能守基业，是个亡国之君，令人厌烦，以致他的像在宋、明两代多次被毁，之后就没有再塑。所以现在刘备殿中没有刘禅。

汉昭烈庙始建于公元223年，建惠陵的同时在陵旁建庙。武侯祠建于唐朝之前，起初与昭烈庙相邻。杜甫《蜀相》诗中言道："丞相祠堂何处寻，锦官城外柏森森。"明朝初年，将武侯祠并入汉昭烈庙，形成君臣合

成都武侯祠惠陵

庙。现存祠庙建于清朝康熙十一年（1672）。庙内刘备殿是主殿。殿后下几个台阶有一殿，是武侯祠。因为诸葛亮的历史功绩大，在百姓心中的威望远远超过了刘备，所以人们将刘备庙改称武侯祠。民国年间邹鲁诗曰："门额大书昭烈庙，世人都道武侯祠。由来名位输勋业，丞相功高百代思。"

为何40万人都挖不动武则天墓

乾陵是唐高宗李治和武则天的合葬陵，也是历史上唯一一座一陵二帝的皇陵。其实在古人眼里，乾陵只是李治的皇陵，武则天只是陪葬，按古人的说法是一帝一后的合葬墓。自郭沫若以来，现代人才认为这是二帝合葬墓。其实神龙政变之后，武则天已经把大唐江山归还给李氏皇族，并宣布废去自己的帝号，将自己以唐高宗皇后的身份附葬于唐高宗的乾陵。唐中宗李显为表孝心，同意了武则天的请求。

乾陵建于684年。705年时，乾陵迎来了它的女主人武则天。之后，历经1300多年的风风雨雨，乾陵依然屹立不倒。历史上有名有姓的盗墓者就有17人。其中规模最大的一次盗墓行动出动人数达40万，依然对乾陵无可奈何。那么，历代帝王墓葬被盗者不计其数，甚至连唐太宗的昭陵也被盗了，为什么乾陵就安然无恙呢？这要从乾陵的建造中寻找答案。

乾陵位于梁山之上。梁山有三座山峰，主峰直插天际，另两峰如同女性的胸脯，从侧面看，就像一位女性仰面向天躺卧。在风水学上，梁山是一块风水宝地，只适合埋葬女性。传说中，李治派长孙无忌和李淳风去选自己百年之后的居所。一日，二人寻到梁山，查察一番之后，认为梁山乃是世间少有的一块"龙脉圣地"，就回去禀报李治。袁天罡也在，对李治说："梁山从外表上看是一块风水宝地，但细看有许多不足之处：一是梁山虽东西两面环水，能围住龙气，但与太宗龙脉隔断，假如百姓选祖茔于此，可以兴盛三代，但作为帝王之山陵址，恐三代后江山有危。大唐龙脉从昆仑山分出一支过

陕西乾陵

黄河，入关中，以岐山为首向东蔓延至九嵕山、金粟山、嵯峨山、尧山。今太宗已葬九嵕山，为龙首，陛下不可以后居前。况梁山又非龙首，而是周代龙脉之尾，尾气必衰，主陛下治国无力。二是梁山北峰居高，前有两峰似女乳状，整个山形远观似少妇平躺一般。陛下选陵于此，恐从此后为女人所控。三是梁山主

陕西乾陵石像生

峰直秀，属木格；南二峰圆利，属金格。三座山峰虽挺拔，但远看方平，为土相。金能克木，土能生金，整座山形龙气助金，地宫营主峰之下，主陛下必为金格之人所控。依臣愚见，若陵址定于此山，陛下日后必为女人所伤！"李治不听。第二天早朝的时候，李治命众大臣给即将建设的皇陵命名。长孙无忌奏曰："梁山位于长安西北，在八卦中属乾位，乾为阳，为天，为帝。长安是陛下今世帝都，梁山自然为陛下万年寿域的天堂帝都，人间、天堂、天地合一，乾坤相合，主定陛下永世为帝王。依臣之见，就定名为乾陵吧！"李治听了很高兴。于是乾陵就开始了修建。当然这只是传说。

据史书记载，李治死后，武则天遵照高宗"得还长安，死亦无憾"的遗愿，令人在梁山建造了乾陵。《新唐书·陈子昂传》载："山陵穿复必资徒役，率癃弊之众，兴数万之军，调发近畿，督扶稚老，铲山背石，驱以就功。"历时三百多个日夜，主体工程竣工。安葬好李治之后，乾陵营建工程继续进行。22年之后，武则天去世。李显遵其母亲武则天的遗愿，将武则天与李治合葬。合葬武则天后，中宗、睿宗朝又将二太子、三王、四公主、八大臣等17人陪葬乾陵。其实完成乾陵的所有工程时，已经是740年，也就是说，乾陵修建了57年。

据史书记载，五代时，温韬为后梁耀州节度使期间，"唐诸陵在其境内者，悉发掘之，取之所藏金宝……惟乾陵风雨不可发"。黄巢起义时，黄巢军费不足，曾率领40万人盗挖乾陵，仍然没成功。民国时期，国民党将领孙连仲以保护乾陵为幌子，率兵用洋枪洋炮炸了许多处地方，依然没找到乾陵墓道入口。在一个偶然的机会下，乾陵墓道才为人们发现。其后，有关部门对乾陵进行了一系列的保护。

乾陵修建之时，正值大唐盛世，国力空前强大。乾陵规模之宏大、建筑之宏伟，堪称"历代诸皇陵之冠"。唐初，李世民就指出，没有不亡之国，没

有不掘之陵。从他开始，唐朝所有皇陵都要遵循"因山为陵"的葬制。昭陵是由当时的艺术大师阎立德、阎立本兄弟主持设计，陵墓建筑群与雕刻群相结合，参差布置于有"龙盘凤翥"之势的山峦之上。及至乾陵的时候，昭陵的形制已得到了发展和完善。《旧唐书·严善思传》记载："乾陵玄阙，其门以石闭塞，其石缝隙，铸铁以固其中。"可见乾陵是多么的坚固。这也是为什么乾陵是唯一一座历经千年仍未被盗掘的唐代帝王陵的原因。

至今乾陵成为了旅游胜地。乾陵在中国古代陵墓史上占有重要的地位。有关部门表示，在50年内，将不会对乾陵进行发掘工作。历经千年的皇陵依然在沉睡。

武则天无字碑之谜

乾陵位于梁山上，是李治和武则天的合葬墓。在陵前并立着两大石碑，西侧的叫"述圣碑"，东侧的就是武则天的无字碑。"述圣碑"是武则天为歌颂高宗功德而立的碑，碑文由武则天亲自书写。黑漆碑面，字填金粉，光彩照人。而东侧的无字碑在唐时却无任何文字。自秦汉以来，帝王将相无不希望死后能树碑立传，而中国历史上唯一一个女皇帝武则天的石碑却没有刻一个字。

无字碑是由一块完整的巨石经名工巧匠之手雕琢而成。它高7.53米，宽2.1米，厚1.49米，重量达98.9吨，是中国历代群碑中的巨制。碑额上雕琢八条螭龙，却没有题碑名。这八条螭龙缠绕在一起，鳞甲分明，筋骨突出，寓动于静，富有生机。在无字碑的两侧，各有一条腾空而起的巨龙，线条分明，栩栩如生。无字碑阳面是一组狮马图。骏马屈蹄俯首，温顺可爱；雄狮昂首怒目，十分威严。无字碑上还有许多花草纹饰，线条优美流畅，是碑中的精品。

从史书记载中可知，无字碑和述圣碑都是在武则天的授意下立起来的。而述圣碑中写满了歌功颂德的文字，无字碑中却没有唐人的一个字。这种罕见的现象一直令人百思不得其解。

民间关于武则天立无字碑有三种说法：第一种说法是武则天认为自己的功劳太大，没有文字能够形容。从武则天做皇后开始，到神龙政变被

陕西乾陵无字碑

迫退位，前后执政达50年。就是从唐高宗死时算起，武则天执政也达21年，且武则天是中国历史上唯一的一个被历史承认的女皇帝。她在位期间，政治上，打击豪门，鼓励科举考试，知人善任，破格用人，鼓励各级官吏举荐人才，并虚心纳谏；军事上，加强封建国家的边防，改善与边境各族的关系；经济上，奖

陕西乾陵六十一番臣像

励农桑，兴修水利，减轻徭役并整顿均田制。总之，武则天精明能干，是难得一见的好皇帝。在统治期间，她不仅巩固和发展了"贞观之治"，还为"开元之治"作了铺垫，起到了承前启后的作用。

第二种说法是武则天自知罪孽深重，不敢立有字碑。武则天使用阿谀奉承、阴谋诡计等手段得到的皇后宝座。之后，打着李唐的旗号，培植党羽，消灭异己。在位期间，实行恐怖政策消灭"李氏余孽"，滥杀无辜，甚至"虎毒食子"。且在当政期间，失掉了"安西四镇"，没有保全国家领土的完整，危害了国家的统一。武则天自知过大于功，还是立无字碑为好。

第三种说法是武则天天资聪慧，自己的功过是非唐人无法评定，还是留给后人去评说。持这种说法的人认为武则天既有功，也有过，功过不好评判。她既有值得肯定的地方，也有应该否定之处。在武则天统治前期，吏治比较清明，知人善任，善于纳谏，形势一片大好。而其晚年笃信佛教，花费大量人力、物力、财力修建庙宇，劳民伤财，滥杀无辜，且生性淫乱，不为人所齿。

其实除以上三种说法以外，还有人认为是因为唐中宗李显怀恨在心，既不能否定其母武则天废唐建周的行为，也不能公开发泄对母亲的憎恨，故碑文中既无法歌功颂德，也无法诋毁谩骂，索性不留一字，让后人去评价她的是非功过。还有人说，武则天死之前已经写好了碑文，也刻好了碑文。只是武则天死后，碑文被人磨去。还有人说，李显对武则天不知道如何称呼，是称先帝还是称太后？

到底出于什么原因而留下这座无字碑已经很难考证了。值得一提的是，在宋金之后，无字碑上渐渐有了文字。这些文字几乎都是评价武则天的功过是非。由于年代久远，前人、后人无法协调，导致无字碑上的文字毫无章法，杂乱无序。保存比较完整的有《大金皇弟都统经略郎君行记》，为女真文字，

旁边有汉字译文。这段女真文字为后人研究女真文字提供了可靠的资料。

无字碑历经沧桑,其上刻满了文字,自然形成了后人对武则天的评价。碑上文字虽然杂乱无章,但在书法上真、草、隶、篆、行五体皆备。换句话说,无字碑跨越了朝代,成为了一部石质巨书。功过是非人评论,武则天也许实现了她立碑的目的。

包公两座墓之谜

包公,即包拯,合肥人。一生为官刚正不阿,执法铁面无私。嘉祐七年(1062),卒于任上,谥号"孝肃"。包公去世后,古人遵循落叶归根的原则,把包公遗体运往其故乡合肥安葬。然而,在现实中,不仅在合肥发现了包公墓,在河南巩义也发现了包公墓。为什么包公墓会有两座呢?

也许从包公的生平中可以找出一些端倪来。北宋咸平二年(999),包公生于官僚家庭。天圣朝进士,官至枢密副使,死后追赠礼部尚书。他曾任开封知府。开封知府一般是由亲王、大臣兼任。历来京官难当,一方面皇权可以干涉地方事务;另一方面京城是皇亲国戚汇聚的地方,仗势欺人,无理可讲。包公在任开封知府期间,铁面无私,秉公办案,得罪了很多皇亲国戚。包公刚正不阿,执法如山,很得皇帝的器重。

在河南巩县有北宋9个皇帝的陵墓,称为"巩县宋陵",是一个旅游胜地。在这片宋陵中却有一座包公墓。明代嘉靖三十四年(1555)修的《巩县志》中载,包公墓在"巩县西宋陵"中。在其后的清代顺治年间的《河南通志》中也记载,包公墓在永定陵区域范围内。然而在合肥发现的包公墓才是真正的包公尸身埋葬处,这一点已经是不可否认的事实。那么河南巩义的包公墓是假的吗?为什么县志等史书中都有明确的记载?在巩县宋陵中建造包公墓有什么特别意义吗?从史料中可以知道,巩义的包公墓最晚建造于明朝,至今已有数百年的历史了。修建这座包公墓的用意已经不可得知了。在史书中找不到答案,只能做一个假设或者推测。原本包公死后,皇帝是让包公葬在巩县宋陵,以陪伴北宋帝王。后来,才由包公后人将其墓葬迁往合肥。或者,巩义的那座包公墓,建造

合肥包公墓

之后，就没有埋葬包公本人，里面也许是一座空棺，或者是包公的衣冠冢。其实，在合肥的包公墓发掘之前，巩义的包公墓一直被认为是包公的埋身处。

合肥是华东名城，有2000多年的历史。合肥大兴集有"一里三公"的美称。三公是指宋朝的孝肃公包拯、明朝的蔡国公张得胜、清朝的文忠公李鸿章。论

合肥包公墓地下室

年代久远、名声大小，包公墓首屈一指。据说，包公死后的第二年从开封归葬合肥市大兴集。由于包公生前执法如山，得罪了很多权贵，这些权贵恨不得对他挫骨扬灰。因而，包公出殡之时，其家人做了21口棺材，由合肥的7座城门同时驶出，让人难辨真假……

1973年的春天，《安徽日报》上登出一个消息，限时迁走合肥大兴集的包公墓，否则按无主坟处理。消息登出之后，吴兴汉等人得到上级领导批准后，对包公墓进行了抢救性发掘工作。由于经验不足，吴兴汉等人就先从小墓入手。然而歪打正着，却挖出了包公和其夫人董氏的"合葬墓"。在这个小墓中，发现了两块墓志铭，分别写着"宋枢密副使赠礼部尚书孝肃包公墓铭"、"宋故永康郡夫人董氏墓志铭"等字样，令吴兴汉等人兴奋不已，且在墓中发现了34块人骨。这些人骨被送往北京检测，属于40岁以上男性所有。据史书记载，包公去世时60多岁。由此可知这些人骨是包公的遗骨。后来，在油菜地里发现了包公的真正陵墓。墓葬已被人毁去，整个墓底居然不剩一块铺地的砖石。即使墓室已经面目全非，但考古工作者还是找到了一些蛛丝马迹。原先摆放墓志铭的砖台，其大小与前面发现的包公墓志铭正好吻合。在墓室中还发现了只有二品以上身份的官员才有资格使用的木俑。

结合大量史料，推断出，当时宋金之间处于战火之中，包公墓被破坏后，其后人仓促逃难，在此之前把包公的遗骨迁葬到考古工作者首先发现的那座小墓中。发掘结束之后，包公及其家人的遗骨都被其后人运回大包村。后来由于种种原因，包公的遗骨被埋葬在一处不为人知的地方。后来合肥包公墓得到重建，在墓室中安放着包公的34块遗骨，供人们瞻仰、凭吊。

其实，不管是合肥包公墓，还是巩义包公墓，都是后人为了纪念包公而修建的。后人纪念和崇敬的是包公的为人，而不是他的遗骨。所以，至于包公的遗骨在哪里安息都不是很重要了。只要怀着一颗秉公为民的心，那么，

包公的精神就会永不消失,纪念包公也就有了现实的意义。"铁面贮黄泉,清声远播墓侧,犹张三宝铡;赤心化紫气,明镜长悬民间,永念一青天。"

 成吉思汗陵为何建在"马背上"

成吉思汗铁木真一生戎马,弯弓射箭,东征西讨,建下了不朽功业。然而其死后,尸身葬于哪里,一直是未解之谜。元朝是蒙古人建立的王朝。蒙古人有一种丧葬习俗,就是人死后不立碑,不立冢,只是在埋葬地上面当着一头母骆驼的面杀掉一头小骆驼,将驼血洒在墓地上。派人看守,直到来年春天长出青草,再也看不出墓地的痕迹。然后这些看守墓地的人都会被杀死。等祭祀的时候牵着母骆驼来,母骆驼会在小骆驼死去的地方哭泣,于是也就找到了墓地。等这只母骆驼死后,就再也找不到墓地所在处了。铁木真也是这么埋葬的。现在的成吉思汗陵中埋葬的只是他的"衣冠冢"——棺木里面并没有成吉思汗的尸身,只有一团驼毛。

成吉思汗铁木真一生是在马背上度过的。他死后,蒙古人也是利用母骆驼祭祀他。等到母骆驼死后,蒙古人就在马背上建立了一座陵园——"八白室"。所谓"八白室"就是八座白色的毡帐。毡帐里供奉着成吉思汗的遗像,象征着墓地。这座"陵园"很符合游牧民族的特点,便于迁移,也便于祭祀。

关于成吉思汗的死因有多种说法,比较常见的有以下几种。据《蒙古秘史》记载,在出征西夏前一年,成吉思汗已经染病。在一次打猎中,成吉思汗竟然从马背上摔下来。经过慎重考虑,已经打算退兵,不再攻打西夏。然而在一次外交交涉中,西夏使者出言不逊,激怒了成吉思汗。于是,成吉思汗带病出征。在出征过程中,成吉思汗已经病死。他留下遗嘱,"秘不发丧"。直到攻下西夏,成吉思汗的灵柩才往回运。另外,还有人说是出征西夏时,被雷击而死。马可·波罗在其著作中称,成吉思汗是在攻打西夏时中箭而死。《蒙古源流》中说,成吉思汗在攻打西夏时没有死去,且俘获了西夏的王妃,见色起意,纳为己有。夜晚行房的时候,被王妃用匕首刺杀而死。

这些说法都没有确切的能够令人信服的证据。人们更热衷于寻找成吉思汗的藏身处,也就

内蒙古鄂尔多斯成吉思汗陵

是真正的成吉思汗陵。陵墓中肯定有陪葬品，这些陪葬品对研究那个时期的历史有很大的帮助。关于成吉思汗的葬身处，有四种说法：一是位于蒙古国境内的肯特山南、克鲁伦河以北的地方；二是位于内蒙古鄂尔多斯市鄂托克旗境内；三是位于新疆北部阿勒泰山；四是位于宁夏境内的六盘山。

在一些文人的著作和零星的史料中为四种说法都提供了证据。只是，成吉思汗墓地上没有标志性的东西可供辨认。也就是说，我们到了以上四个地点，即使墓地就在自己脚下，也不会察觉。

内蒙古鄂尔多斯成吉思汗陵成吉思汗雕像

2004年，日蒙考古队发表消息，称找到了成吉思汗墓。然而这一消息受到了中国国内人士的质疑。成吉思汗的棺木在史书中记载是由3根金箍箍上的。也就是说，找到3根金箍才能找到成吉思汗的棺材。

成吉思汗究竟葬在何处，成为了未知之谜。然而其"马背上"的陵园——"八白室"确实存在于内蒙古鄂尔多斯市伊金霍洛旗。以守护成吉思汗陵寝为唯一职责的世袭的守陵人达尔扈特蒙古人一直实行着最完备、最权威、最具蒙元特色的祭祀制度。

成吉思汗的第34代嫡孙、中国最后一位蒙古王爷奇忠义说，蒙古人祭奠先人主要是祭灵魂，不是祭尸骨。按照蒙古民族的习惯，人将死时，他的最后一口气——灵魂将离开人体而依附到附近的驼毛上。成吉思汗的灵魂依附的驼毛，一直收藏在鄂尔多斯成吉思汗陵中。

也许考古专家们一开始就找错了方向，总希望挖掘出什么东西来，也许成吉思汗墓葬中根本没有什么有价值的东西陪葬。按照蒙古族传统，打搅死者灵魂是对死者的不敬。所以，若是真的想看看成吉思汗，还是到内蒙古鄂尔多斯市伊金霍洛旗去看看他"马背上"的陵园——"八白室"吧。

 僰人悬棺千古之谜

我国古代的南方民族中，百越、干越、僚人、僰人（都掌人）民族都有悬棺葬的习俗。而最有名的就是川南的僰人悬棺和福建的船形悬棺。僰人悬

僰人悬棺

棺四川省宜宾市珙县、兴文、筠连等县境内均有分布，被称为世界之最、巴蜀一绝。初次看到悬棺的人无不感到惊奇，棺材是如何放到悬崖上的，又为何要把棺材放到悬崖上呢？

宜宾市的珙县、兴文县与云南接壤，为古西南夷腹地，汉武帝开夜郎、置犍为郡时属僰道县。《珙县志》载："珙本僰地，僰人多悬棺。"悬棺葬俗有三种形式：一是木桩式悬棺；二是洞穴式悬棺；三是岩墩式悬棺。这三种形式在珙县均有。僰人悬棺主要集中在距县城巡场镇约80公里的麻塘坝和苏麻湾，在被称为僰川沟的南北长约5000米的两侧石灰岩山崖上，现存上万个棺桩棺孔，仅过去10余年，便已坠落了近20具，现存260具左右悬棺。在麻塘坝的九盏灯、三仙洞、邓家岩、棺材铺、狮子岩、猫儿坑、九颗印等处有220具，苏麻湾有40多具。现存悬棺的时间大约从唐代到明代。葬器物，如刻花竹筒、木漆、铁刀、串珠、瓷碗等。在僰人悬棺的岩壁上，还有许多红色彩绘壁画，内容丰富，线条粗犷，构图简练，形体动人，有舞蹈、体操、杂技、赛骑和各种动物、武器等。

据元代李京《云南志略》说："人死则棺木盛之，置之千仞巅崖，以先堕者为吉。"认为把死者的棺木挂在高岩，棺木先坠落下来的为"吉祥"，所以这个民族流行这种悬棺葬，民间俗称"挂岩子"。这些棺木其放置的方法有三种：第一种是凿孔安桩再安放；第二种是利用天然岩匡；第三种是人工钻石成墓。悬棺的棺盖和棺身全系整木挖凿而成，质地十分坚硬。至今，部分棺材仍然完整无损。

据四川兴文县发现的《平夷图》、建武时期《平蛮碑》碑文、兴文县凌霄山上的宋代石刻等记载，历经宋、元、明等时期的一系列战乱，僰人消亡。也有观点认为僰人为躲避剿杀，四处迁徙，与其他民族融合后自然消失。有人认为现存悬棺是川南、滇东北一带的白僚、讫佬民族所有。

僰人悬棺距地面近的有十几米，高的有130多米。见到悬棺的人无不惊奇是如何放上去的。唐朝张鷟在《朝野佥载》一书中假设，尸棺先抬到悬崖绝顶，再悬索缘桩往下放。但此说很难施行，悬棺多在悬崖的半腰，距顶甚远，且多置放于崖部面的凹陷处，怎么往下放，又如何塞进去？民国时刘锡蕃在《岭表纪蛮》一书中提出:"筑土为台,运棺其中,事后台卸土撤,而棺乃独标岩际。"但这样做的话工程量很大,实难施行。还有人提出先铺栈道通到悬崖,放好棺木后再拆栈道。但并没有找到栈道痕迹,故此说也不可靠。还有的人认为是搭云梯送上去的。但古代云梯能搭一百多米高吗?

由于僰人是一个已经消失的民族,因此,僰人为何要把棺材放到悬崖上,又是如何放到悬崖上的,成为一个无处相问的谜。

 ## 明孝陵地宫之谜

明孝陵是明朝开国皇帝朱元璋和其皇后马氏的合葬墓。因马皇后谥号"孝慈",故名孝陵。明孝陵规模宏大,代表了明初建筑和石刻艺术的最高成就。它坐落在南京市紫金山南麓独龙阜玩珠峰下,是南京最大的帝王陵墓,亦是中国古代最大的帝王陵寝之一。如何进入明孝陵地宫多年来一直困扰着人们。

传说,明太祖朱元璋出殡之时,南京的13座城门同时出现送葬队伍,似有模仿曹操七十二疑冢的味道。至于朱元璋的遗体在哪一支送葬队伍中就不为外人所知了。关于朱元璋的死因有很多种说法。在古人眼里,帝王逝世的原因和时间很重要。史官一定会把帝王的死因和时间记录在史书中。然而朱元璋的去世日期却扑朔迷离。在朱元璋死后,帝位传给了朱允炆。朱允炆为尽快登基,就迅速把朱元璋下葬。燕王朱棣便以此为借口,发动"八王之乱",夺取了皇位。因而,明朝的史书有可能已经被修改得面目全非了。因此朱元璋的死亡时间和下葬时间成为了未知之谜。

为了找到明孝陵的地宫,考古工作者做了很长时间的努力,组织过很多次大型勘探活动。直到1997年,才找出一丝端倪。通过仪器勘测,考古工作者发现了孝陵的地宫所在处。考古工作者虽然发现了地宫,然而墓道的入口在哪里却是不知道的。找不到墓道入口就无法进入地宫。其实在朱元璋下葬的那一刻起,盗墓贼就一直在寻找墓道的入口。多

江苏南京明孝陵

南京明孝陵石像生

年来，考古工作者也是对此无可奈何。通过科学技术，利用先进的仪器，考古工作者才发现一条曲折的线状异常。后来才知道它就是苦苦寻找的墓道。为什么这条墓道却是弯折的呢？一种比较合理的解释是，这条墓道原本设计的时候是直线的，由于特殊原因，在挖掘的时候遇到了困难，于是只有改变方向。那么这个特殊的原因是什么呢？经过探测发现，明楼西侧的墓道是用形成于侏罗纪中晚期的砾岩修建的，东侧用的却是侏罗纪中晚期之后形成的石英砂岩。这两种不同时期的岩石，硬度相差很大。在修建墓道之初，遇见的可能是硬度较小的石英岩。后来遇见了非常坚硬的石英砂岩，工程无法进行，之后改变墓道的走向。于是，便有了曲折蜿蜒的"异类"墓道。

明孝陵是明朝开国皇帝朱元璋的陵墓，里面的陪葬物肯定是多不胜数，应当是盗墓贼的重点关注对象。明朝灭亡后，明孝陵再无军队把守，正是盗墓的好时机。然而事实是，考古工作者利用先进的探测技术得知，明孝陵还未被盗墓贼光顾。在明孝陵周围的墓葬都有被盗掘的痕迹，为什么明孝陵能完好无损呢？这要从明孝陵的建造方式上谈起。明孝陵是从山腰部横向掏洞，把山腹掏空，然后再修建地宫。这种方法工程量很大，费时费力，但是却异常坚固，能十分保证地宫的安全。这种独特的建造方法异于之前从山顶开洞的修建方式，不但迷惑了盗墓贼，而且连考古工作者也意想不到。还有一个特异之处是，孝陵地宫的墓道也不像以往的地宫那样位于明楼中轴线上，而是偏向于一侧。这异于以往帝王的地宫墓道设计迷惑了很多人。此外，在地宫宝顶高高的封土堆下，还有很多鹅卵石。这些鹅卵石是人工安置的。这些鹅卵石不仅能把聚集在宝顶的水导入到设置的排水设施中，而且还有防盗作用。当盗墓贼在鹅卵石上挖开一个洞，企图向下深挖时，那些圆润的鹅卵石就会迅速地滑下来填补所挖的洞穴。盗墓贼再挖洞也是如此。要想挖到地宫的宝顶，必须经过鹅卵石这一关。

2003年，明孝陵被列为世界文化遗产。之后不久，明孝陵就对外开放了。地宫是陵墓的核心，也是最神秘、最令人向往的地方。但是这并不能说明朱元璋的尸身就埋葬在那里。要想完全揭开明孝陵的真面目，还需要进一步的发掘。

为何十三陵中只有长陵有碑文

明王朝是由朱元璋创建的，是中国历史上最后一个由汉人建立的王朝。明王朝在中国历史上占有举足轻重的地位，它首先产生了资本主义萌芽。历经三百年风风雨雨，明王朝给后世留下了很多谜团。燕王朱棣发动"八王之乱"，成功夺取皇位后，迁都北京。在永乐七年（1409），始建了长陵，直到明朝最后一个皇帝崇祯葬入思陵为止，230年间，先后修建了十三座皇陵。然而在这十三座皇陵中唯独长陵有碑文。这个奇怪的现象一直困扰着人们。

明长陵是明成祖朱棣的葬身处，也是十三陵之首。在长陵的墓碑上书写着"大明长陵神功圣德碑"字样，其下是明仁宗朱高炽亲手所写的3000余字的碑文。在接下来的十二座陵墓的墓碑上再无一个字。为什么十三陵中唯独长陵有碑文，人们对此做了一些猜测。

清朝乾隆皇帝在《哀明陵三十韵》中说："明诸陵，唯长陵有圣德神功碑文，余俱有碑无字。检查诸书，唯徐乾学《读礼通考》载，唐乾陵有大碑，无一字，不知何谓？而明诸陵效之，竟以为例，实不可解也。"于是后人猜测，葬于其余十二陵的明朝皇帝，都认为自己有功有过，功大于过还是过大于功，都不好评说，还是不写碑文，仿效武则天，让后人去评说。

在顾炎武的《昌平山水记》中，说之前皇帝谒拜皇陵时问随从大臣："碑文上为什么无字？"大臣回答："皇帝功高德厚，文字不能形容。"然而这些只是大臣的阿谀之言。《帝陵图说》给了一个比较合理的解释：明太祖朱元璋曾经阅读《皇陵碑记》一书，认为碑文都是大臣的粉饰之辞，不足教育后代。他这么一说，在朝的大臣就不敢再写碑文了。于是写碑文的任务落在了嗣皇帝的肩上。如此一说，明太祖的碑文是明成祖所书，明成祖的碑文是明仁宗所书。那么明仁宗的碑文应该由其子明宣宗书写。然而明仁宗的献陵的石碑上却没有碑文。在之后的明朝皇帝陵墓的石碑上也都没有碑文。

对此有人做了一个推测：不是嗣皇帝不写碑文，是他压根儿就不会写。

北京长陵棱恩殿

北京长陵神功圣德碑

从明宣宗开始，明朝皇帝各个都沉迷酒色，不再注重文学的修养。而且，明太祖朱元璋明文规定，所书功德必须符合事实，不能作粉饰之辞。若不写粉饰之辞，明宣宗等胸中没有墨水，也就写不出什么好的碑文来。于是，他们仿效武则天干脆就不写了，留下无字碑以待后人评说。明宣宗不写了，那么明仁宗的石碑上就没有碑文。明宣宗死了，其子明英宗看到明仁宗碑上没有碑文，于是也就不给明宣宗写碑文了。如此下来，献、景、裕、茂、泰、康六陵便都没有碑文，甚至其石碑都是嘉靖十五年（1536）才建的。当时礼部尚书严嵩上书嘉靖帝，请求他撰写碑文。嘉靖帝也就是明世宗朱厚熜，他沉迷酒色，还求仙问道，希望自己能够白日飞升，没有精力也没有能力去撰写7篇碑文。于是，嘉靖帝虽然立了石碑，却没有写碑文。那么会不会明世宗本来就想在那些陵墓上立无字碑呢？如果真是这样的话，严嵩也没必要上书请求他撰写碑文了。因此说，明世宗只立碑不想写碑文的说法是不成立的。很有可能的是明世宗立好碑之后，就打算写碑文，只是由于某些原因，最终没有写出碑文来。那么这些原因会是什么呢？第一，长陵碑上的碑文洋洋洒洒3000余字，将明成祖一生的"功德"推崇到了极点。明世宗恐怕没有能力写出那么好的碑文，更何况要写7篇。第二，所写碑文要有新意，若是7篇都是一样的，那么后世之人如何看待？第三，所书事情必须是真实的功德，否则就违反了明太祖的训示。而明世宗对献、景、裕、茂四陵的了解肯定不多，要在浩如烟海的史书中去挖掘他们的功绩，是一项很繁重的任务，世宗没有这样的心力和能力去完成这一任务。况且，从明仁宗到明武宗六位皇帝，有些功绩很明显，有些根本是没有功绩。仁、宣二帝功绩明显，自可大书特书。而英宗宠信宦官，丧师土木堡，被瓦剌俘虏，丢尽了皇家颜面，如何书写成为了一个难题。于是，明世宗干脆都不写算了。

从献陵到康陵六陵，明世宗虽然立碑，却没有写碑文，明穆宗见如此，便也没有给明世宗的永陵写碑文。于是后代皇帝也沿用此制度，只立碑不写碑文，于是后面的昭陵到思陵五陵也没有碑文。这样明朝十三陵，除了明长陵之外，其余十二陵皆是有碑无文。

 ## 定陵出土的帝后尸骨下落之谜

定陵是明十三陵中的一陵，陵中埋葬的是明万历皇帝和他的两位皇后。定陵地宫是明十三陵中唯一被发掘的地下宫殿，也是中华人民共和国成立后第一座有计划发掘的帝王陵墓。定陵地宫被打开，万历皇帝和他的两位皇后的尸骨也被发现。之后，经过一场浩劫，这三具尸骨从世界上消失了。那么这三具尸骨下落何处呢？

1956年5月，在国务院批准的情况下，发掘工作队队长赵其昌带领发掘工作队开始了发掘工作。到1958年7月底，清理定陵的工作基本完成。7月，明万历皇帝及其两位皇后的尸骨带着他们的陪葬品迁出了定陵地宫，登上了故宫神武门城楼，向世人展示。展览结束后，工作人员立即对帝后的尸骨进行修补、复制。此时正在中国帮忙的苏联著名雕塑家格拉西莫夫主动请缨，请求把尸骨带回苏联，进行修补和复制模型。在此之前，格拉希莫夫曾经帮助博物馆修补和制作了古人类头骨的模型。然而有关方面怕出现什么闪失，婉言谢绝了他的好意。

这三具尸骨被送往中科院进行修补，并请了两位从事雕塑工作的大师做万历帝后的模型。万历帝后在他们心目中都是地主阶级的代表，因而也就被制成典型的地主形象。就在塑造模型的同时，有关人员也在对出土的丝织品等进行技术处理和保护工作。工作完成之后，沈从文先生来看这些丝织品，想做研究。沈从文原本是文学家，后来专门研究古代服装。沈先生打开那些装裱好的布匹，发现了一个严重的问题，整匹布全部反面，并直言不讳地指出了工作人员的错误。沈先生说完之后也不想再看下去了，便离开了。这件事传到郑振铎、夏鼐等人耳中，他们大吃一惊，对如此轻率地对待明代织锦遗产，既感到焦虑不安，又对不负责任的人痛心疾首。此时又传来消息，各省份正摩拳擦掌，对境内的古代皇陵蠢蠢欲动，吹响了发掘的号子。郑振铎等人立即上报国务院，请求对这种极不正常的发掘之风予以制止。周恩来总理立即批准，并通令全国，一场浩劫被扼死在摇篮里。

等定陵出土的文物修补、复制完毕之后，1959年9月30日，定陵博物馆正式宣告成立，立即

北京定陵地宫万历帝棺椁

北京定陵出土的带柄金罐

引来了大量的游客。然而令游客们失望的是，整个地宫空荡荡的，皇帝和皇后的原装棺椁已经不存在了。那么，这三具棺椁到底在哪里呢？

1959年9月30日早晨，几十个警卫班战士受博物馆办公室主任命令将这三具沉重的棺木抬到宝城上，扔下城墙，滚入到山沟之中。不久这个消息传到夏鼐耳中，这位大师全身发抖，脸色苍白，不停地在房中来回走动，等待博物馆把丢失的棺木找回的消息。然而空荡的山谷早已见不到棺木的踪影了。

1966年，"文革"开始了，定陵的万历帝后的尸骨首遭其难。红卫兵给万历帝后举行了"盛大"的批斗大会。万历帝及其皇后的尸骨被摆在地上，旁边还有他们的画像、照片资料等"罪证"。群情激愤，随着"打倒保皇派"的口号，数十块石头把三具尸骨砸得七零八落，一片狼藉。前来声援的群众欢呼雀跃，拍手称快。批斗大会的组织者心中一热，一句"点火烧了他们"就把这些历史文物付之一炬。烈焰腾天，尸骨在火焰中啪啪作响，骨灰伴随着浓烟升入天空，纷纷扬扬，火场周围到处是刺鼻难闻的气味。忽然一声炸雷，万历帝后的骨灰伴随着雨水和泥土融合在一起，尘归尘，土归土，来于自然，归于自然。

《考古中国：定陵地下玄宫洞开记》记载了这场浩劫，也为后世之人发掘古墓如何保护文物敲响了警钟。呜呼，一场大火烧掉了珍贵的不可复制的文物，又能烧去多少封建思想，腾起的不是烈焰，而是人们的无知！

康熙陵内为何葬了48个后妃

康熙陵，名字为景陵，位于唐山遵化马兰峪清东陵昌瑞山脚下。陵中埋葬的不仅有康熙大帝，还有他的4位皇后、48位嫔妃和1位皇子。康熙大帝是历史上赫赫有名的有德之君，他在位61年，为康乾盛世打下了良好的基础，使清帝国成为当时世界上幅员最为辽阔、人口众多、经济最富庶的帝国。那么，康熙陵内为什么会埋葬了48个后妃呢？

从天空俯视景陵，它整体上呈现半圆形，位贵者居中，位低者居后。在这48个后妃中，包括贵妃1人，妃11人，嫔8人，贵人10人，常在9人，答应9人。

其实大清王朝前期,一直实行政治联姻。不光是康熙,其前的顺治等帝王的妻妾大都是政治联姻的结果。康熙之前,出于政治原因,大清的皇帝一直娶蒙古女子为妻。到康熙时,政治局势已经发生了变化,鳌拜结党营私,专横跋扈,阻碍朝政。身为康熙辅佐大臣之一的索尼,历经三朝,沉稳干练。通过孝庄皇太后,索尼的孙女赫舍里氏成为了康熙的皇后。1665年,年仅12岁的康熙和年仅13岁的赫舍里氏举行了隆重的结婚大典。索尼与孝庄皇太后完成了一场政治联姻。鳌拜把持朝政,对康熙多有不敬。在这样的环境中,康熙和赫舍里氏的感情很融洽。婚后不久,赫舍里氏生了一子,但是这个皇子在4岁时便夭折了。康熙铲除鳌拜之后,他就不再需要皇后家族的支持了。虽然如此,他和赫舍里氏的感情还是很深的。纵然如此,康熙身边的女人也是越来越多。吴三桂造反时,赫舍里氏又生了一子,但赫舍里氏在当天就去世了,康熙悲痛欲绝,不顾前方战事吃紧,竟亲自操办皇后葬礼。皇帝的感情从来不是属于一个人的,康熙也不例外。康熙迎娶的妃子,最小的只有十一二岁,最大的也不过十五六岁。这些妃子从康熙九年(1670)最早去世的赠慧妃博尔济吉特氏算起,到乾隆三十三年(1768)最后去世的醇怡皇贵妃止,共历经三朝,前后跨越99年。

在这99年中,康熙娶了多少妃子,史学界没有统一的说法,只是在《康熙全传》中记载,康熙帝册封在册的妃子有67人,身份较低的常在、答应等据说有200人。康熙虽然妃嫔众多,但对每一个妃子,他都很用心。据说在康熙出巡期间,常常写信给在宫中的妃嫔,告诉她们自己在途中所见所闻的趣事,并令人带些当地的特产送到宫中给她们品尝。这些都表现出了康熙柔情似水的一面。康熙还做出了一个重要的决定,表现出他作为大丈夫热血豪情的一面。他在晚年下令,自己百年之后,凡是有儿子的妃嫔,年老后到其子的府邸居住,不用独居宫中至死。这一个决定是非常英明的,也是充满人情味的。

康熙去世之前,景陵中已经安葬了他的两位皇后。康熙逝世之后,他的妃嫔们也陆陆续续地进入了景陵,长眠于地下,陪伴着这位千古明君。这也就是为什么康熙大帝的景陵之中会埋葬如此多的嫔妃的原因。

河北遵化景陵隆恩殿

西宫太后慈禧死后为何葬在东边

在中国历史上，有个赫赫有名的女人对中国历史的发展产生了重大的影响。她不是皇后，却拥有皇后的权势；她不是皇帝，却操纵皇帝的生死。在长达半个世纪的岁月里，她一直站在权力之巅。也就是在这半个世纪的岁月里，中华民族开始走向被动挨打的年代。也是在这半个世纪里，社会开始改变，思想开始解放。她就是叶赫那拉·杏贞，清朝的慈禧皇太后。同万历帝一样，慈禧看着自己的国家一步步走向衰败，却没有看到国亡。死后，仍然能够携带大量的稀世珍宝长眠于富丽堂皇的陵墓之中。慈禧太后，一直是西太后，死后为什么会被葬在东边？这样埋葬有什么特殊的意义吗？

清朝的皇陵不同于明朝的那样集中，也不像汉唐时期那样每个皇帝都有自己单独的陵区，而是几位帝后共同葬在一个陵区。清皇陵共分为四个陵区：今辽宁省新宾满族自治县的永陵，埋葬的是清太祖努尔哈赤以前的女真首领；在今辽宁省沈阳市附近的福陵，埋葬的是清太祖努尔哈赤和清太宗皇太极；在今河北遵化附近的东陵，埋葬的是顺治、康熙、乾隆、咸丰、同治及他们的妃嫔；在今河北易县的西陵，埋葬的是雍正、嘉庆、道光、光绪和他们的妃嫔。

慈禧就是埋葬在规模最大、随葬品最多的清东陵。到了清东陵你会发现一个奇怪的现象，咸丰皇帝的两位皇后——东宫皇太后慈安和西宫皇太后慈禧的陵寝形制、规格一模一样，分别置于马槽沟的东西两侧，而西宫太后慈禧葬在了东面，东宫太后慈安却葬在了西面。按古代人的思想，是东大西小，以东为贵。如此，两位太后的安葬位置应该调换一下才对。为什么会出现不合乎常理的现象呢？

慈安是咸丰皇帝的正宫皇后，虽然权势没有慈禧的大，但在名义上，慈安的地位要高于慈禧。慈禧生前没有得到正宫皇后的名分，死了葬在东面是要挣回正宫皇后的名分吗？在民间有这样的两个说法。一是，本来慈安太后是要葬在东面，慈禧太后葬在西边。然而慈禧太后不满意这样的安排，于是和慈安太后打赌，以棋局定胜负，赢的葬在东面，输的葬在西面。慈禧对东面的陵寝志在必

河北遵化清东陵东边的西太后慈禧陵

得,所以在棋局中做了手脚。慈安太后,生性温顺,不予计较,愿赌服输。二是,慈安死后,慈禧大权在握,她说什么就是什么。大臣即使苦谏也毫无办法。其实不管是用计谋还是利用权力,慈禧都想在死后获得比慈安更高的地位。

在古代,帝王之家的丧葬方式有严格的规定,即

河北遵化清东陵西边的东太后慈安陵

使是皇帝也不能随意更改下葬的位置。若是违背祖训,就是不孝,会受万世唾骂的。慈禧太后纵然专横独断,飞扬跋扈,然而毕竟是爱新觉罗家的媳妇,必须遵循祖制。其实,两位太后的陵寝都是在咸丰皇帝陵墓的东侧。因慈安太后是东宫太后,所以要离咸丰皇帝的陵寝近一些,便葬在了马槽沟的西面。而西宫太后慈禧不得不委屈葬在离咸丰皇帝陵寝较远一些的马槽沟的东面。也就是说,以咸丰皇帝为主,离得近的为贵。

慈禧太后叱咤风云达半个世纪,死后却不能左右自己的陵墓,屈居慈安之下,所以她很不甘心,改变不了位置,就在陪葬品上下手。于是慈禧太后的陵墓豪华无比,陪葬品多不胜数。也许,她抱着这些大清国的奇珍异宝下葬的时候心还有所不甘。更令她想不到的是,她在地下没有安眠多久,就被人打扰了清静,被迫重见天日。

 清东陵被盗之谜

清东陵是清朝四大陵区之一,也是中国现存规模最大、体系最完整的古帝陵建筑,现为全国重点文物保护单位。清东陵中埋葬有顺治、康熙、乾隆、咸丰、同治5位皇帝,还有14个皇后,数以百计的妃嫔,是清陵中最重要的陵区。1928年的一天,忽然传出了清东陵被盗的消息。全国哗然,国民政府为之震惊,一时间民众议论纷纷。清东陵为何被盗,又是谁人所为呢?

清东陵中埋葬的乾隆,喜欢舞文弄墨,也喜欢玩赏名家字画。在裕陵中埋有他生前的大部分喜爱之物。慈禧太后也是埋在清东陵,陵寝之中的古玩、珍宝等不计其数。这些价值连城的陪葬品成为盗墓贼的垂涎目标不足为奇。然而,清东陵吸取了前代皇陵防盗的经验,在防盗措施上可谓是煞费苦心,

防备周详。然而如此严密的防范也挡不住盗墓贼的脚步。

1911年,辛亥革命结束了长达2000多年的封建制度。民国初期,风云变幻,军阀混战,社会动荡不安。优待清室的条件成为了一纸空文。原本驻扎大量军队的清东陵也无人防守,失去了昔日的威严,裸露在盗墓贼的眼皮底下。

清东陵被盗后,已经退位的溥仪把护陵大臣毓彭叫到天津,以家法处置,将他从宗谱上除名。随后,溥仪召开了会议,派遣皇室成员到东陵去料理后事。《东陵盗案汇编》中记载了清东陵被盗的情况:"慈禧尸体侧卧,脸朝下,头朝北,脚朝南,左手搭在后背上,发色青黑,散而不乱,发根仍有红头绳缠绕……只见她面色灰白,两眼无珠,深陷为两坑,其颧骨隆高,不异昔表,惟有唇下有伤痕,当系盗匪从口中取珠时所致。"

清东陵被盗案发生后,很多人纷纷请缨去调查此案。有人指出,清东陵的防盗措施吸取了前代皇陵的保护经验,断非一般人能够盗掘的。换句话说,能够盗掘清东陵的必须有大量的人力、物力、财力。在当时具备这种"实力"的也只有国民党的军队了。

在一片声讨声中,国民政府不得不采取一系列措施,摆出一副整饬军纪、严惩主犯的阵势,彻查此案,缉拿元凶。于是以国民政府委员刘人瑞为首的一批调查人员开赴清东陵,调查此案。

在调查过程中,他们在清东陵发现了一把军用的锄头、盗墓者挖掘的痕迹,还有清东陵入口处似被炸药炸开的现场。调查组向附近村民打探到,清东陵方向曾传来过两声巨响。一些军人不时到集市购买燃料,人人腿上沾有白灰。其实这些不是白灰,是来自地宫墙上干了的糯米粉。随后有人报告,曾见到国民革命军第六军团第十二军军长夜间乘汽车从马伸桥前往马兰峪。马兰峪正是清东陵的所在地,而国民革命军第六军团第十二军当时正驻扎在马兰峪。那么,清东陵会不会是被国民革命军第六军团第十二军所盗呢?

在清东陵被盗案发生一个月后,北平警备司令部逮捕了北平琉璃厂"尊古斋"的老板黄百川及一个神秘顾客。这名顾客曾以10万元出售一件十分罕见的异宝。经过审讯,这名神秘顾客叫谭温江,是国民革命军第六军团

河北遵化清东陵大红门

第十二军的师长。

至此，国民革命军第六军团第十二军军长孙殿英已经难辞其咎了。案发后，孙殿英向上司递交了一份报告，称自己在马兰峪剿匪时缴获了一批文物。孙殿英和谭温江两人拒不承认盗墓。没有铁证如山，无法定两人的罪名。然而在不久之后，青岛警察厅抓获了具有国民革命军十二军

河北遵化清东陵裕陵明楼

标志的两名逃兵，他们身上携带36颗珍珠。两人供出了参与盗掘清东陵的事实。这一份证词是唯一明确与孙殿英有关的证据。其后，当时的四大集团军首脑都派出自己的代表组成高等军法会来会审此案。经过一个多月的秘密审理，公开了预审判决草案的结论：清东陵盗案系遵化驻军勾结守陵满人所为，盗墓分赃。这个结论含糊其词，并没有明确指出遵化驻军是哪支军队。最后这件震惊中外的盗墓大案不了了之。

文强曾为孙殿英的少将高级参谋，在他的回忆中，提起了孙殿英曾以夸耀的口吻谈论清东陵盗墓的事情。这也是现在人们判定孙殿英为罪魁祸首的证据之一。孙殿英敢冒天下之大不韪，光天化日之下盗掘帝王陵墓，真正是可恶至极，理应受到制裁。人若不诛，天必诛之。这个逍遥多年的罪魁祸首最终被解放军生擒，死于战犯收留所中。

 雍正帝为何不葬在钦定的皇陵

位于河北省唐山市遵化县的清东陵作为清顺治帝钦定的皇家陵墓，共葬着5位皇帝、14位皇后和136位妃嫔，其中5座皇陵分别是：顺治帝的孝陵、康熙帝的景陵、乾隆帝的裕陵、咸丰帝的定陵和同治帝的惠陵。东太后慈安、西太后慈禧也埋葬于此。按照常理，清东陵既为钦定的皇家陵园，那么这里的陵墓便可以一座接一座地建下去，然而奇怪的是，到了雍正帝时，雍正帝却将自己的万年吉地建在离清东陵数百里之遥的河北易县城西15公里处的永宁山下，史称清西陵。这是为什么呢？雍正帝为何不葬在钦定的皇陵中？

雍正的陵址原本选在清东陵九凤朝阳山，但后来他以这里"规模虽大而形局未全，穴中之土又带砂石，实不可用"为借口将原址废掉，命人另选"万年吉地"。负责选址的人称易县永宁山下是"乾坤聚秀之区，阴阳汇合之

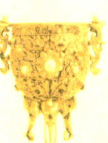

河北易县清西陵雍正帝泰陵牌坊

所，龙穴砂水，无美不收。形势理气，诸吉咸备"，雍正帝看过奏章之后很高兴，便将自己的泰陵修建于此，此后清代的皇帝便间隔分别葬于遵化县和易县两个陵园中。

雍正帝之所以另建陵园，他自己的理由是清东陵"规模虽大而形局未全，穴中之土又带砂石，实不可用"。而历史上关于雍正帝为何不葬在钦定的皇陵中，却历来说法不一。有研究者称，雍正帝在位时勤政节俭，永宁山下不仅风水好，而且离京也近，尤其是距离出产石料的曲阳县非常近（明清两代修建皇宫和陵墓所用的汉白玉石料都产自曲阳太行山区），因此决定把自己的陵墓建在易县永宁山下，这样便可以节省许多人力、物力和财力。

也有学者称，雍正帝另选陵址主要是出于战略防御的考虑，为了加强北京西南地区的军事防御。原来清西陵西边有中国九大名关之一的紫荆关，历史上紫荆关是一个很重要的军事重镇，是中原与北方少数民族的分界线，也是华北平原通往山西宣化、大同和河北张家口等地的唯一通道。

还有一种说法是，雍正帝作为一代英主，向来野心勃勃，不甘居于人后。清东陵虽幅员辽阔，但他的陵墓自然不能超过祖辈顺治帝和康熙帝的陵墓规格。而他若另择新址修建陵墓便可以按照自己的想法来建，不必受约束。持此观点的人指出，这在雍正帝的泰陵上便可体现出来，他的泰陵建在永宁山主峰之下，位于西陵的中心。而且，他的泰陵像祖父顺治帝的孝陵、父亲康熙帝的景陵一样，也修建了大红门、更衣殿、七孔桥等，更重要的是，在大红门之外还建了三座石牌坊，比清开国皇帝顺治帝的孝陵还多了两座，这正是他不甘示弱的政治野心在修建陵墓上的体现。这样，便有了易县的清西陵。

对此，也有人持不同的看法，他们指出官方记载势必要站在统治者的角度上来写，把一切都说得冠冕堂皇。他们认为，雍正篡改了他父亲的传位诏书，且残酷镇压与他争权夺位的同胞兄弟才当上皇上，死后自然不敢去见他父亲，这才另择陵址。

目前，这几种说法都各有千秋，但同时又均没有足够的证据来证明。因此，关于"雍正帝为何不葬在钦定的皇陵中"就成了一段扑朔迷离的清宫秘史，等待着更多的人来探秘。

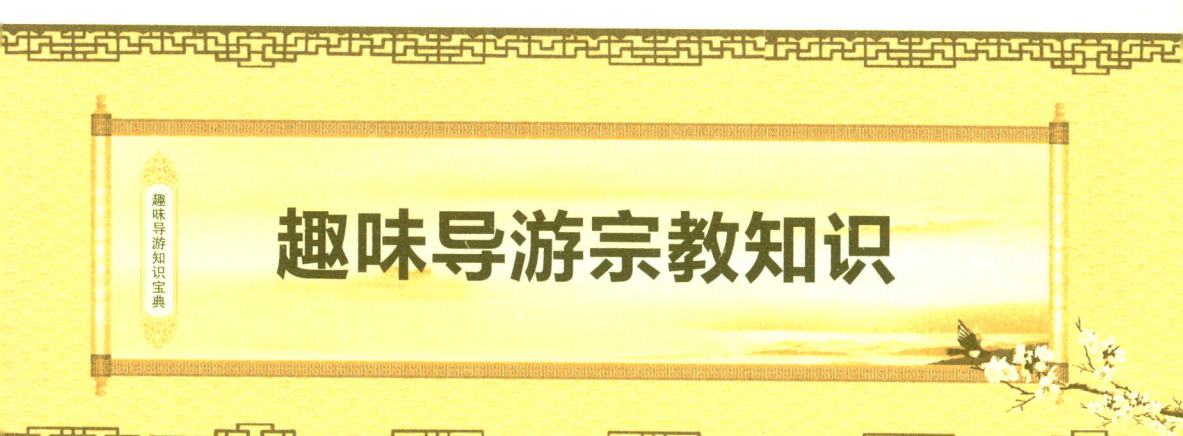

趣味导游宗教知识

 为什么说"色即是空"

现在很多人在开玩笑时说的"色即是空,空即是色"中把"色"理解为女色,"空"理解为虚无或者乌有。和尚看破了红尘,把女人看作是虚无或乌有,所以才出家当了和尚。其实,这种理解是错误的,"色即是空"中的"色"并非为女色,"空"也并非是虚无或乌有的意思。那么,"色即是空"是什么意思呢?

"色即是空,空即是色"原句为"色不异空,空不异色,色即是空,空即是色",语出自佛教经典《摩诃般若波罗蜜多心经》。佛家中的"色"是物质的总称,泛指一切能见到或不能见到的事物现象,而这些现象是人们虚妄产生的幻觉;"空"是产生上面现象的多种因素和原因,是事物的本质。"色即是空",让

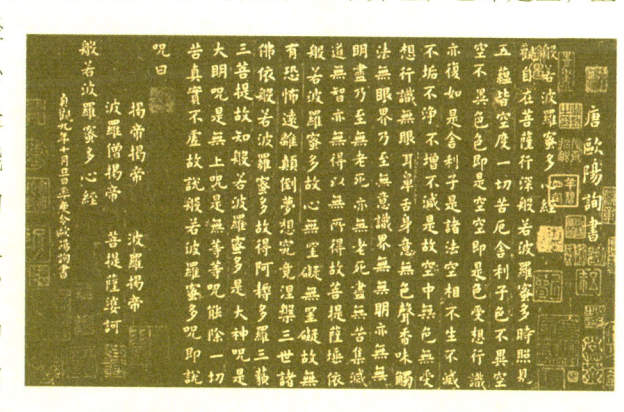

《摩诃般若波罗蜜多心经》玄奘译本

人们认识到事物的现象,认识到诸多的苦和烦恼都是虚妄产生的;"空即是色",则由事物的共性、因缘关系,让人们知道因果报应,善恶循环。所有的"色"在佛家看来都是因缘和合而生,业力运转而散。因此,佛家的"空"并不是什么也没有、什么都不存在的意思,而是指"没有实在性""没有自主性"。

因此,"色即是空,空即是色"表现的是一种因果报应,善恶循环,人们只有认识到这一点,才能真心向善并以实际行动潜心修行并自度度人,最终达到超脱的境界。总体来说,"色即是空,空即是色"是劝人向善的基础。

为何称佛祖为"如来"

铜镀金释迦牟尼佛像(明宣德)

《西游记》中神圣的"如来佛祖"深入每个读者的内心,俨然成了释迦牟尼的代号。众所周知,释迦牟尼为佛教的创始人,民间信佛的人习惯上称其为"佛祖"或"如来佛"。但事实上,"如来佛"这种叫法是错误的,因为,"如来"和"佛"是同义词,都是对佛陀尊敬的称呼,是一切佛的通称。

"如来"一词是从梵语中译出来的,佛经中对"如来"的解释是:"乘真如之道而来",又说"如实而来"。即"如"意为"真如",指一切法(事物)的真实状况,是绝对真理。同时,"如"又有"如实"的意思。由此我们可知,"如来"一词是说佛是掌握着绝对真理来到世上说法以普度众生的圣者。

因此,"如来"和"佛"是同义词,"如来"是佛的另一种说法,是佛的通称。严格意义上来说,我们可以称"释迦牟尼如来""释迦牟尼佛",也可以称"如来"或"如来佛祖",但若称"如来佛"就错了。

佛教为何偏爱莲花

在佛教圣地,我们常可以看到莲花的形象,佛祖释迦牟尼端坐在莲花宝座上,慈眉善目,莲眼低垂;观世音菩萨也是坐在莲花宝座之上,其他的菩萨有的是手持莲花,有的是脚踏莲花,有的作莲花手势,且寺庙的很多建筑元素中如寺庙墙壁、栏杆、香袋、拜垫等都可见莲花图案,给人以"莲即是佛,佛即是莲"的感觉。有人不禁要问:世间万物,佛教为什么会如此偏爱莲花呢?

佛教莲花灯座

一方面,这与莲花出淤泥而不染的自然属性和佛教净土教义相契合有很大关系。佛教将人生视作苦海,追求远离尘世的喧嚣,潜心修身悟道,从而获得永世的幸福。从尘世到净界,从凡俗到超脱,这与莲花生长在污泥浊水之中却能超凡脱俗的"出淤泥而不染"的品格很相似。于是,人们常常以莲喻佛。

另一方面,佛教的发源地印度气候炎热,而莲花盛开于夏季,给人们带来凉爽和美的享受,民众大都十分喜爱莲花。在文学作品中,莲花也都是美好、善良、圣洁、宽容的象征。释迦牟尼创立佛教之初,为了宣传佛教教义,让更多的民众接受佛教,便迎合民众爱莲的心理,以莲喻佛。此后莲花与佛教的关系便越来越密切,并逐渐流传了下来。

"莲出淤泥而不染",的确,将莲性比喻佛性很贴切。无怪乎人说"人有了莲的心境,就出现了佛性"。

 观音菩萨的真身是男还是女

观音菩萨,又被世人称为观世音菩萨(观世音是梵文的意译,又译作"光世音""观自在"等)。唐朝时因避唐太宗李世民的讳,略去"世"字,简称观音。其从字面解释就是"观察(世间民众疾苦)声音"的菩萨,是四大菩萨之一。

观世音的形象最初为男身,在古印度佛教雕塑以及我国早期观音造像中,人们都是以男身为其来塑像的,并且在有些作品中还可以看到他嘴唇上长着两撇漂亮的小胡子。

《华严经》中这样写道,一日善财童子到普陀山参拜观音时,"见岩谷林中金刚石上,有勇猛丈夫"。这句话即暗示观音是男身。《悲华经》上又说:"有转轮圣王,名无诤念。王有四子,第一太子名不眴,即观世音菩萨;第二

王子名尼摩，即大势至菩萨；第三王子名王象，即文殊菩萨；第四子名泯图，即普贤菩萨。"王子，自然是古代人们对男性的称谓。由此可知，观音最初的性别应该是男性。

到了南北朝后期，我国才出现了女性观音像。《北齐书·徐之才传》中记载道："武成酒色过度，恍惚不恒，曾病发，自云初见空中有五色物，稍近，变成一美妇人，去地数丈，亭亭而立，食顷，变为观世音。"可见，拥有姣好面庞的观音在那个时候已经是女身了。

铜观音菩萨像（明）

为何有男戴观音女戴佛的传说

玉石的佩戴习惯一般都是"男戴观音女戴佛"。这主要是有协调阴阳平衡的意思，同时也是民间一种良好的祈愿和风俗。

"男戴观音"，有其特殊的历史渊源。在过去，出外做生意、进京赶考的多是男士。他们中有些人有时比较暴躁，容易激动闹事。汉传佛教的观音菩萨都是女身，是慈悲柔和的象征。其心性柔和，仪态大方、端庄，由男士来佩戴，可以达到消除暴戾、少惹是非、出入平安、消灾解难的目的。另外观音菩萨还可以解除世上一切痛苦和灾难，能急人之所急，难人之所难，随时解救有困难的人。家人为男子戴观音，主要是希望其出门在外，能够在观音菩萨的保佑下与人和睦相处，办完事情后可以平安归家。

"女戴佛"的"佛"指的并不是佛陀释迦牟尼，而是弥勒菩萨，并且是民间常见的大肚弥勒菩萨像。身为女子，经常会被生活中的日常琐事缠身，难免愁肠百结。佛的宽容和大度可化解女子心中种种愁绪。还有就是古人认为女人比较小肚鸡肠，而大肚弥勒菩萨的造型为笑脸大肚，寓意宽宏大量。因此"女戴佛"寓意女人能够平心静气地对待一切事物，拥有一个豁达的心胸。

民间还有一种说法就是，观音和官印是谐音，给男子戴观音，其长

铜大肚弥勒佛像（明）

大后可以做高官。这也算是古时父母对孩子的一种期望。而佛则有福的意味，给女子戴佛，可保佑女孩子一辈子都生活得很快乐、幸福。

 方丈和住持是同一人吗

方丈，原指的是一丈四方的房间，也被称为方丈室、丈室，是寺院中住持的居室或客殿，人称函丈、正堂、堂头。现在的"方丈"一词一般是指禅林的住持，或是对寺院高僧大德的尊称，俗称"方丈"或"方丈和尚"。

住持，语义是"安住之，维持之"，原来是指代佛传法、续佛慧命的人，后来则被用来指称各寺院的主持者或长老。

戒台寺方丈妙有法师及潭柘寺方丈常遁法师

当这个词用来表示寺职称谓时，也可以称寺主或院主。由于住持的住处称为"方丈"，所以"方丈"一词也被引申为住持。

其实，方丈和住持还是不太一样的。在一些庙里可能住持和方丈是同一个人，但是在有的庙里则只有住持而没有方丈。之所以会出现这种现象，是因为方丈一般是接受传法的和尚，有法卷可证明其传承，但是住持则可以不必；有方丈的丛林必须制度健全，人员、规模等都要达到一定的水平，但是有住持的寺院则不一定。

那么，住持怎样才能变成方丈呢？方丈在佛教界往往具有一定的影响力，而且要求严格，一般需要经过省级佛教协会批准、中国佛教协会备案。不仅如此，从住持变为方丈还要举行一个仪式，佛教称之为"升座"。只有把这些程序都走下来，住持才能算得上是这个寺院的方丈。

 古人为何经常到"龙王庙"求雨

在我国古代的神话传说中，龙是一种神异的动物，能大能小，能隐能升，大则兴云吐雾，小则隐介藏形，隐则潜伏于波涛之内，升则飞腾于宇宙之间。春分登天，秋分潜渊，呼风唤雨，无所不能，专司雨水及江河湖海。

龙为我国古代神话四灵（道教四灵：青龙、白虎、朱雀、玄武；民间四灵：龟、麟、凤、龙）之一，中华民族作为龙的传人，自古对龙有着异样的

山东烟台三仙山景区龙王庙

感情。在科技还不发达的古代，干旱洪涝等自然灾害不断，龙王治水是民间普遍的信仰。汉代时，民间始建龙王庙为求雨所用，唐玄宗时以祭雨师之仪祭龙王，宋太祖沿用唐代祭五龙的仪制。宋神宗期间，连年干旱，民不聊生，信州地区传出有座龙王庙屡求屡应，宋神宗便御笔亲书加以封赏。宋徽宗时更是封天下五龙皆为王爵。

此后，民间对龙王庙的依赖与信仰程度有过之而无不及，各地的龙王庙也越建越多，几乎与城隍庙、土地庙等一样普遍。每逢风雨失调，或干旱或洪涝时，民众都会到龙王庙烧香，祈祷龙王出来或降雨水或治理雨水，以使风调雨顺，五谷丰登。

"国以民为本，民以食为天"，在以农业为主的古代社会，雨水对民众有着非同一般的意义。而在天灾人祸不断的古代，无所依托的古人只能寄希望于龙王，所以古人经常到龙王庙求雨。

 **舍利子是怎么形成的**

舍利子最初是指佛教祖师释迦牟尼圆寂火化后留下的遗骨和珠状宝石样生成物，成结晶体状。佛经上说，舍利子是一个人透过戒、定、慧的修持，加上自己的大愿才可得来，一般只有得道高僧圆寂火化后才能出现，十分稀有、宝贵。

舍利子本十分罕见，但近年来各地常有舍利现象出现，令大家喜闻乐见。1990年12月人们在新加坡华人高僧宏船法师的骨灰中捡到480颗彩色、类似水晶体的硬物，有些还闪烁着钻石般的光亮，经辨认，这些水晶体硬物是舍利子。1991年3月，五台山佛教协会副会长通显法师圆寂火化后，得五色舍利子11 000颗。1994年在陕西长安县法华寺修行的93岁高龄的圆照法师自进入6月就水米不进，6月12日，突然精神很好，神色异常，晚上还对前来探望的寺内众弟子讲了一通佛法，在说了一句"我将心留给众生"后便悄然圆寂。火化时大火整整烧了一天，法师法体形成百多颗大小不一、形态各异的舍利子和舍利花。据2012年4月12日《广州日报》报道，人们在弘法寺本焕长老的骨灰中发现了呈圆形、椭圆形的七彩色泽的舍利子。

据《法苑珠林》记载，舍利可以分为白色的骨舍利、黑色的发舍利和赤色的肉舍利三种，因此人们在这些高僧的骨灰中找到的舍利子大小不一，颜色、形态各异。如今这些珍贵的舍利已被作为佛教的圣物而受到尊崇。

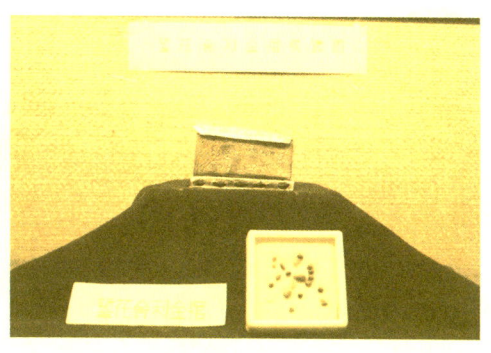
定州文庙所藏舍利子

舍利子的来源一般不外乎以下几种：结石、骨头、牙齿、死者携带的随葬品或人为放入骨灰中的东西。但关于舍利子的形成，历来说法不一，莫衷一是。

素食说。有学者提出，佛门僧人长期吃素，摄入了大量的植物纤维素和矿物质，经过人体的新陈代谢，易形成大量的磷酸盐、碳酸盐等，以结晶体的形式沉积于体内。火烧而不化，从而形成舍利子。反对者指出，世界上的素食主义者成千上万，并没有发现他人有舍利子出现。佛门弟子也不计其数，并不是每个人都有舍利子。

结石说。另一些学者认为，舍利子可能是一种类似于胆结石、肾结石的病理现象，因为这些结石见火不化，且多呈颗粒状。但这种说法并不能使人完全信服，不少患有结石症的人在死后火化并没有发现舍利子存在，况且那些出舍利子的高僧生前几乎都是身体健康、安然自得的长寿老人。

外物说。这种说法认为，所谓的舍利是外来的，大致可以分为两类：一类是佛珠等随身物品中夹杂着玛瑙、玉石等物；另一类是人为因素所致，如在僧人去世后，其他僧人塞到其口中或者手里的一些东西，甚至有些是专门为了获得"舍利"而特意放进去的。

千年舍利百年功德，其实不管舍利子究竟是如何形成的，也许舍利子存在的意义便是引导人们向善，留给人们一种信仰的寄托。

南京栖霞寺舍利子塔

和尚为何要敲木鱼

木鱼

在影视剧作品中,我们常看到"和尚敲木鱼"的场景,不由得心生疑问:和尚为什么要敲木鱼呢?

木鱼起源于印度,是一种用硬木制成的扁平而中空的鱼形佛教法器,一般有圆鱼形和直鱼形两种。最常见的是圆鱼形的木鱼,大小规格不一,大的可置于佛殿,小的可放于佛案,和尚一般边诵经边用木槌敲击它,以掌握诵经节奏和调整音节。直鱼形的木鱼又称"梆",常悬挂在寺院斋堂附近,敲击时声音清脆响亮,是僧众进斋饭的信号。

唐末五代王定保编撰的笔记小说集《唐摭言》中记载:"鱼昼夜未尝合目,亦欲修行者昼夜忘寐,以至于道。"这就是说,鱼是昼夜都不闭眼睛的,潜心修行的人要像鱼那样昼夜长醒,专心修道,敲木鱼便起警示作用。

由此,我们可知和尚敲木鱼一为用木鱼精神警示众人不要昏沉懈怠,要昼夜长醒,专心学佛;二为调节诵经节奏,有助于诵经人排除杂念,沉浸其中;三为僧众进斋饭的信号。

和尚为何自称"老衲"

在古代文籍中常见"老衲"一词,指老僧人或老道士。唐朝戴叔伦《题横山寺》诗云:"老衲供茶盌,斜阳送客舟。"明朝陈汝元《金莲记·郊遇》云:"长公绣口锦心,不日连枝奋北;老衲萍踪浪迹,来朝一苇度西。"清朝黄遵宪的《石川鸿斋偕僧来谒》诗云:"先生昨者杖策至,两三老衲共联袂。"清蒲松龄《聊斋志异·种梨》云:"道士曰:'一车数百颗,老衲止丐其一。'"

"老衲"一是人们对老和尚或老道士的敬称,一是老和尚或老道士自己的谦称。衲是指一种僧衣(或道衣),由布片缝补而成,又称百衲衣。其内涵有两层意思:一是僧人或道士

道济和尚(济公)

的衣食是由信众供奉的，一件僧衣往往包含了很多个信徒供奉，故这种僧衣称百衲衣；二是僧人行头陀行，即苦行，食常人所不食，穿常人所不穿，衣服是由破布片缝补而成，故称百衲衣。穿衲衣的僧人往往很有德行，故人们敬称老僧为老衲，或老僧自己谦称老衲。而有时老尼姑也自称老衲。僧人又别称衲僧。

 ## 和尚为何要烧戒疤

在和尚的光头上用香火烧灼出几个疤痕，这在佛教中称为烧戒，疤痕称为戒疤。戒疤的数目一般有一、二、三、六、九、十二个等几种，戒疤越多，表明受的戒就越多，相对而言资格就较老，十二点表示是受的戒律中最高的"菩萨戒"。戒疤俨然已成为世俗人眼中和尚的标志之一。

然而，在佛教戒律中，并没有在受戒人头顶上烧戒疤的规定。戒疤是在佛教于西汉末年传入我国后的很长一段时间后才兴起的。佛教刚传入我国时，凡是想要出家的人，只需剃掉头发、披上类似袈裟的粗布就是和尚了。据说在元代初年，一位志德和尚受到元世祖忽必烈的尊崇，他在天禧寺主持传戒

头上烧戒疤的和尚

时，便规定必须用香火灼烧受戒的人头顶和手指，以显示其虔诚信佛的决心。这便是我国汉地僧人受戒烧戒疤的开始。另一种说法是，元代统治者为了防止抗拒法令的民众逃到僧众里面去而特意出此方法以辨别真假和尚。但不管是哪一种原因，世界各国的佛教徒和我国少数民族的佛教徒是没有戒疤的，而且在我国元代以前的汉族佛教徒头上也是看不到戒疤的。

1983年12月我国佛教协会出台的《关于汉族佛教寺庙剃度传戒问题的决议》中规定在受戒人头上烧戒疤的做法"并非佛教原有的仪制，因有损身体健康，今后一律废止"。至此，即使是新受戒的汉族僧人，头顶也不会出现戒疤了。

 ## 为何出家要"剃度"

"剃度"一词为佛教用语，即出家当和尚的人要剃光头发。这一仪式来源于佛教发源地——古老的印度。

约公元前5世纪,古印度迦毗罗卫国太子悉达多·乔达摩放弃尊贵的太子身份和王宫的安逸生活,开始离家寻道,经过6年的艰苦修行与探索,终于大彻大悟,领悟到解脱生死之道,入道成佛,成佛后被称为释迦牟尼。佛祖释迦牟尼在恒河流域布教传道,并广收门徒。释迦牟尼最初对迦叶等5人传教时,亲手为他们剃去了头发,表示接受他们为自己的弟子。

"正在受剃度的小和尚"雕塑

一般认为,出家当和尚剃发有三重含义:首先,佛教认为世界是虚幻的,且人生苦短,只有断除一切人世间烦恼,静心修行才能成佛,这样才可获得永世的幸福。而头发代表着人世间的万千烦恼,有"万千烦恼丝"之称,剃去了头发,也便了却了这人世间的许多烦恼与痛苦。其次,"身体发肤,受之父母",古人把头发看得很重,若头发有损,则是对父母的不敬。而剃去头发,也就了却了这些亲情的牵挂,可以一心一意潜心修行。最后,出家"剃度"是为了与当时印度其他的教派相区别,"剃度"者即为佛教徒。之后,"剃度"就成了加入佛门的一种仪式。

达摩为何要面壁九年

嵩山少林寺有一处景观是"达摩面壁洞",据说当年达摩曾在这里面壁九年。《五灯会元》中有记载:"达摩寓止嵩山少林寺,面壁而坐,终日默然,人无测之,谓之壁观婆罗门。"九年间,达摩一言不发,乃至出洞时竟在对面的石头上留下了一个自己面壁时的形象,衣装褶纹,隐约可见,宛如一幅淡色的水墨影像。人们把这块石头称为"达摩面壁影石"。

达摩为什么要"面壁九年",难道是为了思过吗?

准确地说,达摩的"面壁"是"坐禅",

德化窑达摩执鞋像

是"禅定",即想通过这样的方式令己心专注于某一对象,而进入不散乱之状态。面壁可以是思过,但更多的是观想和凝练智慧,用达摩的话说就是"外止诸缘,内心无喘;心如墙壁,可以入道"。"面壁"则意在让人们不要著四相,即我相、人相、众生相、寿者相;遇到一切境界,心无贪爱取舍,不生烦恼嗔恨。此与人们在形式上面壁打坐没有必然的关系。

在《菩提达摩大师入道四行观》中说:"夫入道多途,要而言之,不出二种:一是理入;二是行入。理入者,谓藉教悟宗,深信含生同一真性,但为客尘妄想所覆,不能显了。若也舍妄归真,凝住壁观,无自无他,凡圣等一,坚住不移,更不随于文教,此即与理冥符,无有分别,寂然无为,名理入也。"

"理入",就是顿悟,就是见性。顿悟见性后,就要守性。在儒家称为"不迁怒,不贰过","守性不移"之功。在佛教称为心无分别、四相不生之功。因此说,"面壁"讲的实是心无分别、守性不移、面对一切境界四相不生、自心如如不动的内在功夫。

为什么要说九年呢?"九"在这里其实是一个虚数,不是实数。因为从一数到九后,就要重新开始计数,九是数中之最大者,也是数的极限。意思是说,人们只有修行修到极处,功行圆满,才能够明心,开始新的生活。"面壁九年"则是代指达摩修行的时间之长。

后来,人们将达摩在洞内的生活归结为四句顺口溜:"上班坐禅,困倦打拳,饥饿吃饭,年复一年。"这种生活看似枯燥,却也成就了佛教史上的一段奇迹和美谈。

 猪八戒为何又称"八戒"

《西游记》中的猪八戒原是天上的天蓬元帅,因调戏嫦娥不成而被逐出天界,贬到凡间,又投错了胎,生得嘴脸与猪相似。他能腾云驾雾,会使用变身术,使用的兵器是九齿钉耙。在高老庄时被唐僧收为徒弟,同孙悟空一起保护唐僧西天取经。他好吃懒做,好色,爱占小便宜,但性格温和,力气大,嘴巴甜,对师

高老庄猪八戒雕塑

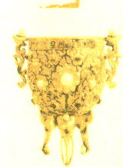

傅忠心耿耿，对师兄孙悟空的话也是言听计从，其憨态可掬的形象深受广大观众的喜爱。众所周知，其法号为悟能，那么唐僧为什么给他起了个"八戒"的别名呢？

其实，《西游记》第19回中已经给出了答案："悟能道：'师父，我受了菩萨戒行，断了五荤三厌，在我丈人家持斋把素，更不曾动荤。今日见了师父，我开了斋罢。'三藏道：'不可！不可！你既是不吃五荤三厌，我再与你起个别名，唤为八戒。'"于是便有了"八戒"这个名字。

那么，何谓"五荤三厌"？"五荤三厌"属宗教戒条，是信徒不能食用的八种食物。"五荤"并不是指五种荤菜，而是"五辛"，即大蒜、小蒜、葱、韭菜、兴蕖（形似萝卜，味如蒜）。"三厌"中的"厌"是不忍吃之意，这是道教的说法。道教中把雁、狗、乌鱼列为不能吃的三种动物，因《涌幢小品》中记载"雁有夫妇之伦，狗有扈主之谊，乌龟有君臣忠敬之心，故不忍食"。

"五荤三厌"实际上是综合了佛教、道教的说法，是二者的混合物。佛教戒条中的"八戒"又称"八斋戒"，分别为：一戒杀生，二戒偷盗，三戒淫，四戒妄语，五戒饮酒，六戒着香华，七戒坐卧高广大床，八戒非时食（正午过后不食）。

然而，不管是混合了佛、道两教戒条的"五荤三厌"还是佛教的"八戒"，猪悟能显然都没有完全做到，尤其是好色一戒，"八戒"常常被妖怪的美色迷倒，难分敌我。但在师傅唐僧的带领下，在师兄弟们的监督督促下，"八戒"终于修成正果，被如来佛封为"净坛使者"。

乐山大佛为何历经1000多年风雨而不毁

乐山大佛雕琢成后，已历一千多年，遭到各种各样的破坏，有自然的原因，也有人为战祸的原因；尤其明、清以来，大佛饱受风雨侵蚀，以致佛身多处受损。但各个朝代都对大佛进行过维修，加以保护。所以，大佛虽历经千年风雨，但基本保存完好。究其原因，人们普遍认为，这主要是因为乐山大佛设计合理。其一，山是一座佛，佛是一座山，佛身稳固。其二，有非常巧妙的排水系统。其三，大佛原建有护阁，使其免受日晒雨淋。

乐山大佛具有设计巧妙、隐而不见的排水系统。在大佛头部的18层螺髻中，第4层、第9层和第18层各有圈排水沟，用锤灰垒砌而成，远望不见。大佛衣领、衣纹皱褶处以及正胸也有排水沟，且其奇妙地与右臂后侧水沟相连。两耳后的山崖处，有洞穴左右相通，可以汇山泉，使佛身一侧的崖壁比较干燥。这些水沟和洞穴，能够排水除湿和通风，有效防止了大佛的侵蚀风化。

另外，大佛两耳垂以木为之，减轻了重量，且坏了还可以更换。大佛隆起的鼻梁，也是以木修饰，便于修复。

佛像雕刻成后，曾建有13层楼阁覆盖，使大佛免受日晒雨淋。唐时称为"大佛阁"，宋时称"天宁阁"。可惜于明末清初时，被张献忠的乱军焚毁。现在大佛两侧山崖上的几十处孔穴，就是楼阁梁柱的插孔。曾有人提议重建大佛阁，也有人嫌佛阁有碍观瞻，故至今未重修。

1982年2月乐山大佛被国务院列为全国重点文物保护单位。1996年12月，峨眉山和乐山大佛被联合国教科文组织列为"世界文化与自然遗产"。

乐山大佛

 扶风法门寺地宫之谜

扶风法门寺位于陕西省扶风县法门镇，因安放有释迦牟尼真身舍利而广为人知，素有"关中塔庙始祖"之称。相传，古印度阿育王为了弘扬佛教，将佛祖释迦牟尼的真身舍利分成八万四千份，分葬在世界各地，并建塔供奉。其中中国有19处，而法门寺是第5处。因中国的习俗是死后埋葬在地下，故将"佛指舍利"安放在法门寺地宫中。

法门寺地宫所收藏的佛指骨舍利，受到历代帝王的尊崇与信奉。自唐贞观五年（631）唐太宗开启塔墓至唐咸通十四年（873），唐朝先后7次迎奉佛指骨舍利。法门寺地宫也于次年（874）封闭。明隆庆年间，唐建四级木塔崩毁，于万历年间重建为八棱十三级砖塔，但地宫却未遭到任何破坏，保存了原貌，甚至连门锁也未打开。清顺治时因强烈地震而塔体出现裂缝。1981年8月24

陕西扶风法门寺

日因阴雨连绵，明塔西南部从底到顶倒塌，仅余一半，巍然斜立，一时成为奇观。1987年考古队开始清理塔基，再一次使扶风法门寺成为万众瞩目的焦点，封闭了1113年的扶风法门寺地宫之谜也由此揭开。

地宫长21.21米，面积31.84平方米，是国内迄今发现的佛塔地宫中最大的一个。整座地宫型制如同帝王的陵墓一样，结构复杂，用材讲究，雕饰精美。更为神奇的是，1987年5月5日（农历四月初八）凌晨1时也正是释迦牟尼的诞辰，考古工作者发现了供奉于地宫中的释迦牟尼真身舍利。在法门寺地宫中出土的170余件物品大致可以分为两类：一是4枚珍贵的佛指骨舍利；二是为供奉舍利而奉献的大量奇珍异宝和生活用品。这不仅为佛教研究提供了珍贵的资料，而且也给世人留下了一笔宝贵的财富。

扶风法门寺地宫是目前国内唯一保存释迦牟尼真身舍利的地宫，法门寺因佛骨而建，佛骨使法门寺更加神圣。也许，围绕着佛骨，法门寺还有诸多奥秘等着人们去发现、探索。

为何说"天下功夫出少林"

天下功夫出少林，少林功夫甲天下。少林武术是中华武术的重要组成部分，是我国极其宝贵的文化瑰宝。它集中华南北派武术之大成，融内外拳家之精华，历经千锤百炼，功法繁多，博大精深，以丰富的内涵、独特的风格、利于实战的特点，威震四海，举世闻名，在国内外武坛中独树一帜。

少林武术的起源和形成一直众说纷纭。大多认为是释迦牟尼佛第28代弟子达摩祖师在少林寺面壁九年，创立了中国禅宗和少林功夫。实际上，少林武功并非一人所创，是少林寺众僧和俗家弟子，在长期修禅、修道、健身和自卫的艰难实践中，根据中国其他武术升华所得。其形成于三方面的需要：一是僧人在坐禅中，常常出现头脑昏沉、思绪混乱、失去记忆等症状，这就需要调理身体，于是就促使僧人练习武艺，活动筋骨，强壮体魄，以更好地修禅。二是护身的需要。少林寺当时是荒凉偏僻的山野，常有野兽与强盗出没，这就需要习练武功以加强自身防卫。三是护法、护寺、护国

嵩山少林硬气功

的需要。静极生动，动极惊天，禅拳归一，是少林功夫的真谛。千百年来，少林武僧及其俗家弟子遵照着这条玄奥的哲理创造并发展了少林武术，寺以禅显，拳以寺名，进而著称于世。

嵩山少林铁鞭

据史料记载，公元495年，北魏孝文帝为印度高僧佛陀禅师建造少林寺，少林寺首任住持佛陀禅师就很重视习武。此后，一些身怀绝技的名流俊杰因战乱纷争皈依少林，和原来高僧交流、切磋武艺，成为少林武术的滥觞。由于嵩山是九朝古都洛阳通向东南平原的咽喉，自古以来是兵家必争之地，常有强盗出没。皇家寺院少林寺为了保证寺产安全，经朝廷认可，开始拥有自己的常备武装力量——僧兵。少林寺僧兵的存在为少林武术的兴旺、发展创造了良好条件。隋、唐、宋时期，少林寺开始形成尚武之风。在上千年的发展过程中，少林武术广泛吸收中国历代各武术流派之精华，集天下功夫之长，不断提高、发展、革新，逐渐进化成突出实用、风格独特的武术体系。明代时，少林武术的特色完全形成。到了清代，少林武功在社会上更加声名大振，褚人获《坚瓠集》记载："今人谈武艺，辄曰'从少林寺出来'。"这也是"天下功夫出少林"一语由来之始。

综观中华武术各流派，或是九流一源，逐步归附少林派，汲取精华而形成万法一门的少林武术；或是少林某一功法被高手提升和内化，而逐渐形成新的门派。因此说："天下功夫出少林。"

 为什么道教把死亡称为"羽化"

死亡，人人不可避免。而不同的人群对死亡的称呼却不同。我们知道，一般人称呼死亡为"死""去世"或"老了"等，佛教中僧人去世称为"涅槃""圆寂"等，道教中则称死亡为"羽化""仙化""升天"等。这是为什么呢？道教中又为什么把死亡称为"羽化"呢？

称呼不同，原因在于其所表示的意义不同。一般人所说的"去世"意味着生命的终结，不但肉体消失，而且灵魂也随之消失，是一种彻底结束。佛

福建泉州清源山羽化岩

教中的"涅槃"则与之正相反，肉体虽然消失，但灵魂却以一种更高级的状态存在，是重生的意思。"圆寂"是"涅槃"的音译，为唐代玄奘所译。"圆"的意思是具有一切福德智慧，"寂"的意思是永离一切烦恼。因此，"圆寂"的含义是不但具有了福德智慧，而且生命中所有的烦恼也都消失殆尽，是一种很高的佛法境界。

而道教之所以把死亡称为"羽化"，这是和道教的教义有关的。道教虽然也和佛教一样，追求脱离世俗世界、解脱自我，但佛教追求的是通过修行达到一种精神上的大彻大悟，道教则是要达到"羽化成仙"的境界。"羽化"本意是指昆虫由幼虫蛹化为成虫，长出翅膀。后常借此意指变化飞升成仙。这和道教中由人变为神仙有点相似，因此，道教中将教徒老病而死称为"羽化"。《书言故事·道教·羽化》中记载："道士亡，曰羽化、仙化。"

其实，对于死亡，无论是称呼不同，还是所表示的含义不同，最根本的是对死亡的理解不同。与世俗中将死亡理解为一件悲伤的事不同，宗教中则是将死亡看作是自己修行的一个成果，是一件值得高兴的事。

 王母娘娘是如何与玉皇大帝结为夫妻的

王母娘娘，又称瑶池金母、西王母、金母、金母元君、九灵大妙龟山金母，简称王母，是中国道教中的女仙首领。《山海经·西次三经》记载，西王母居住在玉山之山，"其状如人，豹尾虎齿而善啸，蓬发戴胜，是司天之厉及五残。"《庄子·大宗师》说："西王母得之，坐乎少广，莫知其始，莫知其终。"西王母信仰在汉代及汉代以前很广泛，几乎华人（汉人）皆信西王母。当时西王母是西方之神，属金；东王公是东方之神，属木。《吴越春秋·勾践阴谋外传》云："立东郊以祭阳，名曰东皇公；立西郊以祭阴，名曰西王母。"纪年为汉元兴元年（105）的环状乳神人神兽镜铭文曰："元兴元年五月丙午日天大赦，广汉造作尚方竟（镜），涑（炼）三商周得无口，世传光明长乐未

央，富且昌，宜侯王，师命长生如石，位至三公，寿如东王公、西王母，仙人子位至公侯。"

人们对西王母印象最深的是她有不死药和蟠桃，人吃了可以长生不老。据《汉武帝内传》讲，西王母率五十余仙下降汉宫，汉武帝盛服跪拜。西王母"又命侍女更索桃果。须臾，以玉盘盛仙桃七颗，大如鸭卵，形圆青色，以呈王母。母以四颗与帝，三颗自食。桃味甘美，口有盈味。帝食辄收其核，王母问帝，帝曰：'欲种之。'母曰：'此桃三千年一生实，中夏地薄，种之不生。'帝乃止。"

《道藏道迹经》云："王母上殿东西坐，着黄金褡襦，文采鲜明，光仪淑穆，带灵飞大绶，腰佩分景之剑，头上太华，戴太真晨缨之冠，

王母娘娘塑像

履玄凤文之，观之，年方三十许，修短得中，天姿灵颜绝世，真灵人也。"《道藏三洞经》云："西王母者，太阴之元气也，姓自然，字君思，下治昆仑，上治北斗。"《博物志》说天上天下、三界十方，但凡女子得道登仙者，都隶属西王母管辖。相传每年的三月初三是王母娘娘的诞辰，道教在此日会举行隆重的盛会。西王母与玉皇大帝没有关系。任何道教典籍都未有记载两者是夫妻关系。

据佛经记载，九层天的天主帝释（玉皇大帝）的夫人是天上修罗王的女儿。修罗即战神，为人好战，做事过头，虽居天上，但不是天人。修罗男子奇丑，女子貌美。帝释见了修罗王的女儿后心动，便娶其为妻。修罗王的女儿绝非西王母。西王母也绝不是玉皇大帝的夫人。

玉皇大帝

将西王母与玉皇大帝拉上关系的应该是元明的剧作家和小说家。元朝钟嗣成和明朝朱有燉都编有《蟠桃会》杂剧，情节是西王母召东华、南极、八仙等开蟠桃大会，但还未说西王母是玉皇大帝的夫人。小说中涉笔西王母事的也很多。明代杰出的小说家吴承恩

的《西游记》所写孙悟空大闹蟠桃会的故事,就是对上述剧本的进一步演绎,而且把西王母从西方昆仑山迁到了天上,并给玉皇大帝做了皇后。另外还有《宝莲灯》和《天仙配》,皆说西王母是玉皇大帝的皇后。这些小说和戏剧误导了太多的中国民众,搅乱了中国人的信仰,可以判为邪说。笔者就此访问了河南省开封市救苦庙的道长和开封市道教协会会长、无梁庙鲍道长,他们均认为小说和戏剧中将西王母说成是玉皇大帝的皇后,简直是对王母娘娘的侮辱,是道教和信众不能容忍的。

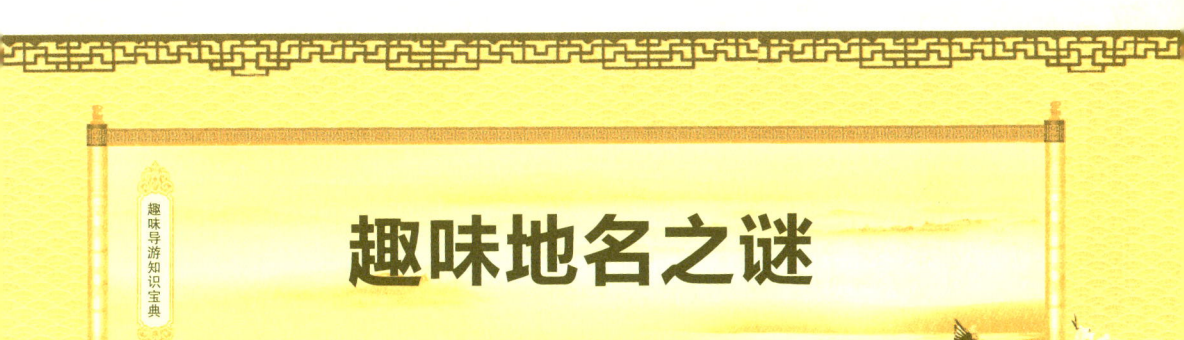

趣味地名之谜

 北京的菜市口因何得名

辽代时,菜市口是安东门外的郊野;金代时,这里是施仁门里的丁字街。到了明朝,由于此地位置优越,人流比较大,比别处热闹许多,人们便在此做起了蔬菜生意。渐渐地,菜市兴隆起来,成为京城最大的蔬菜市场,多种多样的菜摊、菜店沿街分布。许多人都来此买菜,并把菜市最集中的街口称为"菜市街"。清代时,改称"菜市口",后来一直沿用至今。

因为北京胡同众多,所以街口也就有很多。当然,名气最大的街口当数菜市口。在清代,菜市口是杀人的法场,其位置大约在今北京市西城区菜市口百货商场附近。在历史上有不少名人在这里被斩首。比如1861年,慈禧太后发动宫廷政变夺得政权,实行"垂帘听政",受咸丰皇帝遗诏的八位赞襄政务大臣中的肃顺就在此被杀。再如1898年,"戊戌变法"失败后,慈禧将"戊戌六君子"谭嗣

菜市口刑场

在菜市口被问斩的肃顺

同、林旭、杨锐、杨深秀、刘光第、康广仁等也杀害于此。

其实，人们经常会在戏文中听到"推出午门斩首"的唱词。这里的"午门"指的就是拉到菜市口砍头，俗称"出红差"。诗人许承尧（1874—1946）写过一首《过菜市口》诗，真实地反映了刑场的情况："薄暮过西市，踽踽涕泪归。市人竟言笑，谁知我心悲？此地复何地？头颅古累累。碧血沁入土，腥气生伊阙。愁云泣不散，六严闻霜飞。疑有万怨魂，逐影争啸啼。左侧横短垣，茅茨复离离。此为陈尸所，剥落墙无皮。右侧竖长杆，其下红淋漓。微闻决囚日，两役异囚驰。高台夹衢道，刑官坐巍巍。囚至匍匐伏，瞑目左右欹。不能指囚颈，一役持刀锋。中肩或中颅，刃下难遽知。当囚受刃时，痛极无声噫。其旁有亲属，或是父母妻。泣血不能代，大踊摧心脾。"

清朝时，官府将杀人的刑场从明朝时的西市（今西四牌楼）移至宣武门外的菜市口。这是菜市口名声大振的主要原因。那时每到冬至前夕，官府就会在此对"秋后问斩"的死囚执行死刑。在天亮前，死囚被推入囚车，经过宣武门走宣外大街，最后到菜市口。斩首时，囚犯从东往西排好，刽子手手执鬼头刀也依次排列。当囚犯的头被砍下来后，通常会被挂在或插在街中的木桩子上示众。后来，"菜市口"逐渐成为"刑场"的代名词。1912年，中华民国成立，清王朝覆灭，刑场被转移。中华人民共和国成立后，这一带逐渐成为宣外大街最繁华的商业街和交通枢纽。

在菜市口附近，过去有一家西鹤年堂药店，相传建于明代嘉靖年间。店号的匾额是当时的宰相严嵩写的。因为"鹤"字笔画特别多，虽然与另外三字并写很难匀称，但由于布局很好，几百年来一直为人称道。据说，当时凡是进京的人，都要到这家药店去瞻仰一番。清代时，菜市口刑场监斩官的高座位，常设于西鹤年堂店门口。通常而言，它的形式为：上搭一席篷，下放一长方桌子，桌上上摆朱墨、锡砚和锡制笔架，笔架上搁放几支新笔。一般有几个犯人，公案上的笔便要预备几支。这是因为每杀一个人，刽子手提上头来，监斩官就照例用朱笔在犯人头上点一个红点。然后，因为传说这种笔可以压邪驱魔，所以就会被别人出许多钱买去。也就是说，一个犯人用一支笔，刽子手和差役们就可以借此生财了。

 ## 南京为何又被称作"金陵"

金陵，南京的别称。而关于"金陵"之称的由来，千百年来一直有着多种说法。

其一，"因山立号"说。"金陵"原本是钟山的名字。由于当时长江流经清凉山西麓，金陵地势险要，楚威王便选此置金陵邑。他是想以长江天堑为屏障而图谋天下。唐代《建康实录》中明确记载楚威王"因山立号，置金陵邑"，即以山名作邑名。

南京中山陵

其二，"帝王埋金"说。相传金陵这个名字是因为秦始皇在金陵岗"埋金"以镇王气而得，即"金之陵墓"。《景定建康志》载："父老言秦（始皇）厌东南王气，铸金人埋于此。"且有传说在秦始皇金陵岗立有石碑，其上镌刻："不在山前，不在山后，不在山南，不在山北，有人获得，富了一国。"也有说秦始皇并没有埋金在此处，而是声称山中埋金，好让寻金之人"遍山而凿之，金未有获，而山之气泄矣"，以此凿断山脉风水地形，泄露王气。另外，还有传说"埋金"的是楚威王本人。楚威王认为南京"有王气"，遂在龙湾（今狮子山北）江边埋金。

其三，"金坛得名"说。南京地接华阳金坛之陵，故称金陵。

 ## 苏州一名有何由来，其为何又称姑苏

苏州，古称吴郡，位于江苏省东南部，历史悠久，人文荟萃。它是"中国首批历史文化名城"和"中国十大重点风景旅游城市"之一，也是江苏省重要的经济、对外贸易、工商业中心和重要的文化、艺术、教育中心和交通枢纽，还是中国最具经济活力城市、国家卫生城市、国家环保模范城市和全国文明城市之一。

公元前514年（吴王阖闾时期），古城始建，距今已有2500多年的建城史。隋开皇九年（589），根据地处城西南的姑苏山，更城名为苏州。苏州自古有两个名称，即吴县的"吴"和苏州的"苏"。

夏朝时，有一位谋臣叫胥，他不仅有才学，而且精通天文、地理。大禹

苏州姑苏台外景

治水时,他还立过功劳,因而名望很高。他深受敬重,并受封于江东。此后,江东便被称为"姑胥"。当时,"姑"在荆蛮语中是拟声词,无任何意义。又因为"胥"字不常用,于是人们就改用近音字"苏"("苏"的繁体字是"蘇",由草、鱼、禾组成,寓意为"鱼米之乡")代替了"胥"。这样一来,"姑胥"就变成了"姑苏"。

春秋时期,吴王阖闾在灵岩山建造了一座姑苏台,于是灵岩山就成了姑苏山。如今,苏州一带还有胥江、胥门、姑胥桥等地名。隋时,朝廷改大批的"郡"为"州"。苏州本在"吴郡",起先要升格为"吴州",但由于"吴州"已为其他地方所用,所以就按姑苏山的名字将本地取名为"苏州"了。

苏州被称为"吴郡"的来历,有这样一个传说:相传商代末年,周国古公亶父有三个儿子,长子为泰伯,次子和幼子为仲雍、季历。亶父喜欢幼子季历,但是按照嫡传制度,君位必须传位于长子。于是,泰伯、仲雍为了尊重父意,就来到了当时荆蛮人居多的江东隐居,并入乡随俗。当时,江东人有喜欢边跑边呼喊的习惯,泰伯就给他们造了一个"吴"字,用来表示这种习俗。这就是"吴郡"的来历。后来,泰伯还被拥立为君长,国号为"勾吴"。"勾"也是当时荆蛮语的拟声词,没有意义。

此外,苏州城河道纵横,又有"水都""水城""水乡"的别称。13世纪,意大利旅行家马可·波罗在《马可·波罗游记》中将苏州赞誉为"东方威尼斯"。法国启蒙思想家孟德斯鸠则称赞苏州古城是"鬼斧神工"。

青岛之名有何由来

青岛,原指小青岛,也叫琴岛,以岛上"山岩耸秀,林木葱郁"而得名。青岛之名的出现,就现在已发现的典籍文献来看,最早有明确记载的是在明代中叶,距今已有400多年的历史。

青岛本是指胶州湾海口北侧的海中小岛(就是今天的小青岛),面积仅0.12平方公里,海拔17米有余,北侧距陆地1华里多。《即墨县志》卷一"岛屿"条目中记载:"青岛,县西南百里。"是说青岛位于即墨县城西南百里的海中。在该县志《山川脉络图》和《七乡村庄图》中都标注有这个海中岛屿。《胶澳志》还明确地说："青岛,在青岛湾内不足一海里",因"山岩耸秀,林木蓊郁",故名青岛。

青岛栈桥

从明朝开始,青岛这个地名开始从海中间逐渐移向陆地。青岛北面的海湾称为青岛湾,湾边的村庄称为青岛村,村南的小河称为青岛河,村东南的山称为青岛山。《胶澳志》中说:"青岛村,初为渔舟聚集之所,旧有居民三四户,大都以渔业为业。"青岛村地处青岛的对岸,为什么叫青岛村,未见记述,但从我国地名命名的特点来分析,是不是可以说青岛村是因近青岛得名的? 青岛村附近的海口、小河、小山也都以青岛命名了。

清光绪十七年(1891)六月,清廷决定在胶澳设防——胶澳就是现在青岛市区当时的名字,调派登州镇总兵章高元移驻胶澳,建总兵衙门于青岛村旁。清光绪二十三年(1897)三月,胶澳镇的商贸店铺已达60余家,成为一个繁华的小镇。

清光绪二十三年(1897)十一月,德国派兵侵占了胶澳。1898年3月6日,德国胁迫清政府签订了《胶澳租借条约》。从此,胶澳沦为殖民地,山东也划入德国的势力范围。据《胶州湾》一书记载,1898年10月12日,德皇威廉二世借用"青岛"这个名称命名胶澳租借地的新市区为青岛,范围也只有现市南区和市北区的一部分,青岛也只是整个胶澳租界地中的一个区。

1914年11月,日本取代德国侵占胶澳。1922年12月10日,中国收回胶澳,开为商埠,设立胶澳商埠督办公署,直属北洋政府。不久颁布了《胶澳商埠章程及青岛市施行自治制令》,这是称为"青岛市"的最早记载。这时的青岛市也只是胶澳商埠的一部分,并受胶澳商埠的监督。直到1929年4月,南京国民政府接管胶澳商埠,同年7月设青岛特别市。从这时起,青岛这个地名才代表

青岛五四广场"五月的风"雕塑

了全市区。1930年改称青岛市。1938年1月，日本再次侵占青岛。1945年9月，国民政府在美国支持下接收青岛，仍为特别市。

1949年6月2日，青岛解放。1981年4月，青岛被列为全国15个经济中心城市之一；1984年4月，被列为全国14个对外开放的沿海港口城市之一；1986年10月15日，被国务院批准为国家计划单列市，赋予相当省一级经济管理权限；1994年2月，被列为全国15个副省级城市之一。

现在，青岛成为中国东部重要的海滨城市，是中国重要的经济中心城市和港口城市，为国家历史文化名城和风景旅游胜地。著名的旅游景点有栈桥、鲁迅公园、海军博物馆、小鱼山、海底世界、第一海水浴场、八大关风景区、花石楼、五四广场、奥帆中心、极地海洋世界、石老人、崂山景区等。

 ## 成都因何得名

成都平原海拔450~720米，是由岷江、沱江及其支流冲积而成的冲积扇平原。其得益于都江堰水利工程，河网密布，同时由于土地肥沃，是中国最重要的粮食产区之一。平原上也零星分布着一些浅丘，如成都近郊的凤凰山、磨盘山。"成都"成为一座城市的名字已经有很悠久的历史了。至迟在秦代，"成都"的名称就已频频见诸典籍。西汉扬雄（前53—前18）《蜀王本纪》说："蜀王据有巴、蜀之地，本治广都樊乡，徙居成都。"《华阳国志·蜀志》也说："九世有开明帝……开明王自梦郭移，乃徙治成都。"

关于"成都"一名的由来，最早可追溯到三皇五帝时期。《山海经·海内经》载："西南黑水之间，有都广之野，后稷葬焉。其城方三百里，盖天地之中，素女所出也。爰有膏菽、膏稻、膏黍、膏稷，百谷自生，冬夏播琴。鸾鸟自歌，凤鸟自儛，灵寿实华，草木所聚。爰有百兽，相群爰处。此草也，

成都俯瞰

冬夏不死。"都广之野当指成都平原。到公元前4世纪的周代末年，当时蜀国的国都在郫县。郫县今地处川西平原腹心地带，位于成都市西北近郊，东靠金牛区，西连都江堰市，北与彭州市和新都区接壤，南与温江区毗邻。由于当时的成都地区土地肥美，少有战争，人民安居乐业，蜀国开明九世便把国都由郫县迁至今成都地区。宋朝乐史《太平寰宇记》取周太王从梁止岐："一年成邑，二年成都。因名之曰成都。"

虽然还有其他几种说法，但以成都因"都广之野"和"一年成邑，二年成都。因名之曰成都"，最为有内涵，也影响最广。

 上海"十里洋场"的称谓有何来历

"十里洋场"，顾名思义，与"洋"或者说洋人的租界是分不开的。1845年，英租界在洋泾浜北岸成立；1848年，美国人在苏州河北岸的虹口划定租界；1849年，法国人又在洋泾浜和上海城墙之间划定租界。当时，清政府为了避免"华洋杂居"情况的发生，规定租界内只准洋人居住。中国古称东

老上海"十里洋场"

边来的外族人为"夷"，因此当时上海人就称外国人居住的租界为"夷场"。1862年，上海知县王宗濂发布告示，规定日后对外国人不得称"夷人"，违令者严办。于是上海人改"夷场"为"洋场"。

而"十里"的含义，一般认为其只是一个虚拟词，表示其范围很大。也有人认为美租界沿苏州河两岸发展，英租界和法租界南起城河（今人民路），西至周泾和泥城河（今西藏南路和西藏中路），北面和东面分别为苏州河与黄浦江，三个租界的周长约十里，因而称其为"十里洋场"。虽然日后租界的面积扩展了若干倍，但"十里洋场"之名却一直沿用了下来。

后来上海城市日渐繁华，即使在租界之外也是如此，于是人们逐渐以"十里洋场"来指代旧上海市区，但这一名称多含贬义。

云南一名有何由来，为何又简称"滇""三迤"

云南，简称"滇"或"云"，位于中国西南边陲，总面积约 39 万平方千米。与云南相邻的省份有四川、贵州、广西和西藏 4 个，邻国有缅甸、老挝和越南 3 个。北回归线在该省南部穿过。云南是人类重要的发祥地之一，在距今 170 万年前，云南元谋人就已在这里生息繁衍，被认为是迄今为止发现的我国和亚洲地区最早的人类。

云南：关于它的得名由来，有两种说法。

第一，据《云南通志》记载："汉武帝元狩间（前 122—前 117），彩云现于南中，遣史迹之，云南之名始此。"另据《祥云县志》记载："汉元狩元年（前 122），彩云现于白崖，遂置云南县。"（"白崖"，即现在的弥渡县红岩；"云南县"，即现在的祥云县。）

第二，新编纂的《辞海》对"云南"一词这样解释："旧以在云岭之南得名。"云岭，也称大雪山，位于云南省兰坪县境内，是横断山脉的南段在云南面积最大的一列山地，为澜沧江、金沙江的分水岭。

对比这两种说法，一是按照史书记载；一是从地理空间范围来说明。但是"云南"二字始见于史，是在元代时期，元朝置云南行中书省，明朝置云南布政使司，清朝称云南省。

滇：滇是云南的简称，最早是指我国古代西南夷地区滇池畔的一个部族的名称。战国末期，楚将庄蹻率众来到滇池、抚仙湖附近，并在这里建立了古滇国（前 278—115 年）。滇部族和古滇国都因滇池而得名。那么，滇池是怎么得名的呢？人们主要有三种观点。

第一，"高山之巅有池，而名巅池"；第二，"源广末狭，有似倒流，谓之颠池"；第三，云南古夷语称山间平地为甸，甸中有池，曰滇池。这里，"巅""颠""甸"都是"滇"的谐音字，这样一来，因滇池而称滇部族、滇国，进而演变为云南的简称。但是，真正以"滇"来概称云南全省，则是从明代开始的。

三迤：清雍正年间（1723—1736）、乾隆年间（1736—1796），朝廷先后在云南设置了 3 个道，即迤东道、迤

昆明滇池日落风光

西道、迤南道，治所分别驻在曲靖城、永昌城、普洱城。道以下，分管若干府。自此，人们常把云南称为"三迤"。

 昆明一名有何由来，其为何又被称为"春城"

昆明作为云南省会，是云南的政治、经济、文化、科技、交通中心，也是云南唯一的特大城市和西南地区第三大城市（仅次于成都、重庆），还是首批"中国历史文化名城"和国家级风景名胜区。

昆明：关于"昆明"一词的起源，人们众说纷纭，莫衷一是。大多数学者认为，昆明最初是指我国古代时期西南地区一个民族的族称；在中国古代文献中，"昆明"写作"昆""昆弥"或"昆淋"。所以，它并非是指城市名称，而是指居住在今云南西部、四川西南部的一个古代民族。

昆明城市雕塑

"昆明"见诸文字记载，最早可追溯到汉武帝时期（前140—前87）。据史学家司马迁在《史记·西南夷列传》中记载："西自同师（今保山）以东，北至叶榆，名为嶲、昆明，皆编发，随畜迁徙，毋常处，毋君长，地方可数千里。"由此可见，"昆明"是古代云南地区一个少数民族的族称。

"昆明"真正作为地名出现，则是在唐代。据载，唐高祖"武德二年（619），于镇置昆明县，盖南接昆明之地，因此为名"。这句话说，因为此地接近昆明，故而以此命名。由此来看，这里的"昆明"指的仍是昆明族。在汉唐以前，昆明族大都定居于云南西部地区。到了南诏（738—902）、大理国时期（937—1254），他们居住的地方，为新兴起的乌蛮、白蛮而占据，所以才被迫东迁至滇池周围，聚居生活。

南宋宝祐二年（1254），元灭大理后在鄯阐设"昆明千户所"。元世祖至元十三年（1276），云南行中书省正式建立，置昆明县，并把治所从大理迁到了昆明，"昆明"正式命名即始于此时。此后，昆明一直是全省的政治、经济、文化中心。

春城：昆明之所以被称为"春城"，与它的地理、气候等自然环境有关。昆明位于北半球亚热带，四季温度始终保持在3℃~29℃，是全国年温差最小

昆明翠湖公园

的地方；每月晴天平均在20天左右，雨天4天左右，日照230小时左右，全月降雨量仅占全年的35%。

这里的气候特点是，春季温暖，干燥少雨，日温变化大，月平均气温多在20℃以下；夏无酷暑，平均气温22℃，雨量集中，降雨量占全年雨量的60%以上；秋季温凉，天高气爽，雨水减少，霜期开始；冬无严寒，日照充足，天晴少雨。综上，昆明夏无酷暑、冬无严寒，气候十分宜人，因为四季如春而被称为"春城"。

大理名字有何由来

大理白族自治州位于云南省中部，总面积29 459平方千米，辖大理市和祥云、弥渡等8县及漾濞、巍山、南涧3自治县。这里以秀丽的山水和少数民族风情名扬海内外，境内著名景点有蝴蝶泉、洱海、崇圣寺三塔等。

大理历史悠久，据文献记载，4世纪时白族祖先就已在这里繁衍生息，史称"昆明之属"。前221年，秦朝在西南地区建行政机构，大理自此受中央王朝管辖。西汉时（前109年），汉武帝在此置叶榆县，使其成为"南方丝路"的重要中转站。

三国时期，云、贵、川称南中，属蜀汉管辖。后来，诸葛亮平定孟获叛乱，在此建云南郡。隋开皇十七年（597），昆明发生叛乱，史万岁平之。贞观年间（627—649），设置戎州都督府，大理地区归其管辖。

公元7世纪，洱海周围出现了6个"诏"（部落），即蒙嶲、越析、浪穹、邆賧、施浪和蒙舍。其中，蒙舍诏因在诸诏之南，故称"南诏"。公元8世纪，在唐朝廷的支持下，南诏政权建立。后来，南诏与唐朝矛盾日趋激烈。749年和754年，双方发生了大规模战争，史称"天宝战争"。794年，双方举行"苍山会盟"，重归于好。

南诏后期，宫廷内乱，最终于902年分崩离析，就此消亡。937年，通海节度使段思平（893—944）联合滇东37部落进军大理，建立了大理国，疆界基本承自南诏。至此，"大理"始见于史，并作为专有地名沿用至今。大理国统治云南达300多年，其间曾受宋王朝的"云南八国都王"等封号。

1253年，元世祖忽必烈率军南下攻占大理，大理国王段兴智被俘，大理灭亡。至元十一年（1274），云南行省建立；至元十三年（1276）改大理府为大理路，云南正式成为省级区划。明洪武十五年（1382），明军破大理城，复改大理路为大理府，并设大理、鹤庆、蒙化3府。清朝基本沿袭明制。

大理北城门楼

1911年，昆明爆发"重九起义"，后成立了云南省军政府。此时，大理地区属滇西道，后属腾越道。1950年2月1日，大理专员公署建立，辖下关、大理等15县市。1956年11月22日，大理白族自治州建立，首府驻于下关。截止到2000年，自治州共辖1市8县3自治县，即大理市、祥云县、宾川县、弥渡县、永平县、云龙县、洱源县、剑川县、鹤庆县、漾濞彝族自治县、南涧彝族自治县、巍山彝族回族自治县。

广州有什么别名，有何由来

广州被简称为"穗"，穗的意思为"稻谷"。为什么有这样的称号？这要从一个传说故事开始说起了。

公元前9世纪，在周夷王时，周朝的楚国在如今的广州建造了一个城邑，名叫"楚庭"。有一年，楚庭发生旱灾，民不聊生。一天，南海天空飘来五朵彩色祥云，上有身穿五色彩衣、分骑五只不同毛色仙羊的仙人。仙羊口衔一棵一茎六穗的稻子，徐徐降落在这座城市。仙人们把稻穗分赠给广州人民，并祝福此地今后永无饥荒。说完，五位仙人飘然离去，仙羊化为石羊，好像要永久地保佑楚庭人民风调雨顺，幸福吉祥。从此，这里果真就风调雨顺、五谷丰登了。后来人们将稻穗撒播大地，从此，广州成了岭南最富庶的地方，这里年年五

广州越秀公园内的五羊石雕

谷丰登。于是，此地开始有了"羊城""五羊城""穗城"之称。中国有句古话，民以食为天，这个传说故事说明了广州是个鱼米之乡，是个物产富饶的地方。

1959年，著名雕塑家尹积昌等人设计了作为羊城市徽的雕塑——五羊像。五只羊神态各异。站在高处的老羊雄劲有力，嘴里衔着一束饱满的稻穗，昂首望着远方。老羊脚下是一对亲密依偎的小羊。还有一对母子羊，母羊回首顾盼正在安静吸乳的幼羊，深厚母爱溢于言表。

广州又号称"花城"，因为广州的天气温暖，一年四季鲜花不断。而且到了冬天春节前后，还有大型的花市，到年三十晚上还要逛花市，家家户户都用鲜花来营造节日气氛。

 深圳因何得名，为何又被称为鹏城

深圳有6700多年的人类活动史，早在新石器时代中期，就有原住居民在这片土地上繁衍生息。夏、商、周时期，深圳是百越部族远征海洋的一个驻脚点。公元前214年，秦始皇在岭南置南海、桂林、象郡三郡，深圳时属南海郡。东晋咸和六年（331），朝廷置宝安县，即深圳的前身。明洪武二十七年（1394），在今深圳境内设立了东莞守御千户所及大鹏守御千户所。清朝初年，因为这里水泽密布，且田间还有一条大水沟，所以建深圳墟，历史上始有深圳之名（"圳"在广东方言中是田间的水沟）。1979年3月，中央和广东省决定把宝安县改为深圳市。1980年8月26日，全国人大常委会批准在深圳设置"经济特区"。至2004年，深圳已成为无农村的城市。

深圳东部有座古城，叫大鹏所城，位于深圳东部的大鹏镇。此城大约建于明洪武二十七年（1394），至今已有600多年的历史。这是明代为了抵抗倭寇海贼而设立的古城，有着"大鹏守御千户所城"的美誉，简称为"大鹏所城"。因此，深圳被称为"鹏城"就是源于此。

深圳是全国四大一线城市之一（北、上、广、深），国际化大都市，中国华南第二城，与广州并称"南粤双雄"。该市位于珠江三角洲东岸，与香港一水之隔，是中国最早对外开放的城

深圳大鹏所城

市。它是中国第一个经济特区、副省级城市、计划单列市。土地面积1953平方公里。

2010年8月，深圳特区扩容至全市，经过30年的发展，它已成为有一定国际影响力的国际化城市，创造了举世瞩目的"深圳速度"。深圳是中国金融中心之一（仅次于香港、上海、北京）、信息中心、高新技术产业基地之一和华南商贸中心及旅游胜地，是我国重要的海陆空交通枢纽城市。由于此地毗邻香港，所以市域边界设有全国最多的出入境口岸。

 ## 为什么广西简称"桂"

广西称"桂""八桂"由来已久。经考证，"八桂"之美称是从古代《山海经》中"桂林八树，在贲禺东"演变而来的。晋代文学家郭璞说："八树成林，言其大也。"孙绰的《游天台山赋》中有"八桂森挺以凌霜"的语句。六朝梁代诗人也有"南中有八桂，繁华无四时"的描写。但这些语句并无与广西相连之意。那么，"桂"是怎样与广西发生了联系呢？

在诗人中使广西与"桂"正式联系在一起的始于唐朝韩愈。其诗《送桂州严大夫》云："苍苍森八桂，兹地在湘南。"湖南称"湘"，广西在湖南之南部。韩愈诗中的桂州，治所在今广西桂林市内。宋朝诗人杨万里有"来从八桂三湘外，忆折双松十载前"的诗句。元朝黄镇成也云："八桂山川临鸟道，九嶷风雨湿龙滩。"可见八桂之名深入人心，在民间广泛流传。据官方纂修的《大明一统志》记载："八桂，广西桂林府郡名。"当时广西省会驻桂林，以桂林代表广西。从此广西称"八桂"正式在官书中固定下来。

桂是"八桂"的简称，不是桂林或柳州的简称。桂树，包括药用的肉桂和八月飘香的桂花树。这两种树自古以来都以广西出产最多，是标志性的土特产。早在秦始皇时广西就已名为桂林郡。广西的简称历来称桂，中华人民共和国成立前广西历代首府均以桂树成林之意而命名为桂林。从桂林至梧州与西江汇合之水称桂江等，都是以桂命名的。虽然迄今以土特产为地方命名者不多，但在广西来说，以桂命名已经地域化、地名化、水名化，已经约定俗成、历史悠久，而且

桂林象鼻山

又能较贴切地体现本地的经济和地域特色、人文精神、文化特质等，实为难得。

以桂为广西之标志和总称，除有传承历史、尊重风俗之好处外，尚可较形象而充分地体现广西人的精神气质与文化特质。

南宁为何别称"五象城"

在广西首府南宁城南，有五座相连不断的土坡，这就是五象岭。《南宁府志》中有这样一段对五象岭的描述："五峰相倚，如五象饮江，故名五象岭……"位于五象岭的景观"象岭烟岚"更是古邕州八景之一。而南宁也因为五象岭而被称为"五象城"。

南宁自古以来就是一个山水秀美、人杰地灵的宝地。生活在这片土地上的人们勤劳勇敢，过着幸福快乐的生活。但是，美丽富饶的南宁城却时常遭到四周野兽的侵袭。后来，有五头神象来到邕江饮水，不仅帮助人们耕耘，而且还帮人们赶走了野兽。从此，在五头神象的帮助下，南宁变得更加妖娆多姿。不久，一只美丽的凤凰深深地被这片土地吸引，定居于此。为了防止野兽的再次侵袭，神象们决定派凤凰在邕江对岸观察野兽出没的动向。凤凰也很乐意帮助神象和南宁城的子民们，于是，便飞到青山顶上承担起了瞭望的职责。过了一段相安无事的时光，不幸又悄然降临到神象和凤凰的身上。一个贪官十分喜爱南宁这片土地，一心想要霸占了它。有一天，这个贪官对南宁的子民们说："多亏了有神佛的保佑，你们才会生活得如此幸福快乐。所以，要修建一座宝塔感谢神佛的恩德，你们的生活才会更好。"百姓们不知其中有诈，便应允了贪官。于是，这个贪官就在凤凰站的地方修建了一座宝塔，凤凰被宝塔压住，再也飞不起来了。而五头神象日夜为人们耕种，偶然有一天才想起好久没有听到凤凰的叫声了，便扭头向青山顶上一望，只见映在河里的宝塔倒影像一条鞭子一样向它们抽来。此后，在这条神鞭的强逼之下，神象做了贪官的家奴。五头神象有三头被鞭子打伤，或蹲或趴，还有两头在逃跑时回望这片被它们深深眷恋的土地。于是，邕江对岸多了五座形如大象的山，化成了大山的神象依旧保护着南宁城，使它风调雨顺。

南宁邕州老街

在南宁人民的心目中，五象岭是南宁城的守护之山。因此，南宁的别称"五象城"也就自然而然形成并声名远播了。

 桂林一名由何而来

一句流传了八百多年的说法"桂林山水甲天下"使桂林天下闻名。作为广西第三大城市、世界著名的风景游览城市和历史文化名城，如今的桂林已成为中国旅游业中的一张重要的名片。那么，"桂林"这一名称是由何而来的呢？

桂林日月双塔

其实，关于桂林名称的由来，有着很多种说法。有三种说法最有代表性。

其一，桂林以种植桂树而闻名。八月桂花香，满城尽芬芳。桂林，桂林，此乃"桂树成林"也。

其二，源于秦王政三十三年（前214），秦始皇统一南岭，设桂林、象郡、南海三郡。虽然其郡治不是今天的桂林市，但这是历史记载的"桂林"这一名称的最早来源。此后，"桂林"这一名称便一直存在，至隋开皇九年（589）撤销桂林郡后，"桂林"这一地名才暂时停止了使用。明洪武初年改静江路为府，"桂林"这个地名才又在临桂（今桂林市）恢复使用，称为"桂林府"。1913年废"桂林府"设桂林县，1940年由临桂县改置桂林市。"桂林"这个地名才一直沿用至今。

其三，桂林这一名称来源于一个美丽的传说。很久以前，桂林这片土地，不仅无山无水，人烟稀薄，而且连"桂林"这个地名都还没有。那么，桂林是如何从荒蛮之地变为山水秀甲之地的呢？这还要从王母娘娘的蟠桃盛会说起。因为孙悟空的破坏，蟠桃盛会不能顺利举行，于是嫦娥、织女、麻姑和元女等四大仙女便一同前往瑶池欣赏仙山琼阁去了。谁知，这四位仙女不满足于只欣赏美丽的仙家胜景，竟还想要凭自己的法力造出几座美丽园林来。于是，四位仙女商定好要比比赛，看谁能三天之内在人间造出赛过瑶池的园林来。第一天，麻姑造出了云南石林。第二天，织女造出了西湖美景。第三天，元女劈出了龙门石窟。只有嫦娥，一直举棋不定，甚是为难。眼看为时不多，嫦娥只有匆忙行走于人间。她路过如今叫桂林的这片土地，因见这里

如此荒凉,百姓生活苦不堪言,便动了恻隐之心。于是,嫦娥马不停蹄地从月宫中取来桂花树,从观音那里求来净瓶之水,从北方运来造山洞之石,把这片本来荒芜的土地活脱脱地变成了人间仙境。为了纪念嫦娥,百姓们就用嫦娥宫中的桂花树将这片土地命名为"桂林",意为"桂树成林"之地。

如今,山青、水秀、洞奇和石美的桂林正以新的姿态欢迎着来自五湖四海的朋友!

"西安"一名有何由来,西安城是如何形成的

西安是中华民族和中国文明的发祥地之一,它有6000多年的建城史和1200年的国都史。其被称为"世界四大古都"(西安、罗马、开罗、雅典)之一,"中国四大古都"(洛阳、南京、西安、北京)之首。同时,它也是中国建都最早、建都最久、建都朝代最多的城市。西周时,此地称"丰镐",是周文王和周武王分别修建的丰京和镐京的合称。汉代以后、明代以前,这里被称作"长安"或"京兆"。据《明史》记载,洪武二年(1369),朝廷设立了"西安府",自此沿用至今。

在漫长的历史进程中,经过历朝历代的建设和完善,才形成了今天的西安城。

汉高祖五年(前202),刘邦置长安县,由丞相萧何主持营造新城,名为"长安城",意思是"长治久安"。以后又修建了宫殿长乐宫和未央宫。汉惠帝元年(前194),开始修建长安城城墙,至惠帝五年(前190)竣工。汉武帝时期,对长安城进行了大规模扩建,先后兴建了北宫、桂宫和明光宫,并在城西扩充了上林苑,开凿昆明池,兴建章宫等。

到了隋朝开皇二年(582),隋文帝打算在长安城东南建造新都,定名为"大兴城"。大兴城由年仅28岁的建筑学家宇文恺主持规划和建设。他在修建此城时,将整个城区设计成南北八条、东西十四条大街,纵横交错如棋盘。此外,他还将宽度达155米的朱雀大街作为整个城市的中轴线,南北贯通,至承天门形成一个巨型广场。这种棋盘式格局不仅成为以后历代王朝设计都城的典范,而

西安皇城城墙

且也在国外产生了重要影响,如日本的京都和奈良均仿照其设计而建。大业九年(613),隋炀帝动用10万余人修筑大兴城外郭城,它的总体格局至此形成。

 ## "关中"之名因何而来

关中地区,物华天宝,人杰地灵。早在四五千年以前,中华民族的始祖轩辕氏和神农氏就在这里生活,所以此处可以被看作是华夏族的发祥地之一。

关中之名,从战国晚期开始被人们所称道。古人在习惯上所称的关中,泛指函谷关(东汉以后被潼关取代)以西的地方。那时候,渭河平原(也叫渭河谷地)被"四关"包围,称为"秦之四塞"。

大散关

它们是大散关(今宝鸡市南郊)、函谷关(今河南灵宝市境内)、萧关(今宁夏固原市境内)、武关(今陕西丹凤县东南)。因为渭河平原地处四关之中,故称"关中"。在地理学上,也把渭河平原叫作"关中平原"或"关中盆地"。

关中地区自然环境十分优越,是中国最早被称为"天府之国"的地方。由于这里四面都是重要关隘,再加上陕北高原和秦岭两道天然屏障,使其自古以来成为"帝王州"和兵家必争之地。西汉贾谊的著名政论文章《过秦论》里说:"始皇之心,自以为关中之固。"

关中平原是由河流冲积和黄土堆积而成的,地势平坦,土壤肥沃,水源充足,机耕、灌溉条件都很好,因而这里交通便利,物产丰富,经济发达,其粮油产量和国民生产总值约占陕西全省的2/3,是全省的政治、经济和文化中心。所以,这里被称为"八百里秦川"。

 ## 宝鸡因何得名

宝鸡享有"炎帝故里""青铜器之乡""民间工艺美术之乡"的盛誉。此地在古代叫作陈仓、雍州、大散关。唐朝至德二年(757),唐肃宗改陈仓为宝鸡,此后沿用至今。关于宝鸡一名的来源,有这样一个美丽的传说。

在春秋时代，有个陈仓人抓到一只像羊又像猪的怪兽，他准备进献给秦国国君。当时，有两个小孩劝他不要这样做：因为这个怪兽名叫"猬"，刚一出生，就张口吃母，等到长大后，会吸人脑浆。陈仓人听后，赶紧用力打怪兽的头，想要把它杀死。但是，猬却开口说话了："你不要杀我，快放了我，去抓那两个小孩。他们是龙凤胎，都叫陈宝，得了男的可以称霸，得了女的可以称王。"陈仓人一听，认为这是件奇事，于是就放下了猬去抓那两个小孩。然而，两个小孩突然变成了两只神鸡。其中一只飞到了河南南阳，千年之后转世为汉光武帝刘秀。另一只飞到了陈仓山顶，化为石鸡，体大如羊，光洁如玉。陈仓人于是放了猬。猬为了感谢他的恩德，从此就衔草掩护石鸡。在石鸡的福泽恩荫之下，陈仓山从此草木茂盛，周围百姓安居乐业。唐至德二年（757），本地人又听到了神鸡的啼鸣，声音传遍了附近十余里。这时正值安史之乱，唐玄宗避乱四川，太子李亨在灵州提前登了基（史称肃宗），亲自挂帅平叛。令人奇怪的是，当听到了神鸡鸣叫后，唐军开始节节胜利，而叛军从此一蹶不振。肃宗认为神鸡是国宝，鸡鸣乃是吉祥之兆，随改陈仓为宝鸡。

宝鸡市炎帝庙

河南一名有何来历，其为何又简称"豫"

河南，古称中原，位于我国的中东部、黄河中下游，与山东、河北、山西、陕西、湖北、安徽6省接壤，是我国承东启西、连南望北的十字交叉地带，位置十分重要。与此同时，这里还是中华文明发祥地、我国历史文化的中心，曾经在长达5000多年的时间里作为我国的政治、经济、文化和交通中心而存在。那么，河南之名是怎么得来的呢？

河南省的行政区域大部分位

河南黄帝故里轩辕故里祠

于历史上的黄河中下游以南地区，也就是说在黄河以南，所以在历史上被叫作河南。西汉时，朝廷在这一地区设有河南郡，"河南"作为行政区划的名字开始使用；唐代时，现在河南省的大部分地区都属于都畿道和河南道管辖；宋代时，朝廷在此设立京畿路和京西北路，金又改为南京路；元代时，这一地区设有河

河南黄帝故里中华第一鼎——黄帝宝鼎

南江北省和河南江北道；到了明代，中央政府在这里设置河南省，后来又改为河南布政使司；清代时，恢复使用河南省，并一直沿用到今天。众所周知，河南省的简称是"豫"，那么，这个简称是由何而得来的呢？

关于河南省简称"豫"的由来，直到今天学术界也还没有找到一个准确的答案。有人认为，河南简称"豫"，与大象有关。河南省在古代时曾被称为豫州，据有关学者研究，黄河流域至迟在殷代时仍然有较多的大象，河南古称"豫州"，就是因为这里产大象，意思是"产象之地"。据文字学家考证，"豫"这个字在甲骨文和金文中都没有出现过，应该是后来"象""邑"二字的合体，也就是说，"豫"字的来历和大象有关。当然，虽然以上两种不同角度的观点都有自己的依据，但毕竟都只是一种猜测，并没有得到最终的证明。

还有一种说法认为，河南简称"豫"源于夏禹。大禹治水成功后，将天下分为九州，中原地区被称为豫州。一些专家学者经过数年考证，得出了这样的结论：河南简称"豫"与上古时期的人类为指导农耕生产而仰观天象、制定历法有关。他们认为"凡大皆称豫"，只要是大都可以称为"豫"；"惟天为大"，天就是大、就是"豫"。由此可以看出，"豫"并不是指大象，而是指天象。又因为当时夏朝的都城在今河南一带，为了体现大自然的天象和天子的威严，所以就将中原地区称为"豫州"了，从而体现了夏代先民天人合一的思想观念。此后，"豫"字一直沿用，就成了现在河南的简称了。

当然，以上两种说法毕竟都只是推测，虽然它们都有着自己的见解和依据，但都不能完全地解释这一问题，所以都不能解释"河南简称豫的由来"的原因。历经几千年的发展，河南产生了洛阳、开封、安阳等举世闻名的古都，培育了中原文化、河洛文化、根亲文化、三商文化、圣贤文化等源远流长的文化形态，而且还促进了道家、墨家、法家、名家、纵横家等思想的发端和发展，为中国传统文化的发展做出了重要的贡献。因此，当代人有责任

去研究河南的历史，关注河南的发展，相信随着有关研究的不断深入，关于河南的一系列谜团都会被解开。

洛阳一名有何来历

洛阳，又称雒阳、雒邑，位于洛水之北，是河南省及中原城市群的副中心城市。这里地处中原，西依秦岭，东临嵩山，南望伏牛山，北靠太行山，而且还有黄河之险，所以自古就有"河山拱戴，形势甲于天下"的说法。洛阳与西安、南京、北京一样，都并列我国四大古都之中，历史上夏朝、东周、东汉、曹魏、西晋、北魏等朝代都曾在此定都，因此有"十三朝古都"之称，而且还是我国历史上唯一被命名为"神都"的城市。那么，历史如此悠久的洛阳，其名称是从何而来的呢？

在历史上，洛阳因为居于天下之中，山川形胜甲于天下，所以是历代立国建都的首选之地和兵家必争之地。由于历史上朝代的不断更迭和疆土的不断变化，洛阳的地名也一直在变，其众多的名称体现了洛阳悠久的历史和特殊的地位。

相传，在轩辕黄帝时代，洛阳被称为"郏鄏"，这是因为其北部的邙山当时叫郏鄏山，故而得名。夏代的太康称王的时候，赶走了在洛阳居住的一个名为"斟鄩"的部落，并将斟鄩作为都城，所以"斟鄩"就成了洛阳的名字，现在其遗址还存在，就在今天的洛阳偃师二里头村。斟鄩时代的洛阳开了作为都城的先河，奠定了洛阳在七大古都中定都年代最早的地位。

西周时期，洛阳的名称变换就比较多了。就地理区域而言，当时的洛阳有"中国""土中""地中"等名称，它们都体现了洛阳在我国地理上的核心位置；就城市来说，洛阳是西周的东都，有"雒邑""成周""新大邑"等名称，这体现了洛阳在政治上的核心地位。在这几个名字中，雒邑是因为洛阳靠近雒水而得名，成周是取"周道始成"之意而来，但是都是指的今天洛阳涧东瀍西一带。

公元前770年，犬戎攻破镐京，周平王迁都雒邑，雒邑因此而成为王城。周景王去世后，王城发生了王子朝之乱，周敬

明朝洛阳城池图

王避居翟泉。因为乱党大多集中在王城，所以周敬王就召集了晋、魏等诸侯大夫扩筑成周城（即今洛阳白马寺东汉魏故城一带），并将居所迁到了那里。

到了战国时期，"雒阳"一名开始出现。之所以会出现这个名字，是因为今天的洛河在当时叫作雒水，洛阳位于雒水的北岸，按照古代"水北为阳"的说法，洛阳就得名"雒阳"了。秦朝时盛行五行学说，秦始皇按照"五德终始"的说法进行推理，认为周主火德，秦取代周应该主水德，因此就把"雒阳"改为"洛阳"了。东汉时，光武帝刘秀定都洛阳，因为当时认为汉主火德，所以又恢复了"雒阳"之名。三国时，魏国认为"魏为土行""水得土而乃流，土得水而柔"，于是又改成了"洛阳"。此后，除了在明朝光宗朱常洛为了避讳"洛"字而改"洛"为"雒"之外，洛阳之名一直沿用至今。

洛阳龙门石窟卢舍那大佛

武汉一名有何来历

武汉是长江中游的国际性港口城市、长江中下游的特大城市，也是中国内陆最大的水陆空交通枢纽，还是内地的商业、金融、贸易、物流、文化中心之一，被誉为世界开启中国内陆市场的"金钥匙"。因为长江及其支流汉江横贯市区，所以出现了武昌、汉口、汉阳三镇分立的格局。1927年，国民政府迁到武汉，并首次将"武汉三镇"合并，定名"武汉"，并作为首都。这就是"武汉"一名的由来。

武汉历史悠久，文化源远流长。据文献资料记载和考古发掘，早在距今8000—6000年前的新石器时代，这里就已有先民生息繁衍。春秋战国时期，该地区发展成为楚国兴起的军事、经济中心。西汉时期，樊哙受封于武昌，其死后葬于江夏灵泉山下。自汉代起，此地形成了灵泉古市，"形胜甲于一邑"。

东汉末年，在今汉阳建却月城，成为一大港市。三国吴黄武二年（223），孙权在黄

武汉黄鹤楼

张之洞办公照

鹄山（今蛇山）近江处筑黄鹤楼。西晋末到南北朝期间，由于大量人口南迁，为武汉地区带来了充足的劳动力和生产技术，使这里的冶炼、制瓷、造船、纺织和贸易都得到了较大发展。南朝陈永定二年（558），萧庄在郢州城称帝，武汉首次成为国都。

隋开皇大业二年（606），汉津县改名为汉阳县。"汉阳"一名始见于史。由于江夏（武昌）和汉阳同为州治，等级相同，这就初步确立了武汉的双城格局。自唐以来，汉阳被誉为"东南巨镇"。宋时，江夏的制瓷业特别发达，尤以青白瓷最具特色。南宋绍兴四年（1134），岳飞曾驻军鄂州（今武昌），使武昌一度成为全国水师基地。

元世祖至元十八年（1281），设湖广行省省治于武昌，武汉首次成为一级行政单位治所。元末，徐寿辉建天完政权，后迁都汉阳。至正二十二年（1362），陈友谅迁都武昌，死后葬于蛇山。明洪武四年（1371），江夏侯周德兴在武昌建楚王（朱桢）府，成为长江流域规模最大的宫殿建筑群。

明成化年间（1465—1487），从汉阳析出汉口，仍属汉阳府。万历年间（1573—1620），汉口镇与景德镇、佛山镇、朱仙镇并称"四大名镇"。当时，汉口已成为全国性水陆交通枢纽和中国内河最大港口，被誉为"货到汉口活""楚中第一繁盛处"。清初至清中期，汉口的茶叶出口为世界第一，因而被欧洲人誉为"茶叶港""世界茶叶贸易之都"。

1858年，中英《天津条约》签订后，汉口被增辟为通商口岸。1889年，张之洞在汉阳创建了汉阳铁厂、汉阳兵工厂等，使其成为我国最早的钢铁工业、军火工业基地；在汉口修建了芦汉铁路、后湖长堤；在武昌建成了湖北织布局；此外还开办了自强学堂、两湖书院等新式学堂。至此，汉口成为中国内地的首要经济中心。

20世纪初叶，汉口成为中国第二大对外通商口岸，仅次于上海，被称为"东方芝加哥"。1911年，武昌起义爆发，成为辛亥革命的中心。1927年，国民政府将武昌、汉口和汉阳三镇合组为京兆区，定名"武汉"。同年8月7日，"八七会议"在汉口召开。1949年，武汉市由中央直辖，成为新中国第一个直辖市。1954年又改为湖北省省会。1982年，武汉成为对外开放地区；1992年成为沿江对外开放城市。

 ## 湖南为何又称"三湘""芙蓉国"

"三湘"和"芙蓉国"都是湖南的别称,与当地的地理环境、历史风物密切相关。

三湘:据《山海经·中山经》载,"帝之二女居之,是常游于江渊。澧沅之风,交潇湘之渊"。早在六朝时期,"三湘"一词便已出现在文人的诗文中。例如,东晋著名诗人陶渊明在《赠长沙公族祖并序》中写道:"伊余云遘,在长忘同。笑言未久,逝焉西东。遥遥三湘,滔滔九江。山川阻远,行李时通。"又如,南朝宋文学家颜延之在《始安郡还都与张湘州登巴陵城楼作》一诗里写道:"江汉分楚望,衡巫奠南服。三湘沦洞庭,七泽蔼荆牧……"此外,南朝梁沈约所撰的《宋书》中,也屡见"三湘"一词。宋代以来,人们多以"三湘"代指湖南。但是,"三湘"作为湖南省的别称,关于其来历,人们众说纷纭、莫衷一是。

第一种说法认为,"三湘"指漓湘、潇湘和蒸湘。在湖南,湘水、漓水分流后,湘水向东北流去,漓水向西北流去,人们称为"漓湘"。湘水在湖南零陵与潇水汇合后,被称为"潇湘"。潇、湘二水流到衡阳与蒸水合流,被称为"蒸湘"。这种说法把"漓湘""潇湘""蒸湘"统称为"三湘",但没有涵盖湘西北的大片土地。

第二种说法认为,湘潭、湘乡和湘阴合称"三湘"。由于这"三湘"分布在湘北、湘中,也没有概括湖南全省。

第三种说法认为,"三湘"是湘北、湘西、湘南三地区的总称。此说法虽涵盖的地域范围要广,但遗漏了湘中、湘东,也不能概括湖南全境。

第四种说法认为,"三湘"指潇湘、资湘和沅湘。此说去掉了漓、蒸二湘,保留了潇湘。湘水北流至临资口与资水汇合,称为"资湘",其继续北流至中州与沅江汇合后称"沅湘"。这种说法真正包括了湖南全省。

芙蓉国:唐宋时期,因湖南湘、资、沅、澧水流域广植木芙蓉而得名"芙蓉国"。如五代谭用之在《秋宿湘江遇雨》一诗里写道:"湘上阴云锁梦魂,江边深夜舞刘琨。秋风万里芙蓉国,暮雨千家薜荔村。乡思不堪悲橘柚,旅游谁肯重王孙。渔人相见

长沙橘子洲头毛泽东青年艺术雕塑

不相问，长笛一声归岛门。"1961年秋天，毛主席写了《七律·答友人》一诗，其中有"我欲因之梦寥廓，芙蓉国里尽朝晖"之句。现在，木芙蓉是湖南的省花。

长沙一名有何来历

长沙为湖南省省会，别称星城，素有"中国工程机械之都"的美誉。其有文字可考的历史已达3000多年之久，是首批国家历史文化名城之一。

长沙之名的来历一直众说纷纭，概括起来主要有三种说法。

其一，得名于长沙星。古代天文学家创立二十八宿之说，认为天有星象，地有与之对应的"星野"，二十八宿中"轸宿"有一附星名为"长沙"。古人按星象分野的理论，以长沙之地对应长沙星，故长沙又有"星沙"之称。此说在后世影响最大，流传最广。

其二，得名于万里沙祠。"万里沙祠"一说最早见于阚骃所著《十三州志》："有万里沙祠，西自湘州，至东莱万里，故曰长沙也。"后有唐代李吉甫《元和郡县志》援引《东方朔记》云："南郡有万里沙祠，自湘州至东莱可万里，故曰长沙。"至后代，各地方志多引此说作为长沙一名的来源，并加以阐释，认为长沙在古代有祭祀沙土之神的活动。据《史记·孝武本纪》记载：汉武帝曾到山东东莱祈祷"万里沙"。东汉应劭注曰：万里沙，神祠也。长沙与东莱相隔万里，后人将此事和两地联系起来，便有了"长沙者，所谓万里长沙也"的说法。

其三，得名于"沙土之地"。长沙的地质结构以石英砂岩、砂砾岩、粉砂岩及页岩等为主。后来，在外力的作用下坍塌的岩石经风雪雨水的侵蚀冲刷，大量砂石积于地表。每当枯水时节，裸露的地面便出现了成片的砂土。在自然环境仍保持在原始状态的古代，这种"白沙如霜雪"的砂土层是格外引人注意的。故此，典籍中多称长沙为沙乡或沙土之地。

长沙天心阁

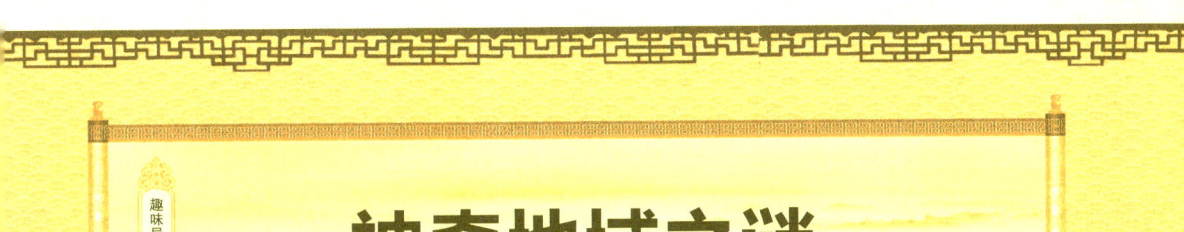

神奇地域之谜

 鬼城地府丰都之谜

在我国神话故事里有一处特别阴森恐怖的城市——丰都。在现实世界里，也有一处地方叫丰都。它位于重庆市，是著名的旅游城市，也是传说中的"鬼城"。

在《西游记》中，作者多次描写到丰都的情景，比如唐太宗进入阴司，遇到崔判官保驾，美猴王下地府撕毁生死簿。在《南游记》中，华光大帝为母三下丰都大闹阴司。在《说岳全传》中，秦桧在丰都受罪。《聊斋志异》更是对丰都的描写特别详细。这些古代小说对丰都的描写绘声绘色，宛如真实存在的鬼域一般。在近代拍的鬼片中，也有丰都鬼城的影子存在。那么，丰都真的如小说中描绘的鬼城那么可怕吗？

说起丰都，不得不提及名山。名山原本叫作平都山。名山孤峰耸翠，直插云霄，下临长江，烟波浩渺。其山上殿堂庙

丰都鬼城阎王殿

宇，飞檐流丹，整座名山如同一幅山水画卷。宋朝大文豪苏轼因此写下"平都天下古名山"的诗句。在《列仙传》《神仙传》等书籍中，名山是阴长生、王方平成仙飞升之地。阴、王二仙名声远扬，后来被讹传为"阴王"，为"阴间之王"。阴间之王的住所自然是鬼城。丰都也就成了鬼城。有人说，名山是丰都大帝管辖的阴曹。在《玉历宝钞》这部清人著作中，丰都大帝是阴曹地府的最高统治者。他奉命管理地府鬼城。书中详细记述了丰都的管理机制。还有一些地名，如奈何桥、望乡台等。

历经演变和发展，名山上建造了大量的道观寺庙，里面供奉的除了神像之外还有阴曹地府的鬼怪雕塑，每年都吸引着大量游客前来观光旅游。离名山不远的地方，还有一座双桂山，也称鹿鸣山。在此山上有一座鹿鸣寺。鹿鸣寺庙宇宏伟壮观，声名远扬。寺内有吴道子所绘的观音像石碑。寺内还有一口"玉鸣泉"。泉水晶莹甘甜，含有很多对人体有益的微量元素，被誉为"还童水""长生水"。另外丰都还有"坡公祠"，为纪念苏氏父子的建筑。拥有如此美景的丰都在古人眼里为何是阴森恐怖的形象，着实令人不解。

丰都是阴、王二仙飞升之地，被后人讹传为"阴王之地"，从而成为鬼城。这不得不说是历史给我们开了一个玩笑。在20世纪末，丰都人在名山和双桂山之间架起了一座铁索桥，桥名"通仙桥"。也许这座桥会渐渐驱除名山上的"鬼气"。

 鄱阳湖魔鬼水域之谜

鄱阳湖，是我国第一大淡水湖，同时也是我国第二大湖，位于江西省北部、长江南岸。鄱阳湖老爷庙水域，位于江西省都昌县多宝乡，是鄱阳湖连接赣江出口的一片狭长水域，有"扼五水一湖于咽喉"之说，全长24公里。自古以来，这一段水域就是鄱阳湖最为险要的地方，水流湍急，恶浪翻滚，让过往航船难以提防，沉船事故常有发生，而且无从打捞，因此被人称作是中国的"百慕大"，也被称为是鄱阳湖的"魔鬼三角区"。

鄱阳湖傍晚风光

千百年来，在鄱阳湖老爷庙水域神秘失踪的船只不计其数，甚至有载重2000多吨的大船都在这里沉没了。当地渔民说，他们祖辈都在这片水域以打鱼为生，但是直到今天，他们仍然要提心吊胆，因为老爷庙水域是鄱阳湖通往长江的唯一通道，所以他们又不得不闯这个"鬼门关"。

据当地人说，在老爷庙水域沉船的种种怪现象，都源于一个离奇的传说。相传，当初明太祖朱元璋与陈友谅大战鄱阳

鄱阳湖"百慕大"老爷庙

湖，有一次朱元璋败退到湖边时，被湖水挡住了去路，无船难行。就在这险要关头，忽然有一只巨龟游过来，搭救朱元璋渡湖。朱元璋得到天下称帝后，不忘旧恩，封巨龟为"鼋将军"，在湖边修建了"定江王庙"，当地百姓称为"老爷庙"。如今，民间传说就是这只龟精在老爷庙水域兴妖作怪。有鉴于此，凡是船经过这里时，船老大都要上岸焚香烧纸，杀牲畜进行祭祀。

当然，上文所说毕竟只是传说而已。数百年来，这一水域发生过许多奇怪的事情，一系列令人们疑惑的谜团，至今仍然是一桩桩悬案，其原因始终没能搞清楚。

1945年4月16日，侵华日军"神户"号运输船装载着200多名士兵和大量古玩字画、金银珠宝在鄱阳湖上行驶，在经过老爷庙水域时，湖心突然"呼"地涌起一股巨浪，一刹那间巨浪排空，大雾迷漫，暴雨倾盆。几乎与此同时，"神户"号莫名其妙地断裂下沉，很快就从湖面消失了。之后，立刻云开雾散，呈现出的依然是一派风和日丽，整个过程不过五六分钟。日本驻九江海军部队听说这个消息后，迅速地派出了一支优秀的潜水队伍赶到出事地点探查搜救。队长山下提昭大佐带着7个潜水员下水后久久不见一丝动静，直到天黑时分才看见提昭大佐一个人浮了上来，他脸色苍白，神情呆滞，人们发现他的精神已经失常了。

在20世纪60年代初，从松门山出发的一条船只向北朝老爷庙方向驶去，船行不远就消失在岸上送行的老百姓的目光之中了，至今不知踪迹，船上10多人下落不明。1985年3月15日，一艘载重250吨、编号"饶机41838号"的船舶，于凌晨6时30分许，在老爷庙以南约3公里的浊浪中沉没。同年8月3日，江西进贤县航运公司的两艘载重量各为20吨的船只，在老爷庙水域先后葬身湖底。同一天中，在这里遭此厄运的还有另外12条船只。仅1985年一年，在这里沉没的船舶就有20多条。1988年，据都昌县航监站记载，

又有10余条船只在这片水域消失。

1946年夏天,美国著名的潜水打捞专家爱德华·波尔顿博士应国民党政府的邀请专程来到老爷庙水域打捞"神户"号,历时数月,耗资上百万元,不仅一无所获,还失踪了几名队员。对此,从爱德华到队员全部三缄其口,未透半点口风。40年后,波尔顿博士的回忆录在《联合国环境报》上发表,其中有一节首次披露了当年找寻"神户"号的真相:那天,他们在水下大约搜索了1000米时,忽然"呼"的一声,一道刺眼的白光向他们射来,湖水剧烈晃动,耳边传来刺耳的怪声,爱德华还没明白发生了什么事,就被一股力量牢牢吸住向漩涡拖去,他立刻感到头昏眼花,渐渐进入麻木状态。突然他的腰部受了重重的一撞,这一撞使他清醒过来,正好身边有一块长长的礁石,他急忙紧紧抱住礁石,这时他看见一道长长的白光在湖底翻滚游动,同他一道下水的几个同伴被白光裹挟着一路翻滚而去,消失在漩涡之中,后来虽经打捞队员反复搜寻,但没找到一具尸体。为什么会出现白光?为什么会有刺耳的怪声?为什么人会被白光裹挟着消失在漩涡之中,连尸体都找不到?对于这些问题,没有人能用科学的方法解答出来。

据历史记载,老爷庙水域曾经离奇地沉没过几千艘船舶,在近60年时间里,先后就有100多艘船只在这一水域沉没或离奇失踪。按理来说,就算是沉船也应该把那一片水域都覆盖满了,但令人百思不得其解的是,凡是离奇沉没的船舶,历次潜水探查的人都没有在湖底见过一艘,这些船只仿佛"人间蒸发"了,即使是上千吨的运砂船也寻觅不到踪迹,船骸怎么也打捞不着。这些船到哪里去了呢?船上的人又都到哪里去了呢?

为解开这片神秘水域的沉船之谜,有关部门和机构曾联合组成过调查探测队,合作开展这一水域水下金属沉船的普查,其目的是发现水下沉船并确定其平面位置。他们采用较为先进的探测方法对这一区域进行勘测,探测的范围是老爷庙上、下游各3000米的地方,其中测区面积为北区7.2平方公里,南区7.5平方公里,合计14.7平方公里。在进行水下探测的同时,他们还对老爷庙周边湖岸展开了地毯式的文物调查。经过仔细寻找,考古队员们采集到了大量的明代中晚期的青花瓷和仿龙泉窑青瓷,还有少许的白瓷和黑釉瓷。据有关人员研究后介绍,根据这些瓷片,可以初步判定老爷庙水域发现明代中晚期沉船的可能性最大,因为这一时期沉船装载的货物主要是从景德镇外销的瓷器。但是,这样的探测,只能是了解一下沉船的位置,并不能解答鄱阳湖的沉船之谜。

近些年来,有人把目光放到了老爷庙水域的气象情况上。其实,早就有科研人员注意到了老爷庙水域异常的天气现象。1985年初,江西省气象科技人员组成了专门的科研小组，在老爷庙附近设立了3座气象观察站，对该水域的气象进行了为期1年的观察研究。从搜集到的20多万个原始气象数据看，老爷庙水域平均每两天就有一天属于大风日。

据了解，老爷庙水域全长24公里，最宽处为15公里，最窄处仅有3公里，而这3公里的

鄱阳湖湿地

水面就位于老爷庙附近。并且老爷庙水域的西北面，傲然耸立着庐山，其走向与老爷庙北部的湖口水道平行，离鄱阳湖平均距离仅5公里。当气流自北南下，即刮北风时，庐山的东南面峰峦使气流受到压缩，气流的加速由此开始。当流向仅宽3公里的老爷庙处时，风速加快，狂风会怒吼着扑来，由于风大浪大，波浪就会形成强大的冲击力，从而导致船毁人亡。

另外，研究人员又在老爷庙水域的红外航空照片上发现湖底存在一个巨大的沙坝，可能正是因为沙坝的存在，阻挡了席卷而来的水流，在湖水底部形成巨大的漩涡，而这些漩涡，很有可能就是给船只造成了致命一击的元凶。

此外，在老爷庙这个区域里面，有五条河流的来水汇聚，这个地方基本上就等于一个汇集点，因为不同方向的水流互相混杂，水流的方向比较紊乱。紊乱的水流互相碰撞，就会形成大大小小的漩涡，这些漩涡对船体的冲击力与正常的水流是不同的，如果再遇到恶劣的天气，就会使船舶出事的概率比在其他地方大得多。

最近，科研人员又提出一项新的见解：整个地球迄今还存有在地球形成期所留下的原始气体，这是造成鄱阳湖沉船的"元凶"。据研究，这些原始气体，会因为地壳裂缝、地壳运动、火山爆发、地震等活动释放出来，形成湖底水化天然气，当这些气体冲出地壳、冲向水面时，就会形成巨大的水柱，而且容易发生爆炸，这就解释了当年美国潜水员在水下的所见所闻。

还有很多人都认为，这么多反常现象的发生，肯定不是一般力量所引起的，也无法用现有的科学知识和技术来进行解释和解决，肯定是有一种违反物理定律的、超自然的神秘力量存在着，抑或是有外星文明隐藏在鄱阳湖水下，航拍到的红外照片就是证明。

虽然以上几种说法都有一定的道理，但是它们中的任何一个都不能独立地解答在老爷庙水域发生的所有的神秘现象，所以它们都不足以作为鄱阳湖

魔鬼水域之谜的最终答案。这样看来，要想真正地揭开这片魔鬼水域的谜底，恐怕还要再等一等了，等到有足够的手段去探索，有足够的证据来证明，但是在此之前，这片水域仍是一个未解的谜。

新疆的"魔鬼城"建造之谜

乌尔禾魔鬼城

新疆有两座"魔鬼城"：一座是在东准噶尔克拉山区；另一座是在准噶尔盆地西北边缘的乌尔禾。每当夜晚降临的时候，四处就会涌来鬼哭狼嚎的声音，狂风拥着黑云，携带沙石在城中东奔西突……整座城市都笼罩在一片可怕的黑暗之中。如此可怕的城市是人类建造的吗？会不会是魔鬼建造的？

拿乌尔禾魔鬼城来说，这里地处风口，常年狂风不断，有时风力可达12级。当夜色完全降临大地的时候，整个魔鬼城像被闯入了万千鬼魅。屏息静听，各种声音次第而来——神灵和云彩一起飘过的声音、鹰隼展翅的声音、女子的喁喁细语、裙裾窸窣、犬吠鸡啼、泉声鸟鸣、猛士高歌、狂士悲吟……甚至随着风越来越大，还会出现江河的奔涌声、大海的波涛声、天上的惊雷声。若是星光惨淡，则更为恐怖。

这里还流传着一个故事。传说这里原本是一座雄伟的城堡。城里的男人英俊健壮，女人美丽善良，人们勤于劳作，过着幸福平静的生活。随着财富的日益积累，邪恶开始侵占人们的灵魂。于是为了争夺财富，各种斗争在尔虞我诈中展开。天神为了拯救这座城堡，化作一个乞丐来到城中，告诫人们是财富使他成为了乞丐，劝诫人们放弃为争夺财富的斗争。人们不听，反而嘲笑乞丐。天神一怒，整座城堡都变成了废墟。每当夜晚来临，那些亡魂就哀哭忏悔，祈求天神的怜悯。

这只是故事传说，可信度很低。科学家在对其进行一番科学考察后，认为魔鬼城是一座"风蚀城"。他们认为魔鬼城是因为空气流动形成的风造成的，也就是地理上说的"风蚀地貌"。风卷起沙砾、石块，不断地打击、冲撞、摩擦岩石，于是就会发出各种声音。并且，长期积累下来，这一地区各种不同硬度的岩石就会被风吹成各种奇怪的形状。

魔鬼城的地层是古生代沉积岩石日积月累相叠而形成的，故而岩石的密度会有所不同，厚薄也会不同。再加上地处干燥少雨的沙漠地带，白天，炙热的太阳把大地烤得十分灼热；夜晚，空气温度一下子降到很低。强烈的温差，促使岩石碎裂。有时会出现一些缝隙或者孔道，风吹过去就会发出奇怪的声音。乌尔禾魔鬼城地处风口，常年大风不断，狂风携带小一些的石块长时间击打这些岩石。这些软硬不一的岩石内外交迫，就变成了十分离奇而又精致的怪石。这些怪石有的像飞檐斗拱的亭台楼榭，有的像气势辉煌的金字塔，有的像扭头回望的孔雀……岩壁中间也有一条条蜿蜒崎岖的小通道，就如城市里的马路，当然会比较坎坷，比较曲折。

科学家继续对魔鬼城进行科学探索研究，想弄明白它的形成除了风的因素之外是不是还有其他的原因。最后得知，这些岩石还受到来之不易的雨水的影响。通过科学探索发现，凡是形成魔鬼城的地方，其岩石软硬、色泽、矿物成分肯定不一。这样雨水的侵蚀、风沙的打磨，才能形成如此奇异的"城市"。因此，魔鬼城不是人类所建，也不是魔鬼创作，实乃大自然鬼斧神工的雕琢。

奉节天坑未解之谜

奉节天坑，又叫小寨天坑，位于重庆市奉节县荆竹乡小寨村。它是世界已经发现的最大的"天坑"，同时也是构成地球第四纪演化史的重要例证，更是长江三峡成因的"活化石"，属于当今世界洞穴奇观之一。

"天坑"，是西南地区百姓对当地的喀斯特漏斗地貌的俗称，在地理学上的名称叫作岩溶漏斗地貌。天坑是一种特殊的地质现象，一般都出现在峰丛喀斯特地貌，且地面河流切割很深的地区。天坑的形成分三个阶段：先是有地下河流；如果地质条件有利，由于水流长期冲蚀，就会形成地下大厅；地下大厅垮塌后就形成了天坑。中外地质学家对此早有考证，他们普遍认为是地陷导致了天坑的形成。

奉节天坑，是几座山峰间凹下去而形成的一个椭圆形的巨大漏斗。站在天坑的坑口往下看，一削千丈的绝壁直插地下，深不见底，令

奉节天坑地缝景区

奉节天坑洞口

人目眩。而站在坑底抬头仰视，只见蓝天好像一轮圆月，颇有"坐井观天"之感。天坑的坑口距地面标高为1331米，深度为521~662米，宽度为535~625米，总容积1.19亿立方米。其坑壁四周十分陡峭，在东北方向的峭壁上有一条小道可以通到坑底。坑壁有两级台地，位于300米深处的一级台地，宽2~10米，台地上有两间房屋，可以看出，曾经有人在这里隐居；另一级台地位于400米深处，呈斜坡状，坡地上草木丛生，坑壁有几个悬泉，飞泻坑底。

在坑底的下面有地下河，可以说，奉节天坑就是地下河的一个"天窗"。奉节天坑与附近的天井峡地缝属于同一个岩溶系统，天坑底部的地下河水由天井峡地缝补给，自迷宫峡排泄，从天坑到迷宫峡出口的地下河道长约4公里。在天坑地下暗河的河岸上，存在有大量珍奇的动植物，数量到底有多少，恐怕没有人能够知道。在天坑内，不仅有众多暗河，还有四通八达的密洞。这些洞穴群奇绝险峻，从进入21世纪以来，各国探险家曾多次在这里进行过探险考察，但仍未完全了解天坑中洞穴的情况，他们都认为这里是世界上第一流的魔幻式洞穴群。在许多洞穴中，科学家们都发现了不少珍稀动植物和古生物的化石，十分珍贵。

在相当长的一段时间内，只是周围方圆不到几公里范围内的居民知道有这么一个大坑存在，再远一些，就没有什么人知道它了。随着后来天坑的知名度越来越高，许多考察队都对其进行过考察。1997年，一支英国联合考察队在对其进行考察之后，发现了许多鲜为人知的秘密。

谁制作了7个大圆球：考察队员通过一条羊肠小道下到了天坑底部，当他们用超导远红外探测摄像仪，从天坑底部自下而上地对数百米高的悬崖峭壁进行扫描时偶然发现，在峭壁中间部位有块巨大的岩石，在岩石体内竟然还隐藏着7个直径为4米的大圆球。这些大圆球呈曲线排列，球面上还刻着一些天书般的文字和符号。专家们测定，圆球已经有7500~8000万年的历史了，其主要成分是金属钛。可是，要知道，在7500万年前，人类都还没有出现，哪儿来的钛呢？如果不是人类，那么到底是谁制作了这些钛金球？它们又怎么会有这么高的科学技术水平来制作出这样高水准的圆球，而且还是用金属钛制成的。虽然，有很多科考队都对这一问题进行过研究和探讨，但是至今没有人能解释。

谁为恐龙做了手术：在天坑的底部，考察队员们还发现了一架巨大的恐龙头骨化石。经过考证，确定了这个化石是多棘龙的头骨化石。多棘龙属于食肉类恐龙，它们和其他恐龙一样，生活在距今约有1.5亿年至7500万年前的侏罗纪时代。经过对头骨化石的进一步研究，有关人员发现，这只恐龙的头部曾做过"手术"，它的头骨曾被锯成相等的两半，之后又被缝合起来，而且其切割的痕迹十分整齐，"手术水平"与我们现代医学不相上下。这就令人感到困惑了：在1.5亿年至7500万年前，人类还没有出现，是谁给这头恐龙实施了这样高难度的头颅外科手术呢？这个问题，至今也没有解开。

神秘箱子熠熠发光：考察队员在天坑底部披荆斩棘，继续对天坑进行勘察。他们发现坑底阴暗潮湿、空气稀薄，并且生活着大群的蝙蝠。不久，他们又有了新的发现：他们找到了几只三角形的箱子，而且这些箱子和圆球一样，总数也是7只，也排列成曲线。更加令人感到奇怪的是，这些箱子会不时地发出熠熠的光芒，而当考察队员准备靠近这几只箱子时，马上就会感到一种极不舒服的感觉：四肢麻木，头晕眼花，身体好像有电流穿过。他们怀疑这些箱子里可能有什么对人体有害的放射性物质，于是就赶紧远远地离开了箱子。他们还分析这7只箱子可能是属于通信器材之类的东西，只是因为不能靠近并且打开箱子进行直观地考察，所以他们只能对箱子进行拍照，准备从外部对它们进行分析研究。所以，神秘箱子发光之谜也仍旧存在着。

天坑成因的种种说法：目前，在学术界，一般认为天坑的形成是由于地面下陷造成的，但是对于奉节天坑的成因有人不这样认为，特别是在奉节天坑的种种发现被公布以后，它的成因便一直备受科学界的关注，也产生了各种各样的说法。有的人说，天坑是数亿年前陨星撞击地球而形成的，还有的人认为天坑是因为地下暗河冲击碳酸盐岩层引起岩层塌陷而形成的地质奇观。但是，有人对以上两种说法都持有怀疑态度，他们认为，如果天坑是陨石撞击或岩层塌陷而成，那天坑中的留有手术痕迹的恐龙化石又是怎么回事？还有，那7个巨大的圆球和7只三角形箱子又如何解释？因此，也有人认为，天坑其实可能是存在于地球上的天外某种智慧生命的一个工作基地，但这种说法还有待于证实。此外，也有相当一部分人根本不相信有关奉节

奉节天坑坑底观天

神奇地域之谜

天坑的种种报道,认为它们都是无稽之谈。

奉节天坑到底是怎么形成的?天坑中真的有圆球、箱子和恐龙化石的存在吗?如果有,它们又是怎么来的?这些问题的答案,现在都还不得而知,但是相信在不久的将来,人们一定能够将这些问题弄个水落石出。

香格里拉真实存在之谜

1933年英国作家詹姆斯·希尔顿在《消失的地平线》一书中最后写道:"康韦最后能找到香格里拉吗?"在这部书中,希尔顿为我们描绘出一幅优美的画卷:明亮的湖泊、纯净的雪山、辽阔的草原、祥和的喇嘛寺,还有神秘、与世隔绝的人们。小说中的主人公康韦因无法拒绝尘世的诱惑而离开香格里拉,后因对香格里拉的向往而打算重返香格里拉。他能否找到香格里拉呢?香格里拉真实存在吗?它若存在的话,又位于何处?

希尔顿小说中的香格里拉是以西藏古典传说中的香巴拉为依据的。在传说中,香巴拉是个雪山环绕、天地之间纯净如水、黄金佛塔林立、处处宁静祥和的神圣王国,也是喇嘛们一心追求的国度,是可望而不可即的圣地。藏族学者阿旺班智达描绘香巴拉世界:"它位于南瞻部洲北部,其形圆,状如八瓣莲花,中心的边缘及叶子两边环绕着雪山,叶子之间由流水或雪山分开,中央的顶端有国都噶拉洼,中心为柔丹王宫……"在《香巴拉道路指南》一书中,作者详细介绍了如何去香巴拉,并说:"香巴拉是在西藏西南方之印度北方邦北部地方,是雪山环绕的一个神秘世界,也可能在地球附近的某个空间。"香巴拉是藏语的音译,也译为香格里拉,是极乐园的意思,是佛教说的极乐世界。

关于香巴拉隐秘历史的记载和传说多数存在于西藏文化的各个组成部分当中,如佛经、西藏口头文学、诗歌、流浪艺人等。1775年,六世班禅根据《大藏经》中的经典记载,写了一部通俗的《香巴拉王国指南》。要想进入香巴拉圣地,必须穿越沙漠,爬越雪山,涉过河流,除此之外,还要受到香巴拉保护神的青睐和指引,并击败前行路途上的恶魔,最终才能到达。藏传佛教的各派

香格里拉民族风情演出

高僧都认为:"在冈底斯山主峰的某处,存在着香巴拉圣地。"

迪庆是云南省唯一的藏族自治州,在这里有希尔顿小说中描绘的景象。1997年9月,云南省政府宣布,小说中的"香格里拉"就是现在的迪庆。

继迪庆宣布香格里拉的所在地之后,怒江州却宣称真正的香格里拉在怒江州贡山县丙中洛。这里除了有小说中的景色外,还生产黄金,正如《消失的地平线》中描写香格里拉盛产黄金一样。

丽江地区也有足够的证据证明香格里拉在丽江。被西方学者誉为"纳西学之父"的约瑟夫·洛克在丽江居住达27年。在他的《中国西南古纳西王国》一书中,他用很多的篇幅记录了希尔顿笔下的"香格里拉",并声称丽江的"香格里拉"比迪庆、怒江州的"香格里拉"更像希尔顿笔下的"香格里拉"。

香格里拉美女画像

四川的稻城县也传出一则消息:最后的香格里拉在稻城。稻城有希尔顿笔下的景色,也有其笔下淳朴的民风……

然而香格里拉真的存在于世界上吗?或者香格里拉本身就是一则童话故事?在藏传佛教的高僧眼里,香格里拉是一处净土。如此,只要我们心中存有净土,那么,香格里拉就存在于我们的心中。

 塞外雄关玉门关之谜

玉门关,又称小方盘城,位于甘肃省敦煌市西北约90公里处。现在的玉门关,其关城为正方形,东西长24米,南北宽26.4米,面积约有633平方米,西侧和北侧各开了一道门。这里的城墙保存也比较完好,黄土垒高达10米,上宽3米,下宽5米。

说起玉门关,大家可能马上就会想到一首脍炙人口的唐诗,那就是唐代大诗人王之涣所写的《凉州词》:"黄河远上白云间,一片孤城万仞山。羌笛何须怨杨柳,春风不度玉门关。"诗中所写的那种悲壮苍凉的情绪,千百年来引发了世人对这座古老关塞的关注。

玉门关,最开始是汉武帝开通西域道路、设置河西四郡时设置的,因为从西域输入我国的玉石都要经过这里,因此被叫作玉门关。在汉代时,这里

敦煌玉门关

是从中原通往西域各地的门户。元鼎或元封年间（前116—前105），朝廷修筑了酒泉至玉门之间的长城，玉门关也就随之建立起来了。据《汉书·地理志》记载，玉门关与另一处非常重要的关隘——阳关，都位于敦煌郡龙勒县境，都是都尉的治所，在当时都是重要的屯兵地点。当时从中原到西域的交通要道，无不是取道两关，由此可见，这里在汉代时期作为重要的军事关隘和丝路交通要道的重要地位。

当时的玉门关，驼铃悠悠，人喊马嘶，商队众多，使者往来频繁，到处都是一派繁荣的景象。现在的汉玉门关只剩下了一些遗迹，主要是一座四方形的小城堡，孤独地耸立在东西走向的戈壁滩狭长地带中的砂石岗上。

关于玉门关名称的来历，还有许多的民间传说。据说在古时候，在甘肃小方城西面，有个名叫"马迷兔"的驿站，当地人也叫它"马迷途"。凡是有商队想从边陲于阗把玉石运到中原，就必须要经过此地。这里的地形十分复杂，沼泽遍布，沟壑纵横，森林蔽日，杂草丛生。每当运玉石的商队赶上酷热天气时，为了避免白天人、畜中暑，他们就选择在晚上凉凉快快地赶路。但是每当马队走到这里时，总是一片黑暗，辨不清方向，就连经常往返在这条路上的老马也会晕头转向，难以识途，于是"马迷途"的名字就这样被叫起来了。

有一支专门贩玉石和丝绸的商队，常年奔波于这条路上，也常常在"马迷途"迷失方向。有一次，商队刚进入"马迷途"就迷路了。就在人们正焦急万分的时候，忽然在不远处落下了一只孤雁。商队中有一个小伙子悄悄地把大雁抓住了，心地善良的他，把它抱在怀里，准备带出"马迷途"后再放掉。

不一会儿，只见大雁流着眼泪对小伙子咕噜咕噜地叫着说："咕噜咕噜，给我食咕噜咕噜，能离开迷途。"小伙子听后恍然大悟，原来这只大雁是因为饿得飞不动了才掉队的，于是就立即拿出自己的干粮和水给大雁吃。大雁吃饱以后，呼地飞上了天空，不断盘旋，领着商队走出了"马迷途"，使他们顺利地到达了目的地小方盘城。

过了一段时间，这支商队又在"马迷途"迷失了方向，那只大雁又飞来了，而且在空中叫着："咕噜咕噜，商队迷路。咕噜咕噜，方盘镶玉。"边叫边飞，引着商队走出了迷途。那个救大雁的小伙子听懂了大雁的话，于是就对领队的老板说："大雁叫我们在小方盘城上镶上一块夜光墨绿玉，这样商队就有了目标，以后就再也不会迷路了。"老板听后，心里一盘算，觉得一块夜光墨绿玉要值几千两银子，实在太贵重了，他舍不得，所以就没有答应。

没想到，不久之后商队又在"马迷途"迷了路，数天找不到水源，骆驼干渴得喘着粗气，人人口干舌燥，口渴得寸步难行，生命危在旦夕。就在此时，那只大雁又飞来了，并在上空叫道："商队迷路，方盘镶玉。不舍墨玉，绝不引路。"小伙子听罢急忙转告给老板，老板慌了手脚，忙问小伙子到底应该怎么办才好，小伙子说："你赶快跪下向大雁起誓，就说'一定镶玉，绝不食言'。"

老板马上照小伙子说的，跪向大雁起誓，大雁听后，在空中盘旋片刻，才把商队又一次地引出了"马迷途"，商队得救了。到达小方盘城后，老板再也不敢爱财了，立刻挑了一块最大最好的夜光墨绿玉，镶在关楼的顶端，每当夜幕降临之际，这块玉便发出耀眼的光芒，方圆数十里之外都能看得清清楚楚，过往的商队有了目标，就再也不迷路了。从此以后，小方盘城就改名为"玉门关"。当然，这只是民间传说而已，关于玉门关名字的来历，上文中已经有过详细的介绍了。

从玉门关出发，沿着215国道一直向西行驶，翻越阿尔金山，就可以到达青海省的柴达木、西部油田、新疆若羌和西藏拉萨。今天在玉门关外，可以欣赏到一望无际的戈壁风光、虚无缥缈的海市蜃楼，还有众多形态逼真的天然睡佛以及戈壁中的沙生植物。这些景物与蓝天、大漠、绿草构成了一幅辽阔壮美的神奇画面。

1000多年前，玉门关是一个繁华的边关。那时候，这里万里晴空，鸿雁高飞，茫茫旷野，驼铃急促，商队络绎不绝，旅客川流不息。中国通过玉门关，沿着"丝绸之路"，把美丽的丝绸、精致的瓷器、特产的茶叶、独到的中草药、率先发明的火药以及造纸术和印刷术等运到世界各地。同时，中国又从"丝绸之路"上学习和输入了不少有用的东西，例如引入了苜蓿、菠菜、葡萄、石榴、胡麻、胡萝卜、大蒜、无花果等原来在中国

玉门关关口

王昌龄雕像

没有的作物，并逐渐将它们从西域引入内地，使之落地生根。汉朝时，经过"丝绸之路"，我国从伊犁河流域引进乌孙马，从大宛引进汗血马，许多原先在西域各地和国外流传的音乐、舞蹈和宗教等也逐渐地传入我国，使中华传统文化艺术吸取了新的养料，从而为汉唐文化的繁荣奠定了基础。

玉门关地处"丝绸之路"的咽喉要道，控制着河西走廊向西的北线。翻开地图，在甘肃西部边陲地区不难找到"玉门关"，但是，这是现代的玉门关市，它是我国大西北的一座石油基地，与历史上的玉门关名同地不同。

在一些较为详细的地图上，还可以找到玉门关市郊的一个叫作"玉门关镇"的地方，一般都认为古代的玉门关就在这里。但是，这是唐代的玉门关旧地，还是汉代始建的玉门关城？如果两者都不是，那么玉门关又在哪里呢？

根据史籍记载，玉门关在敦煌西北方向约80公里的地方，人们在这一带的荒漠之中发现了小方盘土城堡，它曾经被认为是汉代玉门关的遗址。登上古堡远眺，它的北面有北山横亘天际，山前有疏勒河流过。残存的汉长城由北向南，连贯阳关。在这里还发现过写着"玉门关都尉"的木简。看起来像是"铁证如山"，小方盘定是玉门关无疑。然而，面对这座里面仅有几间土房、大小与北京的四合院相差无几的古堡，也有人提出了质疑：难道当年设有重兵守备的、通往西域的重要交通枢纽，只是这样的一个小据点？

1907年，西方冒险家兼考古者、文物偷运者斯坦因在玉门关关城北面不远处的废墟中挖掘到了许多的汉代书简，从书简的内容可以判定出小方盘城就是当年玉门关的所在地，根据史书记载也可以推断玉门关的位置应该就在附近。但是，小方盘城的面积只有600多平方米，这对于汉朝最西面的大海关来说实在是太小了。所以，目前玉门关的具体位置还不能确定，只是把保存完好的小方盘城遗址暂定为玉门关。

虽然，人们对于汉代玉门关的故址莫衷一是，但是，人们宁愿把这仅存的古堡视为玉门关的遗迹。千百年来，多少人千里迢迢来到这里瞻拜。他们登上古堡，遥望大漠，追忆祖先的光辉业绩。在古炮台上，人们会想起汉朝大将李广利挥动旌旗、浴血奋战的壮烈场面，可以"听到"唐朝诗人王昌龄"黄沙百战穿金甲，不破楼兰终不还"的豪迈歌声。这就是玉门关，不仅是一处古迹，更是一篇史诗。

悬空寺悬空千年之谜

悬空寺位于我国山西浑源县北岳恒山的金龙峡，始建于北魏年间，是我国现存时间最早并保存最完整的高空木构摩崖建筑，也是国内仅存的佛、道、儒三教合一的独特寺庙，是我国建造史上的奇迹。2010年12月，悬空寺与"全球倾斜度最大的人工建筑"阿联酋首都阿布扎比市的"首都之门"、希腊米特奥拉修道院、意大利比萨斜塔等国际知名建筑一起入选美国《时代》周刊公布的全球十大最奇险建筑。

悬空寺，顾名思义，就是悬在空中的寺庙。悬空寺距地面约60米，最高处的三教殿离地面约90米（常年的河床淤积，至今仅剩58米）。远远望去，一座错落有致的三层古刹镶嵌在这刀劈斧砍的峭壁上，犹如一幅壁画一样精致巧妙。唐代诗人李白曾在此写下"壮观"二字，且"壮"字右边多了一个点，据说是李白觉得"壮观"二字描述出悬空寺的雄伟，便在"壮"字旁边加了一点，以示强调。明代徐霞客在此留下"天下奇观"的墨迹。当地老百姓用一首民谣唱出了悬空寺的"奇""悬""巧"："悬空寺，半天高，三根马尾空中掉。"

所谓"奇"是指悬空寺的设计和选址。悬空寺处于恒山金龙峡谷的一个小盆地内，悬挂在陡峭的岩壁上，石崖顶峰突出部分好像一把伞，使古寺免受雨水冲刷。山下的洪水泛滥时，也免于被淹。四周的大山也减少了阳光的照射时间。优越的地理位置是悬空寺能完好保存的重要原因之一。

所谓"悬"是指悬空寺的40间殿阁表面看上去只是用十几根碗口粗的木柱支撑着，更为惊险的是有的木柱可以轻易被晃动，根本没起到支撑作用。而真正的重心撑在坚硬岩石里，利用力学原理半插飞梁为基。

所谓"巧"是指悬空寺的修建因地制宜，充分利用了峭壁的自然因素将一般寺庙平面建筑因素建造在立体的空间中。在山下仰望悬空寺时，感觉悬空寺紧贴崖壁，里面的空间很小，而当走到里面就会发现，一般寺庙的布

恒山悬空寺

恒山悬空寺三官殿

局、形制及山门、钟鼓楼、大雄宝殿、伽蓝殿、栈道、三教殿、五佛殿、关帝庙等，无一缺少，应有尽有，而且设计得十分精巧。

始建于北魏后期的悬空寺至今（2012年）已有1500多年的历史，在历尽千年风雨沧桑之后，悬空寺何以依旧耸立在这悬崖峭壁上？

首先是其科学的选址。悬空寺背倚翠屏峰的崖壁，处在石崖向内凹的地方，这样石崖上面突出部分就像一把伞，为悬空寺"遮风挡雨"。同时，悬空寺所处的位置较高，不会受到洪水泛滥的影响，从而保持了干燥的环境。另外，悬空寺四周为山，每天的日照时间不超过3个小时，避免了阳光的暴晒而引起的木材风化。

其次是悬空寺精巧的设计。事实上，悬空寺并不是外人看起来的简单用几根碗口粗的柱子支撑起来的，而是巧妙运用了力学原理。外面的柱子可以轻易被晃动，并没有起到支撑作用，真正起作用的是悬空寺下的27根铁杉木制成的悬臂梁。它们深深地嵌进石壁里，露在外面的部分约一米左右，像从岩石中长出来一样，且在嵌进去之前用桐油浸泡过，可以起到防腐、防虫的作用。

悬空寺悬空千年而不倒，造就了世界一大奇观，随同它一同屹立的是闪闪发光的我国古代匠师们的智慧。

 罗布泊为什么号称"魔鬼之域"

罗布泊是中国新疆维吾尔自治区东南部的一个湖泊，在塔里木盆地东部，是塔里木盆地的最低处。罗布泊非常神秘，被称为亚洲大陆上的"魔鬼三角区""生命禁区""魔鬼之域"。古往今来，悠悠千年，那里埋葬了多少枯骨，又有多少冤魂在那里游荡。甚至发现过渴死在湖泊旁边的旅人，不可思议的事情多有发生。

1949年，从重庆市飞往迪化（即今乌鲁木齐市）的一架飞机，在鄯善县上空失踪。9年之后，也就是1958年，这架失踪的飞机却被人们在罗布泊东部发现。飞机上的所有人员都已经死亡。令人不解的是，飞机本来是向西北方飞行的，为什么会突然改变航线飞向正南？这个谜底至今无人知晓。

1950年，解放军剿匪部队的一名警卫员失踪。事隔三十余年，一支地质考察队在远离出事地点百余公里的罗布泊南岸红柳沟中竟然发现了他的遗体。一名失踪的警卫员的遗体为何会出现在远离出事地点达百余公里的地方？为什么那个地方是罗布泊南岸，他的失踪和罗布泊有关系吗？

1980年6月17日，新疆科学院副院长、曾先后15次到新疆进行科学考察的彭加木在对罗布泊进行科学考察时，因缺水主动出去为大家找水而不幸失踪。为了寻找彭加木，国家出动了飞机、军队、警犬，花费了大量人力物力，进行地毯式搜索，却生不见人，死不见尸，最终一无所获，无功而返。

罗布泊大峡谷景色

1990年，来自哈密的7人小组乘一辆客货小汽车去罗布泊寻找水晶矿，一去不回。两年之后，人们在一陡坡下发现3具干尸。汽车距离死者30公里，其他人下落不明。

1995年夏天，米兰农场的3名职工乘坐一辆北京吉普车去罗布泊寻找宝藏失踪。后来探险家在距离楼兰17公里的地方发现了其中两人的尸体。两人死因不明，另外一人下落不明。令人费解的是他们的汽车完好，水和汽油都不缺。

1996年6月，著名的中国探险家余纯顺在罗布泊徒步孤身探险的旅途中失踪。直升机在偏离原定轨迹15多公里的地方发现了他的尸体，法医鉴定他已经死亡5天，原因是找不到水源，干渴而死。人们发现他的头部向着上海的方向。他是在思念家乡……

一件件怪异的失踪案件，使罗布泊蒙上了一层层神秘的面纱。为了揭开罗布泊神秘的面纱，各国探险家对罗布泊进行了一次次的探险。从19世纪末到20世纪初，罗布泊留下了

新疆罗布泊楼兰遗址出土的西汉牛皮靴

许多中外探险家的足迹。这些探险家非但没有解开罗布泊的谜底,反而在学术界引起了没有休止的争论。一次次诡异的事件,使罗布泊成为了世界著名的"魔鬼之域"。除此之外,罗布泊本身的神秘也吸引着众多探险家的目光。比如,1972年7月,在美国宇航局发射的地球资源卫星拍摄的罗布泊的照片上,人们发现,罗布泊竟然酷似人的一只耳朵。它不但有耳轮、耳孔,甚至还有耳垂。随着罗布泊的干涸,一些旧的谜底被揭开,一些新的谜团又产生了。

民国黑竹沟恐怖案之谜

黑竹沟位于四川乐山市峨边彝族自治县境内,面积约为180平方公里。其生态原始、物种珍稀、景观独特神奇,为国家级森林公园。然而在当地,它有一个恐怖的名字:斯豁,即死亡之谷。被国内舆论界称为"中国百慕大"。黑竹沟为何如此恐怖呢?

黑竹沟地势雄险、景观绝妙、环境神奇,其森林景观丰富,自然景观独特,民族风情浓郁,还有种种神奇的传说故事,可以说是难得的旅游宝地。而当地彝汉人民却把黑竹沟称为南林区的"魔鬼三角洲"。这里古木参天,清泉流淌,一切都那么安静祥和。但随着一些恐怖事件的发生,这里成了人们谈虎色变的地方。

黑竹沟是四川盆地与川西高原、山地的过渡地带。其境内重峦叠嶂,溪涧幽深,迷雾重重,给人一种阴沉沉的感觉。传说在一个叫关门石的峡口,只要有一声人语或者犬吠,都会惊动山神。山神会吐出浓雾,把人犬卷走。虽然是传说,但是在黑竹沟却有失踪人口的记录。比如1955年6月,路过黑竹沟的两名解放军某部的测绘兵就从黑竹沟失踪了。

某年某月,四川省林业厅组织一批人员来到黑竹沟勘测。他们来到关门石前,技术员老陈和助手小李主动担任起勇闯关门石的任务。第二天一大早,两人就出发进入关门石内,到了深夜却也不见两人返回。第三天,这批勘测人员开始寻找他们。另外从川南林业局和附近的县也来了100余人帮助寻找失踪的老陈和

四川黑竹沟

小李。人们除了发现老陈和小李用过的纸张外，毫无蛛丝马迹。

后来，川南林业局和峨边县组织了第二批考察队伍进入黑竹沟。前车之鉴，考察队伍配备了武器和通信设备，除此之外还做了充分的精神准备。考察队伍顺利地推进到了关门石前大约2公里的地方。这次，他们请来了两名彝族的猎手作为向导。当关

四川黑竹沟石刻

门石出现在眼前的时候，两名猎手再也不愿意前进。有一名队员自告奋勇决定打头阵，两名猎手才不情愿地跟随。及至到了峡口，猎手再次停下了脚步。后经过协调，决定让猎人带来的两只猎犬进去试探。第一只猎犬迅速地进入了峡谷。半个小时过去了，它就像黄鹤一样一去不复返。第二只猎犬前往寻找同伴，结果也消失在峡谷深处。两名猎手急了，顾不了什么害怕，大声呼唤着他们的爱犬。顿时，遮天盖地的大雾迅速弥漫了整个视野。考察队员虽然近在咫尺，却不能互相看见。大雾持续了数分钟。等大雾消散之后，依然是古木参天，景色如旧。考察人员怕再次发生意外，决定退出黑竹沟。这次考察无果而终。

黑竹沟由于山谷地形独特，植被茂盛，再加之雨量充沛，湿度大，形成大雾很正常。并且，此处的山雾千姿百态，清晨紫雾滚滚，傍晚烟雾满天，时近时远，时静时动，忽明忽暗，变幻无穷，算是一个独特的景观吧。这种大雾有人声或者犬吠就会出现，思之颇为费解。黑竹沟所处的纬度和耸人听闻的百慕大三角、神奇无比的埃及金字塔相似。这条纬度线被探险家称为"死亡纬度线"。这就是被人称为"中国百慕大"的原因吧。

除此之外，黑竹沟还有一些其他未解之谜。在彝族人的传说中，其祖先就居住在黑竹沟深处，并传下祖训不能入内，否则必定遭受灾难。不少探险家历经千难万险，仍不能深入石门关这块险恶地带。彝族人还有一个美丽的传说：在古时候，有一位彝族大力士名叫牛批。他率众人在黑竹沟中打猎，可是所携带的饮水都喝完了。三天过后因为口渴，他们都昏倒在地。似乎在梦中，牛批见到一位仙女对他说："英雄啊，请不要着急，鼓起勇气来，水是能找到的。"说完舞起彩带指着一处地方。牛批从梦中惊醒，看着仙女所指的地方。那里居然是一块大岩石。想起仙女的话，他毅然拉开神弓，连续射出三支神箭，霎时三股泉水从陡岩上喷涌而出。这三股泉后来就被称为"三箭

神奇地域之谜

泉"。这个美丽的传说大概是"百慕大"所没有的吧。

另外在黑竹沟还有人发现过野人。据说在1974年10月,勒乌乡村民冉千布干曾亲眼见到过一个野人。野人身高约2米,脸部与人无二,浑身长满黄褐色绒毛。除他之外还有一些人见到过野人的踪迹。至今说到野人,当地人还充满敬畏,称野人为"诺神罗阿普",即山神的爷爷;称黑竹沟的一处地方为"野人谷"。

也许只有等到科学再一次进步的时候,携带高科技设备的科考人员才能揭开黑竹沟神秘的面纱。目前黑竹沟一些地方已经开发为旅游景区,有好奇的"驴友"可以前去游赏。切记,黑竹沟的深处不是一般人能够进入的。

巴马长寿之乡之谜

物质生活好,精神生活丰富,是不是就能长寿?其实在现今发现的长寿村来看,它们之间并没有直接的联系。一些公认的长寿之地如欧洲的高加索、中国新疆的南疆和中国广西巴马瑶族自治县等地都没有处在经济特别发达的地区,有些甚至是贫困山区。

拿中国的这两个世界级的长寿乡来说,它们都属于贫困山区。其中巴马瑶族自治县还是国家重点扶持的典型的贫困县。而巴马瑶族自治县却高居世界长寿乡(村)之首。据1990年全国第四次人口普查资料表明,巴马瑶族自治县224 043人中,70岁以上的有7523人,80岁以上的有1972人,百岁以上的高达66人。每1000人中就有一个"超级寿星",这在全世界是很少见的。

这个现象似乎表明贫困并非一直意味着偏僻、落后、疾病、穷山恶水等。那么贫困意味着长寿吗?也许巴马瑶族自治县会给我们一个答案。

巴马地区是举世闻名的"石山王国"。在其境内,峰峦叠嶂,怪石峥嵘,星罗棋布着大大小小数千个"弄场",有"千山万弄"之称。巴马地区年降雨量达1600毫米。当地流传一句话:"暴雨一来土冲光,雨过天晴旱死秧。"因此县民收入普遍偏低,多年来人均纯收入不足200元人民币,半数的人没有解决温饱问题。连温饱都解决不了的地方为何会成为长寿之乡呢?

南宁巴马水晶洞

空气是人类生存的必备之物。在巴马地区，空气中的负氧离子含量很高。在一些著名的景点，如水晶宫、百魔洞、百鸟岩等，每立方厘米的负氧离子含量竟高达 2 万到 5 万个。而北京、上海等大城市，每立方厘米的负氧离子含量只有 200 到 300 个。负氧离子被称为空气中的维生素和长寿素。它能够改善肺的换气功能，调节神经系统，促进人体的生物氧化和新陈代谢，预防老年人的常见病等。在巴马地区，森林覆盖率高达 57%，再加上大气受紫外线、宇宙射线、放射物质、雷雨、风暴、土壤和空气等因素的影响，很容易产生负氧离子。

南宁巴马长寿乡风光

水是生命之源。在巴马地区，人民的饮用水多是地下水或者富含矿物质的山泉水。这些水有很多优点：第一，天然弱碱性；第二，富含矿物质和微量元素；第三，巴马地区的水是小分子水，对人体特别有好处，比如说可以养肤生肌，可以化解胆结石，可以促进微循环等。

水和空气是巴马地区人民长寿的最主要原因。除此之外还有一些重要的因素。地磁是一种特别的东西。据科学考证，人们生活在恰当的地磁场环境中，身体发育好，血液循环好，心脑血管发病率低，身体免疫力高，人的睡眠质量好。巴马地区有一条断裂带，直接切过地球地幔层。因而巴马的地磁高达 0.58 高斯，是一般地区的一倍多。这种地磁强度形成了一种很适合人类居住的环境。巴马地区的阳光很独特。为什么这么说呢？由于巴马地区地磁强度高，它能把阳光中对人体有害的紫外线反射回去，保留远红外线。在巴马地区，日照时间平均为 5 个小时，而且阳光中 80% 的光线是对人体有益的远红外线。即便是烈日当空，你也不会感到阳光毒辣。科学研究表明，远红外线不仅能激活水，更能不断地激活人体组织细胞，增强人体新陈代谢，改善微循环，提高人体免疫力。

民以食为天。在巴马地区，人民生活贫困，甚至不能做到温饱。但巴马的土壤特别神奇，它含有丰富优质的双歧杆菌和乳酸杆菌，并且锰和锌的含量也很高，是其他地区的几十倍。世界卫生组织认为，锰是人体多种酶的激活剂，能够提高抗衰老能力。锌被称为"生命的火花"，它与人体 80 多种酶的活性有关，是维持机体正常代谢所必需的元素。巴马地区的土壤中锰和锌的含量都很高。种植在土壤中的农作物能够吸收土壤里的锰和锌，储存起来。

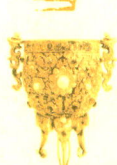

锰和锌通过食物吸收进入人体。因此，巴马地区的百岁老人没有心脏病和脑血栓，绝大多数都是无疾而终。而且巴马地区的人民饮食有"五低"和"两高"的特点，即低热量、低脂肪、低动物蛋白、低盐、低糖和高维生素、高纤维。火麻油茶、玉米、红薯、芋头、南瓜、黄瓜、黄豆、饭豆、绿豆等五谷杂粮，为长寿老人提供了纯天然、无污染的绿色食物。这些都是影响长寿老人长寿的因素。

相比城市而言，巴马地区少了喧嚣。健康的生活方式和放松的生活心态，也是长寿之人不可或缺的因素。在巴马地区，人们贫而忘苦，困而忘忧，积极健康地生活着，与世无争。优美的自然环境、和谐的人际关系、有劳有逸的生活节奏，使人们身心健康，人们当然能够长寿了。